SCHÄFFER
POESCHEL

Sonja Zillner/Bernhard Krusche

Systemisches Innovationsmanagement

Grundlagen – Strategien – Instrumente

2012
Schäffer-Poeschel Verlag Stuttgart

Reihe Systemisches Management

Gedruckt auf chlorfrei gebleichtem, säurefreiem und alterungsbeständigem Papier

Bibliografische Information Der Deutschen Nationalbibliothek
Die Deutsche Nationalbibliothek verzeichnet diese Publikation in der Deutschen Nationalbibliografie; detaillierte bibliografische Daten sind im Internet über http://dnb.d-nb.de abrufbar.

ISBN 978-3-7910-3198-9

Dieses Werk einschließlich aller seiner Teile ist urheberrechtlich geschützt. Jede Verwertung außerhalb der engen Grenzen des Urheberrechtsgesetzes ist ohne Zustimmung des Verlages unzulässig und strafbar. Das gilt insbesondere für Vervielfältigungen, Übersetzungen, Mikroverfilmungen und die Einspeicherung und Verarbeitung in elektronischen Systemen.

© 2012 Schäffer-Poeschel Verlag für Wirtschaft · Steuern · Recht GmbH
www.schaeffer-poeschel.de
info@schaeffer-poeschel.de

Einbandgestaltung: Dietrich Ebert, Reutlingen
Satz: Johanna Boy, Brennberg
Druck und Bindung: CPI – Ebner & Spiegel, Ulm

Printed in Germany
Oktober 2012

Schäffer-Poeschel Verlag Stuttgart
Ein Tochterunternehmen der Verlagsgruppe Handelsblatt

Lektorat: Sabine Burkhardt/MAVIS, München
Abbildungen: wenn nicht anders vermerkt © Sonja Zillner/Bernhard Krusche

Inhaltsverzeichnis

Abbildungsverzeichnis IX
Vorwort XI

Teil A: Grundlagen 1

1 Einführung 3
   1.1 »Innovate and Die«? 5
   1.2 Innovation – überall und doch unfassbar? 8
   1.3 Mystifizierungen und Missverständnisse 9
   1.4 Innovation auf dem Weg zur »nächsten Gesellschaft« ... 12
   1.5 Zum Aufbau des Buches 14

2 Innovation im Kontext von Organisationen 17
   2.1 Innovation braucht Führung 18
   2.2 Nummer 5 lebt: Organisationen als soziale Systeme 19
   2.3 Lose Kopplungen 23
   2.4 Charles Darwin lässt grüßen: Evolution 24

3 Dimensionen des Innovierens 28
   3.1 Differenzierung nach Innovationstreibern: Innovation 1.0 – 3.0 28
      3.1.1 Technologieorientierung: Innovation 1.0 29
      3.1.2 Kundenorientierung: Innovation 2.0 30
      3.1.3 Netzwerke: Innovation 3.0 31
   3.2 Differenzierung nach Innovationsgraden 32
      3.2.1 Inkrementelle Innovationen: Renovation und Verbesserungen ... 33
      3.2.2 Radikale Innovationen: tiefgreifende Änderungen 36
      3.2.3 Disruptive Innovationen: Die Frage nach dem Problem ganz neu stellen ... 37
   3.3 Differenzierung nach Innovationsbereichen: Wie gut spielen Sie Klavier? ... 39
   3.4 Zusammenfassung 41

4 Die Spielarten des Innovierens 43
   4.1 Typische Ausprägungen und Unterscheidungskriterien ... 45
      4.1.1 Implizit/Personenorientiert 46
      4.1.2 Explizit/Prozessorientiert 46
      4.1.3 Stark ausgeprägte Strukturen 46
      4.1.4 Schwach ausgeprägte Strukturen 47
      4.1.5 Systemische Einordnung der Unterscheidungskriterien ... 47
   4.2 Erste Spielart: Das improvisierte Innovieren 48
      4.2.1 Dominanter Organisationstyp: Start-ups 48
      4.2.2 Grenzen des improvisierten Innovierens 50
      4.2.3 Konzeptionelle Grundlagen: Improvisation 53

4.2.4	Einblicke: Das Beispiel WeGreen, Berlin	57
4.3	Zweite Spielart: Das intuitive Innovieren	61
4.3.1	Dominanter Organisationstyp: Familienunternehmen und KMUs.	61
4.3.2	Grenzen des intuitiven Innovierens	64
4.3.3	Konzeptionelle Grundlagen: Championship	66
4.3.4	Einblicke: Das Beispiel Prevent Group, Wolfsburg	68
4.4	Dritte Spielart: Das fremdfinanzierte Innovieren	72
4.4.1	Dominanter Organisationstyp: Das Venture-based Start-up	75
4.4.2	Konzeptionelle Grundlagen: Venture Capital	77
4.4.3	Einblicke I: Das Beispiel Acton Capital Partners, München	79
4.4.4	Grenzen des fremdfinanzierten Innovierens	82
4.4.5	Einblicke II: Das Beispiel Team Europe, Berlin	83
4.5	Vierte Spielart: Das routinierte Innovieren	87
4.5.1	Dominanter Organisationstyp: Großorganisation	87
4.5.2	Konzeptionelle Grundlagen: Planung	90
4.5.3	Grenzen des routinierten Innovierens	92
4.5.4	Einblicke: Das Beispiel Siemens AG, München	94
4.6	Zusammenfassung	97

Teil B: Die Innovationshelix ... 101

5 Die strukturierte Steuerung von Innovationsaktivitäten in Unternehmen ... 103
5.1 Die innere Logik der Innovationshelix ... 103
5.2 Phasen und Arbeitsschritte der Innovationshelix ... 105

6 Phase I: Exploring ... 110
6.1 Arbeitsschritt 1: Störungsmanagement ... 110
    6.1.1 Konzeptionelle Überlegungen ... 111
    6.1.2 Wo kommen all die Störungen her? ... 114
    6.1.3 Der Umgang mit den Störungen von morgen ... 118
    6.1.4 Konkrete Arbeitsschritte: Scoping und Scanning ... 120
    6.1.5 Open Innovation ... 122
    6.1.6 Praktische Umsetzung der Open Innovation ... 124
    6.1.7 Toolbox: Scoping ... 125
    6.1.8 Toolbox: Scanning ... 126
    6.1.9 Toolbox: Trendanalyse ... 127
    6.1.10 Toolbox: Szenario-Technik ... 128
    6.1.11 Toolbox: Open-Innovation-Prozess ... 129
6.2 Arbeitsschritt 2: Strategische Analyse ... 131
    6.2.1 Konzeptionelle Überlegungen ... 131
    6.2.2 Ein strategischer Rahmen ... 134
    6.2.3 Praktische Umsetzung ... 137
    6.2.4 Toolbox: Wettbewerbsanalyse ... 139
    6.2.5 Toolbox: Roadmapping ... 140
    6.2.6 Toolbox: Strategisches Kompetenzmanagement ... 142
    6.2.7 Toolbox: Entwicklung strategischer Innovationsfelder ... 143

6.3	Arbeitsschritt 3: Strategische Operationalisierung	144
6.3.1	Konzeptionelle Überlegungen: Risiko	144
6.3.2	Risikotypologie	146
6.3.3	Nutzenkalküle	149
6.3.4	Innovations-Timing	150
6.3.5	Praktische Schritte	152
6.3.6	Das Innovationsportfolio als strategischer Rahmen	155
6.3.7	Toolbox: Innovation-Scorecard-Systeme	157
6.3.8	Management des Innovationsportfolios	158
6.3.9	Toolbox: Innovationsmatrix (Nutzen/Risiko)	159
6.3.10	Toolbox: Innovationsmatrix (Kompetenzaufbau/ Innovationsgrad)	161
6.3.11	Der Übergang zur nächsten Phase der Innovationshelix	162

7 Phase II: Designing ... 165
- 7.1 Einführende Überlegungen ... 165
  - 7.1.1 Das Charakteristische des Design-Ansatzes ... 167
  - 7.1.2 Design und Design Research: ein kurzer Theorie-Rückblick ... 173
  - 7.1.3 Der Design-Ansatz in der Praxis ... 177
- 7.2 Arbeitsschritt 4: Need-Finding (Recherche) ... 179
  - 7.2.1 Warum Need-Finding? ... 179
  - 7.2.2 Was zeichnet eine gute Recherche aus? ... 181
  - 7.2.3 Toolbox: Durchführung von Beobachtungseinheiten/ Fokusgruppen ... 183
  - 7.2.4 Toolbox: Durchführung von Interviews ... 184
- 7.3 Arbeitsschritt 5: Problemdefinition (Analyse und Synthese) ... 186
  - 7.3.1 Arbeit im Team ... 186
  - 7.3.2 Von der Analyse zur Synthese ... 188
  - 7.3.3 Toolbox: Datenanalyse ... 189
  - 7.3.4 Toolbox: Entwicklung eines Innovationsfokus ... 189
- 7.4 Arbeitsschritt 6: Ideation ... 191
  - 7.4.1 Konzeptionelle Überlegungen: Kreativität ... 191
  - 7.4.2 Kreativität als kommunikatives Ereignis ... 195
  - 7.4.3 Kreativität und Organisation ... 197
  - 7.4.4 Weitere praktische Schritte ... 200
  - 7.4.5 Toolbox: Brainstorming ... 201
  - 7.4.6 Toolbox: TRIZ ... 202
- 7.5 Arbeitsschritt 7: Prototyping ... 204
  - 7.5.1 Konzeptionelle Überlegungen: Lernen ... 205
  - 7.5.2 Praktische Schritte ... 208
  - 7.5.3 Toolbox: Entwicklung von Prototypen ... 210

8 Phase III: Embedding ... 212
- 8.1 Einführende Überlegungen ... 212
- 8.2 Arbeitsschritt 8: Implementierung ... 215
  - 8.2.1 Widerstand? Nein, Danke ... 217
  - 8.2.2 Handlungsempfehlungen für den Umgang mit radikalen Innovationen ... 221

8.2.3 Handlungsempfehlungen für den Umgang
mit disruptiven Innovationen 224
8.2.4 Handlungsempfehlungen für strukturelle Veränderungen 226
8.2.5 Toolbox: Stakeholder-Analyse 232
8.2.6 Toolbox: Erstellung einer Masterstory 234
8.2.7 Toolbox: Aktionsplan zur Implementierung 234
8.3 Arbeitsschritt 9: Monitoring 235
8.3.1 Beobachtung konkreter Innovationsaktiväten 235
8.3.2 Feinsteuerung durch transparentes Controlling.............. 237
8.3.3 Updates zum Ergebnisstand laufender Prozesse.............. 238
8.3.4 Stolpersteine und Herausforderungen 239
8.3.5 Handlungsempfehlungen zum Monitoring 242
8.3.6 Toolbox: Stage-Gate-Prozess 245
8.3.7 Toolbox: SCRUM 247
8.4 Arbeitsschritt 10: Auswertung 248
8.4.1 Der Traum von der Innovationskultur 251
8.4.2 Innovation und Lernfähigkeit 255
8.4.3 Innovation messen? 257
8.4.4 Handlungsempfehlungen zur Auswertung 260
8.4.5 Toolbox: Innovations-Audit 267

9 Führung in Innovationsprozessen 269
9.1 Das systemische Führungsverständnis............................. 269
9.2 Integration 270
9.3 Hexerei 271
9.4 Aufmerksamkeitsfokussierung 272
9.5 Streitmanagement.. 273
9.6 Zusammenfassung 275

Literatur... 277

Stichwortverzeichnis.. 283

Zu den Autoren 287

Abbildungsverzeichnis

Abb. 1: Die unterschiedlichen Bereiche von Innovationen 40
Abb. 2: Überblick über den klassischen Venture Prozess 73
Abb. 3: Spielarten des Innovierens 98
Abb. 4: Die Innovationshelix im Überblick 106
Abb. 5: Die Arbeitsschritte der Innovationshelix 108
Abb. 6: Die unterschiedlichen Störungsdimensionen 114
Abb. 7: Das Zusammenspiel von Scoping- und Scanning-Prozess 120
Abb. 8: Balance zwischen weitem und fokussiertem Blick 121
Abb. 9: Vielfalt der Open-Innovation-Aktivitäten........................ 124
Abb. 10: Beispiel einer Szenario-Logik 129
Abb. 11: Lebenszyklus einer Innovationsmöglichkeit 151
Abb. 12: Klarheit über das Potenzial von Innovationsmöglichkeiten 151
Abb. 13: Innovationsmatrix: Risiko/Nutzen 160
Abb. 14: Innovationsmatrix: Kompetenzaufbau/Innovationsgrad 161
Abb. 15: Innovationsinitiativen mit unterschiedlichem Gestaltungsspielraum .. 163
Abb. 16: Die vier Schritte des Design-Prozesses 178
Abb. 17: Lernstile nach Kolb (1984) 207
Abb. 18: Interessen/Einfluss-Matrix 233

Vorwort

»Ein Buch über Innovationsmanagement? Sehr innovativ!« – so in etwa kann man die leicht ironischen Kommentare von Kollegen und Kolleginnen auf den Punkt bringen, die uns bei unserem Buchprojekt immer wieder begleitet haben. Und in der Tat: Gibt es nicht schon genug gute Bücher zu diesem Thema? Ein kurzer Blick in die Weiten des World Wide Web mit Hilfe von Google offenbart bereits die unfassbare Zahl von 18.200.000 (deutschsprachigen!) Treffern. Das sind natürlich nicht alles Publikationen, aber trotzdem: Braucht es tatsächlich ein weiteres Buch über Innovationen? Zugebenermaßen: In unserem Arbeitsprozess gab es Momente, wo wir diese Frage nicht mehr mit einem klaren »Ja« beantworten konnten. Überbordende Bücherstapel, ausufernde Mindmaps, eine Vielzahl von Forschungsergebnissen – die Fülle des Materials ist schier erschlagend. Geholfen haben in diesen Phasen die vielen Gespräche mit und Rückmeldungen von Arbeitskollegen und vor allem auch Führungskräften, denen wir in einer Art »sneak preview« unsere Überlegungen zu den Spielarten des Innovierens und die ersten Entwürfe einer Landkarte für die Gestaltung von Innovationsprozessen vorgestellt haben. Es hat einige Anläufe gebraucht, bis wir die unterschiedlichen Phasen und Dimensionen eines integrierten Innovationsmanagements soweit durchdacht hatten, dass sie mit einer gewissen Eleganz zu Papier gebracht werden konnten. Wir sind sehr gespannt darauf, ob die »Innovationshelix«, wie wir dieses Modell später getauft haben, auch für einen größeren Kreis von Lesern und Leserinnen so nützlich sein wird wie für die »Testpiloten« im Management, mit denen wir dazu buchstäblich einige Schleifen gedreht haben ...

Der Anlass für das Buch, das Sie jetzt in Ihren Händen halten (oder vielleicht auch nicht: in Zeiten von E-Books ist das keine Selbstverständlichkeit mehr) ist schnell erzählt: Am Beginn dieser Reise stand zunächst ein gewisser Unmut. Und zwar über die vielen Ratgeber, Kochbücher und Gebrauchsanweisungen, die uns auf der Suche nach Antworten auf die Frage der Zukunftsfähigkeit von Organisationen in die Hände fielen. So nachvollziehbar die Notwendigkeit auch sein mag, die Komplexität einer solchen Fragestellung auf ein Mindestmaß zu reduzieren: Ganz so trivial, wie es viele der »Please insert your problem {here}«-Ansätze nahelegten, scheint es dann mit dem Innovieren doch nicht zu funktionieren. Die Schwierigkeiten sind mit Händen zu greifen: Hier eine Vielzahl von kreativen Köpfen und Designern, die eine Idee nach der anderen produzieren und sich wundern, warum Organisationen sich so schwer damit tun. Dort Projektmanagerinnen, Innovationsbeauftragte und technische Ingenieure, die einen Innovationsprozess nach dem anderen managen und sich wundern, warum nichts Neues dabei herauskommt. Dazwischen Legionen von Managern, die nicht müde werden, die Wichtigkeit von Innovationen zu betonen und darauf zu drängen, sich doch bitte etwas einfallen zu lassen. Nein, ganz so einfach scheint es tatsächlich nicht zu sein mit dem Neuen, das in die Welt kommen soll.

Bei der Suche nach Alternativen fiel uns auf, dass nicht nur ein Großteil der Literatur zum Thema Innovationsmanagement tatsächlich aus zwei unterschiedlichen Perspektiven geschrieben ist, sondern auch die Praxis des Innovierens von zwei Zugangsweisen dominiert wird, die sich im Organisationsalltag kaum begegnen. Da wären zum einen die Ansätze, die Innovationsmanagement als eine Art Projektmanagementgeschäft verstehen, mit millionenschweren Innovationspipelines, Stage-

Gate-Prozessen und F&E-Funktionssilos, in denen Heerscharen von Experten und Expertinnen an technischen Lösungen für schwierige Probleme knifeln. Parallel dazu gibt es zum anderen die vielen »kreativen« Zugänge, die sich leichtfüßig auf die Entwicklung brillanter Ideen fokussieren und aus diesen Ideen tatsächlich hin und wieder auch Unternehmen schmieden, die den Börsenwert traditioneller Großkonzerne um ein Vielfaches übertreffen.

Die Frage, die diesem Buch zugrunde liegt, beschäftigt sich mit diesem Spannungsfeld: Wie könnte ein Innovationsmanagement aussehen, das beide Perspektiven im Blick behält, und sich dabei von einem Organisationsverständnis leiten lässt, das sich vom traditionellen Bild von Organisationen als »triviale Maschine« verabschiedet und stattdessen von einem organisierten sozialen Zusammenhang ausgeht, der sich rein instruktiven Zugriffen intelligent zu entziehen vermag? An genau dieser Stelle macht es dann auch Sinn, von einem »systemischen« Innovationsmanagement zu sprechen. Wir verstehen darunter nicht zuletzt den Versuch, einfachen Rezeptlösungen zu widerstehen, den Argumentationsbogen etwas weiter zu spannen und sich der Komplexität zu stellen, in die ein als Selbsterneuerung verstandener Innovationsprozess in und von Organisationen eingebettet ist.

Dieses Buch wäre nicht möglich gewesen ohne die aktive und passive Unterstützung einer Vielzahl von Menschen. Unsere Auseinandersetzung mit dem Thema wurde kontinuierlich mit Anregungen, Impulsen und Kritik versorgt, für die wir uns an dieser Stelle ausdrücklich bedanken möchten. Die Liste derjenigen, die unsere Überlegungen immer wieder auf Trab gebracht haben, ist lang. Wir möchten trotzdem nicht darauf verzichten, ihnen persönlich zu danken. Ohne diese Menschen wäre das Buch nicht das geworden, was es jetzt ist:

Dirk Baecker (Zeppelin Universität), Jan Bathel (ignore gravity), Katharina Berger (Deutsche Bank AG), Ralf Beuker (FH Münster Designmanagment), Peter Bierenbreier (Prevent Group), Patrick Boltz (Playframe), Lothar Borrmann (Siemens AG), Tamara Carleton (Innovation Leadership Board), William Cockayne (Stanford University), Fred Collopy (Case Western Reserve University Cleveland), Wolfgang Dehm (osb Tübingen), Gunter Dueck (ehemals IBM Deutschland), Sven Enger (Standard Life Insurance), Elena Esposito (Universität Modena), Michael Faschingbauer (Klein&Faschinbauer Coaching), David Feitler (NineSigma), Steven Floyd (University of Virginia), Hermann Friedrich (Siemens AG), Tom Fürstner (Universität Wien), Hans Gärtner (Radical Inclusion), Annette Gebauer (ICL), Manuel Götzendörfer (UnternehmerTUM), Jonathan Imme (ignore gravity), Gesche Joost (UdK Berlin, Telekom Laboratories), Malte Jung (Stanford University), Ronen Kadushin (Open Design Company), Winfried Kretschmer (changeX), Thomas Lackner (Siemens AG), Maren Lehmann (Zeppelin Universität), Larry Leifer (Stanford University), Wolfram Lutterer (Universität Freiburg), Ade Mabogunje (Stanford University), Bettina Maisch (Siemens AG), Walter Mattauch (Frauenhofer-Institut), Uli Mayer-Johanssen (Meta-Design), Reinhart Nagel (osb Wien), Günther Ortmann (Helmut-Schmidt-Universität Hamburg), Ulf Pillkahn (Siemens AG), Reinhard Prügl (Zeppelin Universität), Holger Rhinow (HPI Potsdam), Erik Roscam Abbing (Zilver Innovation), Silke Sasano (Siemens AG), Steven Sasson (ehemals Kodak), Michael Shamiyeh (DOM Lab, Kunstuniversität Linz), Syed Shariq (Stanford University), Fritz Simon (Solitär), Hannes Sorger (Denkbar&So), Martin Steinert (Stanford University), Peter Stephan (Kunsthochschule für Medien, Köln), Bastian Unterberg (Jovoto), Arne van

Oosterom (Wenovski Design Thinking Network), Ulrich Weinberg (School of Design, HPI Potsdam), Stefan Wiltschnig (Copenhagen Business School), Rudi Wimmer (osb Wien), Claus Zerenko (Zerenko Industrial Branding).

Last but not least gilt unser Dank Maurice Stanszus, Kolja Hebenstreit, Torsten Niederdränk, Kenan Hastor und Harald Ebrecht, die uns lebendige Einblicke in die Praxis des Innovierens gewährt haben, und Vera Frowein, die mit ihren Illustrationen die Dichte des Textes aufgebrochen und so für eine »enhanced user experience« gesorgt hat.

Und nun aber genug der Vorworte. Der Text wartet darauf, in Augenschein genommen zu werden. Wir wünschen Ihnen eine anregende Lektüre.

München, im Sommer 2012   Bernhard Krusche & Sonja Zillner

Teil A: Grundlagen

1 Einführung

Erinnern Sie sich noch an Wickie? Genau: der kleine Wikinger-Junge, der mit den »starken Männern« seines Dorfes von einem Abenteuer ins nächste gerät. Eine Zeichentrickfigur, die weder von ihrem Äußeren noch von ihrer sozialen Position her aus dem Stoff ist, aus dem Helden üblicherweise gestrickt sind.  Ein Kind von zarter Gestalt, das sich seine Aufmerksamkeit unter einem Haufen grölender, keulenschwingender Kraftprotze erst hart erarbeiten muss. Oft sind es scheinbar aussichtslose Situationen, in die sich die wilden Kerle aus dem hohen Norden in ihrem Überschwang hineinmanövrieren – und am Ende reichen weder unbändige Kraft noch heroische Furchtlosigkeit, um da wieder heil herauszukommen. Nein, es ist Wickie – genauer gesagt sein wacher, aufmerksamer Intellekt –, der dann den Unterschied macht. Ausgerechnet die erfahrungsarme »Rechenmaschine« eines Kinderhirns findet jedes Mal einen Ausweg aus solchen verfahrenen Situationen. Zweimal rechts, zweimal unterhalb der Nase gekratzt, und dann ein erlösendes: »Ich hab's!«

Auch wenn es im ersten Moment so aussieht, seine rettenden Einfälle kommen nur scheinbar aus dem Nichts. Es ist die Mischung aus Beobachtung, Kombinationsgabe, Intuition und Improvisation, die im Endergebnis dazu führt, dass eine neue Lösungsoption für eine zugespitzte Situation entsteht. Und: wäre er ganz auf sich allein gestellt, wäre dieser kleine Junge ebenso macht- wie hilflos. Für die Entwicklung und Umsetzung seiner Ideen ist er sehr wohl wieder auf die körperliche Kraft, die Routinen, schlicht: die Teamfähigkeit der Männer seines Dorfes angewiesen. Im entscheidenden Moment basiert die Lösung auf gegenseitigem Vertrauen: Die Erwachsenen folgen dem Denkimpuls des Jungen ohne Vorbehalt und dieser kann sich auf ihre produktiven Fertigkeiten verlassen. Wickie wird in solchen Situationen zum Prototyp eines Innovators, dessen Aktionsimpulse von der Peripherie Richtung Zentrum bzw. von unten nach oben wirken und nicht umgekehrt. In der beherzten Initiative des Kindes spiegelt sich ein *unternehmerischer* Impuls: Wickie operiert mit dem, was vorhanden ist, setzt es aber unter der tatkräftigen Mithilfe seiner erwachsenen Freunde und Helfer zu etwas völlig Neuem zusammen. Ausgerechnet der Kleinste erweist sich am Ende regelmäßig als der Größte.

Eine schöne Geschichte ist das, ein Märchen, in dem festgefügte Routinen und ihre vermeintliche Auswegslosigkeit ausgehebelt werden – und das dadurch auch gern als Blaupause für Innovationen verstanden werden kann. Das Kind in uns als der archetypische Unternehmer: Wir werden dieser und ähnlichen Denkfiguren im Rahmen unserer Überlegungen zum Thema Innovation immer wieder begegnen. Solche Mythen – und wir werden sehen, dass es nicht die einzige Geschichte ist, die wir uns über gelingende Innovationen erzählen – sind allerdings mit Vorsicht zu genießen. Bei näherem Hinschauen bleibt es ein Faszinosum, wie »das mit der Innovation« eigentlich funktioniert. Ist es diese kindliche Neugier, die Innovationen von der ersten Idee bis hin zu ihrer Realisierung in Form eines neuen Produkts, einer neuen Dienstleistung oder eines neuen Geschäftsmodells trägt? Oder sind da andere Kräfte am Werk? Um diese Frage zu beantworten, werden wir uns den Prozess des Innovierens näher anschauen müssen.

Dass der Begriff Hochkonjunktur hat, brauchen wir nicht zu betonen. Dass er mit schier übermächtigen Erwartungen belegt ist, ebenfalls nicht. Die Einsicht, dass Unternehmen nach jahrzehntelangem Ringen um durchoptimierte Leistungsprozesse, schlanke Strukturen, geringstmöglichen Ressourceneinsatz und andere Varianten einer »Lean Machine« auf der Suche nach etwas Neuem sind, mit dem Wettbewerbsvorteile ausgebaut und Kunden begeistert werden können, ist mit Händen zu greifen. Die Idee, dieses Neue per Anweisung in die Welt zu beordern, es mit den bestehenden Werkzeugen und Vorgehensweisen zu planen und zu managen, liegt zunächst einmal nahe. Was sonst bleibt einem klassischen Managementansatz auch anderes übrig? Und doch wird immer wieder sichtbar, dass Innovationen auf diese Art und Weise einfach nicht zustande kommen. Auf die beflissene Frage des Magazins »Businessweek«: »How do you systematize innovation?«, an die Gallionsfigur eines der innovativsten Unternehmen der Welt, lautete die lakonische Antwort von Apple-Gründer Steve Jobs: »You don't.« (Berkun 2010). Ganz so einfach scheint es dann also doch nicht zu funktionieren. Schon ein zweiter Blick zeigt uns, dass ein Innovationsimpuls nicht auf einem eindimensionalen Verhaltensrezept basiert, auch nicht auf einfache Rezepte hört und schon gar nicht mit irgend einem von diesen »In sechs Schritten zum neuen Produkt«-Programmen garantiert werden kann. Wie sich Innovationsimpulse auf scheinbar geheimnisvolle Weise in Organisationen, Unternehmen und letztlich dann auch in der Gesellschaft entfalten: Diese Verwunderung hat uns von Beginn dieses Buchprojekts an beschäftigt. Das Wissen, dass sich Innovation weder planen noch am Reißbrett erarbeiten und noch viel weniger (von wo auch immer) anordnen lässt, steht in einer merkwürdigen Diskrepanz zu der Beobachtung, dass Innovation ganz augenscheinlich stattfindet. Ob im gesellschaftlichen oder unternehmerischen Kontext: ohne Innovationen kein Fortschritt, keine Weiterentwicklung. Wie kann das gehen? Findet Innovation hinter unserem Rücken statt, quasi immer dann, wenn wir mit ihrem Management beschäftigt sind? Wie funktioniert das eigentlich mit der Erneuerung von Organisationen, mit den Augenblicken, in denen »das Neue in die Welt kommt«, wie es so schön heißt. Wenn Innovationen zugleich notwendig und unvorhersehbar sind: Wie können Organisationen mit diesem Tatbestand umgehen?

Sowohl der Gesellschaft als auch den Organisationen sind die Siegeszüge und die verheerenden Schiffbrüche der Innovation tief eingeschrieben. Letztere lassen sich einfach charakterisieren: zu früh, am falschen Ort, unter falschen Umständen. Und gleichzeitig kommt das Neue täglich im Überfluss auf die Welt. Wer sagt uns, dass nicht gerade eben jetzt irgendwo ein von Wickie inspiriertes Kindergartenkind an einer Apparatur bastelt, die gut und gern als Prototyp einer bahnbrechenden Erfindung dienen könnte?

Damit solche Ideen sich in neue Produkte, Lösungen, Anwendungen und Entwicklungen verwandeln, brauchen sie vor allem eines: soziale und ökonomische Anschlussfähigkeit. Deshalb wollen wir im Folgenden Überlegungen darüber anstellen, wie sich Innovation erfolgreich managen lässt. Das scheint zunächst ein Widerspruch in sich. Wenn die Unberechenbarkeit, das »Nicht-Machen-Können« das Herzstück von Innovation ist: Wie um alles in der Welt soll man das Unerwartete managen? Wie geht das rationale Planen, Verteilen und Kontrollieren von Ressourcen mit einem Vieles infragestellenden Impuls des Neuen zusammen? Herrscht zwischen den beiden Begriffen nicht sogar ein gegenseitiges Ausschlussverfahren: Wo Management ist, kann Innovation nicht sein? Nun, ganz so einfach scheint die Sache auch hier nicht zu sein. Augenscheinlich gibt es eine gut eingeführte Disziplin des Innovationsmanagements, umfangreiche Literatur zum Thema, Lehrstühle an Universitäten und (letztendlich alles andere schlagend): eine Praxis des Innovierens in Organisationen, die ja durchaus erfolgreich ist. Wie anders könnten Sie dieses Buch in Händen halten, Musik hören, Auto fahren, in den Urlaub fliegen? All dies sind Errungenschaften von Organisationen, ohne die ein Leben in der Moderne überhaupt nicht denkbar wäre. Auch wenn die Berechenbarkeit, Erwartungssicherheit, die skalierbare Produktion – all die Routinen also, die eine Organisation überhaupt erst zu einer Organisation werden lassen – mit allem rechnen, nur nicht mit Überraschungen: Ganz offensichtlich gelingt es Organisationen doch immer wieder, sich und ihre Produkte zu innovieren. Irgendwie müssen Innovation und Organisation also zusammengehen. An irgendeinem Punkt müssen die beiden Paralleluniversen »Kreativität« und »Organisation« sinnvoll miteinander in Beziehung treten. Aber wie funktioniert das genau? Und ist womöglich der Unterschied zwischen den beiden Welten kleiner als wir denken?

Am Startpunkt unserer »Innovation Journey« ist zunächst nur eines klar: In einer sich ständig verändernden Umwelt müssen auch Organisationen sich verändern, wenn sie überleben wollen. Für dieses Überleben ist also das Zusammenspiel zwischen einer Organisation und ihren relevanten Umwelten entscheidend: dem Markt, den Kunden, den Lieferanten, Mitarbeitern und Mitbewerbern. Und wenn schon der Blick in die Tageszeitung ausreicht, um zu sehen, dass eine erhitzte Dynamik der Umwelt in Zeiten von Globalisierung, Markt-, Wirtschaftskrisen und politischen Umbrüchen mit großer Vehemenz über Organisationen und Unternehmen hereinbricht, dann ist klar, dass Innovation hinsichtlich der Überlebenssicherung von Organisationen zu einer Schlüsselkategorie geworden ist. Diese Einsicht hat aktuell und im Kontext all dieser Umbrüche eine gewisse Dramatisierung erfahren: Wir kennen kein Unternehmen, das Innovation nicht zum zentralen Bestandteil seines Leitbilds und der damit verknüpften Visionen gemacht hat. Gleichzeitig beschert diese Zuspitzung allerdings eine gewisse Gratwanderung zwischen sinnvoller Selbsterneuerung und kopfloser Flucht nach vorn. Denn bei genauerem Hinschauen wird deutlich, dass mit dem gängigen Imperativ eines »Innovate or Die« allein die Zukunft von Unternehmen noch längst nicht gesichert ist.

1.1 »Innovate and Die«?

Natürlich wird das Thema »Innovationsfähigkeit« in der aktuellen Management-Literatur nicht ohne Grund zu den Schlüsselfaktoren eines erfolgreichen Wachstums gezählt. Bereits in den noch von einer starken Euphorie getragenen 1990ern reflektierten Management-Gurus wie Tom Peters, Peter Drucker oder Peter Senge unter dem Stichwort der »lernenden Organisation« die Wandlungsfähigkeit von Unternehmen. »Schneller lernen als die anderen«, lautete die Losung der Stunde. Die darin zum Ausdruck gebrachten Beobachtungen bereiteten den Boden für einen völlig neuen Blick auf alle Phänomene des Wandels, der Veränderung und der Erneuerung. Diese wurden nun nicht mehr nur unter der Perspektive der Einmaligkeit, der Störung und der Unkontrollierbarkeit besprochen. Die Unberechenbarkeit war – so der Tenor der wilden Jahre der New Economy – vom Ausnahme- zum Normalzustand geworden.

Im Lauf der ersten Dekade des neuen Jahrtausends hat sich die Lage nicht beruhigt, sondern im Gegenteil weiter zugespitzt. Angesichts dieser nochmaligen exponentiellen Zunahme an Unsicherheiten setzen unsere Überlegungen zum Thema Innovation deshalb auch mit einem zweifelnden Blick auf die Omnipotenz von Lernen, Entwickeln und Verändern ein. Hat sich doch gerade in den vergangenen Jahren die dunkle Seite jener »schöpferischen Zerstörung« (Joseph Schumpeter) gezeigt, die allen Beteiligten eben erst noch als Allheilmittel erschien. Für manchen Manager ist so aus dem »Innovate or die« ein tragisches »Innovate and die« geworden.

Die Untersuchungen des amerikanischen Wirtschaftsforschers Jim Collins holten den Innovationshype der 1990er-Jahre bereits im Jahr 2001 unsanft auf den Boden der Tatsachen. Er erbrachte anhand von Zahlen und Daten den Nachweis, dass es gerade nicht die heroischen Tugenden eines auf raschen Unternehmenserfolg und glorreiche Inszenierungen getrimmten Topmanagements sind, die Unternehmen über Jahre hinweg auf den Spitzenplätzen der Wirtschaft halten. Plötzlich wurden Erfolgsfaktoren wie der langfristige Aufbau organisationaler Leistungspotenziale (sogenannte »Organizational Capabilities«) Teil der Erfolgsstory von Unternehmen. Diese mit Geduld und Disziplin über Jahre hin sorgfältig gepflegten Tugenden standen im scharfen Kontrast zu den Pflichtübungen eines permanenten, radikalen Organisationsumbaus, der sich mehr an den Erfordernissen des Kapitalmarkts als an den unternehmensinternen Notwendigkeiten orientierte. Anstelle von spektakulären Gesten und raschen Kurswechseln stand hier die kontinuierliche Arbeit an der Verbesserung der eigenen Leistungsversprechen im Vordergrund. Investiert wurde im Rahmen eines durchdachten Geschäftsmodells ausschließlich in nachhaltige Business Opportunities. Diese ließen, neben zusätzlichen Ertragschancen, stets auch die Möglichkeit mitlaufen, einen für alle Beteiligten nachvollziehbaren Sinn zu entdecken und somit eine tragfähige Grundlage für das Engagement und Commitment der gesamten Belegschaft zu schaffen. Wachstumsprozesse und die damit verbundenen Unternehmensumbauten wurden in den von Collins identifizierten Unternehmen stets als Ergebnis der eigenen Stärke verstanden, sich in besonderer Weise mit den Kunden- und Markterfordernissen auseinanderzusetzen. Sie waren eher Folge der eigenen Geschäftsaktivitäten als ein strategisches Ziel per se.

2011 legte Jim Collins in seinem gemeinsam mit Morten T. Hansen veröffentlichten Buch »Great by Choice« noch einmal nach: Anhand von umfangreichen empirischen Studien haben die beiden Autoren herausgearbeitet, dass gerade die überdurchschnittlich erfolgreichen Unternehmen in einem turbulenten Marktumfeld in der Regel nicht die Marktführer sind. Sie orten vielmehr eine branchen- bzw. umweltspezifische Schwelle, die über den Zusammenhang von Innovation und Erfolg entscheidet:

> »We concluded that each environment has a level of ›threshold innovation‹ that you need to meet to be a contender in the game; some industries, such as airlines, have a low threshold, whereas other industries, such as biotechnology, command a high threshold. Companies that fail even to meet the innovation threshold cannot win. But – and this surprised us – once you're above the threshold, especially in a highly turbulent environment, being more innovative doesn't seem to matter much.«
> (Collins/Hansen 2011)

Um langfristig zu den überdurchschnittlich erfolgreichen Unternehmen zu zählen, braucht es also eine Art »Grundlast« in den eigenen Innovationsanstrengungen, die abhängig ist vom jeweils spezifischen Branchenkontext. In Marktsegmenten, in denen der Produktlebenszyklus langsamer ist, ist die Innovationsfrequenz eine andere als in den schnelllebigen Branchen der Konsumgüterindustrie oder im Markt der

High-Tech-Unternehmen und der Telekommunikation. Innovation um jeden Preis scheint also nicht die adäquate Überlebensstrategie für Unternehmen zu sein – so legen es zumindest die empirischen Untersuchungen nahe. Diese Einsichten decken sich durchaus auch mit anderen Forschungsergebnissen, etwa den Arbeiten von Gerard J. Tellis und Peter N. Golder, die in systematischen Untersuchungen das Verhältnis von Marktführern und Innovationspionieren ausgeleuchtet haben. Auch dort wurde deutlich, dass es – quer über die unterschiedlichsten Branchen und Märkte – letztendlich nur 9% der Pionierunternehmen gelang, die Marktführerschaft in ihrem Segment zu übernehmen (Tellis/Golder 2002). Zu ähnlichen Ergebnissen kommt auch die aktuelle Studie von Christian Stadler und Philip Wältermann über die Erfolgsfaktoren langfristig erfolgreicher europäischer Unternehmen (Stadler/Wältermann 2012). Der Schlüssel für nachhaltigen Unternehmenserfolg liegt nach Auswertung des umfangreichen Datenmaterials in der konservativen Intelligenz solcher Organisationen. Jenseits modischer Trends und Managementmethoden orientieren sich diese an einer handvoll Grundprinzipien, die ihnen dabei helfen, sich auf veränderte Umweltbedingungen einzustellen. Zu diesen Prinzipien gehört u. a. eine Effizienz im Innovieren. Neben der kontinuierlich betriebenen Pflege bestehender Produkte und einer stetigen Innovationsarbeit an neuen Produktideen achten langfristig erfolgreiche Unternehmen sorgfältig auf eine effiziente Ausbeutung dieser Neuerungen. Die Balance von erfolgreichen Routinen der Verwertung des Bestehenden und der Entwicklung neuer Produkte, Services oder Business-Modelle ist bei diesen Organisationen besonders gut gelöst. Kommen dazu weitere handlungsleitende Prinzipien wie etwa eine wohlüberlegte Diversifizierungsstrategie, ein konservatives Finanzmanagement mit einer entsprechenden Risikostreuung, eine ausgeprägte Fehler- bzw. Lernkultur sowie ein ständig reflektierter Umgang mit den eigenen Veränderungsnotwendigkeiten, dann steigt die Wahrscheinlichkeit, sich auch in unsicheren Zeiten erfolgreich an die Veränderungen der Rahmenbedingungen des eigenen Überlebens anzupassen. Auch die entsprechenden Ableitungen zu den Charakteristiken einer Führung, die an der Spitze solcher »Sustainable Organizations« steht, decken sich weitgehen mit den Ergebnissen von Jim Collins und seinem Forschungsteam. An die Stelle charismatischer Persönlichkeiten und eines entsprechenden Personenkults rücken in diesen Fällen fast durchgängig Manager, die die Belange des Unternehmens vor die Befriedigung der eigenen Geltungsbedürfnisse gestellt haben.

Alle diese Erörterungen verweisen auf einen Zusammenhang, dem auch wir in unserer Praxis ständig begegnen: Innovation benötigt Langfristigkeit in Organisation, Planung und Bearbeitung, sonst verpufft sie im Niemandsland grandioser Träumereien. Zeichnet sich vielleicht hier eine erste Nahtstelle von Organisation und Innovation ab, ein Berührungspunkt, der den Begriff des »Innovationsmanagements« überhaupt erst zu einer sinnvollen Kategorie werden lässt?

1.2 Innovation – überall und doch unfassbar?

Mit Blick auf das bisher Gesagte könnte der Eindruck entstehen, dass es sich bei der aktuellen Begeisterung für das Thema Innovation bloß um einen Hype handelt, um eine weitere Managementmode mit Ablaufdatum. Dafür sprächen empirisch sauber unterlegte Untersuchungen wie die von Collins; dagegen die zunehmenden Turbulenzen unserer Gesellschaft, die Organisationen das Äußerste abverlangen, sich etwas einfallen zu lassen. Schon allein deswegen lohnt ein genauerer Blick auf die Praxis des Innovierens in Organisationen, der nicht auf grelle Effekte setzt, sondern versucht, sich dem Phänomen beobachtend, beschreibend und reflektierend zu nähern. Auch wenn damit eine gewisse Zumutung an den Leser und die Leserin verbunden ist: Wir sehen keinen anderen Weg, sich auf das Thema einzulassen. Will man nicht kopflos den letzten Managementmoden nachlaufen, kommt man an einer präziseren, auch theoretisch unterfütterten Betrachtung des Gegenstands nicht vorbei.

Gerade beim Thema Innovation ist es wichtig zu wissen, wovon man genau spricht. Denn Innovationen haben vielerlei unterschiedliche bis gegensätzliche Entstehungs- und Verlaufsformen. Sie können sich auf ein klar umrissenes Produkt beschränken – oder aber ein ganzes System infrage stellen. Innovationen können sinnvoll Probleme lösen, Lücken schließen, aber auch neue Probleme erzeugen und Lücken eröffnen, ohne gleich eine endgültige Antwort mitzuliefern. Nimmt man die Herausforderung eines präzisen Blicks an, wird schnell deutlich, dass Innovationen in und von Organisationen ein paradoxes Geschäft sind. Ihr Auftreten beruht auf einer komplexen Dynamik, die viele unkontrollierbare Elemente transportiert. Wir werden noch sehen, dass wir mit der Einschätzung, dass das »klassische Innovationsmanagement« diesen Umständen nicht gerecht wird, nicht allein sind. Und trotzdem ist es nach wie vor zentraler Bestandteil der Innovationsaktivitäten fast aller Großunternehmen. Diesem Umstand gilt es Rechnung zu tragen. Wenn man sich nicht auf den Standpunkt stellen möchte, dass Innovationen nicht in, sondern trotz Organisation entstehen, dann bleibt nicht viel anderes übrig, als sich das Zusammenspiel von Management und Innovation genauer anzuschauen. Wir haben uns mit diesem Buch vorgenommen, Wege aufzeigen, wie nicht so sehr *das Neue*, sondern *mit dem Neuen* geplant und gemanagt werden kann.

Dabei streben wir zunächst nicht nach einer endgültigen Definition, sondern nach Parametern, mit deren Hilfe wir das weite Land der Innovation für unsere Zwecke eingrenzen und bearbeitbar machen können. Zum Einstieg erlauben wir uns eine pathetische Formel: Innovation steht für einen Prozess, der das Neue zur Welt bringt. Das klingt nach Geburt, und nicht selten sind mit Innovationsprozessen tatsächlich Mühen und Wehen verbunden, die an geburtsähnliche Vorgänge erinnern. Und nicht ohne Grund sprechen wir in Bezug auf Innovation von einem »Prozess«: Damit verknüpft ist die Einsicht, dass Innovationen keine isolierten Ereignisse darstellen, in denen sich eine numinose Genialität auf mysteriöse Weise manifestiert – vergleichbar etwa mit der Ausgießung des heiligen Geistes zu Pfingsten. Der Prozess der Innovation beinhaltet Phasen des Experimentierens, des Planens und des Verwerfens von Plänen. Widerstände treten auf, Entscheidungen werden getroffen, auf Evaluierungen folgen Konsolidierungen. Innovationsprozesse bestehen – kurz gesagt – aus einem offenen, mal mehr, dann wiederum weniger freundlichem Schlagabtausch zwischen dem Bestehenden und dem Kommenden. Und dieser Schlagabtausch folgt einer prozessualen Logik, die wir im Folgenden zu skizzieren versuchen.

Wir wollen damit nicht zuletzt einen möglichst einsichtsreichen und anregenden Nährboden für die Erkundungen im Praxisfeld »Innovationsmanagement« bereiten. Gilt es doch, Strategien in einem Raum zu entwickeln, der zunächst gänzlich strategieresistent erscheint. Denn was auch immer wir unter »Innovation« verstehen: Der Prozess ihrer Um- und Durchsetzung ist im Wesentlichen einer des Wandels und der Erneuerung. Darin liegt sein besonderer Reiz, es gehen damit aber eben auch Risiken einher, wachsende Ansprüche und Anforderungen an die organisationsinterne Aufmerksamkeit und vor allem die Einsicht, dass das Neue nicht als isoliertes Phänomen zu behandeln ist. Denn jene Innovationen, die das Management vor wirklich große Herausforderungen stellen, wirken mit irreversiblen Konsequenzen auch auf das Feld ein, in dem sie entstehen und sich entfalten.

1.3 Mystifizierungen und Missverständnisse

Die tendenzielle Verklärung von Innovation in der Management-Literatur beruht nicht nur auf überzogenen Erwartungen bezüglich der ökonomischen Erträge, sondern auch auf gesellschaftlich fest verankerten Zuschreibungen mit handfestem Mythencharakter. Deshalb wollen wir einige dieser Mythen im Anschluss an den amerikanischen Autor Scott Berkun (Berkun 2010) zunächst benennen und dann »entzaubern«, um den Blick für einen Weg freizuräumen, der sich weder in omnipotenten Machbarkeitsfantasien verliert noch auf die Beschwörung einer »genialen Intuition« vertraut.

Nicht zuletzt um den Begriff der »Kreativität« ranken sich Wunschvorstellungen, Projektionen und Märchen, die für die Entwicklung brauchbarer Ansätze eines Innovationsmanagements wenig hilfreich sind. An Innovation sind eine ganze Menge an Erwartungen und Befürchtungen geknüpft, die ihr Dasein im kollektiven Bewusstsein Seite an Seite mit den berühmt-berüchtigten »Urban Legends« fristen: sagenhafte Erzählungen, Berichte und Anekdoten, die jeder gern nachplappert, ohne dem Gehalt jemals auf den Grund gegangen zu sein. Betrachten wir etwa die Anekdote von der Entdeckung der Schwerkraft: Newton, heißt es, sei auf einer Wiese neben einem Baum gesessen, von dem sich plötzlich ein Apfel gelöst habe. Es machte »Plumps!«, nicht nur physisch, sondern auch im übertragenen Sinn, denn Newton hatte – so will es die schöne Geschichte – mit einem Mal eine klare Vorstellung von den Gesetzen der Erdanziehung. Wahlweise fiel der Apfel dem berühmten Physiker auch auf den Kopf – eine Variante, die uns dann mehr über das Temperament des Erzählers verrät als über physikalische Zusammenhänge.

Es gibt keinerlei Beweise dafür, dass die Episode je in der Form stattgefunden hat. Dennoch erzählt sie uns etwas Wichtiges: Sie verdichtet jene zwanzig Jahre, die Newton tatsächlich – in einem langwierigen Forschungsprozess – über der Gravitationslehre brütete, zu einem einzigen, entspannten Augenblick in idyllischem Ambiente.

Die Vorstellung eines verzweifelt über seinen Papieren, Versuchsanordnungen und Rechenskizzen fluchenden Forschers, der wohl mehr als einmal am liebsten alles hingeschmissen hätte, übt dagegen vergleichsweise wenig Faszination aus.

Wir lieben den Gedanken, dass das Neue uns glücklicherweise zufällt, in Form einer (am besten göttlichen) Erscheinung. Entdecker, Erfinder und Forscher erhalten dadurch den Nimbus der Auserwählten. Selbst in unserer scheinbar vollständig durchrationalisierten Welt hat eine starke Sehnsucht nach Helden und großen Männern und Frauen überlebt. Der Hype um zeitgenössische Innovations-Gurus wie Steve Jobs oder Facebook-Frontmann Mark Zuckerberg lässt sich nicht anders erklären. Dem Erfinder wird ein besonderes Charisma zugeschrieben. Am ehesten stellt man ihn sich als einsamen Giganten vor, dem die Ideen gleichsam im Schlaf zufliegen.

Keine einzige erfolgreiche Innovation ist je auf solchem Weg entstanden. Die allermeisten basieren auf einem jahrelangen Prozess des Explorierens, Verwerfens und Wiederaufnehmens. Und man verfalle nicht dem Irrglauben, dass mit der Entwicklung des Prototyps die Sache in trockenen Tüchern wäre. Von der Erfindung bis zur Etablierung am Markt ist es ein oft verschlungener Weg, gespickt mit Pannen, Unvermögen, Ignoranz und Intrigen. Denn die Kehrseite der Verklärung des Neuen ist seine Ablehnung und Hintertreibung. Dafür gibt es oft gute Gründe. Ehedem erfolgreiche Innovatoren, die sich mit ihrem Produkt auf dem Markt durchsetzen konnten, sehen ihre Position gefährdet, wenn sie mit einer Weiterentwicklung ihres »Kindes« konfrontiert werden. Innovationen stellen das Bewährte infrage und deshalb haben sie es gerade zu Beginn besonders schwer. Es ist ein Irrtum, zu glauben, dass die meisten Menschen, Institutionen oder Unternehmen das Neue euphorisch erwarten. Das Gegenteil ist der Fall: Im Grunde muss der Innovator froh sein, wenn der Widerstand gegen seine Idee unter dem Level der totalen Verweigerung bleibt. Der geringe Spielraum, der sich durch eine vage Neugier bietet, erweist sich oft als einzige Ressource in einem langwierigen Überzeugungsprozess.

Ein weiterer Mythos, der gerade den gegenwärtigen Innovationshype hartnäckig begleitet, ist die Vorstellung, dass gute Ideen kaum oder nur schwer zu finden sind. Studien und Untersuchungen von Psychologen und Kreativitätsforschern haben dies widerlegt. Weder gibt es ein spezielles Kreativitätsgen noch signifikant andere Hirnprozesse, die Künstler wie Mozart oder Picasso zu ihren Werken angestiftet haben. Ihre »Kreativität« beruht auf ähnlichen Denkprozessen, wie wir sie verwenden, wenn wir etwa eine Ausrede dafür konstruieren, dass wir zu spät zum Abendessen kommen (Weisberg 1993). Ein Grund dafür, dass Kreativität gerade in unseren Zeiten eine solche Hochstilisierung erfährt, könnte laut Berkun darin liegen, dass wir in einer hochentwickelten Gesellschaft leben. Dies verstärkt den Eindruck, dass genuin Neues nur mehr unter enormem Aufwand und in hochspezialisierten Settings wie etwa dem legendären MIT (Massachusetts Institute of Technology) geschaffen werden kann. Der Bezug zu unserer eigenen, um mit Friedrich Nietzsche zu sprechen »allzu menschlichen« Kreativität ist uns darüber ein Stück weit verloren gegangen und hat das »Kreieren« zu einer außergewöhnlichen Aufgabe außergewöhnlicher Menschen gemacht.

Eine weitere Vorstellung besteht darin, dass Ideen genau dann auftreten und greifen, wenn man nach ihnen sucht und sie gebraucht werden. Auch diese Annahme erweist sich als unhaltbar. Einerseits scheint bestimmten Forschungen zufolge das sogenannte »Serendipity-Prinzip« eine zentrale Rolle in der Durchsetzung von Erfindungen zu spielen. Es besagt, dass bei konkreten Forschungsprozessen oft etwas anderes gefunden wird als das, wonach zunächst gesucht wurde. Eines der berühmteren Beispiele ist das Potenzmittel Viagra – eine gar nicht so unerwünschte »Nebenwirkung« eines Testpräparats, das ursprünglich vom amerikanischen Pharmakonzern Pfizer als Mittel gegen Bluthochdruck entwickelt worden war. Andererseits wird die epochale Bedeutung bestimmter Erfindungen im Augenblick ihres Erscheinens kaum erkannt. Ein gutes Beispiel hierfür sind die ersten Autos, die Henry Ford entwickelte. Deren seltsames Aussehen, ihr Gestank und die relativ hohe Fehleranfälligkeit machte sie für Fords Zeitgenossen alles andere als faszinierend. Sie erkannten schlicht das Potenzial nicht, das in diesen Ungeheuern steckte.

Im kollektiven Bewusstsein existiert jedoch auch die positive Variante vom einsamen Erfinder, der seiner Zeit voraus ist. Dabei wird übersehen, dass wichtige Erfindungen oft an verschiedenen Orten und zu verschiedenen Zeit entstehen, sich jedoch nur einmal am Markt durchsetzen. Das ist das »The winner takes it all«-Prinzip. Die Erfindung des elektrischen Lichts wird einhellig Thomas A. Edison zugeschrieben. Mehr oder weniger unbekannt ist jedoch, dass zwei Männer namens Humphry Davy und Joseph Swan elektrisches Licht weit vor Edison erfanden. Und auch der bereits erwähnte Henry Ford ist nicht der eigentliche Erfinder des Autos, sondern konnte in seinem Engineering auf Erfahrungen zurückgreifen, die (man halte sich fest!) bis ins 15. Jahrhundert zu Leonardo Da Vinci reichen. Erfindungen haben eine lange Vorgeschichte des Scheiterns und Misslingens, die in den Erfolgsstorys der Produkte niemals miterzählt wird. Keine einzige Innovation wurde aus dem Nichts erschaffen, jede beruht auf Vorläufern und Archetypen, die sich in ihrem Umfeld nicht durchsetzen konnten. Eine solche Geschichte des Zufalls, der Abweichung und der tendenziellen Verschwendung von intellektuellen Kapazitäten und ökonomischen Ressourcen passt jedoch nicht in unser wohlgeformtes, rationales Welt- und Selbstbild. Und deshalb erzählen wir uns die Geschichte gern als Märchen von heldenhaften Daniel Düsentriebs und ihren Wundertaten und -tüten. »Gute Ideen setzen sich am Ende immer durch«, beruhigen wir uns – und tappen in die nächste Mythen-Falle.

Der Erfolg der allermeisten Dinge, die wir mit Freude und Dankbarkeit benützen, beruht nicht auf einer linearen Beziehung von Nachfrage und Entwicklung, sondern erweist sich im Nachhinein als Spätzünder. Nehmen wir zum Beispiel die allseits beliebte Apple-Produktpalette: Mac, iPod und iPhone haben allesamt Vorläufer, die teils aus den 1970ern stammen. Eine ähnliche Geschichte lässt sich vom Mobiltelefon erzählen, dessen Prototyp von Martin Cooper 1973 bei Motorola entwickelt wurde. Und oft verlaufen Innovationsprozesse zeitlich parallel, sodass von einem zeitlich klar definierten Prototyp ohnehin keine Rede sein kann. Einen solchen braucht es in der Tat auch nicht – einzig unser Bedürfnis nach chronologischer Eindeutigkeit verlangt danach.

Am allerwenigsten taugt jedoch der Mythos, es gäbe eine (vielleicht gar eine einzige!) Methode für Innovation. An diesem Punkt hören wir bereits ein leises Aufstöhnen aus den Reihen des Managements. Wer hätte nicht gern einen Masterplan in der Hand, wenn er sich schon auf unsicheres Gelände begibt? Wir wollen diesbezüglich keine falschen Erwartungen und daraus resultierende Ernüchterungen erzeugen. Stattdessen plädieren wir auch in dieser Sache für Gelassenheit. All dem Hype um charismatische Genialität, um einsam-virtuose Kreativität haftet auch etwas Esoterisches an. Es sind Zauberworte, die Sehnsüchte bedienen und die einen Tatbestand beschreiben, der sich nur schwer mit der Realität des Innovierens verträgt. Denn die Suche nach dem Neuen ist vor allem eines: ganz normale, oft knochenharte, manchmal aber auch wieder spielerische Arbeit des Experimentierens, Probierens, Reflektierens und »allmählichen Verfertigens«, wie es der große Dichter Heinrich von Kleist einst formulierte. »The majority of innovations come from dedicated people in a field working hard to solve a well-defined problem«, schreibt Berkun und verweist mit leichter Ironie darauf, dass aus solch sprödem Stoff wohl kaum glanzvolle Hollywood-Epen geformt werden können (Berkun 2010).

Innovation kommt weder vom Reißbrett noch auf Knopfdruck, und sie fällt auch niemandem vom Himmel direkt in den Schoß. Sie ist schlicht nicht zu systematisieren – dies haben wir ja bereits vom 2011 verstorbenen Apple-Gründer Steve Jobs gehört. Allerdings gibt es sehr wohl sinnvolle Voraussetzungen, Rahmenbedingungen und vor allem beschreibbare Herausforderungen, die Innovationsprozesse begleiten und formen. Und mit jenen wollen wir uns in dem vorliegenden Buch in erster Linie auseinandersetzen.

Was die Voraussetzungen betrifft, geht es wie gesagt um harte Arbeit, die meist eine ganz spezifische Richtung einnimmt. Wir sprechen hier nicht von Scheuklappendenken, sondern von jenem Aspekt der Konzentration und vor allem der Beharrlichkeit, ohne die noch keine dauerhaft überlebende Neuerung geschaffen wurde. Allzu starre Festlegungen erledigen sich ohnehin von selbst, und nicht selten folgt auf einen zwischenzeitlichen Stillstand ein entscheidender Richtungswechsel. Legendär dafür ist etwa die Geschichte von der Entwicklung der Post-it-Notes, deren Basis von Art Fry in der Firma 3M zunächst eher zufällig entwickelt wurde: ein schwacher Klebstoff, für den sich nicht so recht eine Verwendung fand. Erst Jahre später, als einer seiner Freunde haftendes Papier für Musiknoten benötigte, kramte er den Klebstoff hervor und erfand damit die Post-it's. Abgesehen von solcher Beharrlichkeit braucht es Neugier, konkrete Notwendigkeiten bzw. Bedürfnisse und die Fähigkeit zur Kombination verschiedenartigster Bestandteile, um zu neuen Lösungen zu kommen.

Die zentralen Herausforderungen im Bereich Innovation wiederum könnten ebenfalls basaler nicht sein: Es geht um so simple Dinge wie das Finden von Ideen, das Entwickeln von Lösungen, die Suche nach Sponsoren bzw. Kapital und nicht zuletzt ein Setting, das die Reproduktion von Prototypen ermöglicht. Daran schließt sich die Suche nach potenziellen Märkten und Kunden ebenso an wie die Auseinandersetzung mit schnell auftauchenden Mitbewerbern. Summa summarum lässt sich sagen: Wer Innovationen sät, wird Arbeit ernten. In einem solchen Prozess verwandelt sich die Frage, *ob* man Innovationen überhaupt managen kann, in ein facettenreiches »*Wie*«.

1.4 Innovation auf dem Weg zur »nächsten Gesellschaft«

Gerade das Managen von Innovationsprozessen muss seine Aufmerksamkeit regelmäßig an die »Zaungrenze« verschieben, um entscheidende Entwicklungen nicht zu verschlafen. Der zentrale Impuls für Innovation kommt aus der Gesellschaft – ihren Bedürfnissen, Notwendigkeiten, Fragestellungen und häufig auch Notlagen.

Gesellschaftliche Entwicklung ist jedoch nicht mit einer Abfolge von mehr oder minder erfolgreichen Innovationsschüben gleichzusetzen. Es reicht nicht, Innovation gleichsam als Treibstoff für Sinn- und Wertproduktion in wohldosierten Mengen beizugeben. Gesellschaft oszilliert ausgerechnet in ihren stärksten Entwicklungsschüben in erheblichem Ausmaß zwischen Innovationsermöglichung und -verhinderung. Es herrscht eine eigenartige Gleichzeitigkeit von Zuviel und Zuwenig. Im Angesicht dieser Paradoxie wird Innovationsmanagement zu einer Kunst des Handelns in einer ganz und gar »unhandlichen« Umgebung.

Wenn wir uns auf die Suche nach Gesellschaft als relevanter Umwelt für Innovation begeben, so tun wir dies mit Blick auf die sogenannte »Next Society« oder »nächste Gesellschaft« – ein Ausdruck, den der amerikanische Vordenker Peter Drucker in den wilden 1990ern prägte. Und bereits damals sprach Drucker nicht (nur) von der Zukunft: Denn die »nächste Gesellschaft« war und ist mitten unter uns (Drucker 2002).

Die Explosion und Spezialisierung des Wissens, die Erosion gesellschaftlicher Stabilität, das Turbulentwerden der Märkte – damit seien zunächst nur wenige Stichworte aus dem Drehbuch einer »nächsten Gesellschaft« angedeutet. Der Wandel betrifft die globale Ebene genauso wie die lokale. Nicht bloß Märkte transformieren sich in gigantische, multilaterale Netzwerke. Die einstmals so stabile politische Form des Nationalstaats löst sich auf und delegiert seine Entscheidungsprogramme gleichzeitig nach oben und nach unten – an supranationale Zusammenschlüsse wie die Europäische Union, aber auch an Formen der direkten Mitbestimmung vor Ort, innerhalb von Stadtteilprojekten oder autonomen Communities. Soziale Beziehungen konstituieren sich nicht mehr ausschließlich über die Bande des Blutes oder des Standes, sondern über gemeinsame Interessen, Projekte und Leidenschaften. Das hat unübersehbare Folgen für die Konstitution von Identitäten bzw. für die Formen der Selbstbeschreibung der Gesellschaft. Jeder und jede von uns changiert täglich mehrmals zwischen »In« und »Out« – sowohl der Spielraum für Selbstbestimmung als auch die Gefahren der Unverbindlichkeit sind dadurch enorm gewachsen. Klar ist aber auch: Das Eine ist ohne das Andere nicht zu haben.

Wer Zweifel daran hat, welch zentrale Rolle in dieser Dynamik der Veränderung der Computer einnimmt, muss sich nur die Bedeutung von Facebook und Twitter bei den sozialen Revolutionen des arabischen Frühlings, der Occupy-Bewegung oder dem Entstehen der Piraten-Parteien vergegenwärtigen. Was diese Entwicklungen betrifft, stehen wir gewiss erst am Anfang. Insofern macht die Rede von der »nächsten Gesellschaft« durchaus Sinn. Gleichzeitig ist vieles daran bereits so selbstverständlich geworden, dass es uns in seiner ganzen Tragweite kaum noch bewusst vor Augen steht. Diese Entwicklung betrifft nicht nur die jungen, technologieaffinen Eliten, sondern weite, durchaus heterogene Teile der Bevölkerung. Die soziale Peripherie ist davon ebenso betroffen wie das Establishment.

Diese neue Unübersichtlichkeit produziert aber kein »weißes Rauschen«, an dem sich keinerlei unterscheidbare Konturen mehr erkennen lassen. Eher sehen wir uns mit einem Überschuss an Unterschieden bzw. Unterscheidungen konfrontiert – und in der Folge mit dem Auftrag, diese Unterscheidungen für unsere Operationen sinnvoll zu nutzen. Der Soziologe Dirk Baecker schlägt diesbezüglich den Terminus der »Kontrollprojekte« vor und versucht damit zu umschreiben, inwiefern sich eine »nächste« Gesellschaft signifikant von der Moderne unterscheidet (Baecker 2007). Diese neue Form der Kontrolle, die in der »nächsten Gesellschaft« um sich greift, hat nichts mit dem Orwell'schen Überwachungsphantasma des »Big Brother« zu tun, sondern setzt vielmehr auf eine Gegenseitigkeit der Kontrolle, innerhalb der ein dynamisches Gleichgewicht zwischen Vertrauen und Misstrauen verhandelt wird. Baecker beschreibt diesen Prozess als Dynamik von Netzwerken, »*in denen Leute, Ideen, Geschichten und Institutionen um Identität kämpfen, in denen sie mal sanft, mal rücksichtslos alle jene zu kontrollieren versuchen, von denen sie abhängig sind*«. (Baecker 2007)

Man ahnt bereits, inwiefern sich die Macht- und Kräfteverhältnisse in der »nächsten Gesellschaft« verschieben: weder von oben nach unten noch umgekehrt, sondern im Sinne einer gegenseitigen »Beherrschung«. Die klassische Form der Hierarchie wird von einer Dynamik der Zentrum-Peripherie-Netzwerke abgelöst, welche die Verteilung der Ressourcen von einem Schritt zum nächsten aufs Neue aushandeln. Mit der Einbahnstraße hierarchischer Befehlsketten ist es ebenso vorbei wie mit dem Beharren auf einer vollkommenen Autonomie. Weder das Zentrum noch die Peripherie können für sich bestehen. Beide müssen gemeinsam lernen, ihre wechselseitigen Abhängigkeiten zu »pflegen« und zu kultivieren. Die daraus entstehenden sozialen Innovationen lassen sich in allen Funktionsbereichen unserer Gesellschaft beobachten: sei es die Umweltbewegung, ein neues Verständnis vom Urheberrecht in Zeiten von Facebook und Co., die Ausbreitung von Fast Food oder die permanente Erreichbarkeit durch mobile und vernetzte Devices – all diese Neuerungen verändern unseren Alltag in einem oft noch unabsehbaren Ausmaß. Eine intensivere Beschäftigung mit dieser Dimension von Innovationen würde den Rahmen unseres Buches sprengen. In dem Wissen, dass Organisationen bei der Umsetzung solcher sozialen Innovationen eine Schlüsselrolle einnehmen, konzentrieren wir uns im Folgenden auf jene Innovationsprozesse, die im Kontext von Organisationen stattfinden. Weiterführende Hinweise zu deren gesellschaftlichem Kontext finden sich u. a. bei Rammert (2010) oder Gillwald (2010).

1.5 Zum Aufbau des Buches

Um der Komplexität des Themas einigermaßen gerecht zu werden, haben wir das Buch in zwei Teile gegliedert.

Teil A: Grundlagen setzt sich mit den theoretischen und konzeptionellen Grundlagen auseinander, die unser Verständnis von und den Blick auf Innovationen und ihre Steuerung leiten und damit den Schlüssel für eine wirksame Praxis des Innovierens darstellen.

Dass Organisationen einen ambivalenten Umgang mit Innovationen pflegen, haben wir in den bisherigen Ausführungen bereits anklingen lassen. Warum das so ist, und mit welchen Konsequenzen zu rechnen ist, wenn man in die Praxis bestehender Routinen eingreift, wird uns in *Kapitel 2: Innovation im Kontext von Organisationen* intensiver beschäftigen. Ohne ein zeitgemäßes Verständnis der grundlegenden Arbeitsweise jeder Organisation läuft man schnell Gefahr, einer allzu optimistischen Perspektive bezüglich der Veränderungsbereitschaft von Organisationen das Wort zu reden. Um den heroischen Machbarkeitsphantasien eines zu allem entschlossenen Managements nicht noch zusätzliche Nahrung zu verschaffen, wollen wir in Kapitel 2 deswegen zunächst ein praxistaugliches Verständnis von Organisationen vorstellen, das die Grundlage für alle nachfolgenden Überlegungen zum Management von Innovationen bildet. Im Wesentlichen gehören hierzu Aspekte der modernen Systemtheorie, die sinnvollerweise immer dann mit evolutionstheoretischen Überlegungen gekoppelt werden können, wenn es um die Veränderung eingeschwungener Zustände geht. Vor diesem Hintergrund kann Innovationsmanagement nur bedeuten, sich intensiver mit der Paradoxie einer gezielten Steuerung von Zufällen zu beschäftigen.

Das daran anschließende *Kapitel 3* beschäftigt sich mit den unterschiedlichen *Dimensionen des Innovierens*. Es liegt auf der Hand, dass Innovation nicht gleich Innovation ist. Es macht einen Unterschied, ob wir uns über die Verbesserung eines Waschmittels Gedanken machen, eine neue Waschmaschine entwickeln oder gar nach Alternativen für den gesamten Vorgang des Waschens von Wäsche suchen. Wie umfassend und tiefgreifend sind die Innovationsvorhaben, die es zu managen gilt? Vorgehensweisen und vor allem Realisierungschancen von Innovationen unterscheiden sich dramatisch, wenn wir den Aspekt der Tiefenschärfe in unser Kalkül mit einbeziehen.

In *Kapitel 4* beschäftigen wir uns dann mit den verschiedenen *Spielarten des Innovierens*. Wie schon angedeutet, können wir nicht davon ausgehen, dass es nur eine einzige Art oder Ausprägung von Innovationsprozessen gibt. Innovation vollzieht sich in einem multinationalen Konzern anders als in einem Familienunternehmen, und wieder anders in einer frisch gegründeten Garagenfirma oder einem mit Risikokapital ausgestatteten Start-up. Diesen Unterschieden müssen wir nachgehen, um einen präziseren Blick für die unterschiedlichen Logiken und damit Anforderungen an einen Innovationsprozess zu bekommen. Interviews mit Vertretern dieser typischen Spielarten geben einen lebendigen Eindruck von der Unterschiedlichkeit des Vorgehens beim Innovieren. Verzichtet man auf eine Wertung dieser Unterschiede und bekommt so die Chancen und Risiken jeder Spielart in den Blick, lassen sich beträchtliche Geländegewinne für den Versuch einer möglichst präzisen Steuerung solcher Prozesse realisieren. Erst wer um die Spezifika der unterschiedlichen Spielarten weiß, kann sich vor einer fatalen Blauäugigkeit im Management solcher Prozesse schützen.

Teil B: Die Innovationshelix konzentriert sich schließlich auf die Praxis des Innovierens. Hier stellen wir eine Heuristik vor, die wir aus der Perspektive eines systemischen Innovationsmanagements heraus entwickelt haben.

Bei unserer Arbeit mit Unternehmen haben wir immer wieder die Erfahrung gemacht, dass die einzelnen Teilschritte von Innovationsaktivitäten mit *dem* Innovationsprozess verwechselt werden. Daraus entstehen in der Regel operative Verkürzungen und unzureichende Prozessarchitekturen, die einen aufgesetzten Innovationsprozess im Nirgendwo organisationaler Bermudadreiecke landen lassen – die Frustration bei allen Beteiligten ist dann vorprogrammiert. Mit Blick auf die Praxis gerade großer Organisationen schien es uns sinnvoll, ein Meta-Modell zu entwickeln, das als eine Art Landkarte Orientierung bei der Gestaltung von Innovationsaktivitäten stiftet.

Die Innovationshelix beschreibt anhand von *drei Phasen* und *zehn Arbeitsschritten* die wesentlichen Stationen eines Innovationsmanagements, das sich mit den organisationsrelevanten Dimensionen des Innovierens auseinandersetzt und dabei mit der Grundüberzeugung arbeitet, dass Innovationen zwar nicht automatisch das Ergebnis durchstrukturierter Prozesse und Strukturen sind, Organisationen jedoch auf solche rahmensetzenden Kontextmarkierungen nicht verzichten können (vgl. Kapitel 5).

In *Phase I: Exploring* werden die zentralen Herausforderungen der jeweils relevanten Umwelten einer Organisation gezielt thematisiert, um daraus einen sinnvollen Bedarf an Innovationen abzuleiten. Die Ergebnisse dieses »Störungsmanagements«

müssen analysiert und operationalisiert werden, um nicht in einen wahllosen Kreationsprozess zu münden, bei dem ständig neue Ideen generiert werden, die aber nichts mit den bestehenden Kernkompetenzen und strategischen Festlegungen zu tun haben, die den Kurs jeder Organisation (explizit oder implizit) bestimmen (vgl. Kapitel 6).

In *Phase II: Designing* wird auf dieser Grundlage ein zielgerichtetes Entwerfen neuer Ideen zu Produkten, Dienstleistungen oder Geschäftsmodellen ermöglicht, das wiederum einer ganz eigenen Arbeitslogik folgt. In Anlehnung an die Vorgehensweise von Designern unterscheiden wir dabei die Arbeitsschritte des *Need-Finding* (Recherche), der *Problemdefinition*, der *Ideenfindung* und des *Prototyping*, die wir jeweils in einem eigenen Unterkapitel vorstellen (vgl. Kapitel 7).

In *Phase III: Embedding* wird das Neue in die bestehenden Routinen einer Organisation eingebettet. Glaubt man den Erfahrungsberichten gelungener Innovationen, ist dies das zentrale Nadelöhr bei der Umsetzung einer guten Idee in ein verkäufliches Produkt. Erst durch Übersetzung des Neuen in die bereits bestehenden Routinen einer Organisation wird aus dem Prozess der Ideation ein Prozess der Innovation: Die bis dahin getätigten Investitionen generieren dann einen entsprechenden Mehrwert, der im besten Fall die Ressourcen für weitere Forschungs- und Entwicklungsaktivitäten sicherstellt, im schlechtesten Fall von Shareholdern abgeschöpft wird, um damit anderswo bessere Renditen zu erzielen. Die Arbeitsschritte der *Implementierung*, des *Monitoring* und der *Auswertung* des Gesamtprozesses schließen diese dritte Phase des Innovationsprozesses ab (vgl. Kapitel 8).

Welch zentrale Rolle bei all den Aspekten der *Führung in Innovationsprozessen* zukommt, fasst Kapitel 9 abschließend nochmals zusammen.

Wie jede Heuristik, so ist auch dieses Modell keine Handlungsanweisung im Sinne eines Rezeptwissens. Man kann die Innovationshelix eher als eine Art Blaupause für einen vollständigen, durchdachten und in sich schlüssigen Innovationsprozess verwenden. Ihre eigentliche Wirkung entfaltet sie, wenn sie als »Living Map« verwendet wird. Je nach Umstand, Kontext, Zeitdruck, Kompetenzprofil, Organisationstyp, Motivationslage, Ressourcenausstattung oder Beteiligungsgrad rücken dann manche Aspekte in den Vordergrund, können (oder müssen) andere Schrittfolgen gewählt und an die spezifischen Bedarfe einer konkreten Organisationseinheit angepasst werden. Man kann an einer beliebigen Stelle einsteigen und wird ab und an gezwungen sein, an Stellen auszusteigen, die nicht wirklich Sinn machen. All dies ist der alltäglichen Realität in Organisationen geschuldet. Wenn wir nicht vergessen, das diese Realität kein Problem, sondern eine Lösung für etwas ist, dann wird der Gebrauch dieser Landkarte zu einem vergnüglichen Unterfangen: Sie bietet Orientierung beim Losgehen. Sobald man weiß, wo es lang geht und wie man dorthin kommt, kann man die Karte zusammenpacken, zur Seite legen und die Aussicht genießen.

Teil A und Teil B des Buches können also ohne Probleme unabhängig voneinander gelesen werden. Denjenigen Lesern allerdings, die sich der Mühe der Lektüre beider Teile unterziehen, können wir versprechen, dass ihnen sowohl hinsichtlich der eigenen Haltung (neudeutsch: dem »*mindset*«) als auch dem Repertoire an geeigneten Werkzeugen genügend Stoff an die Hand gegeben wird, um Innovationsprozesse in bestehenden Organisationen wirksamer zu gestalten. Verzichtet man auf dieses Vergnügen, lassen sich aus den einzelnen Arbeitsschritten der Innovationshelix immer noch genügend Anregungen für die methodische Gestaltung einzelner Abschnitte eines Innovationsprozesses ziehen.

2 Innovation im Kontext von Organisationen

Im vorigen Kapitel haben wir bereits angedeutet, dass Organisationen in der Moderne als der gesellschaftliche Ort charakterisiert werden müssen, an dem das Neue in die Welt hinausgetragen wird. Zugleich sind rund um diese positive Bestimmung einige Fragezeichen und Widerstände sichtbar geworden, denen wir uns nun im Folgenden widmen wollen. Ausgangspunkt unserer Überlegungen ist die Einsicht, dass keine Organisation blindlings am Wandel ihrer relevanten Umwelten vorbeiproduzieren bzw. -existieren kann. Ihr Vermögen zur Selbstreproduktion hängt also nicht zuletzt davon ab, die innere Disposition an die veränderten Umweltbedingungen anpassen zu können. Die Produktion von Waren, Gütern und Dienstleistungen hat in den vergangenen vier Jahrzehnten einen dramatischen Wandel erfahren. Das Fließband als Arbeitsplatz ist entweder durch Automatisierung ersetzt oder in Niedriglohnländer verlegt worden. Die produktive Arbeit ist von der Fabrik in hybride Räume weitergezogen, die den Begriff der alten, fordistischen »Industrieordnung« oft nur mehr ironisch im Namen tragen. Vor allem aber hat sich die Arbeit selbst verwandelt: Die interne Arbeitsorganisation hat auf offene Formen umgestellt, die noch bis vor kurzem unter den Begriffen »Projekt« bzw. »Prozess« liefen und nun zunehmend (auch mit Blick auf organisationsübergreifende Netzwerkdynamiken) unter der Rubrik »Enterprise 2.0« thematisiert werden (Tuten 2010). Die Arbeit der Produktion wird – zumindest in der westlichen Welt – in ihrer überragenden Bedeutung für die Volkswirtschaft zunehmend von der Wissensarbeit abgelöst (Drucker 2002). Der Siegeszug computerbasierter Kommunikationsformen wie E-Mail, Facebook, Twitter oder neuerdings Chatter legt von dieser Veränderung ein beredtes Zeugnis ab.

Natürlich folgt der hier skizzierte Wandel keinem Masterplan, sondern einer unüberschaubaren Vielzahl an Strategien und taktischen Spielzügen, sich unter neuen Wettbewerbsbedingungen zurechtzufinden bzw. diese an die eigenen Bedürfnisse anzupassen: Im Kern zählt das, was das eigene Überleben als Organisation garantiert. Dieser Prozess der Selbsterneuerung ist mit einer Reihe von Paradoxien konfrontiert, die aus dem Innenleben der Organisation erwachsen. Daraus folgen spezifische Herausforderungen und Ansprüche – nicht zuletzt für das Management, das nun mehr denn je gefragt ist, Prozesse zu organisieren, die neben der Chance auf Wachstum und Veränderung auch viel Risiko und Ungewissheit mit sich bringen, und diese in die Organisation hineinzutragen. Das Neue begegnet der Organisation in zweierlei Gestalt: als Notwendigkeit *und* als Störung. Wir haben es hier mit einer grundlegenden Paradoxie zu tun: Nur durch ihre laufende Veränderung kann eine Organisation das bleiben, was und wie sie ist. Um insbesondere in einem volatilen Umfeld zu überleben, muss sie sowohl permanent ihre Routinen aufrecht erhalten als auch für deren Störung sorgen. Die Arbeit an der eigenen Irritierbarkeit sorgt dafür, dass sich eine Organisation durch ihre Routinen nicht in den Schlaf der Unaufmerksamkeit summt. Gleichzeitig muss sie darauf achten, sich nicht durch zu viele Störungen ihrer Routinen in die Selbstblockade zu manövrieren. Zwischen diesen beiden Polen entfaltet sich die hohe Kunst des organisationalen Innovierens.

2.1 Innovation braucht Führung

Um zwischen den Polen der Irritation und Stabilität gut navigieren zu können, sind Organisationen auf eine Führung angewiesen, die den Umgang mit diesen Widersprüchen konstruktiv gestaltet. Dabei wird eine gewisse »Paradoxiefestigkeit« mehr und mehr zum Schlüsselfaktor eines erfolgreichen, d. h. wirksamen Managements. Was ist damit gemeint? Rufen wir uns zur Beantwortung dieser Frage kurz die grundlegenden Aufgaben eines (General) Managements ins Gedächtnis (vgl. u. a. Wimmer 1995, Drucker 2006, Krusche 2008, Baecker 2003). Es geht dort in erster Linie um die folgenden Aspekte:
- Versorgung der Organisation mit Informationen aus den jeweils relevanten Umwelten und, daraus resultierend, Entwicklungsimpulse für den jeweiligen Verantwortungsbereich,
- horizontale und vertikale Verknüpfung einzelner Teilsysteme, Koordination der Arbeitszusammenhänge durch Prozesse der Selbstbindung,
- organisationale Sinnstiftung durch Versorgung mit Theorien, Erklärungen und Legitimationen für bestehende und zukünftige Arbeitszusammenhänge,
- Orientierung durch personale Zurechnung von Entscheidungen,
- Sicherstellung der Anschlusskommunikation durch die Arbeit an Entscheidungsprämissen (Programme, Strukturen, Kommunikationswege, Personalentscheidungen) für die laufenden Entscheidungsprozesse.

All diese Aspekte gelten auch für ein systemisches Management von Innovationsprozessen. Auch hier geht es zunächst einmal um handfeste Rahmensetzungen, die ein angstfreies und fehlerfreundliches Klima der Zusammenarbeit ermöglichen. Jenseits großspuriger Ankündigungen und heroischer Gesten wird unter dem Strich eben kein Hokuspokus aus der Wundertüte verlangt, sondern Wachsamkeit, Präsenz und Selbstdisziplin, und zwar zum Nutzen aller Beteiligten. Zusätzlich bedarf das Management von Innovationsprozessen jedoch einer besonderen Aufmerksamkeit für den Umgang mit den in diesen Prozessen stets mitlaufenden Paradoxien. An erster Stelle steht hier die Paradoxie des Oszillierens zwischen Bewahren und Verändern. An zweiter Stelle folgt die Auseinandersetzung mit der evolutionären Dynamik von Organisationen – mit einem Prinzip des Wandels, das Niklas Luhmann als Warten auf nutzbare Zufälle charakterisiert hat (Luhmann 2006).

Abstrakt ausgedrückt geht es im ersten Fall um einen intelligenten Umgang mit der Notwendigkeit der Schließung und Öffnung von Organisationsgrenzen. Führung von und in Organisationen ist gleichzeitig verantwortlich für Ruhe und Unruhe, für feste Ordnung und flüssige Durchmischung, für die Einrichtung und Pflege von Routinen und das Infragestellen ihrer Gültigkeit. Dass dies keine leichte Aufgabe ist, versteht sich von selbst. Auch wenn Paradoxien ihre verwirrende Eindringlichkeit zunächst einmal nur für die Beobachter solcher in sich widersprüchlichen Zusammenhänge entfalten und im konkreten Handeln recht elegant – etwa durch Temporalisierung (erst das Eine, dann das Andere) – umgangen werden können, bleibt es für die Führung eine Herausforderung, ihre Organisation mit völlig entgegengesetzten Steuerungsimpulsen zu konfrontieren und dabei zwar die eigene Glaubwürdigkeit aufs Spiel zu setzen, dieses Spiel dann aber auch zu gewinnen. Die Auseinandersetzung mit solchen Zu- und Vorgehensweisen kann zwar durch die Beschäftigung mit Modellen wie dem Tetralemma erleichtert werden (Kibed/Sparrer 2000); die Arbeit außerhalb der gewohnten Bahnen klar strukturierter Entweder/Oder Entscheidungen bleibt jedoch eine aufregende Angelegenheit, die jedes Management an seine Grenzen (und manchmal dann auch über sie hinweg) bringt.

Im zweiten Fall – der Auseinandersetzung mit den evolutionären Prinzipien jeder Organisationsentwicklung – ist dann ein anderer Spagat gefragt: nämlich der zwischen Chronos und Kairos, d. h. dem Ergreifen guter Gelegenheiten, die sich ergeben, und einem zielgerichteten, strukturierten Vorgehen, welches Gelegenheiten weniger abwartet, sondern sie aktiv zu schaffen versucht. Diesen an Konsequenzen reichen Gedankengang werden wir in Kapitel 2.3 weiter präzisieren.

Auf die Führungsdimension von Innovationsaktivitäten werden wir zum Abschluss unseres Buches noch einmal ausführlich zurückkommen (vgl. Kapitel 9). So schließt sich der Bogen und es wird deutlich, dass für uns das Geschäft eines systemischen Innovationsmanagements in seinem Kern eine nicht delegierbare Führungsaufgabe ist. Wenn es um die Sicherstellung der Zukunftsfähigkeit von Organisationen geht, ist ihre Führung gefragt. Gerät diese Einsicht aus dem Blick, gefährdet die Führung ihre Legitimation und damit auch ihre Autorität, welche Grundlage ist für die Folgebereitschaft aller Organisationsmitglieder als auch Kraftquelle für die Durchsetzung weitreichender Entscheidungen, die bekanntermaßen für die davon Betroffenen nicht immer angenehm sein müssen.

Der Kontext all dieser Überlegungen zu der Führungsdimension von Innovationsaktivitäten ist und bleibt jedoch die Organisation. Wenden wir uns daher zunächst der Frage zu, auf welchen theoretischen Annahmen das von uns ins Feld geführte (systemische) Organisationsverständnis beruht.

2.2 Nummer 5 lebt: Organisationen als soziale Systeme

Ähnlich wie in dem 1986 von Regisseur John Badham gedrehten Science-Fiction-Film, bei dem sich ein Roboter aus den Ketten der Kausalität befreit und eine eigene Persönlichkeit zu entwickeln beginnt, hat sich unser Verständnis von Organisationen in den letzten Jahren stark verändert. Dies geschah weniger durch einen Blitzeinschlag, wie er im genannten Film den Roboter zum Eigenleben erweckte, sondern infolge der Einsichten der neueren System- und Organisationstheorie, mit denen das traditionelle Bild von Organisationen in seinen Grundfesten erschüttert wurde.

Im Fokus steht dabei ein Organisationsverständnis, welches sich scharf von den traditionellen, betriebswirtschaftlich dominierten Vorstellungen von Organisationen unterscheidet. Zu oft geht diese Denktradition noch davon aus, das Organisationen gleichsam wie triviale Maschinen funktionieren, die sich nach eindeutigen Input-Output-Relationen von einem Management steuern und regeln lassen, das nur an den richtigen Stellschrauben und -hebeln zu drehen braucht, um zu den gewünschten Ergebnissen zu kommen. Ein solches instrumentelles Organisationsverständnis, das Unternehmen als bloße Werkzeuge betrachtet, die in den Händen ihrer Eigentümer, Topmanager oder jeder beliebigen Personengruppe, die über den Unternehmenszweck zu verfügen glaubt, nach Belieben gestaltet und umgebaut werden können, kann heute mit Fug und Recht als überholt angesehen werden. Zu groß sind die Enttäuschungen gerade jener, die in gutem Glauben entsprechende Maßnahmen geplant, die vermeintlich richtigen Stellschrauben identifiziert haben – und bei der Umsetzung grandios gescheitert sind. Ein solches Organisationsverständnis degradiert den Umgang mit der notwendigen Komplexität sozialer Zusammenhänge zu einer reinen Ingenieursaufgabe. Man identifiziert etwaige Funktionsmängel, konstruiert entsprechende Verbesserungen, Fixes oder »Work Arounds«, macht sich an deren Umsetzung, und voila: fertig ist die neue »Lean Machine«. Auch wenn solche trivialen Vorstellungen von Organisationen noch immer recht weit verbreitet sind (zu verführerisch sind die damit implizierten Kontrollfantasien und Machbarkeitsansprüche): nicht zuletzt die Erfahrungen aus der Praxis diverser Business-Reengeneering-Projekte zeigen, dass hier mit Grundprämissen gearbeitet wird, die so nicht mehr aufrecht zu halten sind.

In den letzten Jahren hat sich demgegenüber ein Organisationsverständnis etabliert, das oft (und oft genug auch wenig reflektiert) als »systemisch« bezeichnet wird. Aufbauend auf den grundlegenden Überlegungen der Kybernetik, wie sie etwa von Gregory Bateson (1985) oder Heinz von Förster (1993) entwickelt wurden, und ergänzt durch theoretische Einsichten der neueren Systemtheorie (Luhmann/Baecker 2004, Baecker 1999) werden Organisationen nicht mehr als eine mehr oder weniger komplizierte Ansammlung von eindeutigen Zweck-Mittel-Relationen verstanden. Sie sind also keine Maschinen, die wie ein Uhrwerk aus einer Vielzahl einzelner Teile zusammengesetzt und damit prinzipiell (zumindest für einen gelernten Uhrmacher, d. h. Manager) durchschaubar und kontrollierbar sind.

Im Mittelpunkt dieser Theorieperspektive steht vielmehr die Auffassung, dass Organisationen (und damit auch einer ihrer Spezialtypen: das im wirtschaftlichen Kontext agierende Unternehmen) komplexe, d. h. non-triviale Systeme sind, die mit einem eigenen Gedächtnis und Eigensinn ausgestattet sind und daher von niemandem – d. h. auch nicht vom Topmanagement – völlig durchschaut und damit auch kontrolliert werden können. So ärgerlich dies in dem einen oder anderen Fall auch sein mag: jeder, der schon einmal versucht hat, Organisationen dazu zu bewegen, sich gezielt zu verändern, kann ein Lied davon singen, wie schwierig bis unmöglich so ein Unterfangen letztendlich ist. Allen hierarchischen Anweisungen, Sanktionsandrohungen oder Verführungsversuchen zum Trotz entwickeln Organisationen ein Eigenleben, das den Umgang mit ihnen zu einem kunstvollen Unterfangen werden lässt. Dies gilt natürlich insbesondere für die Fälle, wo die über Jahre eingespielten Routinen der Leistungserbringung verändert oder verbessert werden, in jedem Fall also gestört werden. Legionen von Führungskräften, aber auch Beratern und Beraterinnen können ein Lied davon singen, auf welch interessante Weise in solchen Fällen Absicht und Wirkung auseinanderfallen und sämtliche gezielten Steuerungsversuche und klug durchdachten Interventionsstrategien durch mindestens ebenso kluge Subordinationsstrategien ad absurdum geführt werden.

Hält man sich also vor Augen, dass sämtliche Versuche einer Innovation aus Sicht der jeweiligen Organisation »Störungen« sind, wird bereits an dieser Stelle deutlich, dass es einer Neubestimmung des Innovationsprozesses bedarf, um der Falle einer simplifizierenden und damit unterkomplexen Vorgehensweise zu entkommen. Organisationen lassen sich nicht einfach so zu Neuem bewegen. Auch wenn ein Großteil der bislang vor allem in Großunternehmen aufgesetzten Innovationsprojekte von dieser Prämisse ausgeht: ein Blick auf die Verhältnisse vor Ort zeigt rasch, dass sich solche Projekte in der Regel nicht an die ursprünglich aufgesetzten Pläne halten und damit zu Ergebnissen führen, die von den verantwortlichen Managern erst retrospektiv für sinnvoll und richtig erklärt werden müssen. Das Dilemma hierbei liegt nicht in ungenügendem Steuerungsvermögen, geschweige denn in Planungsfehlern oder fehlender Motivation der Beteiligten. Das Dilemma liegt vielmehr in einem spezifischen Steuerungsverständnis bzw. den mentalen Modellen, welche es den verantwortlichen Führungskräften erschweren, angemessen auf die Tatsache zu reagieren, dass sie es mit sozialen Systemen zu tun haben, die auf Steuerungsimpulse mit Eigensinn reagieren, d.h. daraus etwas machen, was ihrer Eigenlogik (und nicht der Logik des Steuernden) entspricht. Und selbst für den Fall, dass es manchmal tatsächlich gelingt, erwartungsgemäße Ergebnisse zu erzeugen, kann man sich als Führungskraft nie sicher sein, dass es beim nächsten Mal wieder so sein wird. Organisationen sind lernfähig, und manchmal lernen sie auch, dass es klüger ist, einer bestimmten Anweisung Folge zu leisten, um dann in Ruhe auf den Zeitpunkt zu warten, an dem dieser Impuls durch intelligentere Spielzüge wieder unterlaufen werden kann. Es ist übrigens genau diese Einsicht in die prinzipielle Autonomie jedes sozialen Systems, die seine Führung über das reine Handwerk hinaus zu einer Kunst macht.

Während also die durchaus prominente, BWL-lastige Strömung der klassischen Organisationstheorie nach wie vor auf einem recht trivialen, mechanistischen Organisationsverständnis aufsetzt und aus dieser Perspektive heraus Unternehmen auf kausale Mittel-Zweck-Zusammenhänge reduziert, die nach einem linearen Input-Output-Schema funktionieren, geht ein systemtheoretisch informiertes Verständnis von Organisationen von anderen Prämissen aus. In diesem Verständnis sind Organisationen als soziale Systeme weder trivial noch kausal determiniert. Sie weisen vielmehr einen Eigensinn auf, der mit ihrer Geschichte zusammenhängt und sie gewissermaßen stur werden lässt, wenn es um instruktive Eingriffe von außen geht. Aufgrund ihrer manchmal schon erstaunlichen Beharrungskräfte sind von außen (etwa durch das Topmanagement) gesetzte Innovationsinitiativen nach dem »Allez-Hopp-Prinzip« in der Regel zum Scheitern verurteilt. Solche Anweisungen werden eher auf eine Art prozessiert, die es der Organisation erlauben, weiterhin routiniert das zu tun, was man über Jahre hinweg erfolgreich getan hat. Die wohlmeinend simplen Rezepturen eines unterkomplexen Innovationsmanagements laufen damit weitgehend ins Leere. Sie werden im Organisationsalltag bestenfalls ignoriert (und produzieren damit eine Scheinsicherheit des kontrollierten Vorgehens) oder regen schlimmstenfalls die Organisation an, sie auf eine intelligente Art zu unterlaufen.

All das hängt nicht zuletzt mit dem Funktionsprinzip von Organisationen zusammen, das aus dem Prozessieren einer besonderen Form von Kommunikation besteht: Organisationen reproduzieren sich über Entscheidungen, die an vorangegangene Entscheidungen anschließen und so die Unsicherheit und Kontingenz der Verhältnisse in Risiken transformieren. Diese Unsicherheitsabsorption durch Entscheidung ermöglicht Organisationen eine weitreichende Steigerung ihrer Effizienz. Statt sich mit allem möglichen zu beschäftigen, entscheidet man sich dafür, es nur mit diesem oder jenem zu tun haben zu wollen. Die Ausblendung von Entscheidungsalternativen durch die Selbstfestlegung auf eine bestimmte Entscheidung ermöglicht den Aufbau einer Binnenkomplexität, die Bedingung ist für komplexere Problemlösungsprozesse – ein evolutionärer Vorteil, der uns (mit allen nur erdenklichen Folgelasten und Nebenwirkungen) aus dem finsteren Mittelalter in das Licht der Moderne katapultiert hat (vgl. dazu Luhmann 2006). Die Ausdifferenzierung der eigenen Handlungsspielräume durch entsprechende Entscheidungen, die wiederum die Grundlage sind für daran anschließende Folgeentscheidungen, führt über kurz oder lang zu stabilen Routinen: Die Organisationen wird quasi aus sich heraus zur Organisation, durch den Modus ihres Organisierens. Auch wenn die Kontingenz der Verhältnisse mit den entsprechenden Entscheidungsprogrammen natürlich nicht zum Verschwinden gebracht wird (es besteht ja jederzeit die Gefahr, sich für eine falsche Alternative entschieden zu haben oder die Nebenfolgen einer Entscheidung nicht richtig eingeschätzt zu haben), so reduziert jede Entscheidung die Unsicherheit eines »alles ist möglich« in das Risiko eines »so machen wir das jetzt«. Dieses Risiko besteht in der Wahl der Alternative: Man hätte es auch anders machen können. Ob man mit seiner Entscheidung letztendlich richtig lag, lässt sich allerdings nur im Nachhinein sagen – also dann, wenn es bereits zu spät ist. Insofern ist jede Entscheidung eine Frage des Risikomanagements: ihre Folgen lassen sich nicht im vorhinein kalkulieren (Luhmann 1993). Um dieses Risiko möglichst gering zu halten, tendieren Organisationen dazu, an einmal getroffenen Entscheidungen festzuhalten. Sie werden so zu Gewohnheitstieren, die nur mit Mühe dazu zu bewegen sind, erfolgreiche Problemlösungen gegen das Ausprobieren neuer Entscheidungsalternativen einzutauschen, zu denen es keine systeminternen Referenzerfahrungen gibt. Dieser Reflex, stets zunächst einmal auf das Bewährte zu setzen, ist nicht nur vor dem Hintergrund einer Entscheidungstheorie mehr als plausibel: Man kann sich leicht ausmalen, dass selbst unsere Vorfahren es nur unter besonderen Bedingungen auf sich nahmen, all die unbekannten Pflanzen zu probieren, die in ihrem Umfeld wuchsen. Zu groß war das Risiko, den Übermut des Innovierens mit dem eigenen Leben zu bezahlen. Und wer weiß, ob nicht auch in modernen Organisationen das ungebrochene Interesse an »Best Practice«-Beispielen, d. h. Innovationen, die andere gemacht haben, mit dieser tief verwurzelten Abneigung gegenüber neuen, ungewissen Situationen mit offenem Ausgang zusammenhängt.

Fassen wir zusammen: Das traditionelle, betriebswirtschaftlich geprägte Verständnis von Organisationen beruht im Wesentlichen auf einem einfachen rationalistischen Kalkül von Zweck und Mittel. Gegeben sei ein Ziel – gesucht die Mittel, es zu erreichen. Auf den ehernen Säulen eines solchen Organisationsverständnisses lässt sich jedoch keine adäquate Strategie für ein zeitgemäßes Innovationsmanagement entwickeln. Es reicht nicht aus, Organisationen als reines Mittel zum Zweck zu definieren und etwa ein Unternehmen dadurch zu charakterisieren, dass es einmal zum Zweck der Hervorbringung eines bestimmten Produkts gegründet wurde. Mit einer solch verkürzten Perspektive sind zudem unrealistische Erwartungen an das Management verbunden: In einem Setting der Übersichtlichkeit und Planbarkeit greifen Machbarkeitsfantasien um sich, auf deren Basis Manager zu vermeintlich omnipotenten Rittern der traurigen Gestalt mutieren. Das organisationale Umfeld geht in der Folge mit der ironischen Gelassenheit eines Sancho Pansa in die innere Emigration und verfolgt das Spektakel der heroischen Geste quasi »erste Reihe fußfrei«. Der Anspruch, alles kontrollieren, beherrschen und zu eigenen Gunsten verändern zu können, endet dann oft in Überforderung und einer Form des Scheiterns, die aufgrund ihrer Fallhöhe erst recht reflexionsresistent zu sein scheint.

Im Gegensatz zu den Unkenrufen des rationalistischen Managementdiskurses gibt es also sehr wohl ein Leben nach dem Eingeständnis, dass in Organisationen bei Weitem nicht immer alles »nach Plan« abläuft. Das Gegenteil von starrem Korsett ist nicht blankes Chaos, sondern das, was die systemische Theorie unter dem »Eigensinn« eines Unternehmens versteht. Denn weder sind Unternehmen Produkte einer singulären unternehmerischen Willkür noch lassen sie sich von einem äußeren Einfluss so einfach leiten oder formen. Sie sind durch und durch soziale Systeme, belebt und bevölkert von den entsprechenden Dynamiken der Kommunikation, der wechselseitigen Abhängigkeiten, von Mustern der Bindung und solchen der Spaltung.

2.3 Lose Kopplungen

Wir haben gesehen, dass die Selbstbezüglichkeit (»Autopoiesis«) sozialer Systeme darauf hinausläuft, dass ein System seinen Fortbestand immer auf Grundlage dessen betreibt, was es bislang auszeichnete. Organisationen reproduzieren sich dadurch, dass sie sich in ihren Entscheidungen über Zukünftiges auf vorangegangene Kommunikationen beziehen. Sie werden selbstreferenziell in dem Sinne, dass sie alles, was sie für ihr Überleben benötigten aus sich selbst heraus erschaffen (Luhmann 2006). In dieser Selbstbezüglichkeit schlummert gerade in Sachen Innovationsmanagement das zentrale Paradox des Oszillierens zwischen Bewahrung und Veränderung. Wenn nämlich Organisationen in ihrem Prozessieren ausschließlich nur auf sich selbst verwiesen sind, dann knüpft sich an diese Einsicht unmittelbar eine entscheidende Anschlussfrage: Wie können sie sich dann überhaupt verändern? Mit anderen Worten: Wie kommt bei einem durchgängig strukturdeterminierten System etwas Neues ins Spiel?

Die Antwort auf diese Frage liegt in dem Begriff der »strukturellen Kopplung«. Dieser vom chilenischen Biologen und Philosophen Humberto Maturana (Maturana/Varela 1984) geprägte Begriff verweist auf das Zusammenspiel von operativer Schließung und Kontextabhängigkeit. Denn auch wenn eine Organisation nur nach der eigenen Melodie tanzen kann: sie tut dies nicht unabhängig von dem jeweiligen Kontext, in dem sie sich bewegt. Jedes Unternehmen steht etwa über seine Lieferanten, seine Partner, seine Mitarbeiter und seine Kunden mit vielfältigen Kontexten direkt bzw. indirekt in Verbindung; ohne Rücksicht auf diese Kontexte wäre es schlicht nicht überlebensfähig. Diese Kontexte definieren also in gewisser Weise den Möglichkeitsraum, in dem sich eine Organisation dann autonom bewegen kann. Gleichzeitig sind diese Kontexte die Quelle vielfältiger Störungen, die von der Organisation aufgegriffen, in die eigene Sprache übersetzt und entsprechend bearbeitet werden. Wichtig ist hier der Hinweis auf den losen Zusammenhang dieser Beziehung: Auch wenn keine Organisation ohne ihre relevanten Umwelten überleben kann, so existiert doch zu keinem Zeitpunkt eine direkte Eingriffsmöglichkeit. System und Umwelt setzen sich zwar voraus, können sich gegenseitig jedoch nicht bestimmen. Im Endeffekt läuft es darauf hinaus, dass Irritationen aus den jeweiligen Umwelten über den Prozess der strukturellen Kopplung in die Binnenwelt der Organisation gespült werden, um dort dann zum Gegenstand einer entscheidungsbasierten Kommunikation zu werden – oder eben nicht. Umweltereignisse bieten damit bestenfalls Anlass für die Selbstirritation einer Organisation. Was damit passiert, liegt einzig und allein in den Händen der Organisation, die sich dieser Zumutung aussetzen muss, um zu überleben.

Auch wenn sich also Störungen in ihrem Einfluss auf eine Organisation weder eindeutig beziffern noch beschreiben lassen: sie sind der Anlass für die permanente Überprüfung und gegebenenfalls den Umbau der eigenen Binnenstrukturen. Innovationen sind – so sie sich nicht auf graduelle Neuerungen der eigenen Produktpalette beschränken – der Paradefall eines besonders kontextsensitiven Prozesses. Geht es doch darin an zentraler Stelle um die Eroberung neuer Märkte, um die Kooperation mit neuen Partnern, um das Explorieren neuer Technologien und nicht zuletzt den Versuch, in einem bislang unbekannten sozialen oder kulturellen Setting erfolgreich aufzutreten.

Damit Organisationen (in einer sich rasch verändernden, dynamischen Umwelt allemal) nicht an ihren eigenen Routinen zugrunde gehen, braucht es die beständige Arbeit an dem Spannungsfeld von Innovation und Routine. Dies ist eine der wichtigsten Aufgaben der Führung von Organisationen: Impulse zu setzen, um den natürlichen Beharrungskräften entgegenzusteuern – etwa durch die Auswahl und Ressourcenausstattung von Innovationsprojekten. Die Führung darf dabei nur nicht damit rechnen, dass diese Impulse freudestrahlend aufgenommen und 1:1 so umgesetzt werden, wie sie intendiert waren. Innovationen können nicht angewiesen werden – sie passieren. Aber man kann darauf achten, Rahmenbedingungen zu schaffen, in denen dies wahrscheinlicher wird. Je radikaler die Innovation, desto größer das Beharren auf die risikoärmeren Routinen des Bestehenden: Führungskräfte tun gut daran, diese Dynamik zu verstehen und entsprechend der aktuellen Großwetterlage Akzente zu setzen, die jede Form der Erneuerung nach Möglichkeit zu einer Selbsttransformation werden lassen. Alles andere läuft Gefahr, in Organisationen schlicht keinen Anschluss zu finden.

2.4 Charles Darwin lässt grüßen: Evolution

Zu diesem modernen Organisationsverständnis gesellt sich eine weitere Einsicht, die den Innovationsprozess als Prozess betrifft. Folgt man den Erkenntnissen sowohl der Systemtheorie als auch der modernen Evolutionstheorie, die auf den bahnbrechenden Arbeiten von Charles Darwin und Alfred Russel Wallace fußt, dann verändern sich lebende Systeme immer im Zusammenspiel mit ihren Umwelten. Sie sind nicht beliebig formbar, sondern mutieren quasi in einem Wechselspiel von aktiver Umweltanpassung und passivem Angepasstwerden zu neuen, überlebensfähigen Formen. Dieser Prozess hat ein Eigentempo und verläuft typischerweise in einem Dreischritt von Varianz, Selektion und Retention. Wie ist das gemeint? Um sich oder etwas zu verändern, sprich zu innovieren, braucht es zunächst einmal Alternativen zu den bestehenden Routinen der Überlebenssicherung. Es müssen Varianten entstehen (oder entwickelt werden), wie ein bestehendes Problem – ohne Selbstgefährdung – auch anders gelöst werden kann. In Organisationen geschieht dies in der Regel auf der Ebene alltäglicher Entscheidungen, die mal so oder mal anders ausfallen können. Ein bestimmter Vorgang wird anders gemacht als bisher, eine nach außen erbrachte Leistung wird vom Kunden anders gewünscht, ein Fehler tritt auf, Studien ergeben eine neue Einsicht in die Positionierung der Wettbewerber, die Regierung verabschiedet ein neues Regulierungsgesetz, eine neue Technologie bietet überraschende Optionen für neue Märkte etc. Dieses evolutionäre Ausprobieren neuer Möglichkeiten kann von der Führung durch die Ablehnung bestehender Verhältnisse, einem Nein zu erprobten Problemlösungsprozessen, beschleunigt werden. Dieses »so nicht« zwingt dann die Organisation bestenfalls dazu, konzentriert nach Alternativen Ausschau zu halten.

In beiden Fällen (mal langsamer, mal schneller) entstehen Varianten, die neue Handlungsoptionen ermöglichen. Aus der Vielfalt der Möglichkeiten gilt es dann, eine dieser Optionen aufzugreifen und sie umzusetzen. Auch diese Selektionsleistung kann zufällig passieren, wieder vergessen werden oder aber durch eine gezielte Umstellung von Entscheidungsprämissen stabilisiert werden. Sie ist in jedem Fall ein komplexer sozialer Prozess, in dessen Verlauf eine Störung/Abweichung organisationsintern beobachtet und – aus welchen Motivlagen auch immer – als interessant, d. h. relevant empfunden wird – oder eben nicht. Relevanz entsteht in der Regel dann, wenn die Abweichung von strategischem Interesse ist. Die Störung wird dann zum Thema, das sich in der Kommunikation der Organisation verfängt. Mitglieder der Organisation ergreifen die Initiative, die Störung/Idee mit Aufmerksamkeit auszustatten. Dieses »Issue Selling« (Steven/Bill 2000) ist die Bedingung dafür, dass aus einer bloßen Störung des Routinebetriebs eine nachhaltige Neuerung entsteht. Diese Restabilisierung einmaliger Abweichungen führt letztlich zu einem stabilen Prozess in der Organisation: die Definition eines Pilotprojekts etwa, die eine Investition von Ressourcen für ein bestimmtes Thema impliziert, oder die Anpassung der strategischen Suchrichtung für Innovationen, die mit einer Änderung von Entscheidungsprämissen (z. B. Personalwechsel, Strategieänderungen, Umbau von Teilen der Organisation) einhergeht. Ob sich diese Änderungen dann letztendlich in der Praxis bewähren, sprich im Zusammenspiel mit den jeweils relevanten Umwelten Überlebensvorteile bieten, wird im weiteren Verlauf der Umsetzung geklärt. Dies ist der Schritt der Retention, mit dem die Rückbindung stabiler Entscheidungslagen an den Alltag der Organisation gemeint ist, die einer gefundenen oder präferierten Variante erst ihre nachhaltige Wirkung verleiht. Erst wenn eine Organisation alle drei Schritte durchlaufen, d. h. diese Schrittfolge organisationsintern beobachtet und aufgegriffen wurde, kann man von einer erfolgreichen »evolutionären Entwicklung« sprechen. In der Praxis ergibt sich jedoch meist ein weitaus komplizierteres Bild: So wird etwa die ordentliche Schrittfolge mitnichten eingehalten, an unterschiedlichen Stellen der Organisation können jeweils andere Schritte plötzlich abweichende Relevanz bekommen oder aber die Organisation hat aufgrund bereits gemachter Erfahrungen mit Störungen gelernt, einzelne Aspekte dieses Prozesses ins Leere laufen zu lassen und stattdessen Inszenierungen zu veranstalten, dass einem die Spucke wegbleibt und die Augen tränen.

Insgesamt muss man sich die Konsequenzen dieser evolutionstheoretischen Perspektive auf der Zunge zergehen lassen: Innovationsprozesse (und die durch sie immer mitlaufenden Veränderungen) sind vor diesem Hintergrund nur bedingt steuerbar. Innovationen passieren – als Abweichungen vom bestehenden Status Quo – eher als das sie gemacht werden. Ob es gelingt, aus diesem eher tastenden Vorgehen einen zielgerichteten Prozess zu machen, hängt weniger vom Wollen einzelner Akteure ab, sondern ist ein Ergebnis des Zusammenspiels von Varianz, Selektion und Retention – mit allen Zufälligkeiten und Rückkopplungen, Überlagerungen und Interferenzen, die dabei nur vorstellbar sind.

Wenn wir davon ausgehen, dass ein solches evolutionäres Innovieren von und in Organisationen zwar der Regelfall ist, aber nicht schnell genug passiert, um in Zeiten wie diesen die eigene Überlebensfähigkeit zu sichern, dann haben wir die Ausgangslage für die Notwendigkeit eines Innovationsmanagements ausreichend deutlich markiert. Versteht man in diesem Zusammenhang Innovation als *die zielgerichtete (Wieder-)Einführung von Störungen in die Organisation*, dann ergeben sich daraus zwei weiterführende Perspektiven: Zum einen der Blick nach außen, mit dem daran erinnert wird, sich als Teil eines ko-evolutionären Prozesses zu begreifen, bei dem man die Entwicklung des eigenen Umfelds aktiv mit beeinflusst und daher auch mit zu verantworten hat. Ein entsprechendes »Störungsmanagement« im Sinne einer aktiven Auseinandersetzung mit den eigenen relevanten Umwelten (Stichwort »Open Innovation«) ist hier eher Pflicht denn Kür. Notwendig ist zum anderen aber auch ein Blick nach Innen, mit dem die organisationsinternen Bedingungen auf den Prüfstand gestellt werden, genügend Aufmerksamkeit für Störungen zu produzieren, die dann die Entscheidungsgrundlage für etwaige Kurskorrekturen bieten. Hier ist insbesondere der Umgang mit den eigenen blinden Flecken zu nennen, aber auch die Pflege einer »Mindfullness«, mit der sensibel bereits auf sogenannte »schwache Signale« (Weak Signals) von Veränderungen, d. h. erste grobe Ideen von Innovationen, reagiert wird (Weick/Sutcliffe 2003). Auf beide Aspekte werden wir im Verlauf unserer Überlegungen noch zu sprechen kommen.

Fassen wir unsere Hinweise zu den evolutionären Grundlagen eines systemischen Innovationsmanagements noch einmal zusammen: Organisationen erneuern sich entlang der drei Prinzipien von Variation, Selektion und Retention. Das Neue tritt zunächst in Form von Variationen auf – als abweichende Reproduktionen der bestehenden Elemente eines Systems. Durch Selektion wird entschieden, welche der Variationen sich als vollständige Elemente des Systems etablieren können. Und im Prozess der Retention kehrt die Organisation schließlich verändert zu sich selbst zurück. Dieser Prozess des evolutionären Driftens findet so oder so statt: Kein System kann auf Dauer überleben, ohne sich ständig mit seinen relevanten Umwelten zu arrangieren. Innovationsmanagement ist der Versuch, diesen Prozess zu beschleunigen. Im Unternehmenskontext wird eine Strategie des Wartens auf gute Gelegenheiten über kurz oder lang auf wenig Gegenliebe stoßen und die Lebensdauer einer Organisation möglicherweise drastisch verkürzen. Will man also nicht ausschließlich auf das Eintreffen des vielzitierten St.-Nimmerleinstags setzen, brauchen Innovationsprozesse Anregung, Unterstützung, positive Provokation und vor allem sinnvollen Support durch ein aufmerksames Management, um sich angemessen entfalten zu können. Mit Blick auf die geschilderten gesellschaftlichen Mystifizierungen des Neuen müssen wir uns weiterhin vergegenwärtigen, dass das erfolgreiche Durchsetzen einer Innovation ein langwieriger und zahlreichen internen wie externen Widerständen ausgesetzter Weg ist. Organisationen fehlt es weder an Ideen noch an Kreativität, oft genug aber an professioneller Unterstützung und einer entsprechenden Organisation dieser Impulse. Statt also nur auf nutzbare Zufälle zu warten, hat ein gut aufgestelltes Management spätestens an dieser Stelle Möglichkeiten in der Hand, sinnvoll Kontexte und Rahmenbedingungen zu gestalten, mit denen die Wahrscheinlichkeit erhöht wird, den Prozess des Innovierens zielgerichteter ablaufen zu lassen.

Eine der zentralen Herausforderungen für ein erfolgreiches Innovationsmanagement besteht dann darin, die hier skizzierten evolutionären Komponenten und deren Unberechenbarkeit mit den organisationalen Ausgangsbedingungen in Einklang zu bringen. Dafür braucht es neben dem hier skizzierten konzeptionellen Rahmen auch ein Verständnis für das *Wie* der Innovation – sprich: die Art und Weise, wie sie sich innerhalb einer Organisation konkret vollzieht. Im folgenden Kapitel richtet sich unsere Aufmerksamkeit daher auf die einzelnen Bereiche und Ausprägungen des Innovationsgeschehens in Organisationen.

3 Dimensionen des Innovierens

Die bisherigen Ausführungen zu den konzeptionellen Grundlagen der Innovationsprozesse in Organisationen stehen in einem seltsamen Kontrast zu dem schillernden Nimbus, den der Begriff der »Innovation« in seinem alltäglichen Gebrauch besitzt. Irgendwie ist überall die Rede von Innovationen. Und irgendwie geht es dabei auch immer um etwas Neuartiges:

> »Neuartig ist mehr als neu, es bedeutet eine Änderung der Art, nicht nur dem Grade nach. Es geht um neuartige Produkte, Verfahren, Vertragsformen, Vertriebswege, Werbeaussagen, Corporate Identity. Innovation ist mehr als eine graduelle Verbesserung und mehr als ein technisches Problem.« (Hauschildt 2004)

So beschreibt der Innovationsforscher Jürgen Hauschildt in seiner Annäherung an eine Definition von Innovation die Ausgangslage in der Fachliteratur und schlägt gleich eine Handvoll unterschiedlicher Definitionen vor, mit denen das Phänomen dingfest gemacht werden soll (Hauschildt 2004). Insgesamt lässt sich festhalten, dass in der Literatur zum Thema Innovation eine Fülle von Unterscheidungen verwendet wird, mit deren Hilfe der Prozess des Innovierens beobachtet und analysiert wird. Auch wenn wir uns für unsere Überlegungen zu einem systemischen Innovationsmanagement – angeregt von den Denkfiguren des Soziologen Dirk Baecker (Baecker 2007) – bereits auf eine allgemeine Definition verständigt haben (Innovation als zielgerichtete (Wieder)Einführung von Störung in die Organisation), so kommen auch wir schon allein aus Gründen der Präzision nicht umhin, die unterschiedlichen Dimensionen des Innovierens weiter zu spezifizieren. Es macht einfach einen Unterschied, ob wir etwa die unterschiedlichen Wirkungsgrade eines Innovationsprozesses in den Blick nehmen oder uns die Bereiche anschauen, in denen Innovationen ihre Wirkung entfalten.

Die folgenden Ausführungen erlauben uns daher eine erste Einordnung der Innovationsaktivitäten einer Organisation und helfen uns, den Begriff »Innovation« aus seinem modischen Gewand zu befreien. Wir orientieren uns dabei an drei zentralen Leitunterscheidungen: a) einer sachlichen Dimension, mit der deutlich wird, welche Faktoren als Haupttreiber für Innovationsprozesse gesehen werden; b) einer graduellen Dimension, mit der die Neuartigkeit von Innovationen im Verhältnis zum bestehenden Status quo in den Blick genommen wird, und schließlich c) einer inhaltlichen Dimension, die sich auf die Arbeitsfelder und Bereiche bezieht, in denen Innovationen in Unternehmen stattfinden.

3.1 Differenzierung nach Innovationstreibern: Innovation 1.0 – 3.0

Bei dieser Leitunterscheidung sind es vor allem die Anlässe für Innovationen, die eine besondere Rolle spielen. Uns werden diese Treiber nochmals ausführlicher im Kapitel 6.1.2 beschäftigen – dort im Kontext des ersten Arbeitsschritts der Innovationshelix, bei dem es um das Störungsmanagement geht. An dieser Stelle reichen uns daher einige zusammenfassende Hinweise. Die unterschiedlichen Modi des Innovierens lassen sich gut als Resonanzen auf einen umfassenderen Paradigmenwechsel lesen: nämlich den von einer fordistisch geprägten hin zu einer postindustriellen Ökonomie. Der ursprüngliche Fokus auf neue Technologien als Treiber von Innovationen wird – ohne jemals vollständig zu verschwinden – mehr und mehr ergänzt und ersetzt durch den Blick auf Kundenbedürfnisse, die mit Hilfe neuer Produkte und Services befriedigt, in Teilen sogar vorab geweckt werden wollen. Diese Umstellung von einer Innen- zu einer Außenperspektive beim Innovationsgeschehen von Organisationen korrespondiert mit der Konjunktur solcher Ansätze wie »Open Innovation«, auf die wir im Laufe unserer Argumentation noch ausführlicher zu sprechen kommen werden (siehe dazu insbesondere das Kapitel 6.1.5).

Ergänzt wird diese Umstellung von einer technologiegetriebenen Innovation 1.0 zu der kundenorientierten Innovation 2.0 durch neuere Ansätze einer netzwerkbasierten Innovation 3.0, die vor allem durch die Notwendigkeit des grenzüberschreitenden Zusammenspiels unterschiedlicher Organisationen und ihrer Akteure getrieben wird, die dabei auf eine zentrale Steuerung verzichten müssen. Die Erneuerung ganzer Industrien gehört hier ebenso dazu wie all die sozialen Innovationen, die aus dem komplexen Zusammenspiel von Technologie, Markt und Gesellschaft heraus für tiefgreifende Umbrüche in unserem Alltag sorgen. Aber einen Schritt nach dem anderen: Worin genau bestehen zunächst einmal die Unterschiede dieser drei Innovationsmodi?

3.1.1 Technologieorientierung: Innovation 1.0

Die traditionelle Sichtweise auf Innovationsprozesse verstand unter »Innovation« vornehmlich das Management der Hervorbringung und Verwendung neuartiger Produkte oder Verfahren auf Märkten oder innerhalb von Institutionen (Hauschildt 2001). Dem liegt ein lineares Verständnis von Innovation zugrunde. Es beschränkt sich im Wesentlichen darauf, dass Innovationen in der F&E-Abteilung eines Unternehmens von den dafür zuständigen Ingenieuren und Spezialisten ausgetüftelt werden. Im Zentrum der Innovation 1.0 stand also – und steht zum Teil noch bis heute – die Technologie. Man spricht in diesem Zusammenhang auch von einer stark F&E-lastigen »geschlossenen Innovation«.

Kaum ins Spiel kommen bei diesen Überlegungen die Fragen des Marktes. Konkret: diejenigen nach der Nachfrage bzw. dem Bedarf an einem neuen Produkt. Hier tut sich ein für die Unternehmen folgenreicher Widerspruch auf. Auf der einen Seite wird unter den abgeschotteten Bedingungen einer »Splendid Isolation« geforscht; andererseits wird zur Legitimation der Forschungsabteilungen laufend versichert, dass es sich bei den Innovationen in jedem Fall um anwendungsorientierte Produkte handelt. Hauschildt legt mit einer pointierten Frage den Finger auf eine offene Wunde:

> »Suchen die Forscher und Entwickler wirklich den ständigen Kontakt mit Kunden oder ziehen sie das Gespräch mit akademischen Fachkollegen vor?«
>
> (Hauschildt 2001)

Das klassische industrielle Innovationsmanagement scheint sich in vielerlei Hinsicht aus den eingangs beschriebenen gesellschaftlichen Mythen der Innovation zu speisen. Im Zentrum stehen die Naturwissenschaftler und Ingenieure als einsame und geniale Tüftler. Innovationen sind demzufolge plan- und machbar und folgen einer linearen Dramaturgie, die sich in eindeutig voneinander abgrenzbare Schritte unterteilen und reproduzieren lässt. »Vom Problem zur Lösung« lautet der Königsweg des industriellen Innovationsmanagements.

Dabei widerspricht die Geschichte der industriellen Entwicklung selbst einer solch eindimensionalen Formel. Nicht wenige der bahnbrechenden Erfindungen folgten und folgen in ihrer Genese meist entweder dem bereits erwähnten »Serendipity-Prinzip« (etwas gesucht und dabei etwas anderes gefunden) oder einem verschlungenen Trial-and-Error-Prozess. Da solche Umwege eben das Unkontrollierbare miteinbeziehen, werden sie vom klassischen industriellen Innovationsmanagement meist unter »skurrile Zufallserfindungen« verbucht und in der Reflexion dementsprechend vernachlässigt. Demgegenüber verweist Hauschildt in seinen Ausführungen folgerichtig darauf, das bereits für ein avanciertes industrielles Innovationsmanagement gilt:

»Innovationen sind keine Domäne wissenschaftlich orientierter Forscher und Entwickler, sondern eine gemeinsame Aufgabe von Forschern, Marktkennern und Marktmachern.« (Hauschildt 2001).

3.1.2 Kundenorientierung: Innovation 2.0

Die hohe Technologieorientierung beim Innovieren 1.0 läuft darauf hinaus, das der Fokus des Managements dieser Prozesse auf der Produktentwicklung liegt: Die Anfangsphase des Innovationsprozesses steht hier im Zentrum der Aufmerksamkeit. Über den Erfolg einer Produktidee entscheiden aber in mindestens ebensolchem Ausmaß die Phasen der Prototypen-Konstruktion, der Fertigstellung und – last but certainly not least – die Einführung in den Markt. Hauschildt und andere machen sich deshalb für eine »ganzheitliche« Planung von Innovationsprozessen stark. In unserer Argumentation wollen wir noch einen Schritt weiter gehen und darauf verweisen, dass auch und gerade den Kunden in solch einem Prozess eine wesentliche Rolle zukommt – eine Sicht- und Denkweise, die im Rahmen des klassischen industriellen Innovationsmanagements durchaus keine Selbstverständlichkeit darstellt. Wir wollen in diesem Zusammenhang von einer kundenorientierten Innovation 2.0 sprechen. Typisch für die Innovation 2.0 ist die »offene Innovation«, die von der Frage nach Kooperationen und Partnern geprägt ist.

Der Preis, den Organisationen für die paradigmatische Umstellung von technologiegetriebener zu kunden- und damit marktgetriebener Innovation zu zahlen haben, ist allerdings nicht unbeträchtlich. Die Einführung einer Außenreferenz als zentralem Treiber von Innovationsvorhaben ist der Weckruf für die schlafenden Hunde des Widerstands. Wir werden auf den Aspekt des Widerstands bei Innovationsvorhaben im weiteren Verlauf unserer Überlegungen ausführlicher zurückkommen – pätestens in der Phase der Implementierung von Innovationen (Kapitel 8.2) spielt dieser Aspekt eine zentrale Rolle. An dieser Stelle reicht daher der Hinweis, dass Organisationen sehr empfindlich auf jede Form der Einmischung in ihre inneren Verhältnisse reagieren. Stärker als bei technologischen Treibern von Innovationsprozessen, die ja nicht selten in Eigenproduktion entstanden sind und den ganzen Stolz zumindest der Ingenieure und F&E Abteilungen auf sich versammeln, geraten kundengetriebene Innovationen schnell in den Verdacht, all das infrage zu stellen, was bislang galt und als solches auch erfolgreich war. Sofort bilden sich dann als eine Art Immunreaktion mannigfache Barrieren der Ablehnung heraus, die unter der Überschrift »not invented here« zusammengefasst werden können. Diese Barrieren haben individuelle und gruppendynamische Komponenten. Auf individueller Ebene betrifft dies das von hauseigenen Experten entwickelte Fachwissen; auf gruppendynamischer Ebene bringen solche Innovationsimpulse oft etablierte soziale Rangordnungen, Zuschreibungen und Zuständigkeiten ins Wanken. Bevor also diese Innovationen überhaupt auf die Bühne des Marktes treten können, müssen sie zuallererst innerhalb der Organisation Akzeptanz erfahren. Und dabei geht es weniger um rationale, sach- und stichhaltige Argumente, sondern um die jeweiligen Effekte, die eine radikale Neuerung auf Position, Ansehen und Glaubwürdigkeit der jeweiligen Mitglieder der Organisation hat.

Ein umfassendes Innovationsmanagement wird es sich nicht leisten können, solche Barrieren als »irrelevant« zu ignorieren, bloß weil sie auf den ersten Blick nicht unmittelbar mit dem konkreten Innovationgeschehen im Zusammenhang stehen. Allein daran lassen sich bereits jene Faktoren erkennen, welche die Nicht-Trivialität von Organisation ausmachen; die theoretischen Begriffe des vorangegangenen Kapitels erhalten dadurch ein konkretes Gesicht. Die reine Konzentration auf die Organisation der technischen Abläufe eines Innovationsprozesses gelangt spätestens hier an unhintergehbare Grenzen. Neben den klassischen Aspekten der Fachkompetenz tauchen nun gleichberechtigt Problematiken rund um den Faktor soziale und psychologische Kompetenz auf, die sich nicht mehr aus dem Innovationsprozess allein erschließen lassen können. Genau darin liegt dann der organisationale Auftrag für ein versiertes Innovationsmanagement, dass im Zuge der Umstellung von Innovation 1.0 zu Innovation 2.0 an Bedeutung gewinnt: Es muss sicherstellen, dass es einerseits genügend interne treibende Kräfte – sogenannte »Promotoren« (vgl. Kap. 8.2.1) – für eine Innovation gibt, und gleichzeitig darauf achten, dass diesen treibenden Kräften bei ihrer Lobbytätigkeit nicht der organisationale Rahmen um die Ohren fliegt, in dem sie sich bewegen.

3.1.3 Netzwerke: Innovation 3.0

In der postindustriellen Ära einer »nächsten Gesellschaft« verschiebt sich die Arbeit der Innovation nochmals stärker von den klar umrissenen F&E-Abteilungen innerhalb der Unternehmen und dem Blick auf ihre Kunden in Richtung zwischenbetrieblicher Kooperationen, vornehmlich mit Marktpartnern. An diesem Punkt ist es mit dem gralsgleich gehüteten, sprichwörtlichen Betriebsgeheimnis vorbei: Der immaterielle Charakter von Innovation macht es beinahe unmöglich, sie zu schützen. Die aktuellen Auseinandersetzungen im »war of patents« zwischen Samsung und Apple sind hierfür kein Gegenbeweis, sondern stützen unser Argument: Vorausgesetzt, man interpretiert die vielen gerichtlichen Auseinandersetzungen beider in einem engen Lieferanten- und Produktionsverhältnis stehenden Unternehmen nicht als geschickten Marketingschachzug, dann wird an der ständigen Abwägung einzelner Technologien und Gebrauchsmuster deutlich, wie schwer die Abgrenzung einzelner Innovationen mittlerweile geworden ist. Andererseits entstehen durch die Vernetzung unterschiedlichster Partner ohne eindeutiger Über- und Unterordnung fast schon automatisch umfassende Kooperationsmöglichkeiten. An die Stelle einer hierarchischen Struktur von Befehl und Gehorsam tritt ein sogenanntes »Schnittstellenmanagement«, das sich der Koordination zwischen den einzelnen Partnern in Innovationsprojekten widmet. Spätestens hier sind wir nun bei der *netzwerkbasierten Innovation 3.0* angelangt.

Dieser Modus der Innovation zieht gravierende Umstellungen im Steuerungsverständnis solcher Aktivitäten nach sich, die unserer Beobachtung nach vor allem in den Großkonzernen für Unruhe sorgen. Zu ungewohnt sind die Prämissen einer Kollaboration im Netzwerk, zu stark die gewohnten Reflexe der Absicherung von Wissen und Schließung der Außengrenzen, mit denen das in Netzwerken übliche Balancieren von Kooperation und Konkurrenz unterlaufen wird. Statt auf wechselseitigen Austausch setzt man dort noch auf Kontrolle, und übersieht eine der zentralen Einsichten für die Steuerung von Netzwerkaktivitäten; dass nämlich in diesen Zusammenhängen nur der Kontrolle ausüben kann, der sich selbst von anderen kontrollieren lässt.

Ein neues Steuerungsverständnis
Unter den hier skizzierten Voraussetzungen ändern sich die Kommunikations-, Umgangs- und Beziehungsformen in Organisationen fundamental. In der systemischen Theorie spricht man diesbezüglich allgemein von der Umstellung von »strikten« auf »lose Kopplungen«, auf welche wir bereits in Kapitel 2.3 eingegangen sind. Dies umschreibt den generellen Charakter einer posthierarchischen Beziehung *zwischen* und *in* Unternehmen: Denn die »Lockerung« bzw. Wandlung linearer Befehlsketten in eine reziproke (wechselseitige) Kommunikation betrifft sowohl die *zwischenbetriebliche* als auch die *innerbetriebliche* Ebene. Das Management von Innovationen wird so zu einem Aushandlungsprozess mit unterschiedlichen Stakeholdern und zeichnet sich durch einen intelligenten Umgang mit Diskontinuitäten aus: Phasen intensiver Kooperation wechseln mit Zeiträumen stärkerer Abschottung ab. Partner wechseln, ohne dass darin ein Vertrauensbruch zu verstehen wäre. »*Coopetition*«, das gleichzeitige Agieren als Kooperationspartner und Wettbewerber also, wird zum gängigen Arbeitsmodus – inklusive der damit einhergehenden Fragen nach verlässlichen Bündnispartnern, die sich auf eine langfristige Entwicklungsarbeit einlassen wollen und können (Brandenburger/Nalebuff 1996).

Unter diesen Bedingungen verlangen Innovationsvorhaben nach Instrumenten einer *robusten* Prozesssteuerung, die mehr zu bieten hat als CPM- und PERT-Netzpläne, detaillierte Projektkostenrechnungen oder eine meist vergangenheitsorientierte F&E-Budgetierung. Wir werden noch sehen, dass die Kunst dieses Innovationsmanagements nicht zuletzt in der aufmerksamen Beobachtung der Umweltbeziehungen, im Aufspüren von punktuellen Reizen und im konsequenten Balancieren zwischen dem Beharren auf einer verbindlichen Strategie und der Ermöglichung autonomer Spielräume für die Entwicklung und Entfaltung neuer Ideen besteht.

3.2 Differenzierung nach Innovationsgraden

Die zweite Leitunterscheidung in der Beobachtung von Innovationsprozessen bezieht sich auf den Grad der Innovation. Wie stark setzt sich eine Innovation von den bestehenden Problemlösungen ab, wie tiefgreifend sind ihre Auswirkungen auf die bestehenden Verhältnisse, und mit welchen Konsequenzen muss man daher bei ihrer

Umsetzung rechnen? Im Wesentlichen lassen sich hier drei unterschiedliche Stufen des Innovierens voneinander unterscheiden: inkrementelle, radikale und disruptive Innovationen (Meissner 2011).

Inkrementelle Innovationen zielen hauptsächlich auf Renovation bzw. Verbesserungen. Durch die Ausbeutung des bestehenden Know-hows und die Fokussierung auf Detailwissen wird ein Bekenntnis zum bestehenden Produktportfolio abgelegt. Die Herausforderung für das Management besteht dabei im projektförmigen Betreiben des Innovationsprozesses, im Sinne der ständigen Verbesserung bestehender Problemlösungen. Bei *radikalen* und *disruptiven Innovationen* liegt der Schwerpunkt hingegen stärker auf der Exploration neuartiger Angebote für bestehende Problemzusammenhänge oder gar auf der Entwicklung ganz neuer Problemstellungen. Gefordert ist dazu ein konsequentes »Out of the Box«-Denken. Dies verlangt nach Innovatoren, die sich nicht mit der bestehenden Produktpalette identifizieren, aber dennoch mit der Organisation in Verbindung stehen. Die Aufgabe für das Management besteht hier darin, Fragen zu stellen und systematisch Denk- und Experimentierräume zu schaffen, in denen Überraschungen willkommen sind, ihren eigenen Platz bekommen und in der Folge auch überleben können. Werfen wir einen detaillierteren Blick auf die einzelnen Abstufungen.

3.2.1 Inkrementelle Innovationen: Renovation und Verbesserungen

Von Henry Ford stammt der Ausspruch: »Nicht mit Erfindungen, sondern mit Verbesserungen macht man ein Vermögen.« Insofern lautet die vermeintlich einfache Formel für inkrementelle Innovationen: *Dinge, die wir tun, besser tun.*

Inkrementelle Innovationen gehören zum Standard-Repertoire von Unternehmen. Ohne stetige und kleine Verbesserungen sind deren Produkte auf dem Markt nicht konkurrenzfähig. Große Technologie- und Marktveränderungen sind dabei nicht zu erwarten. Software-Updates sind ein typisches Beispiel für inkrementelle Innovationen. In einem bereits etablierten Markt liegt der Fokus von Unternehmen darauf, Produkte mit dem gewissen Etwas – besseres Material, eine zusätzliche Funktion, eine höhere Geschwindigkeit – auszustatten, um die Kunden weiterhin in den Bann zu ziehen. Die Züge der Wettbewerber und Kunden gilt es achtsam zu beobachten, um so die eigenen Spielzüge taktisch platzieren zu können.

Insbesondere durch die Erfolgsgeschichten der japanischen Autoindustrie hat der kontinuierliche Optimierungszwang in den letzten Jahren eine große Aufmerksamkeit erfahren. Unter der Flagge von Total-Quality-Management (TQM) und Kaizen wurde Qualität als oberstes Systemziel eingeführt. Qualitätskennzahlen wurden aufgezeichnet, interpretiert und kontrolliert; dadurch gelang es in vielen Fällen, alle Bereiche der Organisation auf dieses eine Ziel auszurichten. Neben der Qualität ihrer Produkte sind natürlich auch Produktivitätssteigerungen für Organisationen von zentraler Bedeutung. Auch hier konnten durch entsprechende Konzepte wie etwa dem Business Reengineering bei bestehenden Leistungsprozessen Ressourcen freigesetzt und damit kostengünstiger produziert werden.

Ebenso wichtig wie die Qualität der Produkte sowie die Effizienz der eigenen Produktionsprozesse ist jedoch die Frage, ob die eigenen Produkte innovativ genug sind, um sich gegenüber Wettbewerbern zu behaupten und aktuellen wie auch zukünftigen Marktanforderungen gerecht zu werden. Mit anderen Worten: Hat ein hoch qualitatives Produkt (immer noch) einen ausreichenden Marktwert und wie schauen die entsprechenden Cash-Cows der kommende Jahre aus? Konzentriert sich eine Organisationen zu sehr auf die Effizienz ihrer Prozesse, wird sie blind für die Entwicklungen der Umwelt und des Marktes und somit träge und antriebslos im Innovationsgeschäft.

Klare Ziele und Handlungsabläufe
Bei inkrementellen Innovationen werden in der Regel im Vorfeld sowohl das erwünschte Ergebnis als auch der Weg festgelegt, der dorthin führen soll. Da sich das Ziel klar abgrenzen lässt, ist es möglich, Handlungsabläufe im Detail festzulegen.

Ein Beispiel: Will man ein Flugzeug oder eine Gasturbine bauen, so ist dies in beiden Fällen eine komplizierte Angelegenheit. Gasturbinen gibt es schon seit 100 Jahren, und man kann sich leicht vorstellen, welch immense Menge an Wissen sich in dieser Zeit angesammelt hat. Die Wahrscheinlichkeit, dass Kunden auf die Gasturbine 2.0 oder ähnlich spektakuläre Erneuerungen warten, ist nicht sehr hoch. Die Technologie der Gasturbine ist derart ausgereift, dass es auch relativ unwahrscheinlich ist, dass sich die Zusammensetzung der Komponenten radikal ändern wird. Spannend wird es jedoch bei den einzelnen Bausteinen. Kann man durch ein neues Material oder eine elegantere Form das gesamte Gefüge verbessern? Fabriziert man beispielsweise Turbinenschaufeln aus Keramik, so halten diese höheren Temperaturen stand und die gesamte Turbine kann höhere Drehgeschwindigkeiten erreichen. So kann man vielleicht für die Gasturbine einen höheren Wirkungsgrad erzielen, muss dafür aber auch höhere Kosten in Kauf nehmen.

Haben wir es – wie bei der Gasturbine oder einem Flugzeug – mit einer umfassenden *Architektur* aus vielen komplex zusammengesetzten Einzelteilen zu tun, müssen wir unseren Blickwinkel ändern. Vergleichbar mit einer Matroschka, der Puppe in der Puppe, finden Innovationen hier auf der Ebene der einzelnen Komponenten statt. Die Ideen sind hier selten spontan. Die Kunst ist, das Wissen aus vielen unterschiedlichen Disziplinen zusammenzutragen. Ein neues Material wie Keramik in die Verwendung einzubringen, ist ein aufwendiger Arbeitsschritt. Um solche Kosten zu rechtfertigen, müssen die Verflechtungen und Wechselwirkungen der einzelnen Bausteine miteinander und gegeneinander durchkalkuliert werden. Es geht darum, komplexe Zusammenhänge zu erkennen, diese in Teilprobleme zu zerlegen und Schritt für Schritt abzuarbeiten. Trotzdem darf dabei natürlich der Überblick nicht verloren gehen: Es ist klug zu wissen, was sich ändert, wenn man an einem vermeintlich unbedeutenden Rädchen dreht.

Durch einen aufmerksamen Blick auf Wettbewerber, Kunden und Wissenschaft wird dabei schnell deutlich, an welchen Stellschrauben man drehen kann oder muss. Im Fall unserer Gasturbine etwa wussten die Entwickler ganz genau, dass man für die Konstruktion eines Kraftwerks einen Katalysator zur Minderung der Stickoxide brauchte (Eberl/Puma 2007). Man wusste auch, dass diese Technologie bereits im Markt existiert. Und man wusste, dass diese Technologie bereits mit japanischen Patenten belegt war. Damit war die Zielrichtung des Innovationsprozesses klar. Es musste darum gehen, einen Katalysator mit dem gleichen technischen Standard zu entwickeln, der das Problem auf eine andere Art und Weise löst als die bereits patentierte Technologie und es ermöglichen würde, das Produkt auch zu vernünftigen Kosten zu produzieren. Mit dieser Zielsetzung konnte seitens des verantwortlichen

Managements ein entsprechender Innovationsprozess geplant, gestartet und gemanagt werden.

Die Grenzen des inkrementellen Innovierens
Traditionell wurden in Unternehmen Innovationsprojekte nur dann initiiert, wenn ein spezifischer Performance- oder Benchmark-Wert stark unter das erwartete Maß zurückfiel: ein Rückgang der Kundenzahlen etwa oder das Angebot eines Wettbewerbers, der ein vergleichbares Produkt zu einem weitaus günstigeren Preis oder einer besseren Qualität auf den Markt brachte, waren Auslöser für verstärkte Innovationsaktivitäten. Die entsprechenden Gegenmaßnahmen waren in dem Fall einfach zu definieren: Es ging stets darum, schneller, qualitativ besser, effizienter zu sein als Andere. Daneben waren auch die Begrenzungen der zur Verfügung stehenden (ökonomischen) Ressourcen ein gewichtiger Anlass, um bestehende Produktionsprozesse zu verbessern. Die Analyse von Performance-Lücken ist bis heute eine wichtige Quelle für Innovationen. Ein weiterer Ansatz zur Stimulation von Innovationsaktivitäten in Unternehmen ist der kontinuierliche Vergleich mit den Wettbewerbern. Im Rahmen von Benchmarking-Studien werden in vielen Unternehmen umfassende Interviews mit den entsprechenden Wettbewerbern durchgeführt. Im Fokus der Aufmerksamkeit steht der Vergleich von Prozessen und Strukturen: Warum kann Unternehmen X einen Leistungsprozess Y zu deutlich günstigeren Kosten, mit deutlich höherer Geschwindigkeit oder in deutlich weniger Arbeitsschritten auf die Beine stellen? In der Konsequenz führt diese laufende Beobachtung des unmittelbaren Wettbewerbs zu einer immer stärkeren Annäherung der daran beteiligten Organisationen. Auf einer strukturellen Ebene werden sich diese Unternehmen immer ähnlicher (Baecker 2007). So verlockend der unmittelbare Vergleich und die damit einhergehenden inkrementellen Verbesserungen des eigenen Leistungsportfolios auch sein mögen: schon bald stellt sich in so einem Prozess die Frage, wie daraus überhaupt nachhaltige Wettbewerbsvorteile entstehen können. Die immer größer werdenden Ähnlichkeiten zwischen den Angeboten verschiedener Unternehmen führen mit großer Wahrscheinlichkeit in einen ruinösen Preiskampf, da dann letztendlich der Preis das einzige Differenzierungsmerkmal darstellt, mit dem ein Unternehmen einen Unterschied zu seinen Wettbewerbern markieren kann. Der aktuelle Verfall der Nutzungsgebühren für Internetdienste liefert hierfür ein beeindruckendes Beispiel.

Die Frage, die sich eine Organisation also regelmäßig stellen muss, ist, wie sie sich auch in Zukunft noch von allen ihren Wettbewerbern unterscheiden kann. Laufende Prozessoptimierungen und Effizienzsteigerungen sind hier das Gegenstück zu Kreativität und einem gewissen Freiraum. Der Organisationstheoretiker Karl E. Weick bezeichnet jenen Freiraum als »Slack«, d. h. als eine Art zeitlichen Puffer, innerhalb dem Organisationen sich die Freiheit nehmen, Dinge auch mal jenseits der bestehenden Routinen in Angriff zu nehmen. In der Regel sind diese Routinen ja bis aufs Äußerste scharf gestellt, es fehlen daher jegliche Ressourcen, um neuen Ideen den notwendigen Raum zur Entwicklung zu geben (Weick 1995a).

Die große Herausforderung für Unternehmen besteht heute darin, ihre Wettbewerbsvorteile durch ein kontinuierliches Innovieren zu sichern. Inkrementelle Innovation sind hierfür wichtig, aber nicht ausreichend. Etablierte Unternehmen haben in diesem Zusammenhang oft einen zu eingeschränkten Blick auf Innovationen. Der Fokus liegt dort in erster Linie auf der Entwicklung neuer Produkte und Services oder auf der kontinuierlichen Verbesserung bestehender Angebote. Dieses Vorgehen gehört in der Zwischenzeit jedoch zum Standard-Repertoire und reicht daher nur noch in den wenigsten Fällen aus, um einen nachhaltigen Wettbewerbsvorteil zu begründen. In gesättigten Märkten stößt der inkrementelle Innovationsmodus daher schnell an seine Grenzen.

3.2.2 Radikale Innovationen: tiefgreifende Änderungen

> »Wer auf frischen Wind wartet, darf nicht verschnupft sein, wenn er kommt.«
> (Helmut Qualtinger, österreichischer Schriftsteller, Kabarettist und Schauspieler)

Obwohl stetige Innovationen – wie eben beschrieben – ein großes Potenzial haben, sind es die radikalen Innovationen, die die größten Innovationsrenditen erzielen und ein überdurchschnittliches Wachstum nach sich ziehen. Ein Unternehmen kann nur über seine Konkurrenten hinauswachsen, wenn es sie mit Innovationen übertrumpft. So konnte sich beispielsweise das mobile CD-Gerät als eine radikale Innovation gegenüber seinem Vorgänger, dem (Kassetten)Walkman, durchsetzen und der MP3-Player gegenüber dem CD-Gerät. Das Motto für diese Art des Innovierens lautet: *Dinge, die wir tun, anders tun.*

Radikale Innovationen führen zu einer Marktdifferenzierung, der kein Wettbewerber folgen kann oder will. Je radikaler eine Innovationsaktivität angelegt ist, umso wichtiger wird an dieser Stelle ein fundiertes Risikomanagement. Bahnbrechende Differenzierungsmerkmale erfordern eine einheitliche Ausrichtung der Organisation. Nur mit sehr gut koordinierten Anstrengungen auf allen Ebenen erhält eine radikale Innovation die notwendige Schlagkraft und kann sich gegen die üblichen Beharrungstendenzen durchsetzten und zeitnah am Markt erscheinen. Sind Innovationen als dezentrale Aktivitäten mit vielerlei Richtungen und vielen Fronten organisiert, ist ein koordiniertes Vorgehen nur schwer zu realisieren. Die Vorgabe einer unternehmensweiten Geschäfts- und Innovationsstrategie ist daher ein wichtiges Vehikel, um Aktivitäten aufeinander abzustimmen und mit einer klaren Richtung zu versehen. Wir haben bereits darauf hingewiesen, dass die Priorisierung und Fokussierung dieser Innovationsbemühungen eine nicht delegierbare Führungsaufgabe ist.

Bei einer radikalen Innovation greifen so viele unbekannte Parameter ineinander, dass Planung nur bedingt möglich ist. Das methodische Vorgehen ist kontextabhängig, sprich: es wird von der jeweiligen Branche, der eigenen Unternehmenskultur und der jeweiligen Umwelt der Organisation stark beeinflusst. Die besondere Aufgabe von Führung liegt hier in einer möglichst transparenten Kommunikation folgender Fragen:

- *Welche Informationen hat man über den bestehenden Kontext?*
  Dies betrifft u. a. die Strategie des jeweiligen Unternehmens; es macht für das Innovationsmanagement einen großen Unterschied, ob eine Firma etwa »First Mover« oder »First Follower« ist.
- *Welche Informationen fehlen?*
  Diese Frage ist zum Beispiel entscheidend, wenn man einen Markt neu erschließen will; sie betrifft aber auch fehlende Informationen zu Kunden oder den Möglichkeiten einer spezifischen Technologie.

Vergegenwärtigen wir uns an dieser Stelle die für die Organisation besonders riskanten Umstände, die jede Art von radikaler Innovation mit sich bringt. In der Phase der Ideengenerierung hat man es dabei oft mit »Fancy Ideas« zu tun, die nur schwierig (wenn überhaupt!) in die laufenden Prozesse einer Organisation einzubinden sind. Um nicht gleich zu Beginn das Kind mit dem Bade auszuschütten, braucht es bei solchen radikalen Innovationsansätzen viel Offenheit, Gelassenheit und eine entsprechende Neugier. Die vielen prozessbedingten Unsicherheiten erschweren eine Risikoabschätzung oder die Erstellung eines Businessplans; ebenso weiß man über die entsprechenden Kunden so gut wie gar nichts, weil es diese einfach noch nicht gibt.

Die Entscheidung für eine radikale Innovationsstrategie erfolgt innerhalb der Organisation immer auf Basis einer Menge an Ungewissheiten. Die Bearbeitung dieser multiplen Unsicherheit kann nur über einen Prozess einer iterativen Entscheidungsfindung geschehen, in dem man immer wieder von Neuem bereits getroffene Entscheidungen hinterfragt. Der Prozess der Ideengewinnung wird vom Management also durch einen komplementären Prozess der Ideenverwerfung begleitet. Entscheidend für einen produktiven Output eines solchen Findungsprozesses ist nicht zuletzt die Einordnung in den entsprechenden Innovationsmodus. Wird eine »Fancy Idea« etwa als inkrementelle Innovation behandelt, setzt dies den Ideenbringer gehörig unter Druck und führt zu völlig kontraproduktiven Konsequenzen bezüglich des weiteren Vorgehens.

3.2.3 Disruptive Innovationen: Die Frage nach dem Problem ganz neu stellen

Disruptive Innovationen lassen sich in der Regel nur retrospektiv erkennen: Entweder unterliegt ein ehemals klar umrissener Markt nun völlig anderen Spielregeln oder ein neuer Markt mit ungeahntem Potenzial ist quasi über Nacht entstanden. Die Abschätzung, ob eine Innovation einen disruptiven Charakter hat, d. h. in der Lage ist, einen völlig neuen Markt zu etablieren, gelingt jedoch nur selten. Zu unspezifisch sind die ersten Signale für so einen Umschwung, zu unbekannt sind die Spieler, die sich in diesem Zusammenhang auf den bestehenden Märkten zu tummeln beginnen. Manche Ideen sind zu Beginn einer solchen Dynamik den etablierten Produkten so unterlegen, dass es leicht fällt, sie nicht ernst zu nehmen.

Disruptive Innovationen hinterfragen die bereits bestehenden Problemlösungen noch radikaler als der Typ der radikalen Innovation. Sie geben komplett neue Antworten auf bestehende Probleme (Wolf 2007). Beispiele hierfür sind etwa die Verdrängung der Schallplatte durch die CD oder die Substitution der Schreibmaschine durch den Computer. Das Kennzeichen solcher disruptiver Innovationen ist die Loslösung von bestehenden Technologieabhängigkeiten und die Einnahme einer konsequenten Kundenperspektive. Anstatt die Möglichkeiten einer bestehenden Technologie bis auf das Letzte auszureizen, findet eine Rückbesinnung auf das ursprüngliche Anliegen für deren Einsatz statt. Mit anderen Worten: Wenn es nicht mehr darum geht, den Verbrauch eines Automobils soweit wie möglich zu verringern, sondern stattdessen grundsätzlich die Frage nach dem Problem (neu) gestellt wird, für das das Automobil eine Lösung war (individuelle Mobilität), dann werden dadurch neue Zugänge für eine

Problemlösung möglich, die jenseits der bereits bestehenden Angebote liegen. Statt über bessere Autos denkt man nun plötzlich über integrierte Nahverkehrskonzepte nach, mit denen sowohl die individuelle Mobilität als auch die Folgen ihrer massenhaften Lösung (= Stau) thematisiert werden können. Meist dient dabei zunächst ein Nischenmarkt mit wenigen, aber durchaus engagierten Kunden als Keimzelle, um die entsprechende Technologie reifen zu lassen. Sobald in diesem Prozess eine kritische Masse an Kunden erreicht wird, breitet sich das neue Produkt in Windeseile überall aus. Heutzutage ist beispielsweise ein Leben ohne Mobiltelefon nicht mehr vorstellbar. Hier finden wir ein klassisches Beispiel einer kundengetriggerten disruptiven Innovation: Es waren die nomadisierenden Manager und Berater, die trotz der anfänglich schlechten Qualität und des hohen Preises die Option universaler Erreichbarkeit hoch schätzten. Niemand aus dieser Zielgruppe hat darauf gewartet, dass irgendein Hersteller das Mobiltelefon erfindet. Man war vielmehr an einer Lösung interessiert, wie die eigene Erreichbarkeit auch bei extremer Mobilität sichergestellt werden könnte. Das Ergebnis dieses Annäherungsprozesses von Kundeninteresse und technologischen Möglichkeiten liegt wahrscheinlich neben Ihnen am Schreibtisch: Von den kiloschweren Prototypen der ersten mobilen Telefone bis hin zu den aktuellen Universalgenies des mobilen Lebens (Stichwort: »Siri«) ist nicht viel Zeit vergangen – und trotzdem kommt uns die Zeit, in der wir mit den Standorten und Kleingeldforderungen von Telefonzellen auseinandersetzen mussten wie eine kleine Ewigkeit vor. Das genau charakterisiert disruptive Innovationen: *Dinge so tun, dass sich die Spielregeln ihres Gebrauchs innerhalb von kurzer Zeit komplett verändern.*

Systeminnovationen
Mit der fortschreitenden Entwicklung hin zu einer netzwerkbasierten Innovation 3.0 ist in den letzten Jahren ein weiterer Innovationstyp besonders in den Mittelpunkt der Aufmerksamkeit gerückt, der als besondere Variante disruptiver Innovationen gelten kann: die sogenannten »Systeminnovationen«. In der Regel werden darunter auch Innovationen verstanden, die über bereits bestehende Wertschöpfungsketten hinausgreifen und zu komplexen Innovationsarchitekturen führen, mit denen auch bestehende Grenzen gesellschaftlicher Teilbereiche unterlaufen werden. Solche manchmal auch als »Game Changer« bezeichnete Innovationen orientieren sich also weder an vorgegebenen Strukturen noch an den bestehenden technischen Möglichkeiten, sondern schaffen durch die Kombination und Vernetzung unterschiedlicher sozialer, technologischer, rechtlicher und politischer Zusammenhänge ganz neue Möglichkeiten, und zwar nicht nur für die Lösung von bestehenden Problemen, sondern auch für die Definition gänzlich neuer Problemzusammenhänge und damit immer auch Bedürfnislagen, die damit überhaupt erst adressierbar werden (Meissner 2011).

Frühe Beispiele für diese Art der Innovation sind die sogenannten »Plattformstrategien« in der Automobilbranche, bei der über einzelne Wertschöpfungsketten – später sogar über ganze Unternehmenseinheiten – hinweg bestimmte Innovationsaktivitäten im Netzwerk erfolgen (Völker et al. 2001). Als weitere Beispiele für diese Form des Innovierens gelten Erfindungen, die ein ganzes Ökosystem um sich herum kreieren: Vom App-Store bis zum Nespresso-Kaffee, von der Systemgastronomie à la McDonalds bis hin zu Billigfliegern und den Clustern der sogenannten »Creative Industries«.

Solche Innovationsökologien markieren die Spitze jener bereits vorgestellten Bewegung, die in der Lage ist, Innovationen jenseits der bestehenden F&E-Silos zu denken (Lange/Friebe 2011). Das ursprünglich von John Howkins geprägte Konzept

(Howkins 2010) zielt auf die kreative Vernetzung neuer Technologien, eine mitlaufende Veränderung bestehender Governance-Praktiken mitsamt der politischen Rahmenbedingungen und auf komplett neue Zusammenschlüsse sowohl auf Innovatoren- als auch User-Seite. Im Grunde handelt es sich bei solchen Systeminnovationen um langfristig anzusetzende Umbrüche ganzer Systemarchitekturen, bei denen die Grenze zu den bereits erwähnten sozialen Innovationen zusehends verschwimmt. Wir sprechen hier von gesellschaftlichen Transformationen, die den gesamten Bereich unseres Zusammenlebens und Arbeitens in ein neues Licht tauchen. Solche Innovationen zwischen einzelnen Organisationen, in Netzwerken und lose gekoppelten Systemzusammenhängen sprengen die Grenzen traditioneller Klassifizierungen verschiedener Innovationsaktivitäten. Folgt man den Hinweisen des Soziologen Dirk Baecker zu innovativen Unternehmen in der »nächsten Gesellschaft«, wird schnell deutlich, dass wir es hier mit den Vorläufern einer Netzwerkgesellschaft zu tun haben, die sich nicht mehr an die Grenzen der ausdifferenzierten Funktionssysteme von Politik, Wirtschaft, Recht, Kunst oder Wissenschaft hält und genau darin ihr Innovationspotential sucht. Die Wahrscheinlichkeit ist recht hoch, dass diese neuen Formen des Innovierens auch Auswirkungen auf die Organisationen haben werden, die sie betreiben:

> »Bislang variieren die Unternehmen mehr oder minder zufällig, während die Märkte selektieren und sich die Gesellschaft bemüht, die neuen Selektionen mit den alten Strukturen zu kompatibilisieren. Innovative Unternehmen werden sich damit nicht bescheiden. Sie werden versuchen, ihrerseits nicht nur evolutionstauglich, sondern evolutionsfähig zu werden. Sie wollen nicht nur überleben, sondern die Bedingungen ihres Überlebens selber gestalten. Das jedoch bedeutet, dass sie eigene Variations-, Selektions- und Restabilisierungsmechanismen ausbilden müssen.«
> (Baecker 2007)

3.3 Differenzierung nach Innovationsbereichen: Wie gut spielen Sie Klavier?

Die letzte Leitunterscheidung bezieht sich auf die unterschiedlichen Leistungsbereiche, in denen ein Unternehmen für seine erfolgreiche Reproduktion sorgt. Je nach Wertschöpfungsbereich, Kundengruppen und Technologienähe lassen sich dort unterschiedliche Aufsetzpunkte für Innovationsaktivitäten beobachten.

Generell unterscheidet man hier:
- Innovationen im Bereich von Produkten und Dienstleistungen,
- organisationale Innovationen, die mittels neuer Strukturen und Prozesse Veränderungen bewirken,
- geschäftsbezogene Innovationen, die entweder neue Märkte erobern oder die Spielregeln der Wertschöpfung neu definieren, sowie
- Marketing-Innovationen, die auf Veränderungen in der Kundenwahrnehmung abzielen (OECD 2007).

Jede Organisation kann prinzipiell in allen diesen Bereichen Innovationen initiieren und vorantreiben. In der Praxis liegen für Organisationen – je nach Art ihres Geschäfts – manche dieser Bereiche näher als andere. Natürlich wird ein Hersteller von Kraftwerken weitaus mehr Aufmerksamkeit auf die Verbesserung der bestehenden Technologien verwenden als darauf, sich mit innovativen Marketingkonzepten auseinanderzusetzen. Die Last der Gewohnheit macht Organisationen jedoch oft blind für das brachliegende Innovationspotenzial, da statt des Zusammenspiels der unterschiedlichen Innovationsbereiche nur ein einziger oder maximal zwei in den Blick genommen werden. Welches Innovationspotenzial durch eine Verknüpfung mehrerer dieser Bereiche abgeschöpft werden kann, zeigt das Beispiel des Computerherstellers Dell, der in den 1990er-Jahren mit einem neuen Internet-basierten Geschäftsmodell die Spielregeln der bestehenden Wertschöpfungskette auf den Kopf stellte. Dell stellte auf den Direktvertrieb von Computern um, konnte so die Zwischenhändler umgehen, damit den Preis für die eigenen Produkte senken, dabei noch direkter auf Kundenwünsche eingehen, daraus maßgeschneiderte Zusatzservices entwickeln und anbieten und durch eine Just-in-Time-Produktion hohe Lagerkosten einsparen.

Wir können uns diese Situation anhand eines Bildes veranschaulichen. Stellen Sie sich einfach ein Klavier vor. Jede Klaviertaste steht für einen der vielen potenziellen Bereiche von Innovation: Produkt und Service, Geschäftsmodell, Marketing- und Prozessinnovationen (vgl. Abbildung 1). Es reicht für Unternehmen nicht (mehr) aus, nur eine Taste maximal laut spielen zu können. Vielmehr besteht die Herausforderung darin, die Finger virtuos über die Tasten gleiten zu lassen und jeweils jede der Tasten mit genau der Intensität und genau so zu spielen, dass am Ende ein abgerundetes Gesamtergebnis entsteht. In der Musik spricht man dann von einem Akkord – einem vielschichtigen Zusammenklang der einzelnen Töne. Auch hier ist zu vermuten, dass mit Blick auf die Herausforderungen einer »Next Society« Organisationen dann erfolgreich agieren, wenn sie sich mit ganzen Akkorden und nicht mehr nur mit Einzeltönen im Markt platzieren. Davon unbenommen ist natürlich das Spiel mit den vermeintlich

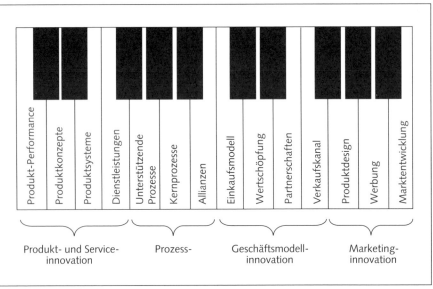

Abb. 1: Die unterschiedlichen Bereiche von Innovationen

schrägen Tönen. Gerade in zunehmend fragmentierten Märkten und bei hochgradig ausdifferenzierten Kundengruppen hat dieses Ausprobieren ungewohnter Sequenzen (aber durchaus auch einzelner Töne) ein oft ungeahntes Wertschöpfungspotenzial.

3.4 Zusammenfassung

Mit Blick auf die drei von uns ins Feld geführten Leitunterscheidungen stellt sich abschließend die Frage nach den Gemeinsamkeiten dieser doch sehr unterschiedlichen Dimensionen des Innovierens. Lassen sich Tendenzen absehen, in die sich Innovationsaktivitäten von Organisationen mit Blick auf die Zukunft entwickeln? Für die erste unserer Leitunterscheidungen scheint dies klar zu sein: die Öffnung und Vernetzung von Unternehmen in netzwerkförmige Innovationscluster ist ein Prozess, der kaum noch aufzuhalten ist. Zu groß ist der Einfluss moderner Kommunikationstechnologien, als das eine Abschottung einzelner Unternehmen möglich, aber auch sinnvoll wäre. Die grenzüberschreitenden Effekte und neuen Möglichkeiten dieser Technologien (Stichwort »big data«) eröffnen Chancenpotentiale, die ein solistisches Beharren auf »home made innovation« mehr und mehr zu einer (kostenintensiven) Wunschvorstellung werden lassen. Doch wie sieht es bei den anderen Dimensionen aus? Eine Antwort auf diese Frage skizzieren die beiden Managementvordenker C. K. Prahalad und M. Krishnan in ihrem Buch »The New Age of Innovation« (Prahalad/Krishnan 2008). Dort beschreiben sie zwei nur scheinbar widersprüchliche Stoßrichtungen, in die sich Innovationsprozesse vor allem in den großen internationalen Konzernen entwickeln. Nicht zuletzt durch die hohe Dynamik der Märkte, das daraus resultierende beschleunigte Innovationstempo und die wechselnde Ansteckung der unterschiedlichen Industrien – sei es in der Computertechnologie, der Kommunikationsbranche oder Unterhaltungsindustrie – und auch durch das aktive Mitwirken von Kunden verschiebt sich der Innovationsmodus von Organisationen stärker in Richtung radikaler und disruptiver Innovationen. Interessanterweise bekommen in diesem immer turbulenter werdenden Umfeld jedoch auch die kleinen, kontinuierlichen Verbesserungen eine weitaus größere Bedeutung als zunächst vermutet. Keine Organisation kann es sich hier noch leisten, sich zurückzulehnen und die eigenen Erfolge zu genießen.

Die Gleichzeitigkeit dieser beiden Bewegungen hängt in erster Linie mit der Reife der Märkte zusammen, in denen Unternehmen sich bewegen. In jungen Industrien wie der Bio- oder Nanotechnologie ist eine entsprechende Spielwiese noch groß. Es gibt genügend Raum für neue Konzepte, Produkte und Dienstleistungen mit dem notwendigen Alleinstellungsmerkmal. In fortgeschrittenen und gereiften Märkten wird es immer schwieriger, etwas wirklich Neues auf den Markt zu bringen. Deshalb finden wir dort auch überwiegend inkrementelle Innovationen. Bestehende Lösungen besser und billiger zu machen, in neuen Märkten an den Mann oder die Frau zu bringen oder vielleicht nur mit einer neuen Umverpackung wieder zu verkaufen: Das sind die Herausforderungen, denen sich Unternehmen gegenübersehen, die in gut eingespielten Massenmärkten ihr Auskommen finden müssen. Da sie viel zu verlieren haben, ist ihre Ausgangsposition für das Betreiben disruptiver Innovationen nicht immer die Beste.

Insgesamt können wir jedoch festhalten: Um all diesen Entwicklungen Stand zu halten, brauchen Organisationen eine kontinuierlich gute Kondition, sprich: die Fähigkeit, Dinge nachhaltig neu und anders zu machen. Eine solche organisationale Fähigkeit lässt sich nicht von heute auf morgen aus dem Hut zaubern; die entsprechenden Muskeln bauen sich vielmehr durch ein kontinuierliches Training auf. Hinweise darauf, wie ein solches Trainingsprogramm aussehen könnte, haben wir im zweiten Teil des Buches zusammengestellt. Die Innovationshelix kann selbstredend nicht nur als Landkarte zur besseren Orientierung, sondern auch als Trainingsparcours für Organisationen gelesen werden, die ihre Fähigkeiten zur kontinuierlichen Selbsterneuerung Schritt für Schritt weiter ausbauen wollen.

Wir haben bereits angedeutet, dass die Innovationsprozesse in Organisationen nicht nur unterschiedliche Dimensionen aufweisen und daher aus unterschiedlichen Perspektiven beobachtet werden können, sondern selbst auch in unterschiedlichen Spielarten vorkommen. Dies hängt nicht zuletzt mit dem jeweiligen Organisationskontext zusammen, in dem sie notwendigerweise eingebettet sind. Da es weder »the one best way of innovating« noch »the one best way of organizing« gibt, lohnt ein Blick auf die unterschiedlichen Typen von Organisation und die damit eng verknüpften Spielarten des Innovierens. Das folgende Kapitel nimmt sich dieser Unterschiede an.

4 Die Spielarten des Innovierens

So verlockend die Vorstellung auch sein mag, wir haben in den vorangegangenen Kapiteln bereits mehrfach angedeutet, dass die Idee, es gäbe so etwas wie »The one best way of innovating« eine leichtfertige Vereinfachung ist. Ein im Grunde liebenswerter Gedanke, der solange unschädlich ist, wie man ihn nicht allzu ernst nimmt, da er stets an dem komplexen Zusammenspiel der Verhältnisse vorbeigeht und zu unangemessenen Vereinfachungen einlädt. Nicht nur die langjährige praktische Arbeit in und mit Unternehmen, sondern auch die breite Forschung zu den vielfältigen Prozessen der Selbsterneuerung von Organisationen zeigt, dass jedes Unternehmen, jede Institution, sei es Verwaltung, Kirche oder Armee, Kindergarten oder Partei – jeder Zusammenhang gemeinsam organisierter Arbeit also – im Laufe seiner Geschichte seine ganz eigene, spezifische Art und Weise entwickelt hat, sich selbst zu erneuern. Natürlich werden diese Aktivitäten des Lernens, der Umweltanpassung, der fortwährenden Variation einmal entwickelter, aber nicht mehr zeitgemäßer Problemlösungen nicht immer »Innovationen« genannt – viele dieser Prozesse laufen unterhalb der Wahrnehmungsschwelle der (daran ja stets beteiligten) Mitglieder von Organisationen ab. Als eine Art »implizites Innovieren« sind sie Bestandteil der laufenden Nachjustierungen, die jedes System in einer sich ständig verändernden Umwelt erbringen muss, um sein Überleben zu sichern. Sei es der angepasste Preis für ein Produkt oder die Berücksichtigung sich ändernder Kundenwünsche, sei es die neue Herbstkollektion oder eine neue Eissorte im Sortiment: nicht immer kommt Innovation auf großem Fuß daher, nicht immer werden durch sie die bestehenden Verhältnisse über den Haufen geworfen oder Strukturen verändert. Wir müssen trotzdem daran festhalten: Jedes Unternehmen, das sich bis dato erfolgreich auf seinen Märkten behauptet hat, jede Organisation, die in und mit ihren relevanten Umwelten erfolgreich agiert, hat eine eigene Art und Weise des Innovierens entwickelt – sei es explizit oder implizit. Die Frage allerdings, ob und inwieweit diese spezifische Art und Weise (noch) angemessen ist für das, was im Kontext jener Organisation an Veränderungen passiert, macht den relevanten Unterschied zwischen Sein und Nichtsein: Gelingt die Co-Evolution von System und Umwelt über einen längeren Zeitraum nicht, verabschiedet sich jedes System in die Annalen der Geschichte.

So spezifisch der Prozess des Innovierens in seiner konkreten Alltagspraxis auch ist: er korreliert stets auch mit allgemeinen Einflussgrößen, auf die wir im Folgenden etwas näher eingehen wollen. Was ist damit gemeint? Nun, zunächst einmal sind es offensichtliche Stellgrößen, die unmittelbar ins Auge springen. So macht etwa die Größe einer Organisation selbstverständlich einen Unterschied in der Art und Weise, wie Innovationen prozessiert werden. In einem bemerkenswerten Aufsatz beschreibt etwa Charles Handy das aus seiner Sicht komplementäre Zusammenspiel zwischen sogenannten »Elefanten«, sprich Großkonzernen und den »Flöhen«, in der Regel junge und wendige Start-ups (C. Handy 2001). Während die eingespielten Routinen von großen, internationalen Unternehmen einen flexiblen und experimentierfreudigen Umgang mit Neuerungen fast unmöglich machen, sind die kleinen, frisch gegründeten Keimzellen unternehmerischer Initiative geradezu darauf spezialisiert, Neues in die Welt zu bringen. Auf der einen Seite existieren also gut eingespielte Routinen, die eine Skalierbarkeit von Produktion und Distribution ermöglichen und auf die Ausbeutung von einmal erfundenen Produkten, Dienstleistungen oder auch Business-Modellen ausgerichtet sind. Selbstverständlich findet auch in solchen großen Organisationen Innovation statt – das Tempo ist allerdings ein anderes, und oft handelt es sich um Optimierungen bereits bestehender Problemlösungen. Auf der anderen Seite findet sich eine Vielzahl von kleinen Einheiten, deren Vor- und gleichzeitig Nachteil in eben genau dem Fehlen solcher eingespielter Routinen besteht. Ohne Rücksicht auf bestehende Gewohnheiten, Befindlichkeiten und erprobte Lösungsmuster wird experimentiert, rekombiniert und oft genug auch Neues erfunden. Das Verhältnis dieser beiden Spezies ist parasitär: Putzfischen gleich umschwärmen die vielen kleinen Unternehmungen wenige große Konglomerate und beide profitieren wechselseitig von ihren Unterschieden. Gelingt ihr Zusammenspiel, profitieren beide – am Beispiel unzähliger Aufkäufe genau solcher Start-ups durch große Konzerne wird deutlich, dass dies jedoch nicht immer und automatisch der Fall sein muss. Oft genug ersticken die bestehenden Routinen die schwer zu bändigende Kreativität und Regellosigkeit der Kleinen, sind wechselseitige Frustrationen vorprogrammiert, die genau das gefährden, was man – oft genug mit einem hohen (monetären) Invest – einzukaufen hoffte.

Es liegt auf der Hand, dass neben der Größe auch das Alter der jeweiligen Organisation eine weitere zentrale Einflussgröße darstellt. Genauso wie sich bei Individuuen mit der Zeit eine gewisse Starrheit und Dickhäutigkeit einstellt, bilden Organisationen über ihren Lebenszyklus hinweg ein ihnen eigenes Gedächtnis aus, das – oft unter dem Namen »Unternehmenskultur« – dafür sorgt, dass der Erfolg der Vergangenheit ungeprüft in die eigene Zukunft projiziert wird. Es ist eine der schwierigeren Lektionen im Leben jeder Organisation: Der Erfolg der Vergangenheit ist nicht nur keine Garantie für einen zukünftigen Erfolg, sondern gefährdet durch genau die daraus entstandenen Erfolgsmuster das zukünftige Überleben. Je stärker die eigene Kultur, je lebendiger das eigene Gedächtnis, desto unaufmerksamer wird der Blick auf potenzielle Gefahren. Der (vertraute) Blick in den Rückspiegel verleitet dazu, noch stärker aufs Gas zu gehen – so manche Organisation ist dadurch schon im Graben gelandet, ohne überhaupt verstanden zu haben, was genau die Ursache dafür war.

Das hier benutzte Bild verweist bereits auf weitere Einflussfaktoren, die bei einem kurzen Innehalten offensichtlich werden: sei es die Veränderungsdynamik einzelner Branchen (ein IT-Unternehmen wird sich hier anders positionieren als ein Hersteller von Offshore-Ölförderplattformen) oder das bestehende Netzwerk von Wettbewerbern, Lieferanten und Kundensegmenten, in das jede Organisation eingebunden ist. Je dynamischer das eigene Umfeld, desto höher die Wahrscheinlichkeit rascher Innovationszyklen und Nachjustierungen bestehender Prozesse und Strukturen. Aber auch das bestehende Produktportfolio (Technologien, Services) und die jeweilige Marktpositionierung hat hierauf einen nicht zu unterschätzenden Einfluss: Für den Marktführer sieht die Situation anders aus als für das Unternehmen, das sich in einem Verdrängungswettbewerb behaupten muss. Die daraus gewachsenen Führungs- und Entscheidungsstrukturen, das strukturelle Gerüst wie auch die darin eingebetteten Entscheidungskompetenzen: all diese Faktoren haben unmittelbaren Einfluss auf die Art und Weise, wie die spezifischen Innovationsprozesse jeder Organisation entworfen und gelebt werden.

4.1 Typische Ausprägungen und Unterscheidungskriterien

Um nicht in der Vielfalt unterschiedlichster Innovationsaktivitäten zu ertrinken bzw. in der Fülle empirischer Einzelbeschreibungen stecken zu bleiben, haben wir uns auf die Suche gemacht nach basalen Unterscheidungskriterien, die den einzelnen Innovationsaktivitäten von Organisationen zugrunde liegen. Unsere Ausgangsfrage lautete dabei: Gibt es so etwas wie typische Muster oder Spielarten des Innovierens, die jenseits der konkreten Empirie eine Zuordnung spezifischer Vorgehensweisen und damit auch jene von Chancen/Risiken-Profilen erlauben? Welche typischen Ausprägungen lassen sich – anhand welcher Kategorien – beobachten, und welche Konsequenzen ergeben sich daraus bezüglich der Gestaltung und Steuerung solcher komplexen Prozesse? Wenn es schon nicht den »One best way of innovating« gibt: lassen sich aus der Fülle des vorliegenden Materials wenigstens eine Handvoll Heuristiken extrahieren, die es Managern (und Beratern) erlauben, die alltäglichen Lern- und Evolutionsprozesse ihrer Organisationen nicht nur zu beobachten und post-hoc (und damit möglicherweise zu spät) zu konstatieren, dass der Prozess der eigenen Zukunftssicherung an den Herausforderungen der jeweils relevanten Umwelten vorbeigelaufen ist, sondern zielgerichteter einzugreifen?

Auch an dieser Stelle ist ein Wort der Vorsicht angebracht. Bei all den Vorbehalten denen ein systemisches Grundverständnis bezüglich der zielgerichteten Steuerbarkeit von Organisationen immer begegnen muss: ganz und gar tatenlos einem impliziten, evolutionär verlaufenden Prozess der Selbsterneuerung zuzuschauen und mit der Distanz eines Zen-Mönchs ihren Erfolg oder Misserfolg zu konstatieren, ist keine Haltung, die einem verantwortlichen Manager in die Wiege gelegt ist. Evolution findet statt, aber sie ist möglicherweise in dem einen oder anderen Fall zu langsam, um das Überleben einer einzelnen Einheit zu ermöglichen. Sinnvoller scheint hier folgender Gedanke: Es gibt zwar keine Garantie für den Erfolg steuernder Eingriffe, aber unterlassen sollte man sie deswegen noch lange nicht. Wenn wir also – dem Grundverständnis dieses Textes folgend – den Prozess des Innovierens als ein genuin evolutionäres Geschehen begreifen, dann geschieht dies immer mit Blick auf die Paradoxie jedes instruktiven Eingriffs in die bestehenden Verhältnisse. Zwischen Eingriff und Ergebnis besteht kein direkter, kausaler Bezug, und man ist daher gut beraten, aufmerksam zu beobachten, welche Verschiebungen und Verdrehungen in Gang gesetzt werden, wenn sich ein komplexes System darauf einlässt, im eigenen Rhythmus auf die Störungen zu reagieren, mit denen es behelligt wird. Ob dann am Ende tatsächlich das dabei herauskommt, was zu Beginn intendiert war, entzieht sich weitgehend der Kontrolle aller Beteiligten. Behält man diese Grundregel eines systemischen Organisations- und Führungsverständnisses im Blick, dann ist gegen die Beschreibung gezielter Steuerungsgrößen bzw. typisierender Grundlogiken nichts einzuwenden; sie helfen nicht zuletzt den qua Rolle Verantwortlichen, der Komplexität der Verhältnisse angemessen Rechnung zu tragen.

Nachdem wir uns diese Einschränkungen bewusst gemacht haben, können wir unsere Aufmerksamkeit nun den von uns identifizierten Spielarten des Innovierens widmen. Entlang der Leitunterscheidungen »implizit« und »explizit« sowie »schwach ausgeprägte Routinen« und »stark ausgeprägte Routinen« lässt sich ein Portfolio von vier unterschiedlichen Spielarten entwerfen, die jeweils eine eigene Vorgehenslogik und typische Prozessverläufe im Prozess des Innovierens implizieren. Gehen wir kurz auf die Unterscheidungskriterien ein, um danach eine detaillierte Beschreibung der einzelnen Spielarten vorzulegen – inklusive konkreter Beispiele aus der Praxis, die wir im Rahmen von Interviews zusammengestellt haben.

4.1.1 Implizit/Personenorientiert

Der Logik »implizit/personenorientiert« folgen jene Formen des Innovierens, bei denen Innovationsaktivitäten in der Tendenz einzelnen Personen zugeschrieben werden. Es gibt keine geordneten Prozesse oder etablierten Strukturen dazu; was zählt, ist die Person des Erfinders – seine Kreativität, sein Einfallsreichtum und seine inneren Eingebungen. Insofern findet der Prozess des Innovierens eher implizit statt; er folgt der inneren Logik des Erfinders und ist für andere nur schwer zu durchschauen. Auch fehlt über weite Strecken ein strategischer Rahmen für Innovationsaktivitäten. Diese »passieren einfach«, folgen den (wechselnden) Motivlagen einzelner Personen oder sind – wie oft bei Start-ups zu beobachten – einzig von der Notwendigkeit der Absicherung des laufenden Cashflows getrieben.

4.1.2 Explizit/Prozessorientiert

Anders verhält es sich bei der Logik »explizit/prozessorientiert«: Hier werden die laufenden Innovationsaktivitäten transparent ausgeschildert. Die dazugehörigen Arbeitsprozesse haben eine definierte »Adresse« in der Organisation, d.h. sie sind klar identifizierbar und bündeln damit die Zuschreibung von Ressourcen und Entscheidungen. Wie vor allem in Großorganisationen üblich, gibt es klar geregelte Zuständigkeiten und Verantwortlichkeiten, die in der Regel auch mit einem entsprechenden Controlling und sorgfältig ausgearbeiteten Businessplänen verknüpft sind. Es handelt sich also um ein koordiniertes Zusammenspiel vieler Personen, die in unterschiedlichen Rollen einem strukturierten Workflow folgen.

4.1.3 Stark ausgeprägte Strukturen

Eine zweite Leitunterscheidung für die Strukturierung sämtlicher Innovationsaktivitäten ist der Grad der Ausprägung bestehender Organisationsstrukturen. Innovationen finden ja in der Regel nicht im luftleeren Raum statt. Geht es um das Management von Innovationen, dann gilt es daher stets, den Organisationskontext im Blick zu behalten, in dem Innovationen stattfinden. Hierbei stoßen wir auf eine ebenso nahe liegende wie gravierende Differenz: Je ausgeprägter die bestehenden Muster erfolgreicher Problemlösungsprozesse sind, desto schwieriger ist es für eine Organisation, neue Ansätze (oder auch nur Variationen zu bestehenden Routinen) zu entwickeln. Bei stark ausgeprägten Organisationsstrukturen sind Innovationen eher getrieben von den bestehenden Kernkompetenzen – sie stehen im direkten Zusammenhang mit dem über die Jahre akkumulierten Wissen jeder Organisation. Wir hatten bereits zu Beginn dieses Kapitels angedeutet, dass dieses Wissen mit dem Alter und auch der Größe einer Organisation wächst. Mit der Zeit entstehen damit deutliche Begrenzungen für die Intensität, besser vielleicht Radikalität, von Innovationen. In solchen Kontexten sind diese mehr und mehr abgestimmt auf die bereits bestehende Wissensbasis und tragen nur dann Früchte, wenn sie als integraler Bestandteil der bislang bewährten Routinen verstanden werden.

4.1.4 Schwach ausgeprägte Strukturen

Sind die in Strukturen geronnenen Problemlösungskapazitäten einer Organisation nur schwach ausgeprägt, gibt es größere Spielräume für alternative Modi der Problemlösung. Die Innovationsaktivitäten sind eher opportunitätsgetrieben und basieren auf dem Nicht-Wissen der Organisation: Welche der relevanten Umwelten (Kunden, Märkte, Institutionen, Wettbewerber etc.) bieten welche Chancen, auf die man mit neuen, innovativen Problemlösungen reagieren kann? Innovationen werden entwickelt, ohne sich groß von den bestehenden Routinen stören zu lassen. Im Falle von Start-ups existieren entsprechende Routinen sogar (noch) gar nicht; hier ist eine maximale Flexibilität bei der Gestaltung spezifischer Problemlösungen gegeben. Allerdings: erst wenn es gelingt, für so eine neue, spezifische Problemlösung einen Abnehmer zu finden, der bereit ist, dafür Geld auf den Tisch zu legen, kommt ein Kreislauf von Geben und Nehmen in Gang und es bildet sich die Keimzelle für die Ausprägung von Routinen, aus der schließlich eine »richtige« Organisation wird.

4.1.5 Systemische Einordnung der Unterscheidungskriterien

Systemisch gesprochen, fokussiert diese erste Unterscheidung unseres Portfolios auf die organisationalen Entscheidungsprämissen, die einzelnen Innovationsaktivitäten zugrunde liegen. Im ersten Fall sind es Personen, im zweiten Fall Kommunikationswege bzw. spezifische Regeln, die als zentrale Einflussgrößen sämtliche Entscheidungen zu geplanten wie auch laufenden Innovationsaktivitäten vorstrukturieren und damit den bestehenden Optionsraum (Stichwort: »Kontingenz«) und die damit einhergehende Komplexität auf ein bearbeitbares Maß einschränken. Die zweite Leitunterscheidung unseres Portfolios bezieht sich auf die Funktion des Gedächtnisses: Für die die Gestaltung von Innovationsprozessen ist es entscheidend, wie stark die jeweiligen Problemlösungsroutinen einer Organisation ausgeprägt sind. Mit anderen Worten: bei dieser Leitunterscheidung betrachten wir, wie stark das bestehende Geschäft Einfluss auf die laufenden Innovationsaktivitäten hat. Diese Perspektive beschäftigt sich immer auch mit der spezifischen Unternehmenskultur, den eingespielten Mustern der Kommunikation also, die jedes System mit der Zeit entwickelt und die maßgeblich dazu beitragen, ein eigenständiges Wir-Gefühl, sprich eine eigene Identität zu etablieren.

Auch wenn die Übergänge zwischen den Spielarten fließend sind, so lassen sich doch klare Präferenzen und Vorgehensweisen unterscheiden, die mit einem eigenen

Chancen/Risiken-Profil versehen werden können. Jede Spielart hat so ihre eigenen Stärken und Schwächen und unterscheidet sich in der Art und Weise, wie die dazu gehörenden Innovationsprozesse aufgesetzt und gemanagt werden. In den weiteren Ausführungen wird es darum gehen, sich diese einzelnen Spielarten genauer anzuschauen und auch mit entsprechenden Beispielen aus der Praxis zu unterlegen, um so einen präziseren Blick auf die die Steuerung von Innovationsaktivitäten, sprich ein wirkungsvolles Innovationsmanagement, zu bekommen.

4.2 Erste Spielart: Das improvisierte Innovieren

Beginnen wir mit der ersten Spielart unseres Portfolios: dem improvisierten Innovieren. Gemäß unserer Leitunterscheidungen handelt es sich dabei um eine Vorgehensweise, die stark personenbezogen ist und auf der Grundlage nur schwach ausgeprägter Organisationsstrukturen stattfindet. Vom Muster des improvisierten Innovierens sprechen wir dann, wenn eine oder wenige Schlüsselpersonen durch ihren Zugang zu Ressourcen (Kapital, Kompetenzen, Marktzugänge, Netzwerkpartner) in der Lage sind, aus ihrem impliziten, weitgehend erfahrungsbasiertem Wissen eine (mehr oder wenige) neue Idee im Markt zu etablieren.

4.2.1 Dominanter Organisationstyp: Start-ups

Der dominante Organisationstyp dieser Spielart ist das Start-up. In der Regel handelt es sich dabei um

> »[...] junge, noch nicht etablierte Unternehmen, die zur Verwirklichung einer innovativen Geschäftsidee (häufig in den Bereichen Electronic Business, Kommunikationstechnologie oder Life Sciences) mit geringem Startkapital gegründet werden und i. d. R. sehr früh zur Ausweitung ihrer Geschäfte und Stärkung ihrer Kapitalbasis entweder auf den Erhalt von Venture-Capital bzw. Seed Capital (evtl. auch durch Business Angels) oder auf einen Börsengang (IPO) angewiesen sind.«
>
> (Gabler Verlag ed.)

Im obigen Zitat klingen bereits die wesentlichen Charakteristika dieses Organisationstyps an. Man findet ihn (und die damit einhergehende Spielart des improvisierten Innovierens) oft in Nischenmärkten, die von Unternehmen mit nur wenigen bis gar keinen etablierten Arbeitsprozessen und Strukturen dominiert werden. Deren Strategie ist zunächst und eindeutig auf Wachstum ausgerichtet, das hauptsächlich gelegenheitsgetrieben ist. Natürlich gibt es allein schon aus Legitimationsgründen (etwa für die Finanzierung durch Risikokapital) eine wie auch immer geartete Form der strategische Ausrichtung – schaut man allerdings genauer hin, dann wird deutlich, dass es in in vielen dieser Organisationen lediglich um ein »Mehr« geht (mehr Kunden, mehr Geld, mehr Lieferanten etc.), welches getrieben ist von der Sorge um einen funktionierenden Cashflow, der das zentrale Überlebenskriterium ist. Dazu passend ist die konsequente Ausrichtung am Kundennutzen. Der Kunde ist für diese Organisationen die größte Störquelle und damit Innovationsressource. Das laufende Geschäft ist charakterisiert durch das Ergreifen jeder nur denkbaren Gelegenheit, sich durch entsprechende Nutzenstiftung am Markt zu stabilisieren. Es ist einleuchtend, das unter diesen Bedingungen die Bedürfnisse bestehender wie auch potenzieller Kunden aufmerksam beobachtet und entsprechend ausgewertet werden.

Empirische Untersuchungen zeigen, dass es sich dabei oftmals um risikoarme Initiativen handelt: Da nur wenig Kapital im Spiel ist, ist der Einsatz entsprechend gering und korreliert mit dem Risiko, innerhalb kürzester Zeit kein Marktteilnehmer mehr zu sein. Die Kontrolle der laufenden Innovationsaktivitäten geschieht implizit durch die Steuerung des Cashflows; solange Geld zur Verfügung steht, werden Ideen entwickelt und die entsprechenden Projekte vorangetrieben. Es handelt sich also um Initiativen mit großer Unsicherheit, die unter signifikanten Einschränkungen bezüglich des Zugangs zu Ressourcen (Kapital, Kompetenzen, Marktzugänge) leiden.

Eine gut nachvollziehbare Analogie für diesen spezifischen Organisationstyp entwickelt Handy in seinem bereits erwähnten Aufsatz »The World of Fleas and Elephants«. Die »Elefanten«, also die internationalen Großkonzerne, die die Marktanteile unter sich aufteilen und in erster Linie auf Effizienz getrimmt sind, charakterisiert Handy wie folgt:

> »*They amass the piles of resources that are necessary to develop oilfields, build aircraft, research new drugs, or spread their brands around the world. They apply the advantages of scale and the clout of size to promoting efficiency and to reducing the costs to the final consumer.*« (C. Handy 2001)

Im Gegensatz dazu stehen die »Flöhe«: kleine, oftmals technologiegetriebene Start-ups, die ihre Expertise nicht in die Ausbeutung von Ideen stecken, sondern der Nährgrund für die Entwicklung neuer Ideen, Produkte, Dienstleistungen oder Business-Modelle sind. *Exploitation versus Exploration* – so lassen sich die beiden komplementären Kompetenzen und Funktionslogiken dieser unterschiedlichen Organisationstypen zusammenfassen. Flöhe generieren neue Ideen. Elefanten tragen sie in die Welt, machen daraus ein profitables Geschäft und optimieren einen spezifischen Zusammenhang bis ins letzte Detail.

Das zentrale Leitkonzept für diese Art des Innovierens ist die »Opportunistic Adaptation« (Bhide 2000). Anstelle sorgfältiger Planung und eines vorausschauenden Ressourcenmanagements bestimmen laufende Improvisation, ein kontinuierliches Schwimmen mit dem Strom der Gelegenheiten das Tagesgeschehen. Versetzt man sich für einen Moment in die Logik dieser Spielart, ist dieses Vorgehen gut nachvollziehbar und entbehrt nicht eines gewissen ökonomischen Kalküls: Aufgrund der Ungewissheit und dem geringen Investment gibt es wenig Gründe, viel Aufwand und Ressourcen in Planung und Research zu stecken. Stehen Ressourcen zur Verfügung, werden sie zur Absicherung der unmittelbaren Reproduktion im Alltag eingesetzt: »*The modest likely profit doesn't merit much; and the high uncertainty of the business limits its value.*« – mit diesen Worten beschreibt einer der profiliertesten Forscher der Start-up-Szene, Amar Bhide, die Situation (Bhide 2000).

Es liegt auf der Hand, dass Start-ups nicht zuletzt aufgrund der – wenn überhaupt – dann nur skizzenhaft durchgeführten Planung und der hohen Unsicherheit des gesamten Geschäftsmodells gezwungen sind, sich immer wieder neu an unerwartete Probleme und damit einhergehende Möglichkeiten anzupassen. Mit anderen Worten: Statt eine Brücke über den Fluss zu bauen, hüpfen diese Organisationen von Stein zu Stein, um von einem Ufer zum anderen zu kommen. Dass man dabei ab und zu auch ganz schön nass werden kann, gehört zu den grundlegenden Erfahrungen dieser Arbeit. Auch wenn ein Großteil der Entscheidungen aus dem Moment heraus getroffen werden und die laufenden Anpassungen an veränderte Umweltbedingungen in einer opportunistischen Art und Weise geschehen: das Ziel ist und bleibt die Maximierung des unmittelbaren Cashflows. Allein schon aufgrund des beschränkten Kapitals können es sich die wenigsten Unternehmen dieses Typs leisten, langfristige Ziele zugunsten eines kurzzeitigen Cash-Managements zu bevorzugen. Unter dem Strich bestimmt flüssiges Kapital die Überlebensdauer von Start-ups. Start-ups sind gewissermaßen ein Spiel mit hohem persönlichen Einsatz – gespielt wird dabei allerdings in der Regel am Flipperautomaten und weniger an einem Schachbrett mit all seinen strategischen Spielzügen und Varianten.

4.2.2 Grenzen des improvisierten Innovierens

Schnelligkeit, Flexibilität und großer Freiraum für radikale Neuerungen: die herausragenden Eigenschaften der Innovationsaktivitäten dieser Spielart sind konsequenterweise auch mit Risiken und Nachteilen verbunden. Wo lassen sich die Grenzen des improvisierten Innovierens verorten? Hohe Unsicherheit und Ambiguität stehen hier an erster Stelle. Da weder der Markt noch die eigene Organisation hinreichend stabil fixiert sind, sind unternehmerische Aktivitäten immer mit einer gewissen Beliebigkeit versehen, die ohne bewährte Rückgriffe auf Vergleichsmaßstäbe, Best Practices oder eingespielte Netzwerke auskommen muss. Der starke Personenfokus erfordert gleichzeitig ein hohes Maß an persönlicher Souveränität im Umgang mit Unsicherheit. Gelegenheiten kommen und gehen, die Ausgangssituation verändert sich kontinuierlich – ohne ein gehöriges Maß an Frustrationstoleranz und Gelassenheit kommt die Person des Entrepreneurs schnell an ihre Grenzen. Meistens ist diese Art von Geschäft auch an eine finanziell prekäre Lage gekoppelt: Ohne eine hohe Toleranz für finanzielle Verluste (die gar nicht so selten bis zur Frage der Existenzsicherheit gehen), drohen Handlungsblockaden und schlaflose Nächte. Fehlt in dieser Situation dann noch ein technologisches Alleinstellungsmerkmal, konzentrieren sich die wesentlichen Erfolgsfaktoren auf die Fähigkeit, schnelle und riskante Entscheidungen treffen zu können, konstruktiv mit Ablehnung und Misserfolg umzugehen und offen zu bleiben für plötzliche Gelegenheiten, die jenseits aller Planung überraschend auftauchen und darauf warten, am Schopf gepackt zu werden. In den bestehenden Netzwerken zu Lieferanten, Leistungspartnern, Mitarbeitern, Banken sind diese Unternehmungen nicht immer gern gesehene Spieler: Zu groß ist das Risiko, sich mit ihnen auf gemeinsame Geschäfte einzulassen. Neben dem fehlenden »Track-record« bereits erfolgreich absolvierter Herausforderungen fehlt oft genug auch eine sichere Kapitalbasis – bar jeder Reserven sind diese jungen Organisationen anfällig gegenüber kleinsten Störungen. Dies macht sie zu unberechenbaren Partnern im Zusammenspiel etwa mit

Großorganisationen, die mit ihren Routinen stark auf die Berechenbarkeit der Verhältnisse angewiesen sind. Um dieses Manko zu kompensieren, wird viel Energie für die Pflege persönlicher Beziehungen aufgewendet. Im direkten Kontakt mit Kunden, Lieferanten oder Mitspielern besteht die Möglichkeit, die Chancen und Potenziale der eigenen Idee kräftig auszumalen und die damit einhergehenden Risiken herunterzuspielen. Die daraus entstehenden Bündnisse sind getragen von dem Bestreben, das eigene (hohe) Risiko auf möglichst viele Schultern zu verteilen und so handhabbarer zu machen.

Wir müssen an dieser Stelle nochmals auf die Untersuchungen von Amar Bhide zurückkommen. Sein reichhaltiges empirisches Material zur Entstehung und Evolution von »New Businesses« zeigt auch die wesentlichen Stolpersteine dieser jungen Unternehmen auf – und damit auch die Grenzen der Spielart des improvisierten Innovierens (Bhide 2000). Seine Untersuchungen decken sich mit den Eindrücken, die wir in vielen Gesprächen und Interviews mit jungen Unternehmensgründern gewonnen haben. Auch dort fällt an erster Stelle das Fehlen einer langfristigen, strategischen Ausrichtung auf. So energetisierend entsprechende Fantasien in dieser Richtung auch sein mögen: Wachstum als Strategie reicht nicht aus, um sich auch nur mittelfristig am Markt zu behaupten. Wachstum ist – ähnlich wie Gewinn – stets nur die Folge einer erfolgreichen Problemlösung, die zufriedene Abnehmer gefunden hat. Anders herum formuliert: Die Konsequenz einer erfolgreichen Strategie ist Wachstum – und nicht umgekehrt. Als weiteren Stolperstein führt auch Bhide die hohe Personenorientierung ins Feld: Die Performance des Gründers oder der Gründerin ist in hohem Maß erfolgskritisch für den Fortbestand eines Start-ups. Im Gegensatz zu vielen Vorurteilen erhärtet Bhides empirisches Material allerdings nicht das Bild des Entrepreneurs, das sich – nicht zuletzt durch den unermüdlichen Einsatz »volksnaher« Medien – spätestens nach dem Platzen diverser Kapitalmarktblasen in unseren Köpfen festgesetzt hat. An die Stelle des weitgehend irrational handelnden, risikoaffinen, wachstumsgierigen und unermesslich selbstsicheren Jungunternehmers tritt in Bhides Studie die Figur eines außergewöhnlich disziplinierten, gut informierten und neugierigen Gründers, der ein gutes Gespür für Lücken in bestehenden Wertschöpfungsketten (und damit einhergehende Chancen) und schwierige Kunden besitzt. Anstelle einer rational-argumentierenden Grundhaltung steht dabei die Lust am Gewinnen und eine Motivlage, die einer der Protagonisten in unseren Gespächen mit folgenden Worten beschreibt: »Heads I win, tails I don't loose too much.«

Mit dieser Beobachtung ist Bhide übrigens nicht allein. Auch einer der großen Managementphilosophen der letzten Jahrzehnte, Peter Drucker, betont in seinen Arbeiten zum Thema Innovation immer wieder den Zusammenhang zwischen einer individuellen unternehmerischen Grundhaltung und der Fähigkeit, Innovationen in die Welt zu bringen. Für ihn ist die Figur des Entrepreneurs der Schlüssel aller innovativen Initiativen. Sein Verhaltensrepertoire unterscheidet sich von dem eines »gewöhnlichen« Managers; es umfasst insbesondere einen besonders aufmerksamen Blick für alle die Situationen, in denen bewährte Problemlösungen an ihre Grenzen stoßen. Diese Situationen werden als Gelegenheit verstanden, etwas Neues auszuprobieren. Gleichzeitig hat der Entrepreneur gelernt, diese Gelegenheiten auch am Schopf zu packen, d.h. aus einer Idee oder einer Chance ein marktfähiges Produkt herzustellen. Der Entrepreneur ist also nicht notwendigerweise die Quelle von Kreativität und Neuerung – er hat lediglich gelernt, das Potenzial neuer Ideen zu erkennen und daraus »etwas zu machen«. Dieses Verhaltensrepertoire ist lern- und damit auch lehrbar – niemand ist als Entrepreneur auf die Welt gekommen, auch wenn bestimmte Rahmenbedingungen sowohl eine entsprechende Haltung (Ambiguitätstoleranz beispielsweise, oder auch einen Grundoptimismus in Bezug auf die eigenen Möglichkeiten) als auch die dazugehörigen Verhaltensmuster nahelegen. Im Vordergrund steht bei Drucker jedoch stets die Idee einer personenbezogenen Praxis des Innovierens, die sich in der Figur des Entrepreneurs manifestiert und daher am besten als eine weitere Spielart des improvisierten Innovierens verstanden werden kann (Drucker 2006).

Auch die empirische Forschung von Charles Handy konzentriert sich auf die Frage, was letzten Endes eine erfolgreiche Führung solcher »Innenschmieden« ausmacht (C. B. Handy/E. Handy 1999). Handy identifiziert dabei ein Bündel von persönlichen Eigenschaften, die immer wieder hervorstechen. Darunter fällt die Begeisterungsfähigkeit für eine Idee, ergänzt um die Leidenschaft, an einer zunächst einmal vagen Idee dranzubleiben und diese so weiter zu verfolgen, dass erste konkrete Applikationen entstehen. Diese Leidenschaft strahlt letztlich auf die gesamte (noch junge und überschaubar große) Organisation aus: Sie lässt sich anstecken von der Energie und dem Ideenreichtum des Gründers. Interessanterweise haben die meisten dieser Entrepreneure nur in den seltensten Fällen eine Ausbildung an entsprechenden Business Schools genossen. Viele verlassen direkt nach der formalen Schulausbildung den vorgezeichneten Karrierepfad und gehen ihre eigenen Wege. Auch Handy wird nicht müde, auf die Bedeutung der Absicherung des Cashflows hinzuweisen. Die Steuerung sämtlicher Aktivitäten ist strikt auf diesen Fokus ausgerichtet. Das Recruiting neuer Mitarbeiter und Mitarbeiterinnen erfolgt durch direkte persönliche Ansprache. Dabei wird auf eine entsprechende Passung zur Grundhaltung des Gründers geachtet – mit der Zeit entsteht so eine Familie von Gleichgesinnten, die über ähnliche Mechanismen im Umgang mit Unsicherheit und Frustrationen verfügen. Es steht außer Frage, dass wir es hier mit einem Übergang zu den typischen Mustern eines Familienunternehmens zu tun haben – auch wenn die Bande der Komplizen biologisch nicht zu einer Familie gehört, entwickelt sich oft ein ähnlicher Zusammenhalt wie in Unternehmerfamilien (auf die wir im weiteren Verlauf noch zu sprechen kommen werden).

Sind diese Start-ups erfolgreich, laufen sie in eine Wachstumsdynamik hinein, die nur noch schwer mit den bislang erfolgreich erprobten Handlungsmustern in Einklang zu bringen ist. Oft genug gibt es auf diesem Entwicklungspfad einen Punkt, an dem das eingeschworene Gründerteam nicht mehr erfolgreich agieren kann – die Notwendigkeiten strukturierter Prozesse nehmen überhand, Strukturen müssen eingerichtet werden, um die komplexer gewordenen Arbeitsabläufe und das Zusammenspiel von mehr und mehr Menschen zu koordinieren. Nicht selten ist dies der Zeitpunkt, an dem Großunternehmen aktiv werden und die erfolgreich wachsende Organisation aufkaufen. Oft genug ist dies auch mit einem Exit des ehemaligen Gründers verbunden, da die unterschiedlichen Auffassungen und Grundhaltungen so inkompatibel sind, dass sie im konkreten Alltag zu unüberbrückbaren Schwierigkeiten und Konflikten führen.

Es ist diese vielfach beschriebene explizite Personenorientierung, die uns die Grenzen des improvisierten Innovierens immer wieder deutlich vor Augen führt. Die Innovation steht und fällt mit der Person des Innovators, der über ein klar beschreibbares Verhaltensrepertoire verfügen muss, um erfolgreich zu sein. Glaubt man den Experten und der diesbezüglichen Fachliteratur, dann gehört dazu bei allem individuellen Engagement immer auch ein Mindestmaß an Führungswissen und -verständnis. Ohne den Zugriff auf ein profundes Führungswissen gelingt es den wenigsten Entrepreneuren, aus einer »One-(Wo-)man-Show« ein funktionierendes Unternehmen zu formen. Die Bindung von Mitarbeitern, der Umgang mit Spezialisten, die in einzelnen Bereichen wie Vertrieb, Abrechnung, Controlling oder Produktion über einen deutlichen Wissensvorsprung verfügen, all die Ingredienzen eines koordinierten Arbeitsablaufs benötigen sowohl ein Wissen über die Steuerung von Prozessabläufen (= Management) als auch grundlegende Erfahrungen im Umgang mit Mitarbeitern und Mitarbeiterinnen (= Leadership). Ist dieses nicht oder nur in geringen Teilumfängen vorhanden, sinkt die Wahrscheinlichkeit für einen nachhaltigen Aufbau einer Organisation, die mehr ist als die zentrale Figur ihres Gründers. Da dies auch von den meisten Business Angels oder Venture Capitalists (VCs) erkannt worden ist, kommen Start-ups ohne entsprechende Erfahrungen sowohl in Führungsfragen als auch dem entsprechenden Industriebereich oftmals gar nicht auf den Radarschirm dieser Chancensucher. So bleiben viele dieser Unternehmen in einem schwer zu durchbrechenden Teufelskreis stecken: Ohne ausreichende Kapitalreserven fehlt ihnen das Geld, um jene Investitionen zu tätigen, die die Wahrscheinlichkeit für einen höheren Gewinn erhöhen.

4.2.3 Konzeptionelle Grundlagen: Improvisation

Starke Personenorientierung und gering ausgeprägte Organisationsstrukturen: dies sind die beiden Leitdimensionen der Spielart des improvisierten Innovierens. Im Folgenden interessiert uns über die bereits geschilderten Kennzeichen hinaus der besondere Arbeitsmodus, der diese Spielart kennzeichnet. Was ist unter dem Begriff des Improvisierens eigentlich zu verstehen? Das Wort »Improvisation« leitet sich von dem lateinischen »proviso« ab, was soviel bedeutet wie »etwas vorsehen, vorwegnehmen« (etwa bei der Provision) oder »es sich vorher überlegen«. Mit der negierenden Vorsilbe »im« zielt der Begriff der »Im-Provisation« also auf all das, was »unvorhersehbar« ist und damit unvorbereitet, d. h. unerwartet, passiert. Somit unterscheidet sich der Prozess der Improvisation von dem Prozess der Planung; man kann sagen, das Planung und Improvisation einander diametral entgegengesetzte Zugangs- oder Vorgehensweisen sind. Oft wird Improvisation auch mit Intuition und Spontaneität gleichgesetzt: Man improvisiert, wenn man aus dem Bauch heraus und ohne viel Überlegung handelt. Beschäftigt man sich eingehender mit dem Thema der Improvisation, wird schnell deutlich, dass diese Assoziation deutlich zu kurz greift. Viele Autoren und Akteure, die sich damit auseinandergesetzt haben, beschreiben Improvisation als einen komplexen Interaktionsprozess, bei dem sowohl Neues entsteht als auch auf Bestehendes rekurriert wird. Sowohl aus der Perspektive der Organisationstheorie (Weick 1998) als auch mit Blick auf die Praxis, wie sie etwa beim Theater oder in der Jazzmusik praktiziert wird (umfassend dazu: Berliner 1994), wird gerade im Hinblick auf Innovationsprozesse das enorme Potenzial dieser Vorgehensweise und Haltung deutlich.

Die Bedeutung von Ausgangsmaterial und Anschlussfähigkeit

Improvisation beschreibt, wie Neues entsteht, und zwar vordergründig prozessorientiert und weniger ergebnisorientiert. Ausgangspunkt für Improvisationen ist immer das Bestehende. Improvisation ist aus dem Nichts heraus nicht möglich; beim Improvisieren besteht ein klarer Bezug zu dem, was schon da ist. Im Jazz ist dies etwa die bis zu diesem Zeitpunkt gespielte Melodie (oder auch Geschichte der Melodie), in der Theaterimprovisation ist es die Rahmenhandlung, wie sie sich bis zum Zeitpunkt der Improvisation entwickelt hat. Das Bestehende ist gleichsam das Material, mit dem während der Improvisation gearbeitet werden kann. Dabei werden Teile des Bestehenden anders verknüpft, reformuliert und reformatiert, variiert, verändert und letztendlich auch transformiert. Insgesamt entsteht etwas Neues, das auf eine interessante Art und Weise in Beziehung steht zu dem, was zuvor schon da war. Ob das Ergebnis einer Improvisation richtig oder falsch, gut oder schlecht ist, ist während des Prozesses weder gefragt noch zu beantworten. Von Interesse ist lediglich die Frage, ob das Ergebnis anschlussfähig ist, d. h. ob es genügend Assoziationen hervorbringt, die es anderen Beteiligten ermöglichen, darauf einzusteigen und so das Spiel der Improvisation weiter zu führen. Im Vordergrund steht also stets der *Anschluss* – wie gelingt es allen Teilnehmern und Teilnehmerinnen einer Improvisation, in einem Akt der Co-Kreation miteinander im Spiel zu bleiben bzw. das Spiel durch einzelne Impulse so zu verändern, das neue, überraschende Momente entstehen. Der Fokus, darauf weisen sowohl Praktiker als auch Theoretiker der Improvisation immer wieder mit Nachdruck hin, liegt nicht auf der Bewertung dessen, was da entsteht (gut/schlecht, richtig/falsch), sondern auf der Aufrechterhaltung eines kontinuierlichen Flows von Interaktionen, auf der Gegenwart des laufenden Prozesses also, die in dem Moment, in dem sie sich aktualisiert, auch schon wieder vorbei ist.

Improvisation als Gegenstück von Planung

Sehen wir Improvisation als das Gegenstück von Planung, dann wird in all jenen Situationen improvisiert, in denen Planung nicht möglich, nicht angemessen oder schlicht zu riskant ist. Dabei wird Bekanntes auf eine Art miteinander verknüpft, die nicht nur Variationen des Bestehenden entstehen lässt, sondern tatsächlich zu neuen Einsichten, Situationsdefinitionen, Problemlösungen, kurzum: Ergebnissen führt. In den Worten von Paul F. Berliner, einem der profundesten Kenner der Materie, hört sich das folgendermaßen an:

> »Improvisation involves reworking precomposed material and designs in relation to unanticipated ideas conceived, shaped, and transformed under the special conditions of performance, thereby adding unique features to every creation«.
>
> (Berliner 1994)

Ein klassisches Verständnis von Planung versucht stets, Zukunft zu antizipieren, um daraus Handlungssicherheit und Orientierung für die Gegenwart zu bekommen. Leider tut die Zukunft der Planung insbesondere in turbulenten Situationen und unter hoher Unsicherheit recht selten den Gefallen, sich »wie geplant« zu entwickeln. Versteht sich Planung nicht als Spiel mit Wahrscheinlichkeiten, ist ihr Scheitern vorprogrammiert – die Zukunft bleibt ja trotz aller Bemühungen, sie durch einen planerischen Zugriff zu fassen zu bekommen, weiterhin unbekannt. Da natürlich insbesondere bei hoher Unberechenbarkeit der Verhältnisse viel Aufwand und Energie in Planung gesteckt wird, ist das Resultat oft eine paradoxe Situation. Je mehr Sicherheit aus Planungsaktivitäten gezogen wird, desto größer ist die Wahrscheinlichkeit, dass man sich in eine Art Scheinsicherheit manövriert, die suggeriert, dass man die Dinge unter Kontrolle hat – hat man doch nicht wenig Arbeit in den Domestizierungsversuch der Zukunft gesteckt. Statt die volle Aufmerksamkeit auf die Chancen und Risiken einer stets präsenten Gegenwart zu lenken, um dort einzugreifen, wo es (noch) nicht zu spät ist, lehnt man sich zurück in der trügerischen Hoffnung, das die Dinge schon so eintreten werden wie geplant. Und ist dann – einem Autofahrer gleich, der die Situation des Aquaplanings in der Regel erst dann bemerkt, wenn es bereits zu spät ist – sehr überrascht und verwundert, wenn es dann doch anders kommt als gedacht. Nicht wenige »Crashes« von Unternehmen gehen zurück auf jene Form der Unaufmerksamkeit, die stets der Begleiter forcierter Planungsbemühungen ist. Eben noch war man doch so erfolgreich, hat sich zurückgelehnt ob der »Success Stories« und den aktuellen Zahlen des Controllings (die ja immer eine Rückwärtsbetrachtung darstellen) – und hat dabei ganz und gar übersehen, welches Ungemach heraufgezogen ist, während man sich wechselseitig auf die Schulter geklopft hat.

Der Umgang mit der Zeitdimension ist beim Improvisieren ein gänzlich anderer. Ihn beschreibt Keith Johnstone, Gründer und eine der zentralen Figuren des Impro-Theaters, mit den folgenden Worten:

> »Ein Improvisations-Spieler muss wie ein Mensch sein, der rückwärts geht: Er sieht, wo er gewesen ist, aber er achtet nicht auf Zukünftiges. Seine Geschichte kann ihn überallhin führen, doch er muss ihr ein »Gleichgewicht« und Struktur geben, das heißt sich an vorangegangene Episoden erinnern und sie wieder in die Geschichte einführen.«
> (Johnstone 1993)

Der konsequente Fokus auf die Gegenwart sowie die Kräfte, die eine Situation zu der haben werden lassen, der man aktuell ausgesetzt ist: Dies ist ein zentrales Unterscheidungsmerkmal zwischen Planung und Improvisation. Nicht von Ungefähr erinnert dieser Fokus an die Überlegungen des französischen Philosophen François Jullien, der in Übersetzung alter chinesischer Weisheitslehren auf den Aspekt des Situationspotenzials hingewiesen hat, das sich nur dem offenbart, der mit vollen Sinnen in der Gegenwart unterwegs ist und keine Zeit mit einer Planung verschwendet, die aufgrund ständig wechselnder Bedingungen permanente Nacharbeit erfordert (Jullien 1996). Modere Militärstrategien greifen diesen Aspekt der »Mindfullness« in Gefechtssituationen genauso auf wie Untersuchungen zu sogenannten »High Reliability Organizations« (HROs), die insbesondere in stressvollen Situationen absolute Zuverlässigkeit garantieren müssen, da jede kleine Unachtsamkeit zu einer Katastrophe anwachsen kann (etwa auf Intensivstationen, Leitständen oder Flugzeugträgern, um nur einige der prominenten Beispiele zu nennen, die von der modernen Organisationssoziologie untersucht wurden).

Improvisation und Kontextsteuerung in Organisationen

Wie wir gesehen haben, lassen sich bei einer genaueren Betrachtung der Tätigkeit des Improvisierens insgesamt zwei grundlegende Prinzipien herauskristallisieren, die insbesondere für die Spielart des improvisierten Innovierens von zentraler Bedeutung sind. Das Zitat des großen Jazzmusikers Charles Mingus bringt das erste Prinzip auf den Punkt: »You can't improvise on nothing. You've gotta improvise on something.« (Kernfeld 1988). Improvisation setzt immer ein Bezugssystem voraus. Beim Jazz ist dies die Melodie, beim Improvisationstheater die laufende Geschichte inklusive der darin etablierten Rollen der Mitspieler. Bei Start-ups ist dies in der Regel der Kunde bzw. der (Nischen)markt; beide dafür sorgen, dass Ideen nicht in einem luftleeren Raum passieren, indem sie das Material liefern, das sowohl Grundlage als auch Anregung ist für die Improvisationskunst der beteiligten Spieler.

Das zweite Prinzip des Improvisierens lässt sich am besten beschreiben als ein Vorgehen, das sich konsequent auf Gegenwart bezieht und seine Orientierung aus dem

Blick in den Rückspiegel bekommt. Den beteiligten Aktionen und kommunikativen Handlungen wird retrospektivisch ein Sinn zugeordnet. Die Praxis des Improvisierens nimmt (wie so oft) vieles vorweg, was in der soziologischen Theoriebildung mühsam nachkonstruiert werden muss. Wenn von Improvisation die Rede ist, dann geht es immer auch um eine retrospektive Konstruktion von Sinn. Erst im eigenen Tun, dem »Enactment« mit der Welt, die einen umgibt, machen die Dinge Sinn, präziser gesprochen: wird den Zusammenhängen Sinn verliehen. Diese Form des »Sense-Making« (Weick 1995b) ist ein Schlüsselelement für ein modernes Verständnis von Organisationen als zielsuchende Systeme. Anders als in der klassischen Betriebswirtschaftslehre, die Organisationen wie erläutert ja als Mittel für einen von außen (etwa durch das Management oder, moderner, die Aktionäre) gesetzten Zweck betrachtet, zeigen sowohl die theoretischen Konzepte als auch die mitlaufende empirische Forschung einer Organisationssoziologie, dass Organisationen, einmal in die Welt gesetzt, Mittel und Wege finden, diese selbst zu reproduzieren. Was zählt, ist der Anschluss. Auch in Organisationen muss es weitergehen, irgendwie, und erst im Nachgang zum laufenden Geschehen setzen all die aktiv betriebenen Prozesse der Sinnstiftung ein, mit der einzelne Ereignisse in ein konsistentes Geschehen gebettet werden und dem Zufall der unangenehme Beigeschmack der Willkür genommen wird. Erst wird gehandelt und dann wird durch eine retrospektiv ansetzende Beobachtung entschieden, welcher Sinn dieser Handlung zugeordnet werden kann.

Manchmal kann dies dazu führen, dass einzelne Ereignisse für eine bestimmte Zeit quasi »ohne Sinn in der Luft hängen« und erst durch entsprechende Folgehandlungen einen Sinn bekommen. Wird etwa in der Jazz-Improvisation von einem Musiker ein neues Thema eingeführt, steht das Neue zunächst ohne Verankerung und Sinn da. Erst durch das aktive Aufgreifen dieses Themas, d. h. die Co-Kreation mit anderen Mitmusikern, wird das Neue in einen Zusammenhang gestellt und damit »sinnvoll« verankert. Erst wenn wir hören (und sehen), was mit unseren Worten geschieht, verstehen wir, was wir gesagt haben. Und wie könnte es anders sein: Auch bei der Theaterimprovisation herrscht das gleiche Prinzip. Werden die Angebote eines Spielers von seinen Mitspielern nicht aufgegriffen, entfalten sie keinerlei Wirkung – sie verpuffen ohne Sinn im Verlauf der Improvisation.

Übertragen wir die bisherigen Überlegungen auf Organisationen, so lässt sich im Einklang mit den Einsichten der modernen Systemtheorie festhalten: Sollen Organisationen neben der Perfektionierung ihrer Routinetätigkeiten auch Gelegenheit zum Improvisieren bekommen, dann müssen an die Stelle von linearen Instruktionen und immer vereinfachenden Reiz-Reaktions-Mechanismen komplexere Steuerungsformen treten. Eine davon hört auf den Namen »Kontextsteuerung« – interessanterweise funktioniert diese besonders gut, wenn sie mit nur wenigen Regeln arbeitet. »Einfache Regeln für komplexe Spiele«, so umschreibt etwa Dirk Baecker die grundlegenden Wirkmechanismen einer improvisierten und damit auf die flexible und aufmerksame Ausbeutung des jeweiligen Situationspotenzials ausgerichteten Vorgehensweise. Diese Vorgehensweise ist typisch für die hier vorgestellte Spielart des improvisierten Innovierens. Sie beschränkt sich auf die Schaffung von notwendigen Rahmenbedingungen und Freiräumen durch die Führung und lässt bei der Ausgestaltung dieser Freiräume den Beteiligten weitgehend freie Hand. So bleiben deren Motivation und Engagement – die Grundimpulse sämtlicher Neuerungen – erhalten bzw. bekommen weitere Nahrung durch die damit einhergehenden Möglichkeiten, sich selbst zum Teil des Geschehens zu machen.

Gesellt sich zur Leidenschaft noch der Aspekt der Disziplin, der etwa darin mündet, konkrete Verabredung zu Zeitpunkten der Ergebnislieferung nicht nur zu treffen, sondern auch zu halten, dann sind die Grundsteine für den Erfolg dieses Organisationstyps und seiner spezifischen Spielart gelegt. Wächst diese Konfiguration mit ihrem Erfolg, werden neue Formen der Anbindung an bestehende Geschichten und Bezugssysteme notwendig. Vergleichbar mit der Melodie beim Jazz oder der Story beim Theater wird in diesem Zusammenhang eine transparente Strategie, oder auch ein nachvollziehbares Verständnis der eigenen Kernkompetenzen zu einem wichtigen Aufsetzpunkt für die laufende Improvisationsarbeit. Wie so etwas konkret aussehen könnte, wird uns bei den folgenden Überlegungen zu den weiteren Spielarten des Innovierens beschäftigen. Soviel sei an dieser Stelle allerdings schon verraten: Gerade im Fall von Großkonzernen ist das improvisierte Spielen mit neuartigen Akkorden für die Organisation längst nicht so anschlussfähig wie dies ein auf ständige Innovation bedachtes Management gerne hätte.

4.2.4 Einblicke: Das Beispiel WeGreen, Berlin

Ein Gespräch mit Maurice Stanszus, CEO WeGreen
WeGreen ist Produkt, Innovation und Firma – gleichzeitig. Als innovatives Produkt ist WeGreen eine Suchmaschine, die Transparenz im Bereich Nachhaltigkeit schafft. Grundlegendes Element der Suche ist eine Nachhaltigkeitsampel, die dem Suchenden schnell und einfach zeigt, wie ökologisch, sozial und transparent ein Unternehmen, eine Marke oder ein Produkt sind. Um dies zu erreichen, sammelt WeGreen alle seriösen und fundierten Bewertungen über die Corporate Social Responsibility oder Sozialverantwortung der beobachteten Unternehmen ein und bündelt diese Information in der Nachhaltigkeitsampel. Das Start-up wurde von unserem Interviewpartner Maurice Stanszus und Helmut Hoffer von Ankershoffen 2010 gegründet. Beide kannten sich vor der Gründung schon längere Zeit und ergänzen sich gut in ihren Kompetenzen: Das Wissen über die Nachhaltigkeit bringt Maurice Stanszus mit, weil er sich mit diesem Themengebiet jahrelang wissenschaftlich beschäftigt hat, während das IT-Wissen von seinem Partner kommt.

Maurice, wie ist die Idee zur Entwicklung einer Nachhaltigkeitssuchmaschine entstanden?

Die erste Idee und auch Realisierung ist in einem Forschungsprojekt entstanden. Das heißt, die Idee und Technologie war auf einmal da und es gab dazu eine gute Resonanz, die Presse hat darüber geschrieben etc. Da das Projekt also so erfolgreich war, war es naheliegend, einfach weiterzumachen. Die Frage aber war: Wie? Zu diesem Zeitpunkt haben wir dann die Firma WeGreen gegründet. Die Site mit der Suchmaschine war zu diesem Zeitpunkt schon längst live. Wir haben die Firma sozusagen rückwirkend gegründet. Das heißt, ich habe mir dann überlegen müssen, welches Geschäft ich machen will, um die Idee der Suchmaschine zu finanzieren. Darum war ich auf der Suche nach einem Finanzierungsmodell.

Und wie sieht euer Geschäftsmodell heute aus? Wie könnt ihr mit der Suche Geld verdienen?

Momentan haben wir ein Geschäftsmodell, mit dem wir Geld verdienen, in Zukunft werden wir aber drei Geschäftsmodelle haben. Um es einfach zu sagen, es ist genauso wie Google Geld verdient: mit Target Advertising, d.h. wir nähern uns immer mehr einer generischen Suchmaschine und verdienen unser Geld mit Werbung, die passt, mit Werbung, die nahe dran ist, also mit sinnvoller Werbung. Ein Schritt weiter ist dann das Geschäftsmodell 2: Da geht es nicht mehr nur um Werbung, sondern um richtige Kommunikation. Was wir beobachtet haben, ist, dass sich fast alle Unternehmen im Bereich der Nachhaltigkeit bemühen, aber keines hat bis dato einen richtigen Kanal gefunden, wo es darüber reden kann. Unternehmen haben in der Zwischenzeit auch schon all die Nachhaltigkeitsreports, die schaut sich aber keiner an. Das heißt, da ist eine Lücke: Die Unternehmen haben Informationen, die sie aber nicht streuen können, weil die Kanäle fehlen. Was wir den Firmen anbieten, ist, dass sie diese Reports auf unsere Seite packen können, wir schaffen für die ein glaubwürdiges Umfeld, und dafür, dass sie das machen dürfen, bezahlen sie uns Geld, sofern sie spezielle Anforderungen haben. Eine Basisvariante ist aber ähnlich wie bei Google+ kostenlos. Das dritte Geschäftsmodell ist klassisches Affiliate-Marketing, d.h. durch die Weiterleitung auf die Shops bekommen wir von den jeweiligen Shop-Betreibern eine Provision. Dies ist so ähnlich wie bei einer Preissuchmaschine, nur dass bei uns nicht der Preis, sondern die Nachhaltigkeit das Sortierkriterium ist.

Und entwickelt ihr die Idee kontinuierlich weiter?

Die Weiterentwicklung des Geschäfts hat eine klare Richtung. Geschäftsmodell 2 und 3 sind seit März 2012 online. Darum überlege ich mir aktuell auch keine neuen Ideen, weil es da einfach noch viel zu tun und entwickeln gibt. Zum anderen lernen wir ganz viel von Google, da lässt sich recht viel abschauen. Beispielsweise schaut die Architektur unserer Seite so aus wie Google, oder wir übernehmen Teile der Firmenkultur. Wir beiden Firmengründer sind nämlich Google-Fans. Ich finde, dass die fast alles ziemlich brillant machen und darum übernehmen wir auch sehr viel davon. Bei denen ist es zum Beispiel auch so: Da gibt es nicht 20 Geschäftsmodelle, die meisten Dienste bei denen sind ja umsonst. Die Gründer haben es immer noch durchgedrückt, dass sie viele Sachen um der Sache willen machen, etwa entsprechende Information für ziemlich viele Leute zugänglich zumachen.

Und was ist eure Vision? Wo wollt ihr in 5 Jahren stehen?

Ganz klar: Das grüne Google. Google ermöglicht den effizienten Zugang zu aller Informationen und wir konzentrieren uns auf den Zugang und die Verbreitung von Information über Nachhaltigkeit, d.h. wir wollen einen grünen Filter über das ganze Web legen. Ich würde auch gar nicht sagen in ein paar Jahren, sondern in einem Jahr. Ich denke nicht daran, was in fünf Jahren ist. Ich denke daran, was am Ende dieses Jahres ist.

Weil ihr sonst nicht länger überleben könnt?

Nun ja, finanziert sind wir gerade noch drei Monate. Aber ich denke schon noch ein Jahr weiter und überlege, was ich gerne machen würde. Vieles davon machen wir davon sowieso gerade, darum fange ich jetzt auch nicht an, länger zu planen. Es gibt wie gesagt eh schon genug zu tun.

Woher habt ihr die Ressourcen, um das zu machen, was ihr macht?

Schreckliche Frage! Also, ich habe in den ersten Jahren mehrere Monate – also allein im letzten Jahr waren dies drei Monate – meine Zeit damit verplempert, Geld zu besorgen. Wir sind ja per Definition ein Social Business, d. h. wir haben zuerst alle Social Business Fonds oder Social VCs abgeklappert, mit denen gesprochen, Prüfverfahren und so den ganzen Kram gemacht. Und letztendlich sind wir bis heute ja nicht wirklich finanziert. Wir haben fünf Business Angels, die haben alle kleine Summen eingelegt, alle so zwischen 10.000 und 20.000 Euro. Gefunden haben wir die durch unser Netzwerk, das heißt, es sind entweder Bekannte von mir, Bekannte von Bekannten von mir oder Bekannte von meinem Mitgründer. Friends-and-Family-Geld also.

Und mit den Business Angels: Was habt ihr da für einen Deal?

Das ist ein klassisches Wandeldarlehen. Die geben uns ein Darlehen, das für uns erst mal wie Fremdkapital ist. Und wenn wir eine Investitionsrunde machen, dann haben die Business Angels das Recht, das Darlehen in Anteile der Firma zu wandeln. Sie bekommen dabei Prozente zu einem Discount. Wenn beispielsweise jetzt ein VC einsteigt und sagt, die Bewertung der Firma ist x Millionen, dann dürfen die zu einer geringeren Bewertung wandeln.

Seid ihr aktuell auf der Suche nach weiteren Investoren, VCs etc.?

Also klar: immer! Weil wir immer zu wenig Geld haben. Auch jetzt grade haben wir wieder einen Engpass: Wir brauchten einen neuen Server und dann ist es ja auch so, dass wir noch nicht mal richtige AGBs machen können, weil wir solche Geschichten einfach nicht bezahlen können. Das heißt: wir suchen immer nach Investoren. Aber heute suchen wir nicht mehr aktiv. Letztes Jahr haben wir eine aktive Suche gemacht, bei der wir wirklich 60 oder 70 VCs angeschrieben haben, davon waren wir dann bei zehn davon im Pitch: Man fährt dort hin, bereitet die ganze Zeit Unterlagen vor... all das frisst einem die Zeit. Das machen wir jetzt nicht mehr. Wir alle haben ja nur begrenzt Zeit und stehen darum immer vor der Wahl, ob wir die Zeit wieder dafür verwenden, um eine Idee bei Mr. Business Angel oder einem VC zu pitchen, oder ob wir das Ding einfach bauen. In der Zwischenzeit gehen wir wie gesagt nicht mehr aktiv auf Suche, sondern haben uns entschieden, das Ding zu bauen und hoffen darauf, dass wir die Leute überzeugen können, wenn es mal da ist.

Und wie war die Resonanz der Investoren?

Der richtige Investor war noch nicht dabei. Und wir haben schon einigen Investoren *Nein* gesagt. Beispielsweise gab es da letztes Jahr einen Schweizer Fond, der Interesse hatte. Aber letztlich hat der Fond überhaupt nicht zu uns gepasst. Das war so ein richtiger Haifisch-Fond, die wollten mit einem großen Anteil einsteigen und hätten dann ja auch die Kontrolle, um die Idee zu verändern. Darum haben wir jetzt die Lösung mit den Darlehensgebern. Die Darlehensgeber haben offiziell noch keine Rechte, helfen uns aber. Das ist uns ganz wichtig, weil die Ahnung, wie man so ein Ding baut, haben ja wir.

Wann seid ihr erfolgreich? Habt ihr da einen Benchmark?

Wir sind schon erfolgreich, weil wir die Idee bereits umgesetzt haben. Was wir erreichen wollten, war Transparenz zu schaffen und dem Konsumenten eine Stimme zu geben und, dass diese Stimme auch dazu genutzt werden kann, um Druck auf Unternehmen auszuüben. Das ist heute schon der Fall.

Ok. Dann anders gefragt: Wann wärt ihr nicht erfolgreich?

Wenn das Ding sterben muss, weil es nicht finanziert ist. Und die Situation hatten wir auch Ende letzten Jahres. Puh, da war die Entscheidung, ob wir jetzt nochmals selbst reinbuttern. Wir zahlen uns alle ja keine marktüblichen Gehälter aus, es ist schon ein Stück weit Selbstausbeutung. Und wenn das ewig so weiter geht, dann ist das auch nicht substanziell erfolgreich. Wenn wir das Ding nicht finanzieren können, dann sind wir nicht erfolgreich. Aber die Idee funktioniert ja schon wie Sau. Ansonsten können wir auf unserer Startseite sehen, wie viel Nachhaltigkeitsampeln in den letzten 24 Stunden angeschaut worden sind, also wie viel Leute wir wirklich informiert haben. Das ist für uns momentan der Gradmesser dafür, wie gut die Suche ist. Da sind wir locker zwischen 400.000 und 500.000 Einblendungen pro Tag, das ist schon super. Noch mehr ist natürlich noch besser, aber das hier ist schon ziemlich cool. Und all diese Leute informieren wir schon, nur zahlen die Leute dafür kein Geld. Für Google zahlt ja auch keiner Geld, um da zu suchen.

Gibt es bei euch Routinen? Gibt es Dinge, die ihr immer gleich macht?

Das ist eine schwierige Frage. Mir fällt dazu jetzt nichts ein. Wir machen immer freitags um 15 Uhr ein TGIF(-Meeting, Anmerk. der Autoren), ist auch von Google kopiert. Das heißt, wir hören auf zu arbeiten, setzen uns in die Sitzecke, trinken Bier und reden. Bei Google dürfen da die Mitarbeiter den Gründern Fragen stellen und Feedback geben. Bei uns sitzen alle da, die grad da sind: Manchmal sind wir zu viert, manchmal mehr, all die Leute, die da sind, meine Verlobte, die Vertriebsleute, die PR-Leute, jeder der dabei sein möchte; es ist relativ offen. Ansonsten gibt es kaum Routinen. Es ändert sich alles permanent. Im Dezember haben wir schon überlegt, ob wir das Ganze lassen. In einem so volatilen Umfeld bilden sich nur schwierig Routinen. Wenn ich die Schnauze voll habe von all dem Innovativen und dem ganzen Stress, dann wünsche ich mir immer Routinen. Aber mir fallen wirklich wenige Dinge ein, die wir regelmäßig machen. Vielleicht die Art und Weise, mit bestimmten Anfragen umzugehen, manchmal kommen ja ähnliche Anfragen herein. Aber das ist es dann auch schon. Bei Bewerbungsgesprächen sage ich den Bewerbern immer, sie müssen wissen, dass sie sich bei einem Start-up bewerben. Es kann sein, dass es uns in einem halben Jahr nicht mehr gibt oder aber, dass das Ding durch die Decke geht und in ein paar Jahren an der Börse ist und sie sind mit dabei, als der Mitarbeiter Nummer Drei mit einer eigenen Abteilung.

Was hat euch bewegt, im Dezember doch weiterzumachen?

Im Dezember hatten wir einen Pitch am Laufen, bei dem wir in der letzten Stufe waren. Parallel waren wir mit einer anderen Firma am überlegen, ob wir nicht zusammengehen sollten. Beides sehr spannende Optionen, und beide haben nicht geklappt. Und dann war innerhalb einer Woche klar: Kein Geld und keine Zeit! Und man überlegt sich dann, lohnt es sich jetzt noch, sich weiter auszubeuten bis zum Tag X. Man setzt sich ja dann immer so Karottenziele. Und eine Option war Aufhören, ganz klar. Aber rational ist Unternehmertum eh nicht.

Maurice, dank dir für das offene Gespräch!

4.3 Zweite Spielart: Das intuitive Innovieren

Anders als im Fall der Start-ups handelt es sich bei der Spielart des intuitiven Innovierens um eine Vorgehenslogik, die zwar ebenfalls durch eine besondere Abhängigkeit von den beteiligten Personen charakterisiert ist, aber mit deutlich mehr an etablierten Routinen und gefestigten Organisationsstrukturen rechnet. Man könnte in Anlehnung an die Ausführungen von Rudolf Wimmer (Wimmer 1997) von »groß gewordenen Start-ups« sprechen. Auch hier werden die zentralen Entscheidungen im Bereich von Innovationen von einer einzelnen Person oder einer kleinen Gruppe von Personen getroffen. Diese Entscheidungen basieren in der Regel auf einem über Jahre gewachsenen, impliziten Erfahrungswissen und sind damit für Außenstehende wenn überhaupt, dann nur schwer nachzuvollziehen. Anders als bei Start-ups, bei denen der Gründer oft der zentrale Engpass für die Umsetzung neuer Ideen ist, werden aber im Falle des intuitiven Innovierens nicht zuletzt aufgrund der bereits vorhandenen arbeitsteiligen Strukturen die einzelnen Konkretisierungs- und Implementierungsschritte delegiert.

4.3.1 Dominanter Organisationstyp: Familienunternehmen und KMUs

Als vorherrschender Organisationstyp dieser Spielart können das klassische Familienunternehmen bzw. die sogenannten »KMUs«, also kleine und mittlere Unternehmen, gelten. Beide Begriffe werden häufig synonym verwendet und sind jeweils Ausprägungen dessen, was gemeinhin als »der Mittelstand« bezeichnet wird. In der Praxis sind dies Myriaden von kleinen bis mittelgroßen Unternehmen mit einer Mitarbeiterzahl von 20 bis 800 Personen. Viele davon sind als Familienunternehmen organisiert: Während die KMUs sich schlicht über ihre Größe definieren lassen (praktischerweise gemessen an der Zahl der Mitarbeiter oder auch Höhe des Umsatzes), lassen sich Familienunternehmen durch ihre Eigentums- und Leistungsstrukturen charakterisieren und unterliegen damit keinerlei Größenbeschränkungen. In einem engeren Sinn, etwa gemäß der Definition des Instituts für Mittelstandsforschung (IfM) in Bonn, sind diese Unternehmen geprägt durch die Einheit von Eigentum und Leistung, d. h. das eingesetzte Kapital und die kontrollrechtlichen Strukturen fallen in eins. Der Eigentümer leitet sein Unternehmen selbst und setzt erst ab einer kritischen Größe Fremdmanager ein, die ihn dabei unterstützen.

Familienunternehmen sind, auch wenn sie oft nicht so spektakulär in der Öffentlichkeit dastehen wie etwa Großkonzerne, ein wichtiges Rückgrat unserer Volkswirtschaft. Haunschild et. al. belegen etwa in ihrem Gutachten zur volkswirtschaftlichen Bedeutung von Familienunternehmen, dass rund 95 % aller deutschen Unternehmen die für Familienunternehmen charakteristische Einheit von Eigentum und Leitung aufweisen (Haunschild et al. 2007). Diese Familienunternehmen erzielten im Untersuchungszeitraum rund 42 % des volkswirtschaftlichen Gesamtumsatzes und stellten ca. 57 % aller sozialversicherungspflichtigen Beschäftigungsverhältnisse in Deutschland. Man kommt vor diesem Hintergrund nicht umhin, dem Organisationstyp »Familienunternehmen« eine tragende Funktion für das Funktionieren der gesamten Volkswirtschaft, d. h. für weiteres Wachstum und Beschäftigung zu attestieren.

Trotz aller Unterschiede und Spezifika lassen sich für diesen Organisationstyp ganz typische Vorgehensweisen und Verhaltensmuster identifizieren, die natürlich ebenfalls unmittelbaren Einfluss auf die Gestaltung von Innovationsprozessen haben. Bereits erwähnt hatten wir die oft einsam getroffenen Top-Down-Entscheidungen des Unternehmensgründers bzw. Familienoberhaupts. In Innovationsfragen monopolisiert in der Tendenz die Unternehmensspitze alle relevanten Weichenstellungen. Sie tut dies oft genug auch ganz allein, ohne Beratung mit weiteren Entscheidungsträgern im Unternehmen (geschweige denn dem Rat externer Berater), und meist auch aus dem Bauch heraus, d. h. ohne eine explizite Analyse der Ausgangssituation bzw. den aus der Entscheidung folgenden Konsequenzen. Dass dies nicht unbedingt schlecht sein muss, hängt mit der langjährigen Erfahrung der Familie in der jeweils spezifischen Branche zusammen – der Patriarch hat die entsprechenden Marktnischen genau im Blick und weiß in den meisten Fällen um die Chancen und Risiken entsprechender Weichenstellungen. Das Unternehmen besetzt aufgrund seiner Historie einen engen, aber gut etablierten Nischenmarkt – wie das Beispiel deutscher Maschinenbauer zeigt, sind dies auch internationale Märkte, die ein umfangreiches Spezial-Know-how erfordern. In diese Kategorie fallen auch die sogenannten »Hidden Champions« (H. Simon 2007): äußerst erfolgreiche und profitable Unternehmen, die das öffentliche Rampenlicht scheuen, aber auf ihrem Gebiet weltweit Marktführer sind.

Dieses untrügliche Gespür für Situationspotenziale und die Spielregeln des eigenen Geschäfts gerät nur dann aus dem Tritt, wenn die äußeren Rahmenbedingungen sich so stark verändern, dass bewährte Geschäftsmodelle und die dahinter liegenden Problemlösungskompetenzen eine Zurechnung auf bereits erfolgreich gemeisterte Herausforderungen verunmöglichen. Wir haben bereits zu Beginn dieses Buches dargelegt, dass vor dem Hintergrund globaler Verschiebungen von Wettbewerbsdynamiken, raschem Technologiewandel und den immer auch mitlaufenden gesellschaftlichen Umbrüchen die Zeiten stabiler Verhältnisse wohl endgültig zu den Akten gelegt werden können. Es ist zu vermuten, dass diese Entwicklung für den hier skizzierten Organisationstyp des Familienunternehmens ein erhöhtes Risikopotenzial mit sich bringen wird.

Während die relevanten Entscheidungen also direkt vom Familienoberhaupt getroffen werden und das in größeren Organisationseinheiten dann auch vorhandene mittlere Management in die Rolle des Vermittlers zwischen oben und unten gedrängt wird, kann in diesem Organisationstyp allgemein mit einer hohen Folgebereitschaft gerechnet werden. Generell findet die Entwicklung von Führungsstrukturen ihre Orientierung am Führungsstil des Gründers, man ahmt die meist implizite Vorgehensweise einfach nach. Im Vertrauen auf die Intuition der Unternehmensspitze wird den »oben« getroffenen Entscheidungen vielleicht nicht blind, aber doch mit einem grundlegenden Einverständnis gefolgt. Der Vorteil liegt auf der Hand: Einmal getroffene Entscheidungen können somit sehr schnell und ohne größeren Widerstand umgesetzt werden. Die Wachstumsdynamik entspricht der einer Zellteilung (Wimmer 2008): Um vertraute Leistungsträger herum entstehen neue Einheiten, die wiederum mit pionierhaftem Einsatz, hohem persönlichen Einsatz der Führung und großer Loyalität der Belegschaft neue Marktpotenziale erschließen oder spezifischen Kundenanfragen nachgehen. Auch wenn dadurch die bestehenden Führungsressourcen im Fall eines Wachstums nicht beliebig skalierbar sind und damit unter Umständen bestehende Potenziale nicht optimal genutzt werden, ist damit doch sichergestellt, dass die Selbstähnlichkeit des Unternehmens auch bei Expansion nicht gefährdet ist. Ist eine Ausweitung des eigenen Leistungsvermögens und Produktportfolios notwendig – etwa indem Kunden spezifische Nachfragen äußern – wird insgesamt sorgfältig darauf geachtet, die unternehmerischen Risiken in einem überschaubaren Rahmen zu halten. »Lean Production« muss in diesen Unternehmen nicht erst eingeführt werden – sie ist wesentlicher Bestandteil der eigenen DNA. Kosten, die nicht über Kundenaufträge gedeckt sind, werden tunlichst vermieden. So bleibt das Unternehmen auch im Falle des Wachstums schlank und bürdet sich keine unnötigen Verwaltungsstrukturen oder sonstige Overheads auf, die es beim Vorankommen behindern könnten.

Das zentrale Leitkonzept dieses Unternehmenstyps ist die Vision, die eng mit der Leitfigur des Gründers verknüpft ist. Bezogen auf die Spielart des intuitiven Innovierens kann man davon ausgehen, dass die Kombination von gut eingespielten Strategien der Risikominimierung und der auf Erfahrung beruhenden Intuition des Gründers bzw. Familienoberhaupts ein eher vorsichtiges Agieren in Bezug auf Neuerungen nach sich zieht. In diesen kleinen bis mittelständischen Unternehmen begegnet man radikalen Neuerungen mit größter Skepsis; bestehende Ressourcen werden für die kontinuierliche Verbesserung der bestehenden Problemlösungen eingesetzt, man tüftelt und optimiert auf allen nur erdenklichen Ebenen – sei es um Kosten zu sparen und die knappen Ressourcen möglichst effizient einzusetzen oder um den bestehende Kundenkreis mit überraschenden Lösungen zu binden. Gute Beispiele hierfür bietet die Automobilzulieferindustrie: Von den großen Herstellern unter permanenten Kostendruck gesetzt, lässt man sich immer wieder etwas einfallen, um deren Interesse an den eigenen Produkten wach zu halten und sich vom Wettbewerb zu unterscheiden. Gewichtseinsparungen bei kritischen Bauteilen, neue Stoffkombinationen mit besonderen Eigenschaften, die Entwicklung neuer Klebe- oder Schweißtechniken: all dies geschieht in den eigenen F&E-Abteilungen, die aufgrund der überschaubaren und damit unbürokratischen – aber immerhin vorhandenen – Strukturen und der hohen Loyalität der Führung gegenüber neue Varianten schnell und effektiv ausprobieren und gegebenenfalls auch umsetzten können. Hier kann die spezifische Kombination dieser Spielart ihre volle Stärke ausspielen.

4.3.2 Grenzen des intuitiven Innovierens

Wir haben gesehen, dass sich die Spielart des intuitiven Innovierens schwer tut mit radikalen oder disruptiven Innovationen, aber optimal geeignet ist für den Fall der inkrementellen Innovation. Dies liegt u. a. an dem Spannungsfeld, das radikale Neuerungen bezüglich des eigenen Identitätsentwurfs mit sich bringen. Die eingespielten Routinen und Traditionen des Familienbetriebs (sowohl die der *Organisation* als auch die der *Familie*), die der Garant sind für das Gefühl, mit den eigenen Aktivitäten am Puls der Zeit zu sein, werden damit infrage gestellt und müssen daher zunächst auf Ablehnung stoßen. Kein Wunder also, dass man sich vor radikalen Ideen schützen möchte. Solange es die Rahmenbedingungen hergeben, wächst und gedeiht man lieber in den gut eingespurten Bahnen, achtet auf seine Kunden und die Kursansagen des Patriarchen und wähnt sich damit auf der sicheren Seite. Anders als in Großunternehmen, auf die wir weiter unten noch zu sprechen kommen, hängt der Erfolg solcher Familienunternehmen weitgehend an der Fähigkeit von Einzelpersonen (meist des Gründers oder Eigentümers), relevante Umweltveränderungen wahrzunehmen, zu interpretieren und letztendlich angemessen zu übersetzen. Was aber, wenn diese Intuition versagt und die in Fleisch und Blut übergegangenen Instinkte aufgrund von besonderen Umständen nicht mehr die Orientierung liefern, die zentral ist für erfolgreiche Unternehmensmanöver?

Hier haben wir es in der Tat mit einer Begrenzung der Spielart des intuitiven Innovierens zu tun, die umso einschneidender wirkt, je turbulenter die Verhältnisse sich geben. Welche Grenzen und Risiken führt die hier skizzierte Vorgehenslogik noch mit sich? In Untersuchungen zu den Erfolgsfaktoren von Familienunternehmen werden weitere Schlüsselfaktoren aufgezählt, die die Innovationskraft dieses Organisationstyps potenziell limitieren (Wimmer et al. 2004). An erster Stelle steht natürlich generell die hybride Funktionslogik des Systems. Familienunternehmen sind eine zweischneidige Angelegenheit. Da Familie und Organisation grundlegend verschiedenen Spielregeln folgen, sind Konflikte bereits auf der strukturellen Ebene vorprogrammiert. Während etwa bei Organisationen die Austauschbarkeit ihrer Mitglieder ein zentrales Merkmal darstellt, ist es im Familienverbund genau anders herum: Dort zählt eben gerade die Nicht-Austauschbarkeit ihrer Mitglieder. Ein Vater kann nicht wegen ungenügender Leistung bei der Kinderbetreuung aus der Familie entlassen werden, ebenso wenig bedingt die Mitgliedschaft in einer Organisation ein Recht auf dauerhafte Zugehörigkeit. Unkündbare Beamtenverhältnisse – als historische Errungenschaft zur Eindämmung der käuflichen Rechtsprechung im späten Mittelalter durchaus plausibel – sind hiervon vielleicht ausgenommen; ob sie allerdings ein Zukunftsmodell darstellen, ist schon allein wegen den radikalen Veränderungen der allgemeinen Beschäftigungsverhältnisse in der Arbeitswelt mit einem großem Fragezeichen versehen.

Bezüglich des Managements von Innovationen birgt die Verschränkung zweier Funktionslogiken das bereits angedeutete Chancen/Risiken-Profil. Die hohe Loyalität und ein vertrauensbasiertes Zusammenspiel der wichtigsten Entscheidungsträger im Familiensystems vereinfacht eine Vielzahl von Abstimmungsprozessen und ermöglicht ein rasches Durchprobieren von Varianten. Gerade weil die zentralen Prozesse an wenigen Personen aufgehängt sind, ist die Umsetzungsqualität von Innovationen beträchtlich. Gleichzeitig ist eben dies genau die Achillesferse, wenn es um radikale Transformationen geht – sei es im Innenspiel oder auch innerhalb der relevanten

Umwelten dieser Unternehmen. Die permanente Rückbindung an die Tradition, aber auch der konsequente Kundenfokus erschweren den unbefangenen Blick auf zukünftige Entwicklungen außerhalb des bereits bekanntes Terrains und bergen die Gefahr, neue Marktentwicklungen schlicht zu übersehen.

Die hier geschilderte Spielart des intuitiven Innovierens weist jedoch neben den strukturellen Begrenzungen im Fall von Familienunternehmen weitere Fallstricke auf, die wir noch genauer betrachten müssen. An erster Stelle ist hierbei ein fehlendes Warnsystem zu nennen. Was ist damit gemeint? Eine der wichtigsten Aufgaben bei der Gestaltung erfolgreicher Innovationsprozesse ist das »Störungsmanagement«. Wir werden auf diesen Aspekt ausführlicher eingehen, wenn wir in Teil B die einzelnen Prozessschritte der Innovationshelix erläutern (vgl. Kapitel 6.1). An dieser Stelle sei jedoch bereits angemerkt, dass durch die starke Personenabhängigkeit sowohl des improvisierten als auch des intuitiven Innovierens die Funktion des »Übersetzens« von relevanten, d. h. im System zu bearbeitenden Störungen stark individualisiert ist. Im Fall der KMUs, bei denen meist eine Einheit von Eigentum und Leitung vorliegt, wonach sie unter die Rubrik »Familienunternehmen« fallen, ist dies die Familie. In diesem Fall rutschen externe Kontrollinstanzen wie zum Beispiel die Hausbank, der Notar, Rechtsanwalt oder Steuerberater der Familie in die Rolle von »unwissenden« Vertrauten, die Entscheidungen vielleicht affirmativ unterstützen, aber dadurch nicht zu einer relevanten Irritationsquelle werden, die einen laufenden Abgleich mit Trends und Entwicklungen außerhalb des bekannten Spielfeldes provozieren. Kommt dann noch das Fehlen eines tragfähigen Kontrollsystems im Sinne »harter« Kennzahlen oder Key Performance Indicators (KPIs) hinzu, ist Gefahr im Verzug. Die Intransparenz bezüglich der eigenen Kostensituation, Erträge und Umsätze führt zu blinden Flecken in der Selbstwahrnehmung. Kombiniert mit einer hohen Eigenkapitalquote, die eine gewisse Unabhängigkeit von den Kontrollmechanismen etwa des Aktienmarktes oder der Auskunftspflicht gegenüber geldgebenden Banken suggeriert, laufen gerade erfolgreiche Familienunternehmen Gefahr, nicht nur mit ihren Innovationsanstrengungen zu lange in die falsche Richtung zu laufen. Man investiert in Lieblingsideen des Familienclans, ohne sich wirklich darum zu kümmern, ob dieser Invest sich überhaupt rechnet oder ob man sich die konsequente Umsetzung oder Weiterentwicklung einer solchen Idee überhaupt leisten kann. Zu Loyalität verpflichtet, nickt die unmittelbare Umgebung des Eigentümers die Anfangsinvestitionen ab, findet die Idee großartig – und macht sich nur wenig Gedanken um Entwicklungskosten, Ressourcenaufwand oder Risikofaktoren. Besonders gefährdet sind hier Unternehmen, die ohne ein formal verbürgtes Mitspracherecht etwa eines Steering- oder Managementboards auskommen müssen. Eine bestimmte Innovationsentscheidung wird ohne größeres Nachdenken – eben intuitiv – gefällt und aufgrund der beschriebenen Strukturen schnell und konsequent umgesetzt. Aufgrund der oft kaum vorhandenen Erfahrungen mit einem gezielten Innovationsmanagement orientiert man sich dabei eher an bestimmten Referenzkunden und deren Bedarfe, für die man eine Marktlücke zu erkennen glaubt.

Kommt dazu noch die zum Teil über Generationen tradierte Fokussierung auf einen engen Nischenmarkt, dann führt dies dazu, dass viele dieser Unternehmen blind in Innovationsprozesse hineinlaufen. Anstatt diese Investitionen strategisch zu nutzen und den notwendigen Ressourceneinsatz vorausschauend zu steuern, verrennt man sich in Einzelaktivitäten und übersieht dabei, dass die Entwicklung neuer Technologien, Produkte oder Dienstleistungen fast nie gradlinig und zielgerichtet verläuft. In der Folge unterschätzt man den Aufwand, den man betreiben muss, um aus einer

Idee ein marktfähiges Produkt zu generieren, und überschätzt die eigenen Fähigkeiten, etwa einer bestimmten Technologiekompetenz. Über Jahre hat man dem Thema Innovation nicht den notwendigen Stellenwert eingeräumt, hat es weder methodisch betrieben noch strategisch verankert. In der Folge ist aus dem Blick geraten, dass die sogenannte »Ideation« oder Konzeptionsphase von Innovationen zwar die Grundlage für alle weiteren Schritte darstellt, die größten Kosten und Aufwendungen jedoch in späteren Phasen auftreten. Man braucht in der Regel eine gehörige Ausdauer, um die ursprüngliche Idee soweit zu modifizieren, dass daraus ein Produkt wird. Mehrere Testzyklen und Verbesserungsschleifen brauchen Zeit und kosten Geld, viel mehr als ursprünglich vorgesehen – und plötzlich wird es eng. Aufgrund der fehlenden strategischen Einbettung besteht auch kein geringes Risiko, zu viele Projekte auf einmal zu starten. Fehlt eine konkrete Auflistung der angedachten Schritte plus der dazugehörigen Ressourcen und Aufwendungen, beginnen alle diese Aktivitäten vielversprechend und werden von einer gehörigen Portion Optimismus getragen. Bis zu dem Zeitpunkt, da man feststellt, dass der innen benötige Experte bereits für wichtige Kundenprojekte gebucht ist. Dann ist guter Rat teuer, und statt einem konsequenten Multiprojektmanagement etabliert sich eine ausgefuchste Mangelverwaltung, die im Feuerwehrmodus unterwegs ist und sich permanent mit dem Stopfen von Ressourcenlöchern auseinandersetzen muss.

Aufgrund des persönlichen Engagements aller Beteiligten fehlt in solchen Momenten die kritische Distanz zum eigenen Tun. Ehe man sich versieht, rutscht das gesamte Unternehmen in einen Aktionismus, der nur noch einen einzigen Weg, nämlich die Flucht nach vorne, kennt und mögliche Ausstiegsoptionen als Versagensbeweis verwirft. Durch das Zusammenspiel der unterschiedlichen Faktoren entsteht rasch eine unglückliche Mischung aus Durchhalteparolen, Invisibilisierung der tatsächlichen Kosten und persönlichen Schuldzuweisungen: ein Dickicht, das ab einem bestimmten Zeitpunkt von innen heraus nur noch schwer zu durchdringen ist und die begonnenen Innovationsaktivitäten ins Leere laufen lässt.

Wirft man einen genauen Blick auf diese Dynamiken, dann wird schnell deutlich, dass es sich hierbei nicht um eine Konsequenz persönlicher Schwächen handelt, sondern um ein strukturell verankertes Amalgam von Einzelschritten, das für die Spielart des intuitiven Innovierens charakteristisch ist.

4.3.3 Konzeptionelle Grundlagen: Championship

Ähnlich wie in der »Great-Man«-Theorie der Führung (Neuberger 2002) wurde in der Innovationsforschung bereits früh die Frage nach der treibenden Kraft des Innovationsgeschehens gestellt. Vor der Entdeckung systemischer Zusammenhänge und Dynamiken bot sich hierfür die Person des Innovators geradezu an. Donald Schon prägte hierfür den Begriff des »Champions« – das Konzept findet sich bis zum heutigen Tag vor allem in der amerikanischen Forschung und Literatur zum Thema Innovation wieder (Schon 1963). Der Begriff verweist auf die herausragende Rolle, die bestimmte Individuuen für die Entdeckung und Entwicklung neuer Ideen haben. Der Grundgedanke ist einfach: Nur durch den kreativen Genius und persönlichen Einsatz einer Einzelperson kommt das Neue in die Welt. Wir hatten bereits in den Einführungskapiteln darauf hingewiesen, dass der Mythos vom einsamen schöpferischen Genie und Tüftler, dem Daniel Düsentrieb des technologischen Fortschritts, eine Hypothese bzw. soziale Konstruktion ist, die mit Vorsicht zu genießen ist. Zu offensichtlich konzentriert sich hier die Kreation von Neuem auf den Impuls einer einzelnen Person, während die Zusammenhänge, die als Kontext oder Begleitumstände eine Innovation überhaupt erst möglich machen, ausgeblendet werden. Nichtsdestotrotz gibt es zahlreiche Belege aus der Forschung (Hauschild 2004), die plausibel darlegen, dass die Arbeit von sogenannten »Innovations-Champions« einer der wichtigsten Erfolgsfaktoren für gelingende Innovation ist. Wie so oft spielen hier natürlich die zugrunde gelegten Prämissen eine entscheidende Rolle: Untersucht man das Phänomen der Innovation aus einer psychologischen Perspektive, dann liegt es auf der Hand, dass sämtliche Aktivitäten, die zur Entdeckung oder auch Umsetzung einer Innovation geführt haben, auch einer einzigen Person zugeschrieben werden können. An die Stelle komplexer sozialer Interaktionen und auch Zufälle rückt die eindeutige Zuschreibung von Handlungen auf Individuen, die dann auf ihre besonderen Fähigkeiten und Dispositionen hin untersucht werden können. Auch in der neueren Literatur (zusammenfassend: Eberl/Puma 2007) wird darauf hingewiesen, dass oftmals in Großorganisationen, aber, wie wir bereits gesehen haben, auch in kleineren und mittleren Unternehmen Innovationserfolge individualisiert, d. h. einzelnen Personen zugeschrieben werden. »It's all about people« – so lautet dort das allgemeine Credo. Der globale Wettbewerb wird demnach eher durch rauchende Köpfe als durch rauchende Schlote gewonnen. Die Nominierung von Erfindern des Jahres, die Incentivierung von Einzelleistungen in Forschung und Entwicklung – all dies sind Hinweise auf die Gedankenfigur des Champions, der als bekennender Unternehmer der eigenen Ideen kontinuierlich und entgegen aller Widerstände daran arbeitet, das Neue in die Welt zu bringen.

Aus einer soziologischen Perspektive sieht dieses Phänomen dann etwas anders aus: Hält man sich vor Augen, dass es bei Innovationen immer auch darum geht, bestehende Sicherheiten durch Unsicherheit zu ersetzen, dann kann es zwar sinnvoll sein, die Zuschreibung der Unruhe und Störung der bestehenden Ordnung (die Innovation immer mit sich bringt) an einer bestimmte Person – etwa einer Führungskraft an der Spitze – festzumachen. Diese soziale Zuschreibung ändert jedoch nichts daran, dass der Prozess des Innovierens in der Praxis weit mehr Aktivitäten umfasst als diese eine Person überhaupt zu leisten imstande wäre. Die Zurechnung von Innovation auf einzelne Personen kann als sozialer Mechanismus verstanden werden, mit dem eine Art »Ersatzsicherheit« geschaffen wird, um die Irritationen und Ruhestörungen zu überbrücken, die damit immer auch verbunden sind. Gut eignen sich dafür Führungspersönlichkeiten – sie stehen als herausgehobene Adressen des sozialen Geschehens im Rampenlicht der Aufmerksamkeit und sind damit willkommene Projektionsfläche für die Neugier, aber auch die Sorgen ihrer Mitmenschen.

Auch für diese Perspektive lassen sich historische Belege anführen: Joseph Schumpeter, den wir einleitend bereits erwähnt haben, machte schon 1912 darauf aufmerksam, das Innovationen zwar »schöpferische Zerstörung« bedingen, das Alte also in irgend einer Art dem Neuen Platz machen muss, damit es überhaupt zu Innovationen kommen kann, und dass diese schöpferische Zerstörung oft das Werk der Figur des Erfinders und/oder Unternehmers ist, der mit seinen Ideen, aber auch mit strenger Disziplin die Welt verändert. Er weist aber im gleichen Atemzug darauf hin, das Innovationen – verstanden als die Durchsetzung neuer Kombinationen bestehender Problemlösungen – in der Regel keine Einzeltaten sind, sondern vielmehr das Zusammenwirken höchst unterschiedlicher Menschen erfordern. Diese Spur lässt sich bis hin zur modernen Systemtheorie weiterziehen, die insbesondere für das Phänomen der Organisation darauf drängt, die Bedeutung einzelner Individuuen nicht zu überschätzen. Was aus dieser Perspektive zählt, ist vielmehr der laufende Fluss von Entscheidungen und deren kommunikativen Verarbeitung, sind also die Anschlussmöglichkeiten, die eine Innovation benötigt, um überhaupt als Teil des laufenden Geschehens einer Organisation wahrgenommen zu werden. Führungskräfte, Innovatoren, Champions – all diese identifizierbaren Treiber von Neuerungen sind individuelle Adressen für die Zuschreibung eines ansonsten durch und durch sozialen Vorgangs. Sie sind funktional und werden daher benötigt, dürfen aber nicht verwechselt werden mit dem Prozess des Innovierens, der auf einer Vielzahl von aufeinander abgestimmten Einzelschritten beruht und daher weitaus mehr Menschen betrifft als es die Idee eines individuellen Championships jemals zugestehen würde. Wir behalten diesen Gedanken im Hinterkopf, wenn wir uns im Anschluss an das Praxisbeispiel der dritten Spielart unseres Portfolios zuwenden: dem fremdfinanzierten Innovieren.

4.3.4 Einblicke: Das Beispiel Prevent Group, Wolfsburg

Ein Gespräch mit Kenan Hastor – Prevent Group
Prevent ist ein Familienunternehmen, das 1952 in Slovenj Gradec (Slowenien) als städtische Sattlerei gegründet wurde. Seit dem Bestehen hat sich Prevent viele Male selbst neu erfunden: Aus anfänglich 6 Mitarbeitern in Slowenien wurden mehr als 10.000 Mitarbeiter an 35 Standorten weltweit. Auch das Kernportfolio der Sattlerei hat sich komplett gewandelt und wurde über die Jahre in verschiedene Richtungen erweitert. Heute umfasst das Portfolio die Produktion von Leder und Textil, Laminierung und Sitzbezüge, Schäume, Bremsscheiben und Jachten. Als Familienunternehmen ist die Prevent Group ein klassischer Vertreter der Spielart des intuitiven Innovierens. Aufgrund seiner Größe versteht sich Prevent nur noch im Kern als Familienunternehmen. Die wichtigsten Richtungsentscheidungen werden zwar noch in der Familie gefällt, dennoch sind diese Entscheidung bereits stark von einem etablierten Management beeinflusst. Unser Interviewpartnern, Kenan Hastor, ist der Sohn des Gründers und leitet heute gemeinsam mit seinem Bruder die Geschäfte der Prevent Group.

Anhand der jüngsten Innovation, ein Patent im Bereich Leichtbau, erläutert uns Kenan Hastor, wie der Weg von der Idee zur Innovation in der Prevent Group im Regelfall verläuft. Das Patent ist ein »Best-of-both«-Kombinationsverfahren aus zwei Materialen: EPP und Schaum. Der Partikelschaumstoff EPP (Expandiertes Polypropylen) ist ein Material, das viel in der Automobilbranche verwendet wird, weil es sich gut dafür eignet, Aufprallenergie zu absorbieren. Schaum hingegen ist ein wichtiges Komfortmaterial. Das Anwendungsgebiet für diese Material-Innovation sind die Vordersitze im Auto.

Herr Hastor, wie ist diese Innovation entstanden?

Vor einigen Jahren haben wir eine entsprechende Initiative gestartet, die nannte sich »Light-Tech«. Die Grundidee dieser Initiative bestand darin, einen Mittelweg zwischen dem Strukturmaterial EPP und dem Komfortmaterial Schaum zu entwickeln. Auf dieser neuen Kompetenz wollten wir in der Zukunft ein neues Produktportfolio aufbauen.

Und was war die Initialzündung dazu?

Ganz einfach: Wir hatten die Möglichkeit dazu. Wir hatten die Firma Berger übernommen, und die Firma Bergler brachte einen Teil der EPP-Kompetenz mit. Davon haben wir profitiert. Das war vor 6 bis 7 Jahren. Bergler hat dann den ersten Auftrag in der Automobilindustrie bekommen, genauer für Sitzkissen, und so ging die Entwicklung voran. Ich würde mal sagen, das ist fast wie so eine Evolution, die dann irgendwann mal eine Richtung bekommt. Einfach durch die Tests, durch die neuen Modelle, durch die neuen Aufträge und durch die entsprechende Akquise. Man hat sich immer mehr mit der Materie auseinandergesetzt. Und dann kam irgendwann diese Hybrid- Entwicklung zustande. Die Kompetenz zur Schaumproduktion hatten wir bereits im Haus. Ab einem Zeitpunkt war es dann einfach naheliegend, das Strukturmaterial – das auch absorbieren kann – mit dem Komfortparameter, den der Schaum liefert, zu kombinieren und so etwas Besseres zu entwickeln.

Welche Rolle hat bei dieser Innovation der Kunde gespielt?

Ja, ganz klar: das Ganze war stark kundengetrieben. Im Markt war schon seit einiger Zeit klar, dass der Kunde willig ist, für leichtere Materialen mehr zu bezahlen. Die Initiative hatten wir ja bereits vor vier Jahren gestartet. Mittlerweile ist diese Anforderung schon längst Commodity, solche Leichtmaterialen bietet in der Zwischenzeit wirklich jeder an. Aber damals war das noch ein Incentive für den Kunden.

Und wie organisiert sich dies im Innenspiel? Gibt es zum Beispiel so etwas wie einen Forschungsplan?

Es ist nicht zu 100 % geplant. Ich erwähnte ja bereits die Initiative Light-Tech, die wir vor 6 Jahren gestartet haben. Die grundlegende Idee für diese Initiative war ganz einfach: Wir wollten unser EPP als Ersatz für Stahl nehmen. Dann haben wir Leute auf das Thema gesetzt, haben versucht, die Idee unseren Kunden zu verkaufen, und dann ging das Ganze peu à peu. Am Anfang war ja auch die Applikation noch nicht klar. Wir haben das EPP zunächst in der Lehne eingesetzt. Das ging dann durch die ganzen Crashtests, hat aber leider nicht so richtig funktioniert. Und dann haben wir das EPP in anderen Applikationen ausprobiert, insgesamt zwischen 6 oder 7 Applikationen. Irgendwann hat es dann einfach geklappt. Was ich damit sagen will, ist, dass wir zu Beginn nicht geplant hatten, das neue Material für Sitzkissen zu verwenden.

Aber woher kam die Idee für die Initiative?

Die Idee dafür kam aus dem Shop-Floor und war letztlich ein Zusammenspiel zwischen allen Beteiligten. Man hat ja immer laufende Projekte, die man für die Serie herstellt, und man hat immer wieder Herausforderungen, wie kann man Dinge besser angehen. In diesen laufenden Projekten hat man immer wieder Probleme. Die Probleme sind sehr vielfältig: der Preis, die Konkurrenz, die Maschinenherstellung, die Materialien etc. Und diese Herausforderungen bringen einen dazu, immer weiter und weiter zu denken. In dem konkreten Beispiel war klar, dass ein Teil aus dem Material EPP immer nach den Kilos bewertet wird – je weniger, umso besser. Wenn wir es also schaffen können, ein dünneres EPP mit mehr Schaum zu bauen, dann würde das Ganze leichter werden und wir hätten schon viel gewonnen.

Gibt es eine systematische Beobachtung, was außerhalb von Prevent passiert? Was die Kunden machen, zum Beispiel, oder welche neue Trends sich entwickeln...?

Ja. Für die technologischen Entwicklungen liegt dies in der Verantwortung der Entwicklungsleiter und der Shop-Floor-Leiter. Die sind regelmäßig zu Kongressen und Konferenzen eingeladen. Die Design-Abteilung macht dies ganz gezielt durch Ansätze der Trendforschung und der Kundenbeobachtung. Aber die Systematik, wie die einzelnen Abteilungen dies machen, steckt wirklich nur in deren Köpfen, die ist nicht verankert in einem Prozess. Sie fragen sich jetzt sicher, warum gibt es dafür keinen Prozesse. Die Antwort ist ganz einfach: Ich würde dafür keinen Prozess haben wollen, weil dieser Prozess würde ja heißen, dass ICH etwas will. Aber das Problem ist, dass das, was ich will, nie zu einer Innovation wird, wenn nicht auch Andere es akzeptieren. Unsere Innovationen entwickeln sich immer im Zusammenspiel mit der Umwelt. Und dafür ist es sehr wichtig, dass alle Mitspieler, die dabei etwas zu sagen haben, mitgenommen werden. Wenn die nicht mitspielen, wird aus keiner Idee eine Innovation.

Wenn die Rolle der Mitspieler eine so hohe Bedeutung hat, gibt es dann auch ein aktives Stakeholder Management?

Ja und Nein. Dies macht jede Abteilung für sich. Schließlich muss man ja die eigenen Kunden sehr individuell bedienen, und dies kann man nicht mit einer Systematik machen.

Und wie funktioniert das Zusammenspiel mit den Herstellern, d. h. mit den Kunden? Die haben ja selbst auch eine Entwicklung und die machen sich auch Gedanken über die Trends etc.

Die Hersteller haben eine eigene Entwicklung, die auf ein größeres Projekt oder Produkt abzielt. Darum suchen die sich Lieferanten, die spezialisiert sind auf diese Unterprodukte. Und mit denen arbeiten sie dann zusammen, um ihre großes Thema zu entwickeln. Der Hersteller muss sich dabei überlegen, wie er mit den unterschiedlichen Lieferanten so zusammenarbeiten kann, dass er sein Produktes – beispielsweise einer neuer Sitz fürs Auto – tatsächlich auch bauen kann. Mit anderen Worten, die Ziele der Kunden sind immer übergeordnet. Und wir als Prevent sind viel spezialisierter als unser Kunde. Unsere Lieferanten sind dann wieder viel spezialisierter als wir. Die Hersteller verlagern so einen Teil ihrer Innovationsbemühungen zu Prevent aus, einfach weil dort die Spezialisten sitzen. Es ist auch so, dass unsere Forschungsabteilung direkt vom Kunden – Renault, GM , VW etc. – getriggert wird. Die fragen dann konkret an, ob wir das und das mal machen können. Das heißt unsere Entwicklungsabteilung kooperiert direkt mit der Forschungsabteilung der Kunden. So ist das Zusammenspiel.

Und die Ressourcen? Wie werden solche Innovationsprojekte finanziert?

Die werden definitiv aus der Firma finanziert. Man hat ja immer einen Bereich, den man nutzen kann für solche Ausgaben. Und je größer das Unternehmen ist, desto weniger fallen diese Summen ja auf. Es gibt bei uns keinen expliziten Bereich, der eine bestimmte Entwicklung finanzieren würde.

Gibt es dazu irgendwelche Zielvorgaben?

Nein, meine einzige Vorgabe ist Leidenschaft. Und was jeder mitbringen muss, ist dieser Kundenblick. Eine Innovation passiert nur, wenn der Kunde es will, wenn der Kunde es verkaufen kann und wenn sie es schaffen, mit ihren Lieferanten – zum Beispiel mit ihrem Materialhersteller – so etwas auch herzustellen. Das sind sehr intensive gemeinsame Gespräche. Insgesamt sind alle diese Aktivitäten eine Symbiose entlang der Wertschöpfungskette.

Was sind die Risiken bei so einem Vorgehen?

Wenn was schief geht, kann dies richtig teuer werden. Man kann da machen und machen und machen, und am Ende kann es dennoch sein, dass kein Geld rauskommt. Die Gründe dafür sind einfach: Es kann zum Beispiel passieren, dass jemand von der Kundenseite zwar eine Idee nach vorne bringen will, es aber nicht schafft, diese Idee auch in seinem Konzern zu verkaufen. Auch bei uns kann es passieren, dass es jemandem nicht gelingt, seine Leute mitzunehmen, um erfolgreich zu arbeiten. Oder es hakt beim Lieferanten. Dadurch, dass in dem Prozess so viele Stakeholder beteiligt sind, gibt es immer wieder unterschiedliche Interessen, die man kennen sollte. Auch sollte man wissen, wie stark die Netzwerkpartner sind, d. h. welchen Einfluss sie ausüben können.

Wie sieht da ein entsprechendes Risikomanagement aus?

Ich bin ehrlich, bei uns ist das Risikomanagement eine ganz einfache Formel: Solange wir uns die Entwicklung einer Idee leisten können, machen wir es. Es gibt dabei keine Risikobewertung im eigentlichen Sinn. Wichtig für uns ist, dass die Personen, die an den Aufgaben arbeiten, keine Scheuklappen bekommen. Darum arbeiten die auch nicht ausschließlich für diese eine Aufgabe, sondern haben meistens auch ein wenig Einblick in die Serienproduktion und das operative Geschäft.

Was sind die Chancen und Risiken eines solchen Familienunternehmens?

Unser größtes Risiko ist wahrscheinlich die Personenbindung. Die Organisation ist an den Mitarbeiter gebunden, auch wenn der Mitarbeiter natürlich an die Organisation gebunden ist, wenn er eine Idee durchbringen will. Aber dies ist nicht nur Inhouse so. Auch entlang der gesamten Wertschöpfungskette – beim Kunden, beim Lieferanten etc. – regelt sich das Zusammenspiel über enge Beziehungen zwischen den einzelnen Personen. Nach einer Weile arbeiten sich alle Beteiligten sehr in einen Prozess hinein, so dass da keiner mehr loslassen kann. Nicht der Kunde, nicht wir, nicht unsere Lieferanten. Es entsteht dabei eine Eigendynamik, die manchmal keiner ökonomischen Logik mehr folgt; es ist eine Symbiose entlang der Wertschöpfungskette.

Wie kommen neue Ideen in das Unternehmen?

Dies passiert bei uns sehr zufällig. Man hört etwas und diesem Impuls geht man dann nach. Oft braucht man einfach Geduld, muss man abwarten, bis die richtige Information oder Zeit kommt.

Könnte man einen Prozess aufsetzen, um kontinuierlich darüber nachzudenken?

Nun ja, bei uns kommen die Ideen spontan, solche Zeitpunkte sind nicht planbar. Das sind wohl die Gründe, warum wir keinen Prozess haben. Es ist wirklich eine gute Frage, aber mir scheint, dass die Spontanität hier sehr relevant ist. Und auch ganz persönlich kommen bei mir die Ideen nie, wenn ich mich hinsetze und darüber nachdenke. Neue Ideen kommen wirklich aus der Situation heraus, etwa wenn besonderer Druck herrscht oder ich völlig relaxt bin. Manchmal kommen die Ideen auch, wenn ich etwas anderes anschaue. All dies hat nichts mit fixen Prozessen zu tun.

Herr Hastor, haben Sie vielen Dank für das aufschlussreiche Gespräch!

4.4 Dritte Spielart: Das fremdfinanzierte Innovieren

Im Kreuzungspunkt unserer Leitunterscheidungen von Personen-/Prozessorientierung und stark/schwach ausgeprägten Organisationsstrukturen und Routinen lässt sich das fremdfinanzierte Innovieren als stark prozessorientiertes Vorgehen in einem Geflecht unterschiedlicher Interessen charakterisieren, das auf verhältnismäßig wenig Routinen und Problemlösungstraditionen Rücksicht nehmen muss. Wir verstehen darunter sämtliche Formen der Entwicklung und Umsetzung von Innovationen, die unter Zuhilfenahme von Fremdkapital, dem sogenannten »Venture Capital« durchgeführt werden. Die Grundidee ist einfach und bestechend: Wir haben bereits gesehen, dass insbesondere Start-ups prädestiniert dafür sind, radikale Neuerungen auf den Weg zu bringen. Die hohe Unsicherheit, aber auch der hohe Kapitalbedarf, die immer dann entstehen, wenn Dinge von Grund auf neu gedacht und umgesetzt werden, ist mit diesem Organisationstyp allerdings nicht wirklich kompatibel. Es braucht also ein Zusammenspiel unterschiedlicher Kompetenzen und Ressourcen, damit vor allem disruptive Innovationen aus dem Zustand einer vagen Idee in ein Produkt, eine Dienstleistung oder auch ein Geschäftsmodell übersetzt werden. An genau dieser Stelle setzt das Zusammenspiel unterschiedlicher Organisationsformen ein: Ein Start-up offeriert seine Idee oder auch eine bestimmte Technologie plus eventuell sogar ein kleines, begeistertes Team und trifft auf Investoren, die mit Blick auf eine zu erwartende (überdurchschnittliche) Rendite bereit sind, Kapital zur Verfügung zu stellen, um dieser Idee in die Welt zu verhelfen. Es liegt auf der Hand, dass sich bei dieser Spielart des Innovierens unterschiedliche Interessen und Handlungslogiken begegnen, die zwar nicht deckungsgleich sind, aber auf ein komplementäres Verhältnis hinauslaufen, bei dem – wenn es so läuft wie gedacht – jeder der beteiligten Partner auf seine Kosten kommt. Wie lässt sich dieser Prozess eines netzwerkartigen Zusammenspiels unterschiedlicher Partner genauer beschreiben? Welche Muster charakterisieren also die Spielart des fremdfinanzierten Innovierens?

Um diese Frage zu beantworten, müssen wir kurz an das Resümee der ersten Spielart, dem improvisierten Innovieren, anknüpfen: Wir hatten dort festgehalten, dass Start-ups sich in erster Linie an der Sicherstellung des laufenden Cashflows orientieren. Die wichtigste Frage dort lautet: Woher kommt das Kapital, um aus einer Idee ein fertiges Produkt zu generieren, mit dem ein Marktzutritt gesichert wird, der es schließlich ermöglicht, alle getätigten Investitionen zu refinanzieren? Ein zentraler Beobachtungsfokus liegt dort notwendigerweise auf den direkten Wettbewerbern, die innerhalb einer bestimmten Branche oder mit einer spezifischen Technologie unterwegs sind: Ist man nicht aufmerksam genug, stecken andere Start-ups das Geld für Produktentwicklung und Mitarbeitergehälter ein und man selbst geht leer aus. Umgekehrt sind potente Investoren laufend darum bemüht, überschüssiges Kapital möglichst so anzulegen, dass daraus eine hohe Rendite entsteht. Spekulationen an der Börse sind dazu ein probates Mittel, das allerdings mit recht vielen unkalkulierbaren Risiken verknüpft ist. Eine Alternative dazu bietet die Beteiligung an jungen Firmen, die über ein vielversprechendes Potenzial etwa in Form einer innovativen Produktidee verfügen, denen aber die Mittel fehlen, diese Idee auch umzusetzen. Auch dies ist natürlich nicht ohne Risiko, allerdings sind bei diesem Modell die direkten Einflussmöglichkeiten deutlich höher: Das eingesetzte Kapital sichert zumindest formal die Steuerungshoheit über das Geschehen. Dass dies gerade bei so flüchtigen Werten wie intellektuellem Know-how oder kreativer Ideengenerierung keine ausreichende Sicherheit darstellt, versteht sich von selbst. Innovation ist nicht auf Anweisung hin zu bekommen. Man braucht also andere Formen der Steuerung und Beteiligung, mit der die Wahrscheinlichkeit erhöht wird, das eingesetzte Kapital tatsächlich und auch signifikant zu vermehren. An dieser Stelle kommen nun unterschiedliche Agenten ins Spiel, die trotz differierender Vorgehensweisen allesamt das Ziel verfolgen, das Zusammenspiel von Start-ups und Investoren möglichst reibungslos zu gestalten bzw. die zur Verfügung stehenden Ressourcen möglichst ertragreich einzusetzen: Venture Capitalists (VCs), Business Angels (BAs), Inkubatoren und Copy Cats – sie alle stellen unterschiedliche Varianten des dominanten Unternehmenstyps dieser Spielart dar. Das ihnen zugrundeliegende Geschäftsmodell verdient einen detaillierteren Blick. Die folgende Grafik illustriert zunächst einmal die Logik des Zusammenspiels der verschiedenen Partner (vgl. Abbildung 2):

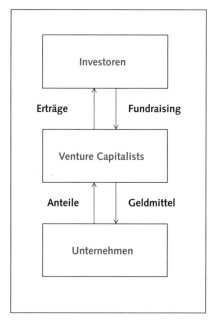

Abb. 2: Überblick über den klassischen Venture Prozess

Werfen wir zunächst einen Blick auf die Gemeinsamkeiten dieser Varianten. Wir können festhalten, dass diese Unternehmungen das strukturelle Äquivalent zu einem Management darstellen, über das die Start-ups in der Regel nicht verfügen. Mit dem entsprechenden Kapital im Rücken treffen diese Agenten strategische Entscheidungen über die Ausgestaltung laufender Innovationsprozesse. Welches Projekt mit wie viel Kapital bzw. Ressourcen ausgestattet wird, wie die entsprechenden Märkte sich entwickeln, welche Trends und Technologien im Blick zu behalten sind: die entsprechenden Weichenstellungen werden sorgfältig analysiert, im eigenen Netzwerk besprochen und reflektiert, um anschließend in Absprache mit den einzelnen Start-ups umgesetzt zu werden. Beobachtungsfokus ist immer die Frage, welche Idee oder auch Technologie die besten Wachstumschancen besitzt und damit Aussicht auf überproportionale Vermehrung des eingesetzten Kapitals. Je nach Eindringtiefe unterscheidet man entsprechend die vier Arten des fremdfinanzierten Innovierens:

Klassische VC-Firmen gestalten einen Kapitalstock, den sie von anderen, meist größeren Firmen oder Stiftungen eingesammelt oder zur Verfügung gestellt bekommen haben.

Business Angels steigen mit eigenem Geld in die Finanzierung junger Unternehmen ein. Meist handelt es sich dabei um frühere Unternehmensgründer, die aufgrund eines erfolgreichen Ausstiegs aus einem Start-up über beträchtliche finanzielle Mittel verfügen und darüber hinaus auch intime Kenner der jeweiligen Branche und der entsprechenden Wettbewerbssituation sind, die ihnen zum Erfolg verholfen hat.

Inkubatoren hingegen sind fremdfinanzierte Gelegenheiten, unterschiedliche junge Firmen mit Zukunftspotenzial an einem meist subventionierten und daher für diese Firmen kostengünstigen Ort zusammenzubringen. Dies geschieht in der Hoffnung, dass sich durch die räumlich Nähe der einzelnen Ideenproduzenten Synergieeffekte ergeben, die dann bei Bedarf aufgegriffen und weiterverwertet werden können. Einem Brutkasten gleich werden dort Bedingungen geschaffen, die die Arbeit an innovativen Produkten unterstützen: von der gemeinsam genutzten Kaffeeküche als kommunikative Drehscheibe bis hin zu flexibel skalierbaren Raumsituationen geht es stets darum, die Arbeitsbedingungen für junge Unternehmen mit noch wenig Infrastruktur so produktiv wie nur möglich zu gestalten.

»*Copy Cats*«, die sich – glaubt man den Informationen unserer Interviewpartner – besonders in Deutschland etablieren konnten, haben sich darauf spezialisiert, erfolgreiche Geschäftsmodelle aus bestimmten Branchen so zu modifizieren, dass sie auch in anderen Industriezweigen erfolgreich umgesetzt werden können. Die dahinterstehenden Investoren haben also schon eine bestimmte Idee im Kopf und suchen sich gut funktionierende, kreative Teams, die diese Idee detaillieren und bis zur Umsetzungsreife ausarbeiten. Bestes Beispiel hierfür sind die Geschäftsmodelle, die in enger Anlehnung an die Idee des von Ebay entwickelten virtuellen Marktplatzes aufgegriffen und in unterschiedlichste Branchen und Nischenmärkte hineinkopiert werden. Auch wenn die Idee eines trickreichen Kopierens erfolgreicher Geschäftsmodelle nicht sonderlich neu ist und im internationalen Kontext durchaus regelmäßig praktiziert wird (man braucht nur den Blick nach China zu werfen, wo diese Praxis des »Fast clonings« gang und gäbe ist) – im Kontext der bestehenden Netzwerke von VCs, BAs und Inkubatoren hat diese Form des kreativen Hackings erfolgreich umgesetzter Innovationen durchaus ihren Charme.

Die Kernkompetenz, die all diese Spielarten auszeichnet, ist eine sorgfältig dosierte Kontrolle der laufenden Innovationsaktivitäten. Dies geschieht einerseits durch ein

Mentoring der meist ja noch unerfahrenen Start-ups – von Konfliktmanagement mit dem Entwicklungsteam über rechtliche Beratung in Patentfragen bis hin zu Fragen der Risikoabschätzung und alternativer technologischer Lösungsansätze wird mit großer Sorgfalt darauf geachtet, den adaptierten Firmen mit Rat und Tat zur Seite zu stehen. Zum anderen verfügen diese Akteure meist über exquisite Netzwerke und sind somit in der Lage, rasch und unkompliziert hilfreiche Kontakte zu legen, wo immer sie auch gebraucht werden. Das Doppelpaket aus Finanzierung und Coaching bekommen in der Regel nur solche Firmen, die ein hohes Investment benötigen, um neue Produkte zu entwickeln. Biotechnologie, Genetic Engeneering, Nanotechnologien – all diese Branchen brauchen ein beträchtliches Investitionsvolumen, um überhaupt die Chance zu haben, profitträchtige Produkte zu entwickeln. Natürlich gehen mit der Höhe des eingesetzten Risikokapitals auch die potenziellen Gewinnchancen in die Höhe – die Entwicklung von Klingeltönen oder SMS-Diensten bleibt hier in der Regel außen vor. Die unterstützen/fremdfinanzierten Innovationen müssen also einen hohen Wachstumsmarkt versprechen. Das heißt die VSs sind interessiert an Firmen, die als »Infant Giants« das Potenzial haben, die Spielregeln einer ganzen Branche auf den Kopf zu stellen. Die intensive Betreuung rechnet sich nur, wenn am Ende das geförderte Unternehmen einen überdurchschnittlichen Return on Investment (ROI) ausweisen kann – um dann gegebenenfalls weiterverkauft zu werden. Es ist leicht nachzuvollziehen, dass die finanziellen Komponenten dieses Deals leichter aufzustellen sind als die kontinuierliche Begleitung der jungen und oft eigenwilligen Start-ups. Hier hängt der Erfolg der einzelnen VCs tatsächlich an den persönlichen Fähigkeiten der verantwortlichen Akteure, eine gute Balance zwischen Richtungsangabe und Einbeziehung der relevanten Spieler zu etablieren. Wie schnell eine bestimmte Technologie zur Marktreife gelangt, um die entsprechenden Early-Bird-Vorteile auszunutzen, und wie mit einer spezifischen Technologie tatsächlich Wert generiert werden kann – all dies hängt zu einem nicht geringen Teil von den sozialen Kompetenzen der einzelnen VCs ab, die sich darüber hinaus auch einschalten müssen, wenn etwa das Start-up-Team nicht mehr produktiv arbeiten kann oder gute Kontakte zu Rechtsanwälten, Steuerberatern, potenziellen Kunden oder Zulieferern gebraucht werden.

4.4.1 Dominanter Organisationstyp: Das Venture-based Start-up

Aus den bisherigen Ausführungen wird deutlich, dass der dominante Organisationstyp für die Spielart des fremdfinanzierten Innovierens das »Venture-based Start-up« ist. Die dort praktizierte Verschränkung unterschiedlicher Kompetenzen führt zu einer Organisationsform, die insbesondere für die Entwicklung und das Management disruptiver Innovationen geeignet ist. Während beim improvisierten Innovieren der Blick auf den Cashflow und beim intuitiven Innovieren die spezifischen Kundenbedürfnisse die dominierenden Treiber des Innovationsgeschehens sind, sind es beim fremdfinanzierten Innovieren die Venture-Capital-Firmen. Ihre Aufgabe ist es, das von Investoren zur Verfügung gestellte Kapital professionell zu verwalten. Diese sogenannten »Limited Partner« sind in der Regel große Finanzinstitute oder universitäre Stiftungen (insbesondere in den USA), die aus Gründen der Risikostreuung ihr Geld in Aktien, Immobilien sowie Venture-Capital-Firmen investieren, dabei aber weitgehend im Hintergrund bleiben. Im Gegensatz zu Akquisitionen oder Übernahmen (den sogenannten »Buy-out Investitionen«) streben die VCs nicht nach der vollen Kontrolle über die Steuerung und das Eigentum der meist jungen Firmen, die von ihnen mit Finanzmitteln und einer Entwicklungsbegleitung versorgt werden. Ihre Funktion ist die eines Netzwerkknotens oder auch Vermittlers. Als General Partner leiten sie das Daily Business des Investmentprozesses, der das Rückgrat für sämtliche Innovationsaktivitäten darstellt. Für ihre Dienstleistungen bekommen sie ein relativ geringes fixes Grundgehalt und einen Anteil von rund 20 % am Gewinn, den das von ihnen begleitete Unternehmen abwirft (Miller et al. 2000). Ihr eigenes Kapital sind vor allem Netzwerkzugänge und Reputation sowie eine fundierte (Business-)Expertise in speziellen Marktsegmenten und Technologien, die es ihnen ermöglicht, strategische Entscheidungen zu bestimmten Innovationen und zukünftigen Entwicklungen zu treffen. Mit anderen Worten: es sind alte, erfahrene Hasen in einem bestimmten Geschäftsbereich, die gut vernetzt sind, d. h. über vielfältige Zugänge zu Rechtsanwälten, Steuerberatern, Personalentwicklern, Financiers etc. verfügen und die offen sind für neue Trends und Technologien mit größeren Wachstumspotenzialen. Ihr Einstieg in sorgfältig selektierte Start-ups geschieht entweder in einer sehr frühen Phase der Firmenentwicklung (dem sogenannten »Seed Investment«, das mit entsprechend hohem Risiko, aber auch überproportionalen Gewinnmöglichkeiten verbunden ist) oder aber – deutlich weniger riskant – an spezifischen Wendepunkten einer bereits stabilen Firmenentwicklung, die ein starkes Wachstum versprechen. Um das eigene Risiko möglichst gut zu managen, erfolgen ihre Investitionen immer in »Stages«, also zeitlich begrenzten Abschnitten, die nur dann weitergeführt werden, wenn sich erste Erfolge eingestellt haben. Ihr Ziel ist meistens eine nur temporäre Begleitung eines Start-ups; die eigenen Anteile verkaufen sie im Erfolgsfall entweder an einen strategischen Partner (zu einem entsprechend hohen Preis) oder sie arbeiten daran, »ihr« Venture mit einer dann exorbitanten Gewinnspanne an die Börse zu bringen.

Um ein Gefühl für die Bedeutung dieser Spielart des Innovierens zu bekommen, lohnt ein Blick auf die empirischen Daten. So sind etwa seit 1999 über 60 % aller neuen Börsengänge in den USA durch VCs finanziert (Kaplan/Stromberg 2004). Der überwiegende Teil der erfolgreichsten Firmenentwicklungen der neueren Geschichte geschah im Modus der fremdfinanzierten Innovation: ebay, Amazon, Yahoo, Amgen, Adobe, Celgene, Starbucks, Juniper, Genzyme, Symantec, Intuit, Gilead – um hier nur einige der prominentesten Namen zu nennen. Vier der 20 Unternehmen mit der höchsten Marktkapitalisierung auf dem amerikanischen Markt sind mit fremdfinanzierten Innovationen groß geworden: Microsoft, Apple, Google und Cisco. Insgesamt wurde das ursprünglich in den USA entwickelte Modell der »VC-backed-Innovation« in praktisch alle Länder dieser Welt exportiert und hat sich überall dort bewährt, wo verfügbares Kapital nach Gelegenheiten sucht, sich durch innovative Produkte zu vermehren.

Für den deutschen Markt ist es insbesondere der Hotspot Berlin, der eine überproportional hohe Anzahl an VC-Firmen aufweist. Nirgends in Europa wird mehr Geld in Start-ups investiert als dort. So sind in den letzten Jahren über 400 neue Firmen entstanden, die hauptsächlich in der Internetbranche über 10.000 neue Arbeitsplätze geschaffen haben (Fröhlich 2012). Berlin ist so mittlerweile zu einer globalen Anlaufstelle für Risikokapital geworden – gleich nach dem Silicon Valley. Rund um den Rosenheimer Platz in Berlin Mitte ist ein einzigartiges Ökosystem junger VC-gestützter Firmen entstanden – die »Silicon Allee«, benannt nach dem großen Vorbild der IT-Hochburg Silicon Valley. Nach der ersten Welle erfolgreicher Firmengründungen und Verkäufe steht dort ausreichend Kapital für weitere fremdfinanzierte Innovationen zur Verfügung, was wiederum internationale Investoren anzieht. SAP-Gründer Hasso Plattner, die Samwer-Brüder, Skype-Gründer Niklas Zennström, diverse US-Schauspieler mit einem soliden Finanzpolster suchen entweder nach Ideen oder den kreativsten Köpfen, um eigene Ideen intelligent und gewinnbringend umzusetzen. Über das Online-Portal »i-potential« findet ein Großteil des Recruitings statt, diverse Nachrichtenportale der internationalen Gründer- und Start-up-Szene berichten regelmäßig über aktuelle Trends der Szene und einige der größeren Kapitalgeber haben dort bereits ihre Niederlassungen eröffnet. Einmal in Gang gesetzt, ist die sich selbst verstärkende Dynamik dieser Spielart kaum mehr aufzuhalten: zu verlockend sind die Chancen für alle beteiligten Partner.

4.4.2 Konzeptionelle Grundlagen: Venture Capital

Im Verlauf der bisherigen Argumentation sollte deutlich geworden sein, dass Innovationen nicht nur ein riskantes, sondern auch ein ressourcenintensives Unterfangen sind. Die Veränderung eingespielter Routinen und bewährter Problemlösungen ist immer mit Aufwand verbunden – eine Tatsache, die bei einem fehlenden (professionellen) Innovationsmanagement Unternehmen sehr schnell in finanzielle Schieflagen führen kann. Einerseits besteht die permanente Anforderung sowohl einer kontinuierlichen Neuentwicklung an Produkten, Dienstleistungen und – wichtiger denn je – Geschäftsmodellen als auch der ständigen Verbesserung bestehender Angebote. Andererseits lassen sich die dazu nötigen Investitionen nicht immer direkt aus dem laufenden Geschäft heraus generieren. Gerade bei den bisher beschriebenen Spielarten des Innovierens stellt sich damit die Frage nach der Finanzierung solcher Aufwendungen. Das klassische Instrument für diesen Bedarf an zusätzlichem Kapital ist der Bankkredit. Über Jahrzehnte war gerade für kleine und mittlere Unternehmen der Bankkredit ein probates Mittel, um nicht nur finanzielle Engpässe zu überbrücken, sondern auch in zukünftige Technologien oder andere Innovationen zu investieren. Durch die enge Kooperation mit einzelnen Banken entstand ein Vertrauensverhältnis, das den Zugang zu notwendigen Krediten deutlich erleichterte. Dieser Vorteil, von dem vor allem die traditionsreichen Familienunternehmen (und weniger junge Start-ups) profitiert haben, ist in den letzten Jahren durch eine Vielzahl von Faktoren deutlich geschrumpft. Gerade für die Finanzierung der frühen Phasen einer Innovationsanstrengung gilt, dass sie im Zusammenspiel mit Banken heute praktisch gar nicht mehr zustande kommt. Das liegt u. a. an der schwierigen Informationslage: Wie kann ein Bankangestellter abschätzen, ob eine Innovation tatsächlich das Potenzial in sich trägt, das Kreditrisiko als kluges Investment in zukünftige Renditen zu verbuchen? Die empirische Datenlage gibt dieser Skepsis durchaus recht: Nur jedes dritte neu gegründete Unternehmen geht heute *nicht* pleite. Unter Risikoaspekten muss eine Bank ein solches Kreditansinnen ablehnen. Sie verfügt in der Regel nicht über genügend Expertise und Netzwerkkontakte, um eine vernünftige Risikoabschätzung durchführen zu können. Fehlen auch noch beleihbare Sicherheiten – eine typische Situation für neu gegründete Start-ups – dann tendiert die Bereitschaft der Bank, sich überhaupt auf einen (aufwendigen) Prüfprozess einzulassen, gegen Null. Darüber hinaus sind seit den strengen Vorgaben für Kreditvorgaben, wie sie im Zuge von Basel II in die Finanzwelt eingeführt worden sind, die Handlungsspielräume von Banken reichlich limitiert. Das war am Beginn des 19. Jahrhunderts, also zu der Zeit des industriellen Aufschwungs in Europa noch ganz anders. Das Hohelied Schumpeters auf den Entrepreneur als zentrale Innovationsfigur war begleitet von der Bewunderung für die investitionsfreudigen Unternehmerpersönlichkeiten und Finanziers, die ihr Geld zur Verfügung stellten, um weitere Innovationen zu ermöglichen. Für die enge Verknüpfung von Innovationkraft und Bereitstellung entsprechender Ressourcen, die von ihm in seinen Arbeiten immer wieder konsequent ins Feld geführt wurde, standen Banken zur Verfügung, die bereit waren, das entsprechende Risiko (natürlich gegen einen entsprechenden Zuschlag: dem Zins) zu tragen.

Der Rückzug der Banken aus dem Finanzierungsgeschäft hatte eine Lücke zur Folge, die mit der Zeit mehr und mehr von privaten Investoren kompensiert wurde, was schließlich die Geburtsstunde des Venture Capitals einläutete. Die zentralen Fragestellungen dieser Finanzierungsform wurden erst recht spät im Bereich der Finanzwissenschaften diskutiert, etwa 1990 von William Sahlman, der als einer der ersten Finanzwissenschaftler den Zusammenhang von Risikokapital und Unternehmensentwicklung/Innovation untersuchte (Sahlman 1990). Seine Analysen beschreiben präzise das asymmetrische Zusammenspiel und die wechselseitigen Einflussnahmen der relevanten Schlüsselspieler dieser Finanzierungsform und geben Aufschluss über die wichtigsten Strategien zur Risikominimierung auf Seiten des VCs sowie die Mechanismen der Incentivierung und Kontrolle, mit denen der wechselseitige Abgleich der Interessen von Entrepreneuren und Venture Capitalists sichergestellt werden kann. Seine Arbeiten wurden von anderen Forschern (etwa Sørensen 2007 oder Gompers/Lerner 2006) aufgegriffen, die auf dieser Grundlage wirkungsvolle Werkzeuge und Vorgehensweisen für eine effiziente Zusammenarbeit der beteiligten Stakeholder entwickelten – so etwa die phasenweise Vergabe von Mitteln im Rahmen sogenannter »Stage-Gate-Prozesse« oder tragfähige Kompensations- und Kontrollmechanismen für die unterschiedlichen Risikoklassen, die im Laufe des Innovationsprozesses entstehen. Auch die bereits erwähnte umfassende Studie von Amar V. Bhide über die Entstehung von »New Businesses« räumt der Venture-Capital-based Innovation einen prominenten Platz ein. Dies liegt nicht zuletzt an dem hohen öffentlichen Interesse, das dieses Zusammenspiel von Geld und Ideen aufgrund der zahlreichen Erfolge in den modernen High-Tech-Geschäftsbereichen geweckt hat. So wachsen beispielsweise VC-unterstütze Unternehmen deutlich schneller als Start-ups in Privatbesitz: Dauert es bei den ersten rund 5 Jahre bis sie erfolgreich weiterverkauft werden oder an die Börse gehen, so dauert dies im zweiten Fall fast doppelt so lange, nämlich 8 Jahre.

Interessanterweise wird das Thema Venture Capital in den gängigen Standardwerken zum Innovationsmanagement in Großorganisationen wenn überhaupt, dann nur am Rande diskutiert (Hauschildt 2004, Gassmann/Sutter 2008). Die Vermutung liegt nahe, dass der fokussierte Blick auf die Innovationspraxis großer Konzerne einige der spannendsten Spielarten des Innovierens schlicht übersieht. Die Sachlage ändert sich allerdings, wenn man die aktuelle Diskussion zum Thema Open Innovation, auf welche wir in Teil B noch genauer eingehen werden, auf den Radarschirm hievt. Dort stoßen Organisationen, die sich explizit mit der Steuerung externer Netzwerk und Störungsquellen beschäftigen, unmittelbar auf die Spielart des fremdfinanzierten Innovierens. Wenn es darum geht, die eigenen Kunden und Leistungspartner als Irritations- und damit Anregungsquellen in den Prozess des Innovierens mit einzubeziehen – und nichts anderes behauptet ja das Paradigma der Open Innovation – dann zählen VC-basierte Innovationen zu den wichtigsten Formen einer netzwerkbasierten Innovationsstrategie. Die vielfach neuen Kompetenzen, die Organisationen brauchen, um sich in solchen non-hierarchischen Settings zu bewegen, überfordern zur Zeit sicher noch den einen oder anderen Manager der alten Schule. Wir gehen jedoch davon aus, dass es eher eine Frage der Zeit sein dürfte bis sich dies ändert. Das innovative Unternehmen der Gegenwart bewegt sich schon längst in einem Schwarm ähnlicher Organisationen und lernt aus der Beobachtung der gesamten Population, welche Fehler etwa nicht mehr gemacht werden müssen, um an wichtige Rückmeldungen zur eigenen Lern- und Innovationsfähigkeit zu kommen. In solchen Schwarmverbunden wird dann die Antwort auf die Frage nach der eigenen Unterscheidbarkeit zu einem wettbewerbsentscheidenden Faktor. Wir dürfen davon ausgehen, dass damit auch der Druck auf die eigene Innovationskraft wächst.

4.4.3 Einblicke I: Das Beispiel Acton Capital Partners, München

Ein Gespräch mit Harald Ebrecht, Investment Director
Wie man erfolgreich fremdfinanzierte Innovationen durchführt, zeigt seit 14 Jahren das Münchener Unternehmen Acton Capital Partners, ein unabhängiger, partnergeführter Wachstumsinvestor im Internet- und Mobile-Sektor. Investitionsschwerpunkt von Acton sind endkundenorientierte Geschäftsmodelle in den Bereichen Digitale Medien, E-Commerce sowie Online-Marktplätze. Neben dem 2008 aufgelegten und mit 150 Millionen Euro ausgestatteten Heureka Growth Fund mit Portfolio-Unternehmen wie Glasses Direct, Momox, Mytheresa.com und Yatego betreut Acton rund 15 Internet-Beteiligungen für den Medienkonzern Hubert Burda Media. Zu den bekanntesten Investments, die das Acton-Team betreute, zählen AbeBooks, Alando, Ciao.com, Elitepartner, HolidayCheck, OnVista und Zooplus.

Herr Ebrecht, was ist das Besondere am Geschäftsmodell eines Venture Capitalist?
Nun, auf den ersten Blick sieht alles ganz einfach aus: Man steigt in eine Firma ein, arbeitet ein paar Jahre mit ihr und wenn die Firma sich gut entwickelt hat, verkauft man die Anteile mit großen Gewinnen weiter. Die Investoren, die den Fondsgesellschaften Geld geliehen haben, bekommen gute Zinsen, die Firma floriert, alle Beteiligten sind zufrieden. Aber so läuft es natürlich nicht immer, und die Art und Weise, wie die Geschäfte laufen, hat direkten Einfluss auf die Geldmenge, die auf dem VC-Markt verfügbar ist. Wir haben es hier mit regelrechten »Schweinezyklen« zu tun: Wenn das Modell der fremdfinanzierten Innovationen gut funktioniert und Unternehmen wie Facebook für Euphorie sorgen, ist viel Geld im Markt und fließt dann teilweise auch in Firmen, die von den angestammten Teams eher nicht finanziert werden würden. Wenn diese Investments nicht »performen«, etwa weil das entsprechende Know-how fehlt,

verbrennen sich viele Anleger die Finger, und das Geld wird wieder abgezogen. Ende der 1990er-Jahre wurde versucht, noch sehr unreife Firmen an die Börse zu bringen. Die Ergebnisse kennen wir alle.

Warum ist das Modell des fremdfinanzierten Innovierens so wichtig?

Weil es kleinen Unternehmen trotz neuer Ideen und eines innovativen Teams oft nicht gelingt, aus eigenen Mitteln Wachstum zu gestalten. Junge Firmen brauchen in gewissen Sektoren Fremdkapital, um zu wachsen, doch Banken kommen als Partner meist nicht in Frage, weil den Start-ups oft Sicherheiten und Management-Ressourcen fehlen. Venture Capital schließt hier ein stückweit die Lücke, weil es mit Eigenkapital in Firmen hineingeht und sich Zeit nimmt, die Geschäftsmodelle auf Chancen und Risiken zu überprüfen. Und das in einer Weise, die ein Bankangestellter in der heutigen komplexen Welt dynamischer Märkte wohl nicht mehr leisten könnte.

Wie können wir uns das konkret vorstellen?

Normalerweise unterscheiden wir drei Phasen: die Einstiegsphase, bei der festgelegt wird, unter welchen Rahmenbedingungen investiert wird, dann die Begleitung der Firma und schließlich der Exit. Diese Phasen sind in ihrer Grundlogik immer gleich. Allerdings arbeiten die einzelnen Fonds sehr unterschiedlich. Einige greifen sehr stark ins tägliche Management ein oder unterstützen sogar direkt durch eigene Managementleistungen. Andere investieren und fragen danach nur noch die Finanzzahlen ab. Wir positionieren uns dazwischen als Finanzinvestor mit strategischer Unterstützung. D.h. wir arbeiten mit den Unternehmern und helfen die strategische Roadmap und ihre operative Umsetzung zu definieren und die notwendigen Schritte zu gehen.
In der Einstiegsphase spielen Innovationen immer eine Rolle, weil es bei der Analyse und der Ausrichtung der Firma darum geht, wie man ein erfolgreiches Geschäftsmodell entwickeln kann. Die Bücher werden überprüft, die Prozesse analysiert, der Dialog mit dem Wirtschaftsprüfer wird gesucht und letztlich die IT-Struktur gesichtet. Diese Prioritätensetzung ergibt sich bei uns aufgrund der Spezialisierung auf endkunden-orientierte Geschäfte. Sicherlich ist es so, dass sich VCs in anderen Bereichen, etwa im Medizinbereich, im Health-Care-Bereich oder Green-Tech-Bereich, noch viel stärker das Produkt anschauen, die Technologie oder das Patent, in das sie investieren. Da haben wir ein anderes Set, weil wir in Geschäftsmodelle investieren. D.h. unser Fokus liegt auf der Validität des gesamten Geschäftsmodells.

Im Vordergrund steht also eine rein finanzielle Betrachtung?

Nicht ausschließlich. Es gibt einen klaren Fokus auf Prozessoptimierung und das Geschäftsmodell. Aber natürlich gilt unser Augenmerk auch dem Team, das bei der Umsetzung des Ventures eine Schlüsselrolle spielt. Ein solches Team muss wandlungsfähig sein, muss Ideen aufnehmen können. Gerade in der Frühphasenfinanzierung ist es sehr häufig so: Ein Team kommt mit einer ersten Idee, aber dass diese Idee 5 Jahre später das Erfolgsmodell ausmacht, ist höchst selten. Man braucht eine Wandlungsbereitschaft beim Team. Eine Offenheit, sich auf die Diskussion mit dem Investor einzulassen. Innovative Teams sind genauso wichtig wie innovative Produkte, mit denen letztlich am Markt das Geld verdient werden muss.

Wie gehen Sie mit den ja stets mitlaufenden Risiken um?

Ein solches Wachstum ist immer mit Risiko behaftet, es muss also immer auch Strategien der Risikominimierung geben. Normalerweise wird dies bei VCs durch ein intelligentes Portfolio-Management und ein entsprechendes Timing erreicht. Bei Acton investieren wir etwa grundsätzlich in Geschäfte, die schon eine gewisse Größenordnung erreicht haben. Natürlich können auch die noch scheitern, aber Frühfinanzierer haben wesentlich mehr Risiko als wir. Grundsätzlich aber wird in der gesamten Branche das Geld breit gestreut und ein Portfolio von Firmen aufgebaut. Wenn jemand nur eine Branche in seinem Portfolio hat, hat er ein Problem, wenn diese nicht läuft oder jemand anders einen dominierenden Player aufbaut. Aber wie man das genau macht, ist Sache jedes Investors. Das ist dann das Betriebsgeheimnis.

Und die Unberechenbarkeit solcher Ventures beunruhigt Sie nicht?

Keine Firma läuft so, wie es mal geplant war. Eine Richtung kann stimmen, aber dass es genau der Weg ist, der ursprünglich erdacht wurde, ist die absolute Ausnahme. D. h. man muss kontinuierlich reagieren, nachsteuern und darüber reden: Wo stehen wir jetzt gerade? Was haben wir gelernt aus der Vergangenheit? Wie können wir das, was wir gelernt haben, benutzen, um die nächsten Schritte zu gehen? Man kann es vielleicht so sagen: Man fährt so ein bisschen auf Sicht. Das ist eigentlich der Normalzustand in den Firmen, weil letztendlich ja in dieser Entwicklung kontinuierliches Feedback von den Kunden kommt: Nehmen sie das Produkt an oder nicht? Wenn sie es nicht annehmen: Was kann ich dann lernen? Wie kann ich das Modell leicht verändern? Löse ich das richtige Problem für den Kunden? Von daher ist es ein kontinuierliches Nachschrauben in unterschiedlichen Amplituden.
Interessant wird es, wenn die Fondsgesellschaften andere Positionen bezüglich dieser Fragen einnehmen als die Unternehmer selbst. Dann ist Fingerspitzengefühl und gute Menschenkenntnis gefragt. Jeder Unternehmer hat seine eigenen Ideen und muss diese eigenen Ideen auch versuchen. Ich habe zwei Kinder, die sind 4 und 2, die haben tonnenweise eigene Ideen und die müssen ihre Ideen auch ausprobieren. Meine Philosophie bei den Kindern ist: Selber ausprobieren lassen und aufpassen, dass sie bei dem, was sie machen, nicht großartig zu Schaden kommen. Das übertrage ich in gewisser Weise auch auf den Umgang mit den Unternehmen. Diese »kreative Freiheit« hat in Anbetracht des eingesetzten Kapitals natürlich auch ihre Grenzen. Um den Unternehmer oder das Team, das natürlich an seine Idee glaubt, davon zu überzeugen auch mal in andere Richtungen zu denken, kann man dann nicht einfach den Vertrag rausholen und sagen: »Hier ist Paragraph 5.3, und der bedeutet: Ihr müsst jetzt ...« Wie Kinder schalten auch Unternehmer dann auf stur – und verlieren möglicherweise schlicht das Interesse an der engagierten Weiterentwicklung ihrer Ideen. Das ist wahrscheinlich ein großer Unterschied zu einem Konzern, der stark richtungsweisend agiert.

Irgendwann kommt dann der Zeitpunkt, an dem Fondsgesellschaft und Unternehmer getrennte Wege gehen. Wie kann man sich so einen »Exit« vorstellen?

Wer sich auf eine VC-Finanzierung einlässt, dem muss klar sein, dass das nicht für die Ewigkeit ist. Fonds haben eine gewisse Laufzeit, irgendwann muss Geld an die Investoren zurückgezahlt werden. Wann genau der Zeitpunkt kommt, ist im Vornherein schwierig zu sagen. Wenn das Unternehmen noch ein stückweit unfertig wirkt, aber noch sehr viel Potenzial hat, ist das sicherlich ein schlechter Zeitpunkt für einen Exit.

Wenn aber Größe, Wachstum, Organisation und Prozesse einen gewissen Reifegrad erreicht haben, könnte das der richtige Zeitpunkt sein. Man darf allerdings auch nicht zu lange warten. Auch hierbei kann es natürlich zu unterschiedlichen Einschätzungen zwischen uns und dem Team kommen. Die müssen dann im gemeinsamen Gespräch besprochen und abgeglichen werden. Im Grunde besteht ein Großteil der Arbeit eines VCs darin, ein gutes People-Management zu zelebrieren. Es geht um einen laufenden Abgleich von Einschätzungen: Wie sehen wir die Lage, wie sehen das die Unternehmer, und wie ist die Einschätzung von Kollegen im Netzwerk. Einsame Entscheidungen sind in diesem Geschäft unter dem Strich schlicht zu riskant. Exitstrategien sind einfach Teil des VC-Geschäftsmodells. Um den richtigen Zeitpunkt dafür zu finden, muss man ständig austarieren und den Reifegrad testen. Es ist wie bei einem guten Camembert: Man muss immer mal wieder auf den Käse draufdrücken und testen, ob es schon Zeit ist, ihn zu essen.

Und auch hier gibt es natürlich bei den einzelnen Fondsgesellschaften Unterschiede in der Handhabung. Manche haben das Selbstverständnis, dass sie eher Schnelldreher sind. Da heißt es dann: »rein raus, rein raus«, es werden also schnelle Wetten gesetzt. Ein paar Wetten hier, ein paar Wetten da. In Bezug auf dieses »Reingehen, Entwickeln, Rausgehen« gibt es in der Branche aber verschiedene Facetten. Das läuft dann auf das hinaus, was man so schön eine »Anlagestrategie« nennt.

Herr Ebrecht, haben Sie vielen Dank für das Gespräch.

4.4.4 Grenzen des fremdfinanzierten Innovierens

Was zunächst wie ein Hohelied auf moderne Formen des Innovierens klingt, hat natürlich – wie jede Spielart – seine eigenen Begrenzungen und Risiken. Hier wäre zunächst einmal die geringe Skalierbarkeit dieser Spielart zu nennen. Da die hohen Ansprüche, denen ein erfolgreicher Venture Capitalist genügen muss, eine beliebige Vermehrung praktisch ausschließen und auch das implizite Erfahrungswissen und die mit einer beständigen Neugier gepaarte hohe Fachkompetenz nicht einfach zu vermitteln sind (etwa durch spezialisierte Weiterbildungsangebote), sind einer raschen Ausbreitung dieser Spielart enge Grenzen gesetzt. Wächst – aufgrund von erfolgreichen Ergebnissen – das Interesse potenter Investoren stark an, steigt damit auch das Risiko, dass dieser Erfolg allein durch die Nachfrage, die er generiert, wieder aufs Spiel gesetzt wird: Der klassische Schweinezyklus kommt in Gang. Durch eine weniger präzise Auswahl von Start-ups und eine unaufmerksamere Begleitung ihrer Entwicklung wächst das Risiko von Fehlschlägen, die das gesamte Modell in Mitleidenschaft ziehen könnten. Zum Glück wird diese Entwicklung ein wenig abgefedert durch die Tatsache, dass für die meisten Investoren das VC-Kapital lediglich eine Art »Spielgeld« im Rahmen ihrer Investitionsentscheidungen ist. Bis auf wenige Boom-Szenarien ist die Menge des zur Verfügung stehenden Kapitals also gleichzeitig begrenzt.

Eine weitere Einschränkung bezieht sich auf den Innovationstyp, für den diese Spielart am besten geeignet ist. Um radikale Innovationen und/oder disruptive Märkte zu managen, gibt es kaum eine bessere Möglichkeit des professionellen Innovationsmanagements. Für inkrementelle Verbesserungen oder Innovationen, die zwar eine gute Chance auf Profitabilität haben, aber einen nur mäßig interessanten Markt adressieren, ist diese Form des Innovationsmanagements nur bedingt geeignet. Es ist schlicht zu vermuten, dass sich in solchen Fällen keine VCs darauf einlassen werden, Risikokapital in die Hand zu nehmen.

Der zentrale Hemmschuh für diese Spielart liegt jedoch ganz woanders. Um darin erfolgreich agieren zu können, müssen die beteiligten Akteure ihr Handeln konsequent an einer Netzwerklogik ausrichten. An die Stelle hierarchischer, und damit halbwegs berechenbarer, Verhältnisse tritt eine vertrauens- und reputationsgestützte Kooperation, in die nur der steuernd eingreifen kann, der sich zumindest in Teilen von denen steuern lässt, die er kontrollieren möchte. Die Ansprüche an die soziale und damit kommunikative Kompetenz bei allen Beteiligten wachsen in einem Ausmaß, das leicht zur Überforderung und damit zum Rückzug in gewohnte Kollaborationsmuster führen kann – in vertrauensbasierten Konfigurationen mit Glaubwürdigkeit als zentraler Währung ist das dann der Sündenfall, der ein weiteres Engagement im Netzwerk stark entmutigt. Erfinder etwa, die sich selbst als den Nabel der Kreativität sehen, haben in diesen Netzwerkstrukturen einen schwierigen Stand – ebenso wie diejenigen Manager, die es gewohnt sind, dass im Regelfall und unter Verzicht auf Nachfragen nach ihrer Pfeife getanzt wird.

Obwohl diese Spielart des Innovierens auch und zunehmend besonders für Großunternehmen, die sogenannten »Corporates«, interessant wird, sind nicht zuletzt aufgrund der unterschiedlichen Funktionslogiken die Berührungs- und Begegnungsformen zwischen beiden eher begrenzt. Strategiegetriebe Unternehmen werden bestrebt sein, den eigenen Produkten stets Vorrang zu geben – egal wie gut diese letztendlich sind. Hier sind Konflikte mit der Logik eines VCs vorprogrammiert: Dieser schaut zunächst nur nach dem Potenzial für Wertsteigerungen und entscheidet sich gegebenenfalls sofort für ein Konkurrenzprodukt, sofern dieses durch – zum Beispiel technologische Fortschrittlichkeit – eine bessere Rendite auf das eingesetzt Kapital verspricht. Die Schwierigkeiten, die übrigens in ähnlicher Weise auch die Einführung von Open-Innovation-Plattformen begleiten, hängen eng mit den Dynamiken in Großorganisationen zusammen. Diesen werden wir uns im Anschluss, bei der Erläuterung der vierten Spielart des Innovationsmanagements, näher widmen. Trotz dieser offensichtlichen Schwierigkeiten machen sich jedoch mittlerweile mehr und mehr Großkonzerne auf den Weg, die Spielart des fremdfinanzierten Innovierens in ihr Innovationsrepertoire aufzunehmen. Vor allem technologiegetriebene Unternehmen wie Siemens, 3M oder Alcatel-Lucent kommen nicht umhin, sich mit dieser Form des Innovierens auseinanderzusetzen. Dazu wurden und werden oftmals interne Abteilungen gegründet, die sich explizit mit den Spielregeln dieser Form auseinandersetzen. Nicht alle schaffen es allerdings ihre Aktivitäten innerhalb der Mutterkonzerne aufrechtzuerhalten: Ausgründungen und Spin-offs sind hier an der Tagesordnung. Warum das so ist, zeigt das Praxisbeispiel von Team Europe, Berlin.

4.4.5 Einblicke II: Das Beispiel Team Europe, Berlin

Ein Gespräch mit Kolja Hebenstreit – Team Europe
Team Europe ist ein Netzwerk von Entrepreneuren. Es hat sich darauf spezialisiert, (Internet-)Unternehmen zu gründen und diese erfolgreich im Markt zu etablieren. Das Team folgt dabei einem von den Partnern entwickelten Framework, das die wichtigsten

Faktoren für den Erfolg von Unternehmensgründungen berücksichtigt. Im Mittelpunkt stehen stets die Idee für ein Produkt oder eine Dienstleistung sowie ein Team, das das entsprechende Vorhaben gründen und am Markt etablieren kann. Bei der Umsetzung unterstützt Team Europe die jungen Unternehmer nicht nur mit Kapital, sondern vor allem mit strategischer Beratung. Neben der Erfahrung der Partner von Team Europe zählt der Zugang zu verlässlichen Netzwerkressourcen und das technische Know-how, das Team Europe in seinen Reihen bündelt, zu weiteren Erfolgsfaktoren. Im Gespräch erläutert Gründungspartner Kolja Hebenstreit worauf es ankommt, wenn ein Start-up sich gegen den Wettbewerb behaupten will.

Team Europe baut Firmen. Wie funktioniert das genau?

Wir gründen Internetfirmen, die mit ihren Ideen einen bestehenden Markt verändern wollen. Das Leitmotiv, das alle von ihnen haben, ist die Digitalisierung inklusive aller ihrer Vorteile. Nur ein Beispiel: Früher hat man sich T-Shirts als Massenware im Laden gekauft, heute kann man sich für den gleichen Preis im Internet Einzelstücke bestellen mit Wunschaufdruck.

Warum können das Konzerne, die in den Bereichen aktiv sind, nicht selber machen?

Konzerne sind so strukturiert, dass sie möglichst erfolgreich bestehende Systeme betreiben und fortdauernd Details perfektionieren. Und selbst wenn in den Laboren, Think Tanks und Geschäftsführungsetagen neue Ideen geschaffen werden, tötet der Alltag im Konzern jeden Keim schneller als er zur Pflanze werden kann.

Was macht Team Europe anders?

Wir setzen nur einen Fokus und das ist das Bauen von erfolgreichen Companies. Wir schaffen Incentives: Unsere Teams, die an den Unternehmen bauen, sind auch an diesen beteiligt. Wir schaffen es, die besten Leute in den Bereichen Product & IT, Marketing, Finance & Legal und Company Building zusammen zu führen und wir haben auch ein Modell entwickelt, um strukturierter Unternehmen zu gründen und aufzubauen.

Wie sieht das Team-Europe-Modell zum Gründen einer Firma aus?

Es gibt fünf Faktoren für eine erfolgreiche Firma: Der erste Faktor ist die Qualität der Idee, der zweite ist die Qualität des Teams. Die Idee ist immer der erste Schritt verbunden mit den Fragen: Ist der Markt interessant und bietet er ausreichend Potenziale? Wächst der Markt oder ist er im Umbruch? Kann man auf dem Markt aus eigener Kraft bestehen? Hat man die Fähigkeiten für eine Markteinführung zur Hand?

Beim Team ist es entscheidend, dass die Führungspersonen komplementär sind. Das gesamte personelle Konstrukt muss gut zusammen passen und sich gegenseitig fördern. Der Mix aus hungrigen Youngstern und ausgebuffter Seniorität muss stimmen. Man braucht den Produktdenker genauso wie das Verkaufstalent und alle müssen trotzdem eine gemeinsame Basis für die Zusammenarbeit haben.

Neben diesen beiden primären Faktoren – Idee und Team – gibt es noch drei weitere Support-Faktoren. Product & IT: Hier sorgen wir dafür, dass möglichst viele Interessierte zu Kunden konvertieren und die IT skalierbar ist. Distribution: Wir ermöglichen Distribution-Deals, damit ein Start-up von Beginn an viele potenzielle Nutzer und Kunden bekommt. Sei es ein TV-Deal oder sei es, dass alle relevanten Kanäle von Anfang an unter Kontrolle sind – von SEO bis Social Media. Finanzierung: Geld ist im Start-up-Umfeld oft eine sich selbst erfüllende Prophezeiung. Wenn man weiß, was man tut, wird Geld dafür sorgen, dass das Unternehmen schneller erfolgreich wird.

Hat aber nicht gerade auch ein Konzern diese Ressourcen selber?

Ja, den Vergleich finde ich sehr spannend. Unsere Aufgabe ist es, einem Start-up, das normal nur eine Idee und ein motiviertes Team hat, von Anfang an die Vorteile zu geben die ein Konzern hätte. Also Geld, Kanäle über die man Kunden bekommen kann und Experten. Ohne aber, dass wir die Geschwindigkeit und bessere Lenkfähigkeit einer kleineren Organisation aufgeben.

Aber woher kommen die Ideen?

Gute Ideen sind in unserem Umfeld stets das Produkt von Beobachtung und Kreativität, gepaart mit Analyse. Oft erkennen wir Trends und überlegen, ob jemand unsere Geschäftsidee auch wirklich braucht. Wenn Optiker allein in Deutschland Milliarden erwirtschaften, es aber keinen Anbieter gibt, der signifikante Online-Umsätze macht, dann bringen wir Mr. Spex auf den Markt. Ein solches Unternehmen wird bei ordentlicher Umsetzung sehr erfolgreich sein.

Man kann aber auch Ideen in einen anderen Kulturkreis übersetzen. Auf die Idee zu Lieferheld.de sind wir gekommen, weil einer der Team-Europe-Partner vorher ein ähnliches Start-up in Österreich gegründet hatte, das auf dem kleinen österreichischen Markt sehr erfolgreich ist. Wir haben die Besonderheiten des deutschen Marktes analysiert, das Produkt justiert und erfolgreich eingeführt.

Das Team scannt die gesamte Zeit den Markt, nach dem Motto: was geht, was geht nicht?

Es ist nicht das gesamte Team, die meisten Leute im Team konzentrieren sich auf die Umsetzung. Wer mit offenen Augen durch die Welt geht, findet die richtigen Ideen. Die große Herausforderung ist, die großen und machbaren Ideen zu selektieren. Wichtig ist zum Beispiel, dass wir bei einer Idee die kritische Größe in der geplanten Zeit hinbekommen können. Wir haben klare Kriterien: Wir wollen, dass eine Company, die wir gründen, nach zwei bis drei Jahren das Potenzial hat, 100 Millionen Euro groß zu werden. Das nicht etwa deswegen, weil wir sehr schnell sehr reich werden wollen, sondern weil man nur so dafür sorgt, dass man nicht viel Aufwand für relativ kleine Probleme betreibt – Stichwort Optimierung einer Mausefalle – und es für Investoren so spannend macht, dass sie Geld investieren. Und für das Management der Companies ist das Incentive wichtig, um Vollgas zu geben.

Und woher kommt das Geld?

Alles, was wir mit unseren Firmen verdienen, reinvestieren wir wieder. Das reicht aber nicht für alle Vorhaben – 2011 wurden insgesamt 50 Millionen in unsere Companies investiert. Dafür braucht man auch externe Geldgeber. In unserem Fall kommt das Geld von Unternehmern, die mit uns schon gute Erfahrungen gemacht haben, Ventures Capital Firmen und Family Offices von Berlin über London, Moskau bis hin nach San Francisco.

Wer sind eure Wettbewerber?

Einerseits konkurrieren wir natürlich mit jedem Entrepreneur, der im gleichen Feld unterwegs ist. Wir müssen immer sicherstellen, dass unsere neue Firma besser und schneller ist. Aber es gibt auch Strukturen, die versuchen ähnliche Systeme zu entwickeln. Die bekanntesten sind wohl die Samwer Brüder. Jedoch haben die operativ ein anderes Modell etabliert: kurzfristiger, größer angelegt. Wir sind kleiner, menschlicher und agiler.

Was ist eure Zukunftsperspektive und euer Ziel?

Wir glauben, dass unser Company Building Modell die eigentliche Innovation ist. Wir können damit die Welt unternehmerischer machen und möchten es skalieren. Aber wie kann man etwas skalieren, was an sich nicht skaliert werden kann: Company Building ist wie auch Beratung immer sehr abhängig von Personen. Aber auch das haben Firmen wie zum Beispiel McKinsey hin bekommen. Nur das unser Modell noch besser ist. Wir werden bezahlt, wenn wir großartige Firmen bauen und nicht für die reine – wie man so oft sagt eigentlich nutzlose – Beratung.

Ist das die Zukunft von Innovationen? Die Zukunft der Firmen?

Ja. Die Welt der Zukunft wird immer mehr von Unternehmern bestimmt und weniger von Verwaltern. Wobei gut geführte Konzerne immer auch eigene Innovationen in ihrem Bereich schaffen werden. Und auch viele unserer Startups werden irgendwann eigene Konzerne – aber wir tun alles dafür, dass es gut geführte unternehmerische Konzerne werden.

Was würde euer System aus der Kurve tragen?

Die Firmen, die wir gebaut haben, funktionieren sehr autark. Das ist auch ein wesentlicher Teil unserer Kultur. Team Europe selber ist mit seinen 40 Leuten aber noch stark von uns Gründern abhängig, aber auch das wird sich über die Zeit ändern.

Wenn du das Ganze skaliert denkst und dann auch noch von den Personen wegziehst: läufst du dann nicht in die gleiche Klemme wie die Corporates?

Dazu ist der Auftrag zu unterschiedlich. Unser Kerngeschäft als Team Europe ist das Erschaffen von Unternehmen – von null auf hundert, so schnell wie nur möglich. Unsere Herausforderung dabei ist, dass wir die Agilität und diesen Speed behalten.

Wie kommen neue Leute zu euch? Wie macht ihr das?

Start-up und Unternehmertum liegen bei jungen High-Potentials derzeit im Trend. Die Top-Leute gehen nicht mehr einfach so zur Beratung oder Investmentbank, sondern wollen in ein Start-up, weil sie ganz genau wissen, dass sie hier die spannenderen Aufgaben, die größeren Herausforderungen und, wenn sie richtig gut sind, auch die besseren Erfolge vor sich haben. Dann gilt bei uns die Regel: Zufriedene Leute bringen neue gute Leute. Dadurch haben wir bis jetzt jeden Entrepreneur, den wir an Board haben wollten, auch bekommen. So soll es auch bleiben.

Kolja, hab vielen Dank für das gute Gespräch!

4.5 Vierte Spielart: Das routinierte Innovieren

Routiniertes Innovieren – ist das nicht ein Widerspruch in sich? In der Tat verweist die letzte unserer Spielarten des Innovierens in unserem Portfolio besonders deutlich auf einen der großen Widersprüche des Innovationsmanagements, den wir bereits in den einführenden Kapiteln des Buches entfaltet haben: Das Neue kann in Organisationen nur dann wirksam werden, wenn es Teil des Alten wird. Ohne eine Anbindung an bestehende Routinen, an das laufende Geschehen einer Unternehmung verblassen Innovationen als bloße Ideen in den Köpfen von Mitarbeitern oder Führungskräften. Wenn Organisationen sich im Wesentlichen durch einen Fluss von aufeinander verweisenden Entscheidungen entfalten, dann müssen Innovationen irgendwie Teil dieses kommunikativen Prozesses werden; gleichzeitig unterbrechen sie als etwas Neues den eingespielten Fluss des operativen Geschehens. Das kann keiner Organisation gefallen, die bis in ihre DNA hinein auf die Reproduzierbarkeit von Prozessen gepolt ist. Innovationen stören – und sind gleichzeitig notwendiges Lebenselixier für die Zukunftsfähigkeit von Organisationen. Ohne sie droht Erstarrung und das Gefängnis sich ewig reproduzierender Abläufe: und ewig grüßt das Murmeltier!

Ohne ein professionelles Innovationsmanagement, so die Grundthese dieses Buches, ist die subtile Balance von Verändern und Bewahren von und in Organisationen auf Dauer nicht aufrechtzuerhalten. Die hier vorgestellte Spielart des routinierten Innovierens ist charakterisiert durch eine hohe Prozessorientierung sowie stark ausgeprägte Routinen und Organisationsstrukturen.

4.5.1 Dominanter Organisationstyp: Großorganisation

Internationale Großkonzerne, Unternehmen mit mehreren zehntausend Mitarbeitern und Mitarbeiterinnen, einer komplexen (hierarchischen) Organisationsstruktur und festgelegten Prozessen, mit denen geregelt ist, wer mit wem wann worüber ins Gespräch kommen darf: das ist der Nährboden für die vierte Spielart des Innovierens in unserem Portfolio. Anders als kleine und mittlere Familienunternehmen, und ganz anders als Start-ups und VC-finanzierte Unternehmungen, sind diese klassischen Großorganisationen das Rückgrat einer Massenproduktion, mit der sichergestellt wird, dass eine große Anzahl von Menschen zu bezahlbaren Preisen an Produkte kommt, die für ein angenehmes Leben sorgen. Von der täglichen Versorgung mit Lebensmitteln bis hin zu modernen Luxusgütern wie dem Computer: erst die Erfindung skalierbarer Produktionsprozesse hat es ermöglicht, dass wir alle (zugegeben: der kleinere Teil der Weltbevölkerung) uns diese Dinge überhaupt leisten können. Entstanden aus der Notwendigkeit, eine im späten Mittelalter rasch anwachsende Stadtbevölkerung versorgen zu müssen, haben solche Großorganisationen bis heute den Vorteil, dass sie die Komplexität von Fertigungsprozessen auf ein Mindestmaß reduzieren. Sie tun dies durch Arbeitsteilung, d. h. die Reduktion eines ganzheitlichen Entstehungsprozesses auf einzelne, dadurch einfache (und einfach zu erlernende) Arbeitsschritte. Auch wenn diese Form der tayloristischen Arbeitsorganisation in den Zeiten einer Wissens- und Dienstleistungsgesellschaft zunehmend fragwürdig wird: ohne sie würde es selbst der findigste chinesische Facharbeiter nicht hinbekommen, die vielen elektronischen Bauteile zu einem funktionierenden iPhone zusammenzusetzen.

Wenn es um Innovationen geht, dann weisen diese Organisationen einige Spezifika auf, die sich weitgehend aus ihrer Funktionslogik heraus erklären lassen. Zunächst ist einmal festzuhalten, dass in solchen Unternehmen eine ausreichende Ressourcenausstattung für Innovationsprozesse vorhanden ist: Kapital, (interne) Netzwerke, Kompetenzen, Zeit – große Konzerne verfügen in der Regel über ausreichend Mittel, um sich ein professionelles Innovationsmanagement zu leisten. Sieht man einmal von den anspruchsvollen Bemühungen ab, im Rahmen von »Open-Innovation-Initiativen« eine gewisse Öffnung der eigenen Unternehmensgrenzen einzuleiten, werden Innovationsanstrengungen hauptsächlich aus eigenen Kräften betrieben. Große F&E-Abteilungen arbeiten sowohl an der kontinuierlichen Verbesserung der eigenen Produkte als auch an Neuentwicklungen. Ein klassisches Beispiel hierfür sind etwa die großen Automobilhersteller, die eine regelmäßige Modellpflege ihres Produktportfolios betreiben und darüber hinaus immer wieder neue Features wie ABS, Head-up-Displays, Kurvenlicht, Air Scarfs etc. entwickeln. Allein an diesem Beispiel wird allerdings auch schon deutlich, in welchem Rahmen die aufgesetzten Innovationsprozesse stattfinden: Niemand – am wenigsten der Automobilhersteller selbst – erwartet von einem Autobauer, dass er ein Produkt entwickelt, mit dem das Automobil radikal neu definiert wird. Die Antwort/Lösung auf die Frage/das Problem der individuellen Mobilität ist seit über einhundert Jahren ein und dieselbe. Sie hat vier Räder, einen Verbrennungsmotor, Platz für mindestens zwei Personen, ein Lenkrad sowie Gas und Bremspedale und ist eine beständig weiterentwickelte Variation der ursprünglichen Blaupause: einer Pferdekutsche. Selbst die technisch durchaus anspruchsvollen aktuellen Entwicklungen von Elektroautos (oder der Bau von großstadttauglichen Kompaktwagen wie dem Smart) folgt den gleichen Grundprinzipien: Es handelt sich nach wie vor um eindeutig identifizierbare Autos. Was denn sonst, ist man sofort versucht zu fragen und trifft damit den hier markierten Sachverhalt genau auf den Punkt. Es liegt in der Logik der hier vorgestellten vierten Spielart, dem routinierten Innovieren, dass mit ihr kaum radikale oder disruptive Innovationen machbar sind. Und selbst wenn im Zuge globaler Diversifizierungsstrategien Großkonzerne in neue Geschäftsfelder hineingehen (etwa Car-Sharing-Geschäftsmodelle durchprobieren oder ins Kreditkartengeschäft einsteigen), dann tun sie das in der Regel mit Hilfe neu gegründeter Geschäftseinheiten, die weitgehend autonom vom angestammten Kerngeschäft agieren.

Welche weiteren typischen Eigenschaften sind dieser Spielart eigen? Zum einen bedingt schon allein die Größe und Komplexität dieses Organisationstyps, dass die Geschwindigkeit von Innovationsprozessen gering ist. Einfach mal so machen und schauen, was dabei rauskommt, ist nicht. Ein ausgefeiltes System von Zuständigkeiten und Prozessschritten stellt sicher, dass der Zufall möglichst keine Chance hat (was den Zufall nicht daran hindert, in Einzelfällen trotzdem zur Geltung zu kommen). Wenn es um neue Ideen geht, müssen die Entwickler und Befürworter dieser Ideen in aller Regel zunächst einmal umfassende Voruntersuchungen und Analysen durchführen. Ein detaillierter Plan ist notwendig, um bei den zuständigen Entscheidungsgremien grünes Licht für die weitere Bearbeitung einer Idee zu bekommen. Gelingt es, diese Gremien von der Sinnhaftigkeit einer Idee zu überzeugen, dann verhindern mehrfach abgesicherte Kontroll- und Genehmigungsmechanismen zuverlässig Kursabweichungen, die sich im Verlauf eines Innovationsprozesses ergeben könnten. Einmal auf Spur gesetzt und mit den nötigen Budgets versorgt, fahren solche Großorganisationen die beschlossenen Initiativen konsequent durch – selbst wenn sich innerhalb der manchmal Jahre dauernden Entwicklung die Rahmenbedingungen so gravierend ändern, dass die Sinnhaftigkeit der Neuentwicklung infrage gestellt ist. Eine »Opportunistic Adaptation«, wie sie bei der Spielart des improvisierten Innovierens an der Tagesordnung ist, kommt hier praktisch nicht vor. Das ist über weite Strecken auch gut nachzuvollziehen, handelt es sich doch meist um aufwendige Großprojekte, die einen langjährigen Planungshorizont haben und einen entsprechenden Vorlauf brauchen, um überhaupt realisiert werden zu können – man denke nur an den Bau eines neuen Großkraftwerks oder einer neuen Modellreihe in der Automobilbranche. In solchen Fällen handelt es sich immer um hochkomplexe, arbeitsteilige Prozesse, die nur schwer (eigentlich gar nicht) laufend nachjustiert werden können. Die Triftigkeit einer Idee (im Sinne von »Soundness«) ist daher um so wichtiger. Da Anfangsfehler praktisch kaum mehr korrigiert werden können, sind aufwendige Recherche und gute Planung ein Schlüsselfaktor. Ist abzusehen, dass eine bestimmte Innovationsinitiative keinen ausreichenden ROI bringt, um die Kosten ihrer Evaluation und des kontinuierlichen Monitorings zu rechtfertigen, wird diese Idee einfach nicht weiterverfolgt bzw. fällt durch die vorlaufenden Selektionsprüfungen. Dies gilt auch für Initiativen, die sich aufgrund ihres zu Beginn noch unscharfen Fokuses nicht den gängigen Zielmetriken unterwerfen lassen. Ist ein Projekt am Beginn so schwach definiert, dass sich Erfolge und die Zwischenschritte auf dem Weg dorthin nicht messen lassen, wird es eher abgelehnt als das Risiko in Kauf genommen, sich auf ein Abenteuer mit noch unbekanntem Ausgang einzulassen. Die damit einhergehenden Limitierungen liegen auf der Hand: Da radikalere Innovationen oft genug mit einer ersten vagen Idee beginnen (dem sogenannten »Fuzzy Frontend«), kommen solche Ideen häufig erst gar nicht in den Prüfprozess, mit dem ihr Potenzial durchleuchtet wird.

Auf der anderen Seite gibt es ein umfangreiches Repertoire an etablierten Routinen und Methoden, mit denen Innovationsprozesse gestaltet werden können. Eigene Abteilungen, die sich nur mit Zukunftsforschung beschäftigen, ganze Teams, die Szenarioanalysen durchführen, Invention-on-Demand-Workshops, Handbücher und vorgefertigte Checklisten, die bereits erwähnten F&E-Bereiche – die für ein professionelles Innovationsmanagement nötigen Ingredienzien sind allesamt vorhanden. Werden in den dafür vorgesehenen Organisationseinheiten Ideen entwickelt, dann gibt es für deren Auswahl systematisch evaluierte, objektiv nachvollziehbare Kriterien – durch die immer wieder überprüfte Anbindung der Innovationsbedarfe an die strategische Marschrichtung des Gesamtunternehmens bleiben die eingesetzten Ressourcen fokussiert und zerfasern nicht in ein Sammelsurium von parallel verlaufenden Einzelinitiativen. Transparente Benchmarks für die laufende Bewertung der Innovationsaktivitäten (etwa im Rahmen der bereits erwähnten Stage-Gate-Methode) stellen sicher, dass die gesteckten Ziele tatsächlich verfolgt werden, machen den Fortschritt sichtbar und knüpfen daran die Freigabe von weiteren Mitteln für den nächsten Abschnitt des Innovationsprozesses. Im Netzwerk von Kunden, Lieferanten, Universitäten und anderen Forschungsinstituten sind solche Großorganisationen gern gesehene Partner; sie können sich aufgrund der eingesetzten Ressourcen die entsprechenden Kooperationspartner meist selbst aussuchen und genießen aufgrund ihrer Verlässlichkeit hohes Vertrauen.

Anders als bei der intuitiven Spielart des Innovierens findet im Rahmen des routinierten Innovierens auch ein permanenter Abgleich der Innovationsaktivitäten mit der bestehenden Geschäftsstrategie statt. Nimmt man den Prozess der Strategieentwicklung ernst und verzichtet auf die üblichen jährlichen Rituale der oberflächlichen Überarbeitung bereits bestehender Grundprämissen für das eigene Geschäft, dann ist das Thema der Innovation immer schon (zumindest impliziter) Teil der Strategiearbeit. In Anlehnung an ein Strategieverständnis, das sich als Bearbeitung der Sorge um die eigene Zukunftsfähigkeit versteht, rechnet ein verantwortliches Management immer mit der Zukunft (siehe dazu Nagel/Wimmer 2002). Es gibt sich dabei nicht der Illusion hin, mit einer strategischen Analyse die Unsicherheit einer per se unbekannten Zukunft verbannen zu können – aber es denkt über Innovationen nach, mit denen eine Anpassung an sich veränderte Umfeldbedingungen gelingen kann. Diese Überlegungen fließen dann in eine Innovationsstrategie, die sich als kleine Schwester bzw. Teil der Geschäftsstrategie mit der Frage beschäftigt, wie Ziele, Rahmenbedingungen und eine angemessene Ressourcenausstattung für notwendige Innovationsaktivitäten zu gestalten sind. Beide Strategien prozessieren zu großen Teilen die gleichen Inputs, unterscheiden sich jedoch hinsichtlich ihres Outputs: Beantwortet die Unternehmensstrategie die Frage nach der Ausrichtung und den dazugehörenden Strukturen und Prozessen der gesamten Organisationen, so beschränkt sich die Innovationsstrategie in ihren Aussagen auf die Gestaltung der Innovationskorridore, in denen dann einzelne Aktivitäten verfolgt werden können.

Insgesamt lässt sich festhalten, dass bei der Spielart des routinierten Innovierens der Erfolg von Innovationsprojekten weniger von den Kompetenzen, Motivlagen und Aufmerksamkeiten einzelner Personen abhängt; es handelt sich eher um das Ergebnis einer gemeinsamen, arbeitsteiligen Anstrengung, an der viele einzelne Personen in den unterschiedlichsten Rollen beteiligt sind, die durch einen sauber definierten und relativ strikt kontrollierten Prozess koordiniert werden. Wir können hier von einem etablierten Innovationssystem sprechen, mit dem die Risiken jeder Neuerung minimiert und das effiziente Zusammenspiel einzelner Akteure koordiniert werden.

4.5.2 Konzeptionelle Grundlagen: Planung

Wirft man einen Blick in die klassische Literatur zum Innovations- und Technologiemanagement, dann fällt sehr schnell auf, dass Innovationsprozesse dort als etwas konzipiert sind, das prinzipiell machbar und auch erfolgreich steuerbar ist (stellvertretend für viele: Hauschildt 2004, Gassmann 1997, Tidd et al. 1997, Eversheim 2002). Diese Vorstellung hängt sicher mit den grundlegenden Prämissen eines Management- und Organisationsverständnisses zusammen, das seine Wurzeln in der betriebswirtschaftlichen Theorie und Praxis hat. Die grundlegende Idee dieser Denktradition fußt auf einem grandiosen Trick, den der Gründer der modernen Betriebswissenschaftslehre, Erich Gutenberg, bei der Konzeption der BWL als Universitätsfach ins Spiel gebracht hat (Gutenberg 1957). Sehenden Auges, dass die Beschäftigung mit solchen schwer kontrollierbaren Tatsachen wie Belegschaft bzw. deren Motivation und Führung bzw. deren Machtfantasien zu größeren Kalamitäten führen würde, die in der damaligen Zeit wohl nicht mehr dem Anspruch eines »Scientific Managements« genügt hätten, entschloss sich Gutenberg, diese soziale Wirklichkeit aus den Überlegungen der BWL weitgehend auszuschließen. Nach seiner Definition sollte sich die Betriebswirtschaft nur mit den Dingen beschäftigen, die für eine rationale Betriebsführung von Bedeutung sind. Die Reduktion von Organisation auf ein Mittel zur Erreichung (extern gesetzter) Zwecke verhalf der klassischen BWL zu einem ungeahnten Erfolg als Königsdisziplin des Managements. Ließ man sich auf diese Weichenstellung ein, dann bestand das Problem von Organisationen nur noch in nicht immer leicht, aber immer lösbaren Kosten/Nutzen-Kalkülen. Welch eine Erleichterung! Anstatt sich etwa mit dem Eigensinn einer mitdenkenden Belegschaft auseinanderzusetzen, konnte sich der klassische Betriebswirt in der Sicherheit der Rationalität der Verhältnisse wiegen – ein nicht ungefährliches Spiel, wie die vielen Bauchlandungen zeigen, die oft genug bis heute das Ergebnis rationaler Steuerungsbemühungen seitens eines auf rein betriebswirtschaftliche Zusammenhänge getrimmten Managements sind.

So wichtig es für Organisationen und deren Management auch ist, zumindest ab und zu an der Kontrollillusion des eigenen Wirkens festzuhalten (wie sonst ließe sich die Komplexität aushalten, die so ein Unternehmen immer auch hervorbringt) – die Führungsarbeit als reine Ingenieursaufgabe zu verstehen, geht am Kern des Organisationsproblems vorbei. Dieser besteht – neben den natürlich vorhandenen betriebswirtschaftlichen Aspekten – in der Einbeziehung der sozialen Tatsachen in das eigene Organisationskalkül. Auch wenn die Geländegewinne bei deren Ausklammerung auf den ersten Blick groß sein mögen: auf den zweiten Blick rechnet sich diese Abkürzung gerade in Zeiten eines globalen Wettbewerbs und der Umstellung ganzer Industrien auf wissensbasierte Dienstleistungen nicht wirklich. Es ist die Bereitschaft der Menschen zum Mitmachen, die Aufmerksamkeit, mit der sie auf Störungen von Routinen reagieren, die in diesen Kontexten einen Unterschied macht – diese durch und durch soziale Tatsache kommt ausnahmslos immer dann ins Spiel, wenn es Menschen sind (und nicht Maschinen), die es miteinander zu tun bekommen.

All diese Hinweise zu einem sozialwissenschaftlich informierten Organisationsverständnis, die wir ja bereits am Beginn dieses Buches ausführlicher dargelegt haben, bilden die Grundlage für ein Innovationsmanagement, das sich nicht der Illusion einer durchgängig rationalen Steuerung dieses Prozesses hingibt. Innovationsprozesse lassen sich mit einem rein betriebswirtschaftlichen Ansatz nicht unter Kontrolle bringen. Es ist gleichsam das Wesen von Innovation, sich der Berechenbarkeit eines rationalen Kalküls zu entziehen. Das Überraschungsmoment, das ihnen eigen ist, unterläuft sämtliche Planungs- und Kontrollfantasien. Diese Grundhypothese definiert den Rahmen der weiteren Überlegungen, da wir uns nicht mehr auf die einfachen Rezepte und Baukastenanleitungen zurückziehen können. An ihre Stelle rücken Heuristiken, grobe Richtungsangaben und Wegmarkierungen also, Werkzeuge, die nur noch Hilfsmittel für die eigentliche Arbeit sind und bei ihrer Anwendung kein automatisches Ergebnis versprechen. Dieser Hinweis ist bei der Beschreibung der vierten Spielart des Innovationsmanagements von besonderer Bedeutung, weil Großunternehmen als dominanter Organisationstyp dieser Spielart mit all ihren Ansprüchen an stabile, berechenbare Prozesse dazu einladen, diesen Aspekt aus den Augen zu verlieren.

Das zentrale Leitkonzept dieser Spielart ist und bleibt die Planung, hier verstanden als Versuch, die Zukunft durch möglichst genaue Analysen der Gegenwart und Extrapolation der sich dort bereits abzeichnenden Trends in den Griff zu bekommen. Ein großes Sortiment an durchaus elaborierten Methoden hilft der Großorganisation dabei: Foresight Technologies, Szenarioarbeit, Roadmaps für alle geschäftsrelevanten Dimension (Technologien, Kompetenzen, Patente, Produkte, Plattformen etc.) – der

Blick in die Kristallkugel einer immer unbekannten Zukunft soll so rational wie nur möglich durchdekliniert sein. Dazu kommen raffinierte Methoden für eine transparente, d. h. von Dritten nachvollziehbare, Entscheidungsfindung zur Durchführung, aber auch zum rechtzeitigen Abbruch von Innovationsprojekten: Risikoanalysen, Marktanalysen, Kundenanalysen, Stakeholder-Analysen, Umweltanalysen etc.). Die Großorganisation investiert viel in den Versuch, nicht nur ihre Kerngeschäftsprozesse, sondern auch ihre Innovationsaktivitäten in eine routinierte Form zu überführen.

All dies schließt natürlich nicht aus, dass bei all der analytischen Arbeit immer auch ein Bauchgefühl mit einfließt, etwa für bestimmte Präferenzen in einer fast beliebig modellierbaren Datenlage – aber in der Tendenz soll es in Großorganisationen immer mit rechten Dingen zugehen, d. h. es müssen rationale Begründungen gefunden (besser: konstruiert) werden für Entscheidungen, die aufgrund der unsicheren Ausgangslage immer dem Verdacht der Willkür ausgesetzt sind. Wer kann schon genau wissen, wie sich ein Trend entwickeln wird? Umso besser ist es, man hat sowohl mehrere Eisen im Feuer, um flexibel auf die wechselnden Umstände reagieren zu können, als auch gute Erklärungen parat, mit denen man Entscheidungen für oder gegen bestimmte Aktivitäten begründen und damit immer auch legitimieren kann.

Wir haben es hier mit einem schmalen Grat zu tun, auf dem größere Organisationen balancieren. Setzt man dort auf exzessive Planungsprozesse, geht ein Großteil der Aufmerksamkeit für die Gelegenheit des Augenblicks verloren. Am Beispiel der strategischen Planung hat etwa Henry Mintzberg diesen Mechanismus der Selbstzerstreuung durch sich auch noch selbst verstärkende Planungsroutinen messerscharf nachgezeichnet (Mintzberg 1994). Präferiert man hingegen die Strategie eines »Muddling Through« (Lindblom 1959), dann läuft man Gefahr, einem hektischen Aktionismus zu verfallen, bei dem vor lauter tagesaktuellen Dramen die wesentlichen Dinge aus dem Blick geraten. Gelingt dieser Balanceakt jedoch, dann haben wir es genau mit jener Spielart des routinierten Innovierens zu tun, mit der Organisationen sich in die Lage versetzen, Routinen für die Abweichung von Routinen zu entwickeln. Sie finden Formen und Formate, mit denen die bestehende Schwerkraft ihres Gedächtnisses (sprich Kultur) temporär außer Kraft gesetzt wird, und sie finden vor allem Reflexionsgelegenheiten, in denen sie je nach Situation entscheiden, wann man etwas lernen möchte und wann es klüger ist, auf das bereits bestehende eigene Wissen zu setzen. Diese voraussetzungsvolle Kompetenz der Metareflexion ist letztlich der Schlüssel für einen intelligenten Umgang mit der Notwendigkeit des Innovierens und die Grundlage für ein Innovationsmanagement, das sich auf der Höhe seiner Zeit weiß.

4.5.3 Grenzen des routinierten Innovierens

In den vorangegangenen Überlegungen sind bereits einige der Begrenzungen dieser Spielart thematisiert worden. Fassen wir an dieser Stelle nochmals die wichtigsten Punkte zusammen. Die Spielart des routinierten Innovierens ist ein gemächliches Unterfangen. Schnelle Kurswechsel und situative Nachjustierungen einmal getroffener Entscheidungen sind nicht ihre Stärke. Sie spielt ihre Stärken daher auch eher bei inkrementellen Verbesserungen denn radikalen Innovationen aus. In disruptiven, volatilen Märkten kommt sie schnell an ihre Grenzen und gefährdet damit den dominanten Organisationstyp, dem sie eigen ist: die bereits genannte Großorganisation. In solchen Fällen ist diese darauf angewiesen, sich selbst mit Irritationen zu versorgen.

Anstatt alternative Handlungsoptionen zu absorbieren, müssen Anregungen auf- und angenommen werden, mit denen neue Entscheidungsoptionen konstruiert werden können. Die wichtigsten Störungsquellen sind dabei die jeweiligen Wettbewerber sowie die eigenen Mitarbeiter, die in der Lage sind (wenn man sie denn lässt!), bereits früh Informationen über »schwache Signale« einzuspielen, die an der Gesamtorganisation aufgrund ihrer bewährten Routinen und damit verbundenen blinden Flecken zunächst vorbeigehen. Am Beispiel des ehemaligen Marktführers Nokia kann man gut studieren, welche Auswirkungen die Paradoxie des eigenen Erfolgs haben kann, wenn man sich in seiner Position zu sicher wähnt und glaubt, diese schwachen Signale ignorieren zu können.

Das Festhalten an der über lange Jahre üblichen tastaturorientierten Eingabe von Text bei Mobiltelefonen hatte dort dazu geführt, den aufkommenden Trend zu Touchscreens bei Smartphones zu übersehen. Ehe man sich versah, hatten Wettbewerber wie Apple oder Samsung das Feld besetzt, und Nokia hatte das Nachsehen. Von dem Verlust der führenden Marktposition hat sich das Unternehmen bis heute nicht erholt.

Wir haben gesehen, dass die Notwendigkeit durchgeplanter, hierarchisch gesteuerter Routinen ein wesentliches Merkmal von Organisationen ist. Dies färbt natürlich auch auf sämtliche Innovationsaktivitäten ab. Es handelt sich um eine weitere Begrenzung der hier vorgestellten Spielart. Je stärker die bestehenden Traditionen und Routinen ausgeprägt sind, desto schwieriger ist es, neue Wege zu gehen. In solchen durchorganisierten Räumen kann sich Kreativität nur schlecht entfalten; diese ist jedoch Grundbedingung vor allem für Innovationsaktivitäten, die sich jenseits der Verbesserung von Bestehendem bewegen.

Um dem Schicksal der Selbstlähmung durch Erfolg zu entgehen, entwickeln Großorganisationen Innovationsstrategien, mit denen sie sich selbst zu überlisten versuchen. Der Zukauf von innovativen Start-ups ist etwa ein probates Mittel, die Begrenzungen der routinierten Spielart des Innovierens zu umgehen. Ein Großteil der strategischen Intelligenz geht dann in diesem Zusammenhang auf die Erkennung von zukünftigen Innovationsfeldern, an die sich dann die Frage des Make-or-Buy anschließt. In letzter Zeit sind gerade in Konzernen deswegen wohl auch die Ansätze der »Open Innovation« salonfähig geworden (Chesbrough et al. 2006, Chesbrough 2006). Wir hatten bereits erwähnt, dass dieser Ansatz darauf hinausläuft, die außerhalb der Organisation liegenden Irritationsquellen aktiv am Innovationsprozess zu beteiligen. Inwieweit es gelingt, dabei die Immunreaktionen jeder Organisation (»Not invented here!«) in den Griff zu bekommen, muss zunächst einmal abgewartet werden. Mit der Propagierung neuer Begrifflichkeiten und modischer Konzepte allein ist der hoch anspruchsvolle Teil der Rückbindung von Innovationen an die bestehenden Routinen und Kernkompetenzen auf jeden Fall nicht zu bewerkstelligen.

Wie immer auch die Aktivitäten von Großorganisationen aussehen, den Begrenzungen ihrer Pfadabhängigkeit ein Schnippchen zu schlagen: sie kommen – jenseits aller Rezeptvorschläge und Handlungsanweisungen eines betriebswirtschaftlich geprägten Innovationsmanagements, das sich oft genug einzig auf die saubere Exekution gewöhnlicher Projektmanagement-Tools beschränkt – nicht umhin anzuerkennen, dass sie nur dann innovationsfähig bleiben, wenn sie sich zielgerichtet und reflektiert mit Irritationen versorgen. Ob dies im Rahmen des routinierten Innovierens geschieht oder dafür gesonderte Aktivitäten initiiert werden, kann zunächst dahingestellt bleiben. Viel wichtiger ist, dass die bestehenden Routinen des Innovierens nicht durch überbordende Planungsaktivitäten oder penible Kontrollmechanismen zum Stillstand gebracht werden. Wir wagen die Hypothese, dass es gerade Großorganisationen nur dann gelingen wird, sich in ihren angestammten Heimatmärkten – die im Zuge von Globalisierung und Hyperwettbewerb schon längst alles Heimelige verloren haben – zu behaupten, wenn sie einen professionellen Umgang mit der Paradoxie geplanter Überraschungen gefunden haben.

4.5.4 Einblicke: Das Beispiel Siemens AG, München

Ein Gespräch mit Dr. Niederdränk, Siemens AG
Die Siemens AG – als integrierter Technologiekonzern mit über 360.000 Mitarbeitern und Mitarbeiterinnen weltweit in den vier Sektoren Energy, Healthcare, Industry sowie Infrastructure and Cities tätig – ist mit ihren Innovationsaktivitäten ein klassischer Vertreter der Spielart des routinierten Innovierens. Um einen Einblick in die Praxis zu bekommen, haben wir den Leiter des Technologieclusters »Processes & Production« im Bereich Corporate Technology, Dr. Torsten Niederdränk, gebeten, seine Eindrücke von der Innovationspraxis im Konzern mit uns zu teilen. Dr. Niederdränk war maßgeblich an der Entwicklung von medizintechnischen Schlüsseltechnologien des Konzerns beteiligt. 2004 wurde er für diese Leistungen vom Konzern zum Erfinder des Jahres ernannt, im Jahr darauf wurde ihm der »Innovation Award« der Siemens Medical Solutions verliehen. Die Frage, die ihn heute beschäftigt, verdeutlicht eindrücklich die Bedeutung eines integrierten Innovationsmanagements: »Wie lässt sich im Konzern eine systematische Kette aus technologischen Erfindungen, Prozess- und Businessinnovationen aufbauen?«

Herr Dr. Niederdränk, wann spricht man bei Siemens eigentlich von einer »erfolgreichen Innovation« und durch was zeichnet sich für Sie ein innovationsfähiges Unternehmen aus?

Innovationen sind dann erfolgreich, wenn man damit Geld verdienen kann. Innovationsfähig wird ein Unternehmen hingegen, wenn man zu dieser wirtschaftlichen Notwendigkeit eine kulturelle Komponente addiert: eine gewissen Risikofreudigkeit und Innovationskultur etwa, in der auch mal Fehler begangen werden dürfen. Natürlich muss dies alles mit Blick auf das laufende Geschäft erfolgen, mit dem die Finanzierung und die Sicherstellung der unternehmerischen Freiräume für innovative Themen sichergestellt werden.

Steht ein Geschäftsbereich unter extremen Kostendruck, dann kann diese Balance zwischen Freiraum und Notwendigkeit ins Wanken geraten. Ein Teufelskreis entsteht: in einer Krisenphase darf ich mir keine Fehler erlauben, sonst riskiere ich meinen Job. Das führt oft zu einem rein kostenbasierten Agieren, bei dem wenig Platz ist für Innovation. Und gleichzeitig ist man ohne laufende Innovationsaktivitäten gerade als Technologieunternehmen langfristig nicht lebensfähig. Neben einer ausgewogenen Risikokultur kommt es besonders auf die Mitarbeiter an: hier geht es um eine Mischung aus alten Hasen, jungen dynamischen Talenten und Managern, die auch unbequeme Entscheidungen treffen können und so frischen Wind in ein Projekt bringen. Aus dieser Mischung muss ein Team entstehen, dem es Spaß macht, Themen zu treiben, das kreativ ist und gut zusammenspielt. Der dritte Aspekt betrifft die Kundenperspektive: man muss verstanden haben, was gebraucht wird, sonst droht schlicht eine selbstverliebte Beschäftigung mit tollen Ideen.

Und wie kommt dabei etwas Neues in das Unternehmen?

Eigentlich sollten solche Marktimpulse systematisch eingespielt werden: durch ein optimales Produktmanagement und durch eine fundierte Marktanalyse. In Großunternehmen ist das aber oft nicht so eingespielt, wie es eigentlich sein müsste. Das ist eher Start-ups vorbehalten, wo die kreativen Köpfe im direkten Kontakt mit den Kunden stehen, ohne jeden Filter. Umso mehr Mühe geben wir uns, dies auch innerhalb eines großen, weltweit tätigen Konzerns zu erreichen.

In verschiedenen Unternehmensbereichen passiert das systematisch, dort werden regelmäßig Fokusgruppen-Workshops mit Kunden veranstaltet, um gemeinsam zu prüfen, wie bestimmte Ideen ankommen und wo der Schuh wirklich drückt. Neben dem konkreten Kundenbedarf muss man Trends und technische Entwicklungen im Blick behalten. Die meisten Innovationen stellen eine Kombination unterschiedlicher innovativer Ansätze in Technologie, Prozessen und Geschäftsmodellen dar, die zu einer neuen Kundenlösung verknüpft werden. Während meistens eher kleinere evolutionäre Innovationsschritte zu kontinuierlichen Verbesserungen führen, sind es natürlich insbesondere die disruptiven Innovationen, die vor allem wahrgenommen werden.

Bleibt der Schuster hier bei seinen Leisten oder werden auch neue Geschäftsfelder erschlossen?

Für neue Geschäftsfelder muss es einen klar umrissenen Bedarf geben. Solche Investitionen passieren nicht einfach ins Blaue hinein, und das ist auch gut so. Es mag zum Beispiel sein, dass für Siemens das Thema »Elektromobilität« künftig ein interessantes Geschäftsfeld werden kann, aber das hängt natürlich von vielen Faktoren ab. Ein Blick über den Tellerrand zeigt, dass es eine Menge Aktivitäten in dem Feld gibt und zwar weltweit. Was läuft in der Wissenschaft, in der Politik, bei den Wettbewerbern, auf anderen Kontinenten? Hinzu kommen politische Rahmenbedingungen: wie wird die Elektromobilität gefördert, wie stark müssen die Treibhausgas-Emissionen sinken und so weiter. Solche Perspektiven adressieren dann die internen Betrachtungen: wie können wir wertvolle Beiträge zu diesen Entwicklungen bieten, welche Ideen, welche Technologien haben wir bei Siemens, um diesen Lösungsraum zu erschließen? Welche Szenarien sind denkbar, um das Feld anzugehen? Und wie sieht das Ganze aus der Nutzerperspektive aus, also Technologie-unabhängig?

Dann gibt es so etwas wie ein Trendmanagement? Wie funktioniert das?

Es gibt viele Informationen, die von außen ins Unternehmen kommen: Trends, politische oder gesellschaftliche Veränderungen und so weiter werden strukturiert gesammelt. Für die strukturierte Verarbeitung dieser Informationen gibt es bei Siemens eine Reihe von gut eingeführten Prozessen. Die Herausforderung für Großunternehmen besteht darin, äußere Impulse in die internen strategischen Betrachtungen einzubeziehen. Oft wird ein Trend zwar erkannt, diese Information aber nicht zeitgerecht umgesetzt: das ist eine zentrale Herausforderung.

Und wie funktionieren dann die entsprechenden Innovationsprozesse?

Innovation beginnt an ganz unterschiedlichen Stellen: Wenn ich ganz oben anfange, dann gibt es ja in der Regel eine Unternehmensstrategie, die die strategischen Leitlinien vorgibt. Im Rahmen der Entwicklung einer Unternehmensstrategie werden sehr viele innovationsrelevante Einflussfaktoren verarbeitet. Es beginnt bei der grundlegenden Weichenstellung, ob der Unternehmensbereich eher als »Trendsetter« oder »Fast Follower« vorgehen will. Zur Unterstützung können Trends analysiert werden, Szenarien mit unserer »Pictures of the Future«-Methode (PoF) entwickelt, Markt- und Kundendaten ausgewertet werden etc. Unsere Trendkarten oder spezifische PoFs spielen eine große Rolle, um systematisch Inhalte – vor allem externe Inputs – in unsere Geschäftsperspektive zu überführen.

Mit Hilfe der Trendkarten wird systematisch der Einfluss eines Trends auf das jeweilige Geschäft herausgearbeitet. Auf den Karten werden alle relevanten Informationen zu einem bestimmten Trendthema festgehalten. Es ist hilfreich, dies an einer Stelle zusammenzuführen, d. h. es gibt ein zentrales Team, das die Informationen bündelt, damit nicht jede Abteilung von vorn anfängt. Ein Knackpunkt bei der Informationssammlung ist übrigens die Einbindung unterschiedlicher Interessensvertreter. Nehmen Sie unser Hörgerätegeschäft als Beispiel. Neben typischen hörgeschädigten Menschen als »Endverbraucher« haben wir auch mit Interessengruppen gesprochen, die nicht in den unmittelbaren Kundenkreis fallen: auf Tinnitus spezialisierte Ärzte, Tonmeister, Krankenversicherer etc. Als Beispiel entstanden ganz neue Bilder, was den Umgang mit dem Thema »Hörvermögen im Alter« angeht. Senioren gestalten ihren Alltag heute ganz anders als noch vor 10, 15 Jahren. Es zeigt sich beispielsweise ein klarer Trend zu sportlichen Aktivitäten im Alter. Wir begegnen diesem mit einer neuen Produktlinie vollständig wasserdichter Hörgeräte. Als Trendsetter kann man mit seinen Produkten den Markt formen; es geht darum zu agieren, Trends zu setzen, anstatt nur auf sie zu reagieren. Allerdings ist das unternehmerische Risiko deutlich höher als bei einem Fast-Follower.

Was sind dann die nächsten Schritte?

Nach dem Trendscouting kommt die eigentliche Innovationsarbeit: Was bedeuten diese Informationen für unser Geschäft? Man muss interpretieren, dazu macht man systematische Innovations-Workshops, die ganz strukturiert durchlaufen werden. Man zieht Konsequenzen, die regelmäßig überprüft und vervollständigt werden. Diese systematische Arbeit ist die Grundlage für ein Portfoliomanagement. Es werden neue Produkte definiert, gleichzeitig kann ich damit das Technologiemanagement »füttern«, um bei Bedarf neue Technologien zu erschließen. All diese Arbeiten müssen dann natürlich an der Unternehmensstrategie gespiegelt werden.

Und wo sehen Sie dabei die größten Stolpersteine?

Unternehmertum ist eine wichtige Grundvoraussetzung. Wird dieser strukturierte Prozess von einer Verwaltungsmentalität beherrscht, so bleiben die Aktivitäten oft im Ansatz stecken. Dann wird aus Kostengründen der Lösungsraum zu schnell eingegrenzt oder wichtige richtungsgebende Entscheidungen werden zu spät getroffen. Prozesse sind essenziell in einem großen Konzern, aber das unternehmerische Handeln wird teilweise durch die Macht der Prozesse in den Hintergrund getrieben.

Mit welchen Chancen und Risiken muss man bei Innovationsprojekten in Großkonzernen rechnen?

In einem Großkonzern gibt es sehr viele Möglichkeiten. Die Finanzkraft ist eine wichtige Rahmenbedingung Wer hat schon 100 Millionen Euro zur Verfügung um neue

Dinge anzugehen? Ich denke, das sind die großen Chancen einer Siemens AG – wenn wir es schaffen, unsere PS auf die Straße zu bringen. Die Risiken für die Innovation sehe ich darin, dass aus einer Geschäftsperspektive des laufenden Geschäfts heraus Geld möglicherweise nicht in notwendige langfristige Entwicklungen gesteckt wird. Es ist schwierig, in Produkte zu investieren, die erst in 3 oder 5 oder 10 Jahren Marktperspektiven bieten. Hier ist es einfach wichtig, die Balance zu halten; es geht also um eine gute Mischung aus kurzfristigen und langfristigen Zielsetzungen. Das ist allerdings einfacher gesagt als getan.

Und was sind Erfolgskriterien für Innovationsprojekte?

Das ist in der Tat die Gretchenfrage: Wie messe ich den Erfolg? Wir schauen typischerweise bei der Einführung innovativer Produkte vor allem darauf, inwieweit es bei der Vermarktung gelingt, gegenüber unseren Wettbewerbern Marktanteile zu gewinnen. Bei diesem Blick in den Rückspiegel geht es also nicht nur um normales Wachstum entsprechend der Marktentwicklung, sondern um eine entsprechend verbesserte Marktposition.

Die Bewertung von Innovationsprojekten in den frühen Phasen ist deutlich schwieriger. Da entscheidet dann oft das Bauchgefühl erfahrener Innovatoren und Innovationsmanager. Wenn jemand eine gute Idee hat, um Innovationsprojekte in der Frühphase umfassend und zuverlässig bewerten zu können, würde ich mich freuen, wenn er sich bei mir melden würde.

Herr Dr. Niederdränk, haben Sie vielen Dank für das Gespräch.

4.6 Zusammenfassung

Wir haben in diesem Kapitel vier unterschiedliche Spielarten des Innovierens vorgestellt. Diese Spielarten resultierten aus einem Portfolio, das wir entlang der Leitdifferenz von Personen-/Prozessorientierung sowie der Stärke der Ausprägung bestehender Problemlösungsroutinen aufgespannt haben. Die folgende Tabelle fasst die wesentlichen Ergebnisse nochmals auf einen Blick zusammen (vgl. Abbildung 3).

Auf den vergangenen Seiten wurde deutlich, dass jede Spielart ihre Stärken und Schwächen hat und einige zentrale Faktoren in Organisationen (Personenorientierung/Prozessorientierung) entscheidend dazu beitragen, welche Spielart dominiert. Die jeweilige Spielart kann im Lebenszyklus einer Organisation auch wechseln, etwa wenn sich ein Start-up zu einem größeren Unternehmen entwickelt; in der Regel ist dies mit Veränderungsprozessen des Gesamtsystems verbunden, die auch tiefgehende Fragen zur eigenen Identität aufwerfen. Darüber hinaus haben wir auch gesehen, dass die jeweiligen Begrenzungen der unterschiedlichen Spielarten gravierende Folgen für die Innovationsfähigkeit des jeweiligen Organisationstyps haben und jede Organisation daher gut daran tut, sich mit den Chancen und Risiken ihres spezifischen Innovationsmusters auseinanderzusetzen. Herrscht eine starke Personenorientierung, besteht die Gefahr der Heroisierung der kreativen Einzelleistung. Auch wenn die Wertschätzung für einzelne Innovatoren durchaus ihren Sinn hat (»Erfinder des Jahres«), reicht es für Organisationen nicht aus, sich auf die Kreativität von Individuen

Einflussfaktoren

Personenorientiert

Schwach ausgeprägte Tradition und Routinen

Improvisiertes Innovieren

- opportunistische Anpassung als Leitkonzept
- fehlender Ressourcenzugang → Cashflow-getrieben
- ungeliebter Partner im Netzwerk (Unsicherheit)
- Unternehmen = Gründer
- klassisches Beispiel: Start-Ups

- schnell und kundennah
- Entwicklung neuer Nischenmärkte
- geringer Profit und Hebel
- nachhaltiges Wachstum ist erfolgskritisch

Stark ausgeprägte Tradition und Routinen

Intuitives Innovieren

- gewachsene Start-Ups: Kultur der Großfamilie
- oft in Nischenmärkten unterwegs
- einsame Entscheidungen des Patriarchen/Gründers
- interne Zellteilung als Wachstumsstrategie
- klassisches Beispiel: Familienunternehmen

- geringe Bürokratisierung und schnelle Wege
- Hochmotivierte und loyale Mitarbeiter/Mitarbeiterinnen
- fehlende Warn- und Kontrollsysteme
- Erfolgsparadoxie = Identitätsparadoxie

Prozessorientiert

Schwach ausgeprägte Tradition und Routinen

Fremdfinanziertes Innovieren

- findet im Netzwerk statt: Start-Ups in Wachstumsmärkten erhalten Dual-Support: Finanzierung und Coaching
- Early-Bird-Strategie mit verbesserter Time-to-Market
- Ziel ist die Wertsteigerung des Unternehmens (Start-Up)
- klassisches Beispiel: VC-unterstützte Start-ups

- gut geeignet für disruptive/radikale Innovationen
- hoher Impact der Initiativen
- geringe Skalierungsoptionen: VCs als Bottleneck
- hohes Scheiternsrisiko

Stark ausgeprägte Tradition und Routinen

Routiniertes Innovieren

- umfassendes Repertoire an Innovationsroutinen und Strukturen → Innovation als gemeinschaftliche Leistung
- starke Recherche-, Analyse-, Planungs- und Kontrollsysteme
- guter Zugang zu vielfältigen Ressourcen: Kapital, Reputation, Kompetenzen, Technologie, globale Märkte etc.
- klassisches Beispiel: Großunternehmen/Konzern

- optimal für inkrementelle Innovationen
- reflektierte Spielzüge (Make vs. Buy, Open vs. Closed)
- weder schnell noch innovativ
- Gefahr der Erfolgsparadoxie
- Planbarkeits- und Machbarkeitsillusion

Abb. 3: Spielarten des Innovierens

zu verlassen. Es braucht immer auch Prozesse der Umsetzung und Einbettung, eine Anschlusskommunikation, mit der eine Idee über eine Serie von Entscheidungen von der Organisation aufgegriffen und zu einem marktreifen Produkt entwickelt wird. Dominieren dort etablierte Routinen und geschichtsträchtige Strukturen, dann besteht das Risiko, nicht schnell genug zu innovieren und so den Anschluss an aktuelle Marktentwicklungen, neue Technologien oder spezifische Kundenbedarfe zu verpassen. Jeder Organisationstyp hat also mit den Konsequenzen seiner spezifischen Erneuerungsaktivitäten zu kämpfen – und da es dabei kein »richtig« oder »falsch« gibt, braucht es regelmäßige Gelegenheiten, in denen die laufenden Innovationsprozesse aus einer Metaperspektive beobachtet und reflektiert werden, um daraus immer wieder Impulse für die (Kontext-)Steuerung dieser Aktivitäten zu setzen. Jede Organisation innoviert – irgendwie. Sie wäre sonst schlicht nicht überlebensfähig. Die Frage ist einzig: innoviert sie schnell und zielgerichtet genug, um in dem Prozess der Ko-Evolution mit ihren relevanten Umwelten die Nase vorne zu haben?

Die zentrale Fragestellung, der wir im nun folgenden *Teil B: Die Innovationshelix* nachgehen wollen, lautet: Wie managed eine Organisation ihre Innovationsprozesse, um einerseits nicht an den Beschränkungen ihrer jeweiligen Spielart zu scheitern und um andererseits nicht den Sirenengesängen nachzugeben, die ihr weismachen wollen, dass es sich dabei weder um einen linearen Prozess handelt, der einfach durchgezogen werden kann, noch um ein beliebig formbares Vorhaben, welches sich der Einsicht in die Gravitation der Verhältnisse verweigert?

Teil B: Die Innovationshelix

5 Die strukturierte Steuerung von Innovationsaktivitäten in Unternehmen

Im Folgenden wollen wir nun eine Heuristik entwickeln, die jenseits der unterschiedlichen Spielarten des Innovierens, die wir im vorangegangenen Kapitel kennengelernt haben, Orientierung gibt bei der Gestaltung von Innovationsaktivitäten in Organisationen. Gefragt ist dabei ein strukturierter Prozess, mit dem Organisationen ihre Innovationsaktivitäten managen können. Die Aufgabe ist schwieriger als zunächst vermutet. Es gibt in der Literatur zwar viele Hinweise, wie so ein Prozess aussehen könnte (siehe etwa Hauschildt 2004, Tidd et al. 1997). Aber die meisten dieser Vorschläge leiden entweder an einem sehr eingeschränkten, mechanistischen Organisationsverständnis (nach dem Motto »Innovation ist machbar: man nehme ...«) oder einer Fokussierung auf einzelne Teilschritte, die ein ganzheitliches Innovationsmanagement zu einer Frage von besseren Kreativitätstechniken, kompliziertem Projektmanagement oder strategischen Entscheidungen des Topmanagements werden lassen. Anlass genug also, sich Gedanken über eine Vorgehensweise zu machen, die Organisationen (präziser: ihre Führung) dabei unterstützt, Überlegungen zu einem Innovationsmanagement anzustellen, mit dem alle relevanten Dimensionen eines solchen Prozesses im Blick behalten werden können und das dabei der Versuchung widersteht, daraus eine Powerpoint-kompatible Abfolge kausaler Zusammenhänge zu machen, die der Realität sozialer Systeme in keiner Weise gerecht wird. Aus diesem Anforderungsprofil heraus ist die »Innovationshelix« entstanden, die wir nun genauer vorstellen werden. Nicht als heroischer Wurf eines einmaligen Geistesblitzes (»Heureka!«), sondern als Ergebnis eines iterativen Denk-, Lese- und Diskussionsprozesses, der nach unzähligen Feedback-Schleifen mit wohlgesonnenen Managern, Beraterkollegen und Innovationsexperten sowie nach vielen, vielen Varianten schließlich zu der Darstellung geführt hat, die wir mit Ihnen teilen möchten. Wir verstehen die Innovationshelix als den Versuch, einen Innovationsprozess zu konzipieren, der sich nicht den zentralen Erkenntnissen der modernen Organisations- und Evolutionstheorie verschließt und damit die Grundlage für ein professionelles Innovationsmanagement legt.

5.1 Die innere Logik der Innovationshelix

Bevor wir uns die einzelnen Phasen der Helix genauer anschauen, geben wir einen Überblick über die Logik der Schrittfolge, die sie beschreibt. Erst aus dem Zusammenhang heraus betrachtet sind die einzelnen Schritte besser nachvollziehbar; auch die Werkzeuge, die wir in den nachfolgenden Kapiteln zusammengestellt haben, um die einzelnen Schritte in der Praxis operationalisieren zu können, profitieren von einem »Big Picture«, das ihren Einsatz in einen sinnvollen Kontext stellt und damit (hoffentlich!) ihren vermeintlichen Rezeptcharakter bricht.

Beginnen wir mit den grundlegenden Prämissen. Die Innovationshelix ist der Versuch einer Heuristik, mit der sowohl Führungskräfte als auch deren Berater und Beraterinnen die Innovationsaktivitäten ihrer Organisation in einen schlüssigen Gesamtzusammenhang stellen können. Wir verstehen das Management von Innovationen, das sei hier nochmals betont, als nichtdelegierbare Führungsaufgabe, bei der eine Zuarbeit mit internen wie auch externen Experten gern gesehen ist, bei der die letztendliche Entscheidungshoheit über die Ergebnisse dieser Arbeit aber stets in Händen der für das Wohl der Gesamtorganisation verantwortlichen Führungskräfte verbleibt.

Eine der wichtigen Bedingung für eine erfolgreiche Bearbeitung dieser permanenten Herausforderung ist ausreichend Zeit. Unsere Beobachtung, dass gerade Topmanager im Führungsalltag nicht genügend davon haben, um etwa einen Gedanken nicht nur anzureißen, sondern auch fertig zu denken, deckt sich mit den Ergebnissen der aktuellen Führungsforschung (Mintzberg 2004). Wir plädieren daher für eine regelmäßige Auszeit, in der sich Führungskräfte bzw. ein Führungsteam zusammen mit ausgewählten Experten und weiteren Schlüsselpersonen aus der Organisation aus dem operativen Tagesgeschäft zurückziehen, um in klausurähnlichen Workshops gemeinsam über die Gestaltung einer nachhaltigen Zukunftsfähigkeit ihrer Organisation nachzudenken und auf dieser Basis dann entsprechende Entscheidungen zu fällen. Das Ziel solcher »Retreats« ist es, sich zunächst im Sinne einer Metabeobachtung darüber zu vergewissern, ob und wo Lern- und damit Innovationsbedarfe für die eigene Organisation bestehen. Dies wird man nur auf Basis einer belastbaren Datenlage machen können, in der die wichtigsten geschäftsrelevanten Zahlen, Daten und Fakten aggregiert sind – hier wird man dankbar sein für die Vor- und Zuarbeit berufener Experten.

Wir haben bereits in den vorangegangen Kapiteln darauf hingewiesen, dass ein Innovieren um der Innovation willen nicht wirklich erstrebenswert ist – die Ausbildung einer Entscheidungskompetenz, mit der das »ob überhaupt« von Innovationen thematisiert werden kann, zählt sicher zu den herausragenden Fähigkeiten eines reifen Management-Teams, das darauf verzichten kann, die Entscheidung zu einzelnen Themen als Munition für den Ausbau eigener Machtpositionen zu missbrauchen. Auf dieser Basis kann dann überlegt entschieden werden, konkrete Innovationsinitiativen zu starten, um mehr über die eigenen Handlungsoptionen zu lernen, die eigene strategische Position zu verbessern oder neue Produkte, Services und/oder Geschäftsmodelle in dem jeweiligen Geschäftsfeld zu etablieren. Neben den Entscheidungen zu solchen konkreten Innovationsprojekten ist die Arbeit eines solchen Kernteams die Keimzelle für die Verankerung der Innovationsfähigkeit als sogenannte »Organizational Capability«, also der Fähigkeit der Organisation, bestimmtes Wissen aus den Köpfen einzelner Personen in entsprechend gestaltete Arbeitsprozesse zu überführen. Durch die aufmerksame Reflexion der einzelnen Projekte bildet sich mit der Zeit ein Wissen über die Muster solcher Prozessverläufe. Was in der Lerntheorie in der Folge der Überlegungen Gregory Batesons als »Double Loop Learning« oder auch »Lernen zweiter Ordnung« (Lutterer 2002) bezeichnet wird, ist nichts anderes als die Fähigkeit, aus dem Verlauf von Einzelaktivitäten Rückschlüsse zu ziehen auf die Art und Weise, wie mit bestimmten Herausforderungen umgegangen wird. Gelingt es, dieses Wissen in der Organisation zu verankern, dann hat diese gelernt, routiniert auf Störungen ihrer Routinen zu reagieren. Anstatt dann bei jedem Einzelfall in hektisches Luftschnappen oder pathetische Inszenierungen von Dramen zu verfallen, wird gelassen auf ein Wissen rekurriert, mit dem man gelernt hat, mit solchen Situationen wiederholt erfolgreich umzugehen. Es versteht sich von selbst, dass diese Arbeit an der eigenen Innovationsfähigkeit keine Eintagsfliege sein kann – sie bedarf vielmehr einer kontinuierlichen Aufmerksamkeit der Führung, die damit einen (wenn nicht sogar den) wertvoll(st)en Beitrag zur Zukunftssicherung der Überlebenseinheit leistet, für die sie die Verantwortung übernommen hat. Der mit der Innovationshelix skizzierte Innovationsprozess liefert eine allgemeine Heuristik für die Steuerung von Innovationsaktivitäten in Organisationen. Unabhängig von den Ausprägungen der einzelnen Spielarten strukturiert sie die wesentlichen Dimensionen und Phasen eines Innovationsprozesses und schafft so eine Grundlage für die zielgerichtete Bearbeitung von Störungen, die strategische Exploration von interessanten Innovationsmöglichkeiten bis hin zu der Entwicklung von Innovationen mit wettbewerbsrelevantem Kundennutzen sowie deren Einbettung in die auf strategischer wie auch operativer Ebene vorhandenen Routinen des einzelnen Unternehmens. Der Start- und Endpunkt der Innovationshelix ist immer das »Daily Business« einer Organisation. Damit ist sichergestellt, dass Innovationen nicht als abgehobene Ideen oder Erfindungen behandelt werden, die nichts mit dem Tagesgeschäft zu tun haben. Es ist ein Leichtes, sich in gut gelaunten Momenten mit der Kreation völlig neuartiger Produkte zu beschäftigen. Die Ergebnisse, die dabei entstehen, sorgen oft genug für respektvolles Staunen und echte Verblüffung: Wer hätte das gedacht! Spätestens bei den Fragen der weiteren Umsetzung solcher Ideen beginnt dann allerdings der Katzenjammer. Niemand hat daran gedacht, dass das bestehende SAP-System die Eingabe solcher Losgrößen schlicht nicht unterstützt, es für die entwickelten Stoffmuster keinerlei Kundennachfrage gibt oder die besonders aufregend gebogene Frontscheibe (»wie ein Lidschatten im aufschimmernden Abendlicht«) über keinerlei Auflagepunkte verfügt, um für die weitere Verarbeitung in der Fertigungsstraße gerüstet zu sein. Besonders Designer können ein Lied davon singen, wie frustrierend es schlussendlich ist, wenn man einen Innovationsprozess nur aus der Perspektive des Neuen heraus aufzieht. Die Innovationshelix trägt dem Rechnung, in dem sie die einzelnen Aspekte des Innovationsprozesses operationalisiert und in einen sinnvollen Zusammenhang stellt.

5.2 Phasen und Arbeitsschritte der Innovationshelix

Die Innovationshelix besteht aus drei Phasen, die wiederum unterteilt sind in einzelne Arbeitsschritte, welche jeweils mit konkreten Werkzeugen unterlegt sind (vgl. Abbildung 4).

Phase I: Exploring beschreibt die strategische Exploration, in der relevante Störungen identifiziert und neue Innovationsfelder entwickelt und priorisiert werden.

Phase II: Designing beschreibt – in Anlehnung an die Methoden der Stanford Design School – die Gestaltung von neuen Ideen und Erfindungen.

Phase III: Embedding widmet sich der operativen Rückbindung dieser Initiativen an das operative Tagesgeschäft und schließt damit den Kreis eines zirkulären Innovationsprozesses, der – nichtlinear – drei unterschiedliche Dimensionen tangiert: eine strategische, eine gestalterische und eine operative Ebene.

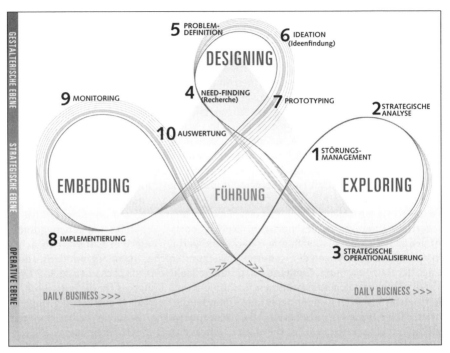

Abb. 4: Die Innovationshelix im Überblick

Abbildung 5 zeigt uns die verschiedenen Arbeitsschritte der drei Phasen im Überblick.

Zur Aufgabe der Führung gehört es, die einzelnen Phasen durch ein kluges »Issue Selling« zusammenzuhalten und immer wieder für Gelegenheiten zu sorgen, bei denen der Innovationsprozess als Beitrag zur eigenen Zukunftssicherung verstanden werden kann. Diese Form der Sinnstiftung ist besonders wichtig, da wir – das müssen wir an dieser Stelle nicht mehr wiederholen – nicht davon ausgehen können, dass Innovationen von Organisationen mit offenen Armen empfangen werden.

In diesem Sinne ist die Innovationshelix die grafische Darstellung eines prototypischen Rahmens, in dem die einzelnen Arbeitsschritte eines Innovationsprozesses erfolgen können. Je nach Organisationstyp und dazugehöriger Spielart des Innovierens wird es dazu Variationen geben, werden einzelne Prozessschritte iterativ durchlaufen, von Fall zu Fall abkürzt oder ausgedehnt. Sogar Ehrenrunden sind möglich, die einzig und allein der Selbstvergewisserung aller beteiligten Akteure dienen. Über all diese Unterschiede hinweg hat die Helix schon den Anspruch, ein allgemeiner Prototyp für Innovationsprozesse zu sein und damit die Grundlage für ein professionelles Innovationsmanagement zu legen. Als Diagnoseinstrument gibt sie schnell und zuverlässig Auskunft darüber, wo eine Organisation mit ihren Innovationsaktivitäten steht und welche Aspekte oder Arbeitsschritte bis dato gegeben falls zu kurz gekommen sind. Führungskräfte können sich damit ein eigenes Bild machen von den wesentlichen Entscheidungsbedarfen eines Innovationsprozesses. Wichtige Leitfragen lauten dabei:

- Welche Umweltveränderungen/Irritationen werden aufgegriffen, welche sollten wir getrost ignorieren?
- Was sind die strategischen Innovationsfelder, um die wir uns stärker kümmern wollen?
- Welchen Innovationsmöglichkeiten wollen wir nachgehen und entsprechende Initiativen dazu starten? Welche Ressourcen stellen wir dafür zur Verfügung?
- Welche Innovationen davon werden aufgrund definierter Erfolgskriterien weiterverfolgt und welche müssen schlichtweg wieder beendet werden?
- Was können wir und die gesamte Organisation aus den gemachten Erfahrungen lernen? Welche Fehler waren wertvoll genug, um detailliert ausgewertet zu werden?
- Wann sind die Ergebnisse der einzelnen Schritte soweit, um eine weitere Phase der Innovationshelix zu durchlaufen?

All diese Fragen können (und müssen vielleicht sogar) je nach Organisationsgröße nicht nur auf der Ebene des Topmanagements prozessiert werden. Einzelne Geschäftsfelder, Hauptabteilungen oder Organisationseinheiten sind ebenfalls in der Pflicht, sich um die Absicherung ihrer Zukunftsfähigkeit zu kümmern. Sie durchlaufen den gleichen Prozess, allerdings mit verändertem Fokus und einer entsprechend angepassten Themenbreite. Auch können die einzelnen Phasen je nach Organisationstyp von unterschiedlichen Akteuren bespielt werden. So wird ein Start-up zunächst einmal ohne große strategische Ausrichtung agieren, bei einem VC-finanzierten Unternehmen werden sich die einzelnen Phasen der Helix über das bestehende Netzwerk verteilen, indem etwa der VC über den Start oder die Fortsetzung einer Innovationsinitiative entscheidet etc.

Im Blick behalten sollte man ebenfalls, dass ein Innovationsprozess wie mehrfach erwähnt nicht linear abläuft. So unangenehm die Vorstellung auch sein mag: Innovationsaktivitäten halten sich in den seltensten Fällen an vorgezeichnete Pläne. Die Innovationshelix besteht zwar aus in sich schlüssigen Schritten, die neben ihrer inhaltlichen Logik auch den Zweck verfolgen, die unvermeidbare Komplexität in der Steuerung von Innovationen zu reduzieren. Gleichzeitig stattfindende Prozesse werden so entzerrt, und Führungskräfte wie auch Innovationsmanager können ihre Aufmerksamkeit und Energie zumindest in der Vorbereitung und Planung von Innovationsprojekten auf eine sequenzielle Abarbeitung der relevanten Frage jeder Phase konzentrieren, ohne dass dabei die Komplexität der Such- und Entscheidungsprozesses zu sehr vereinfacht wird. In der Praxis finden all die Arbeitsschritte dann aber nur äußerst selten in der skizzierten zeitlichen und logischen Abfolge statt. Immer wieder werden einzelne Schritte vorgezogen, vergessen, wiederholt, ohne Ergebnis abgebrochen, Monate später von anderen Akteuren wieder aufgenommen; immer wieder wird das Timing durch äußere Ereignisse über den Haufen geworfen und der Gesamtprozess durch überraschende Wendungen wieder an den Anfang gesetzt (»Wir haben ab nächsten Monat einen neuen CEO!«). All diese »Twists and Tweaks« beeinflussen natürlich den Output der einzelnen Phasen, der ja als Input für die nachfolgende Phase dient – so verändert sich die Innovationshelix beständig und wird damit selbst zu einem Rollenmodell für den Ablauf von Innovationsprozessen. Ohne eine gewisse Flexibilität und Robustheit seiner Anlage wird so ein Prozess auch schnell zu einem Papiertiger – was allerdings nur diejenigen stört, die (immer noch) glauben, Organisationen hielten sich an die Pläne, die man für sie aushecke. Letztendlich kann das Ziel der Arbeit mit der Innovationshelix nur in der Stärkung (oder Etablierung)

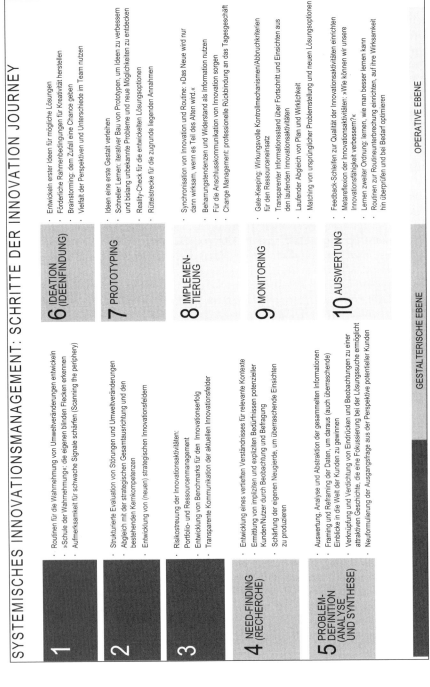

Abb. 5: Die Arbeitsschritte der Innovationshelix

einer Innovationskultur liegen: Wie wir alle wissen, ist Kultur ein Phänomen, das sich konsequent dem managerialen Zugriff entzieht. Sie ist, und darauf werden wir noch ausführlicher zu sprechen kommen, das Ergebnis konkreter Interaktionszusammenhänge, die im Alltag gelebt und nur dort beeinflusst werden können. Ob das Ergebnis dann dem entspricht, was man sich gewünscht oder erwartet hat, kann niemand – und sei sie oder er ein noch so guter Manager – direkt beeinflussen. Was man machen kann, sind Rahmenbedingungen zu schaffen, mit denen sich die Wahrscheinlichkeit erhöht, am Ende zumindest in die Nähe eines Ergebnisses zu kommen, für das man als Manager am Schluss immer den Kopf hinhalten muss. Das ist vielleicht nicht viel – aber immerhin doch etwas.

Im Folgenden geht es nun um eine detaillierte Darstellung der einzelnen Arbeitsschritte. Wir haben die Ziele, Vorgehensweisen und Handlungsempfehlungen jedes Arbeitsschritts hier und da um konzeptionelle Überlegungen und Hintergrundinformationen zu einzelnen Themenblöcken angereichert. Ein wenig »Tiefenschärfe« – so unser Kalkül – könnte eine gute Ergänzung sein zu den eher operativen Schritten. Bei jedem Arbeitsschritt haben wir am Schluss die wichtigsten Methoden zusammengefasst, um so Anregungen für eine Umsetzung der Innovationshelix im konkreten Organisationsalltag zu bieten.

6 Phase I: Exploring

Die Phase der strategischen Exploration beginnt mit einem Arbeitsschritt, der in seiner Bedeutung für das systemische Innovationsmanagement nicht zu unterschätzen ist: dem »Störungsmanagement«. Ohne eine aktive Auseinandersetzung mit den Impulsen ihrer relevanten Umwelten sind Organisationen nicht überlebensfähig. »Aktive Auseinandersetzung« bedeutet auch, sich dafür zu entscheiden bestimmte Impulse zu ignorieren. Nicht nur in der (System-)Theorie, sondern auch in der Praxis von Organisationen ist dies sogar der Normalfall. Eine Organisation ist ja genau deswegen so leistungsfähig, weil sie sich den laufenden Störungen verschließt, eine Grenze ausbildet, mit der sie sich ihre Umwelt(en) vom Hals hält und sich so auf die Abwicklung ihrer eingespielten Routinen konzentrieren kann. Dass die Organisation damit ein riskantes Spiel eingeht, liegt auf der Hand. Solange Organisationen sich in ruhigen Gewässern bewegen, die Ko-Evolution von Umweltentwicklung und Eigenentwicklung also weitgehend überraschungsfrei abläuft, fällt das nicht weiter auf. Spätestens jedoch, wenn sich eine der beiden Variablen radikaler wandelt, die eingespielte Passung (manchmal spricht man auch von der »strukturellen Kopplung«) von Organisationen und ihren Umwelten also an ihre Grenzen stößt, drohen Schwierigkeiten, die bis zur Selbstgefährdung des eigenen Überlebens reichen können. Wir müssen uns daher darüber Gedanken machen, wie im Rahmen der Prozesse, die das Überleben von Organisationen absichern, also im Rahmen von Innovationsprozessen, ein sinnvolles Störungsmanagement aufgesetzt werden kann. Im Anschluss an diesen Arbeitsschritt entstehen gezielte Folgeaktivitäten, mit denen der Rahmen für ein fokussiertes Innovieren sichergestellt wird. Wir haben diese Folgeschritte »strategische Analyse« und »strategische Operationalisierung« genannt, da sie sich unmittelbar mit dem Aspekt der Zukunftssicherung von Organisationen befassen. Doch Schritt für Schritt: schauen wir zunächst, wie der Innovationsprozess durch ein Störungsmanagement beeinflusst und gestaltet werden kann.

6.1 Arbeitsschritt 1: Störungsmanagement

Bei dem ersten Arbeitsschritt unserer Innovationshelix geht es darum, Routinen für die Wahrnehmung von relevanten Umweltveränderungen zu entwickeln, dabei im Sinne einer »Schule der Wahrnehmung« die eigenen blinden Flecken zu erkennen und Aufmerksamkeit für schwache Signale zu schaffen, die zunächst im Rücken einer Organisation für mögliches Ungemach sorgen, während sie zum Zeitpunkt ihrer Wahrnehmung tatsächliche Probleme bereiten. Wichtige Leitfragen lauten hier:
- Welche Umwelten sind aktuell relevant für uns? Und welche Umweltveränderungen nehmen wir dort wahr?
- Was sind mögliche blinde Flecke, d. h. was sehen wir nicht? (Eine zugegebenermaßen paradoxe Fragestellung, die – wie jede Paradoxie – nur durch das Spiel mit unterschiedlichen Perspektiven aufgelöst werden kann. Niemand sieht alles, d. h. jeder sieht etwas anderes: Was sieht der eine, was der andere nicht sehen kann?)
- Welche Störungen beobachten wir aktuell? Wie viele Störungen wollen wir beobachten: Wie viele brauchen wir, und wie viele verkraften wir?

- Was sind unsere zentralen Annahmen über die relevanten Störungen? In welche Kategorien fallen sie (Technologie, Kunde, Markt, Mitarbeiter, Netzwerkpartner)?
- Reicht dies? Oder ist da vielleicht noch mehr? Wie schärften wir unsere Aufmerksamkeit für Weak Signals, also schwache Signale? Was nehmen wir aus den Augenwinkeln wahr, wenn wir unsere Blicke für einen Moment defokussieren? Wie scannen wir die Peripherie unseres Wahrnehmungsfeldes (Day/Schoemaker 2006)?

6.1.1 Konzeptionelle Überlegungen

Wir haben das Störungsmanagement an den Beginn des Innovationsprozesses gestellt, da wir von der zunächst banalen Beobachtung ausgehen, dass Organisationen nur durch Störungen aus den Routinen ihres »Daily Business« gerissen werden. Irgend etwas passiert in der Organisation (ein Fehler!) oder außerhalb der Organisation (ein neues, günstigeres Vergleichsprodukt wird vom Wettbewerber auf den Markt gebracht), das den eingespielten Fluss von Entscheidungen, Abläufen, Zuständigkeiten, Fertigungsschritten unterbricht. Dieses Ereignis muss zunächst überhaupt einmal wahrgenommen werden. Auch das hört sich zunächst trivialer an als es tatsächlich ist. Irgend etwas passiert ja immer, die Frage ist also: wie und wann wird ein Ereignis überhaupt als »relevant« eingestuft? »Störungswürdig« sind Ereignisse für eine Organisation nur dann, wenn sie eine für sie relevante Umwelt betreffen, wenn sie also in dem Nahbereich stattfinden, der für »das Weitermachen« von Organisationen von Bedeutung ist. Ist dies der Fall (und diese Entscheidung kann natürlich nur die Organisation treffen), dann wird aus diesem Ereignis eine »Störung«.

Diese Störung sorgt für Irritationen (negativ konnotiert) oder Überraschungen (positiv konnotiert) und produziert Unsicherheit: Wie muss darauf reagiert werden, wer muss darauf reagieren, muss überhaupt reagiert werden? Dazu kommt, dass zum Zeitpunkt einer Störung in der Organisation noch wenig Wissen über die Konsequenzen vorhanden sind, die diese nach sich ziehen könnte: Welche Relevanz hat die Störung, welche Kosten werden dadurch verursacht? Vor diesem Hintergrund ist der Gedanke gar nicht so abwegig, Störungen zunächst einmal zu ignorieren. Zumal Störungen immer auch Funken von Kontingenz verursachen, der Möglichkeit also, sich in so einer Situation auch ganz anders entscheiden zu können. Dies führt zu weiterer Unsicherheit, die wiederum typische Fragen aufwirft: Müsste in so einem Fall nicht die Qualitätssicherung aktiv werden? Warum hört man aus dieser Abteilung nichts? Haben die überhaupt mitbekommen, was da passiert ist? Vielleicht ist es besser, zunächst auch einmal gar nichts zu tun? – Die Nervosität, die durch Störungen ausgelöst wird, ist etwas, was Organisationen nicht gut vertragen. All der Appelle besorgter Manager und eifrige Berater, die nicht müde werden zu betonen wie »sexy« Veränderungen sind, dass sie Spaß machen und zum Alltag gehören, dass man sich verändern muss, um so zu bleiben, wie man ist etc. – all dieser Appelle also zum Trotz stoßen Veränderungen bei Organisationen zumindest auf Skepsis, wenn nicht gar auf Ablehnung. Ihr Arbeitsmotto lautet anderes: »Observers are worried. Believers enjoy«. Gefesselt durch die Erinnerung an die eigenen Erfolge, sind Organisationen eine im Grunde eher konservative Angelegenheit. Ist doch der »Prozess des Organisierens« (Weick 1995a) selbst ein Mechanismus der Unsicherheitsabsorption, mit dem die Komplexität der Verhältnisse, der Überschuss an Möglichkeiten, reduziert wird auf ein handhabbares Maß.

Nun steht jede Organisation natürlich auch in einem aktiven Austausch mit ihren relevanten Umwelten: Kunden kaufen ihre Produkte, Lieferanten liefern zu, Wettbewerber beobachten sich wechselseitig, Regulierungsbehörden verordnen Auflagen, mit denen man sich auseinandersetzen muss, ja sogar die eigenen Mitarbeiter haben Verbesserungsvorschläge für bestimmte Prozessabläufe – ein komplettes Wegblenden oder Ignorieren all dieser Beziehungen würde den bereits erwähnten Prozess des Organisierens recht schnell zum Stillstand bringen. Insofern ist jede Organisation doch darauf angewiesen, ihre relevanten Umwelten mit einer gewissen Aufmerksamkeit zu beobachten und sich mit all diesen potenziellen Störgrößen zu arrangieren. In der Nische, in der man unterwegs ist und ein gemeinsames Auskommen hat, muss man sich in einer ko-evolutionären Bewegung mit all diesen Einflüssen auseinandersetzen; manchmal zielgerichtet und aktiv, manchmal überrascht und mitgerissen von Entwicklungen, die man nicht kontrollieren kann – und immer so, dass die eigenen eingespielten Routinen nicht zu sehr durcheinander kommen, dass man also das, was man bislang gut gemacht hat, weiterhin gut machen kann.

Von der Innovation ...
Jede Organisation hat ihre eigene Art entwickelt, sich mit Störungen auseinanderzusetzen. Organisationen verarbeiten Störungen, um zu überleben. Die Idee, dass Organisationen sich erst dann etwas einfallen lassen (sprich: innovieren), wenn etwas passiert, kann daher als Restgröße eines bereits erläuterten klassischen Organisationsverständnisses betrachtet werden, das Organisationen als (passives) Mittel (aktiv) gesetzter Zwecke versteht. Begreift man Organisationen hingegen als aktive, zwecksuchende Systeme, dann stellt sich die Frage der Innovation in einem ganz anderen Licht. Einmal in die Welt gebracht, geht es für Organisationen einzig um die Frage des Weitermachens (etwas pathetisch, aber durchaus korrekt formuliert: um das eigene Überleben). Dazu muss jede Organisation wie ausgeführt einen Umgang mit ihren Beharrungskräften und ihrer (Selbst-)Veränderung finden – gelingt dieser Prozess der laufenden Justierung nicht, verschwinden Organisationen schlicht von der Bildfläche. Aus dieser Perspektive betrachtet innovieren Organisationen also ständig. Dieses Spiel zwischen Verändern und Bewahren, zwischen Innovation und Tradition verändert sich (dramatisch), wenn wir den Kontext von Organisationen in den Blick nehmen. Was in den ruhigen, eher berechenbaren Verhältnissen der Vergangenheit ein eher stilles Vergnügen war, ein steter Strom inkrementeller, daher halbwegs gut berechenbarer, Verbesserungen, entwickelt in turbulenten Umwelten eine ganz andere Dynamik. Erst dieser Aspekt verleiht unseren Überlegungen zu einem systemischen Innovationsmanagement eine entsprechende Relevanz. Es macht einen großen Unterschied, ob Organisationen (die sich immer in turbulenten Umwelten befinden – die, die versuchen sich diesem Gedanken zu entziehen, lösen sich gerade vor unseren Augen auf) auf jede Störung einzeln reagieren oder aber Routinen entwickeln, die die Frage beantworten, wie sie mit dem Thema Störungen insgesamt umgehen wollen.

Dies ist der Schlüssel zu einem systemischen Innovationsverständnis: es geht nicht (mehr) um die Frage, ob Organisationen innovativ sind oder innovativer sein müssten. Organisationen sind immer innovativ. Und zwar genau so innovativ, dass es – im Rahmen der Pfadabhängigkeiten, in denen sie sich immer befinden – zum Überleben reicht. Manchmal sind Organisationen nicht aufmerksam genug, und dann reicht es in dem einen oder anderen Fall eben nicht mehr zum Überleben. Hat die Organisation dann nicht das Glück, systemrelevant zu sein oder für politische Kalküle missbraucht zu werden, war's das dann auch. Den Betreibern von Pornokinos ist beispielsweise schlicht nichts eingefallen, wie sie sich gegen die Möglichkeit, Pornofilme durch einen Ausleihvorgang in der Videothek im geschützten Raum der eigenen vier Wände konsumieren zu können, zur Wehr hätten setzen können. Das gleiche geschieht aktuell mit den Videotheken, die nicht damit gerechnet haben, dass es noch einfacher ist, in den (sicher fragwürdigen) Genuss eines Pornofilms zu kommen, wenn man sich ihn einfach aus dem Internet herunterladen kann. Auch hier ist absehbar, was passieren wird – und daran werden spektakuläre Schließungen von Online-Plattformen wie kino.to oder megaupload.com auch nur bedingt etwas ändern können.

... zur Innovationsfähigkeit

Noch einmal: um was geht es, wenn wir von einem systemischen Innovationsmanagement sprechen? Es geht im Kern darum, Organisationen nicht innovativer, sondern innovationsfähiger zu machen, d. h. einen zielgerichteten Umgang mit Störungen einzuführen, Routinen zu entwickeln und zu etablieren, mit denen Störungen gebündelt abgearbeitet werden können. An die Stelle der einfachen Bearbeitung von Störungen, also dem Reagieren auf einzelne Ereignisse rückt ein »Störungsmanagement zweiter Ordnung«: die Einrichtung von Routinen, die es erlauben, Störungen aktiv und in einem angemessenen Umfang in die Organisation selbst hineinzunehmen und den Umgang damit auszuwerten, damit sich die Überraschung selbst – und mit nichts anderem muss man rechnen – in Grenzen hält. Das entsprechende Störungsmanagement dazu funktioniert nach dem Prinzip einer Schutzimpfung. Die Anti-Körper, die sich dabei ausbilden, stärken das Immunsystem und bewahren das System davor zu kollabieren, wenn der Ernstfall eintritt. Innovationsfähig sind Organisationen immer dann, wenn sie Wege für eine systematische, zielgerichtete, d. h. routinierte Form der Bewältigung von Störungen etabliert haben.

Das Repertoire der Möglichkeiten, mit Störungen umzugehen, umfasst im Grunde drei Optionen. Man kann sie ignorieren, was nur bedingt empfehlenswert ist, weil dadurch ein Blindflug eingeleitet wird, der die Organisation gerade in Turbulenzen sehr verwundbar macht. Man kann jede von ihnen einzeln abarbeiten, was in stabilen Umwelten/Märkten eine Option sein mag, in volatilen Zusammenhängen jedoch das Risiko der Verausgabung nach sich zieht (die Erschöpfung vieler Großkonzerne, die in manchen Fällen fast schon an ein Burn-Out grenzt, darf hier als beredtes Zeugnis gelten). Oder man kann die einzelnen Störungen sammeln, kollektiv auswerten, analysieren, miteinander abgleichen und daraus neue Handlungsmöglichkeiten ableiten. Die letzte Option scheint uns diejenige zu sein, die Organisationen am ehesten sowohl vor dem Wärmetod der aktionistischen Überhitzung als auch dem Kältetod infolge einer Erstarrung in eigenen Routinen bewahren kann.

6.1.2 Wo kommen all die Störungen her?

Das überraschende an Überraschungen ist, dass sie sich nicht ankündigen. Unerwartetes passiert. Je mehr man sich darauf versteift, das bestimmte Spielzüge nur aus einer Richtung kommen können, desto unachtsamer wird man für die anderen 270 Grad des Betrachtungswinkels. An dieser Stelle daher einige grundsätzliche Hinweise, die die unterschiedlichen Störungsquellen von Organisationen erläutern. Aus welchen Bereichen können solche überraschenden Störungen überhaupt kommen?

Es versteht sich von selbst, dass es unterschiedliche Störquellen für Organisation gibt. Ebenfalls deutlich geworden sein sollte, dass jede Organisation ihre eigene Tradition und Gewohnheiten entwickelt hat, wie sie sich von ihren relevanten Umwelt stören und irritieren lässt. Die hauptsächlichen Störungsanlässe lassen sich in fünf Kategorien unterteilen, die wir der Reihe nach durchgehen wollen. Wichtig ist es zunächst auch festzuhalten, dass keine dieser Kategorien besser oder schlechter ist. Sie sind schlicht geprägt durch die spezifische Sichtweise einer Organisation auf das Phänomen der Innovation: Handelt es sich etwa eher um eine technologiegetriebene Dynamik oder werden die jeweiligen Entwicklungen der angestammten Heimatmärkte als Treiber angesehen? In jeder Organisation gibt es also implizite Annahmen, aus welcher Richtung Veränderungsimpulse zu erwarten sind. Diese (historisch geleitete) Wahl der Beobachtungsrichtung hinterlässt natürlich einerseits in der Organisation ihre Spuren, sei es durch etablierte Organisationsstrukturen und -prozesse, entsprechende Entscheidungswege oder die Kopplung mit spezifischen Partnern, Kunden, Märkten etc. Andererseits entstehen quasi im toten Winkel dieses Such- und Aufmerksamkeitsraums die blinden Flecken einer jeden Entscheidung. Sie sind die Achillesferse einer Organisation, wenn es um das Überleben in turbulenten Umwelten geht. Man

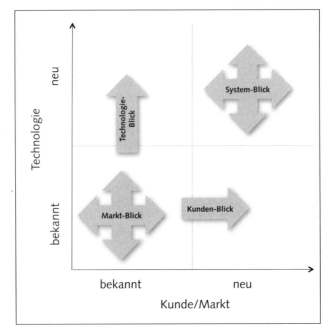

Abb. 6: Die unterschiedlichen Störungsdimensionen

kann seine Augen nicht überall haben – aber unter den Bedingungen eines rapide zunehmenden Veränderungsdrucks ist es durchaus nützlich, sich die eigene, in der Regel unhinterfragte Ausrichtung auf bestimmte Störsignale transparent zu machen, um so den eigenen Beobachtungsraum gemäß den Umweltanforderungen immer wieder neu einstellen zu können. Um ein anderes Bild zu bemühen: Man vermeidet dadurch, verlegte Schlüssel immer dort zu suchen, wo gerade Licht ist.

Die Grafik in Abbildung 6 gibt einen ersten Überblick über die unterschiedlichen Störungsdimensionen. Schauen wir uns im Folgenden die einzelnen Dimensionen etwas genauer an.

A) Technologie-Dimension: »Neue Technologie sucht Problem«

Organisationen mit einem technologieorientierten Fokus stützen ihre Vorreiterstellung auf die eigenen technologischen Errungenschaften und Entwicklungen. Innovationsmanagment wird dort zumeist als Technologiemanagement verstanden (Hauschildt 2004), d. h. als das Managen von Forschung und Entwicklung. Das zugrundeliegende Verständnis ist geprägt von der Idee eines »Technology Push«: Innovationen werden demnach durch technische Erfindungen und nicht von einer Marktdynamik getrieben. Dies entspricht über weite Strecken dem traditionellen Verständnis von Innovation, der sogenannten »Closed Innovation«, auf die wir in Kapitel 3 bereits kurz eingegangen sind. Die Richtung der Innovationen und ihre weitere Bearbeitung im Organisationskontext wird bestimmt durch die technologischen Möglichkeiten, die damit verknüpft sind. Zwar werden bahnbrechende Innovationen genauso angestrebt wie inkrementelle Verbesserungen bestehender Möglichkeiten, die letzteren sind jedoch die Regel. Die treibende Kraft dabei ist der eigene F&E-Bereich, dessen Hauptaufgabe darin liegt, vorhandene technologische Kompetenzen zu nutzen (und über entsprechende Regelungen das geistige Eigentum auch zu schützen), um bis dato unartikulierte, aber technologisch machbare Kundenwünsche zu adressieren. Bei der Entwicklung neuer Technologien wird zwar die Stimme der Kunden zur Kenntnis genommen, entscheidungsrelevant sind jedoch im Normalfall die Rahmenbedingungen der Technologie. Das Ergebnis sind oft Produkte, von denen der Kunde gar nicht geahnt hat, dass er sie brauchen könnte. Das bekannte Zitat des amerikanischen Autobauers Henry Ford illustriert diese Haltung treffend: »Wenn ich die Menschen gefragt hätte, was sie wollen, hätten sie gesagt: schnellere Pferde«.

Was sind nun die dazugehörigen Störquellen dieser Blickrichtung? Zum einen ist dies das Know-how der eigenen Mitarbeiter und Mitarbeiterinnen, die als technologische Experten Innovationsimpulse in die Organisation tragen. Neben dem Wissen über die entsprechenden Technologien und ihre Möglichkeiten ist die systematische Auseinandersetzung mit zukünftigen Trends und möglichen Zukunftsszenarien wichtiger Input, um die existierenden Technologien in neuem Licht zu sehen und so neue Entwicklungsideen zu generieren. So verwendet etwa die Siemens AG rund 5 % des F&E-Budgets für die Entwicklung nachhaltiger Langzeitstrategien für Technologien (Jaruzelski/Dehoff 2010). Neben der Entwicklung von Technologie-Roadmaps für die unterschiedlichen Geschäftsbereiche und einem darauf abgestimmten Kompetenzmanagement gehören dazu umfassende Analysen von potenziellen Zukunftsszenarios und relevanten Technologietrends. Aufgrund der Komplexität der Produkte müssen technologieorientierte Unternehmen besonderes Augenmerk auf den Bereich der Vermarktung legen. Da es sich oft um Business-Lösungen handelt, die gar nicht an den Endkunden adressiert sind (»B2B-Lösungen«), sind in der Vertriebskette unterschiedliche Parteien involviert. In der Regel entscheidet also nicht ein Kunde, ob ein Produkt auf den Markt kommt, sondern Großhändler oder Lieferanten, deren Aufmerksamkeit gegenüber einer Technologie stark von der damit möglichen Profitmarge getrieben ist.

B) Markt-Dimension: »Hauptsache besser als die Anderen«

Organisationen mit einem Fokus auf den Markt konzentrieren sich schwerpunktmäßig auf inkrementelle Verbesserungen bereits etablierter Produkte und Services sowie entsprechende Prozessinnovationen. Sie umschiffen damit einen Großteil der hohen und riskanten Anfangskosten für F&E, minimieren die schwer berechenbaren Markteintrittskosten und überzeugen durch Preis, Qualität oder exzellenten Service. Der Computerhändler Dell ist mit seinem Internet-basierten Servicemodell ein klassisches Beispiel für diese Blickrichtung. Solche marktorientierten Organisationen verlieren die Kundenbedürfnisse nicht aus dem Blick, betrachten diese aber nicht als primäre Quelle für Innovationen. Stattdessen werden die jeweiligen Wettbewerber genau beobachtet.

Der primäre Fokus von marktorientierten Organisationen liegt auf der Entwicklung von Variationen bestehender Produkte, die den Kunden durch ein Zusatzfeature, höhere Qualität oder einen niedrigeren Preis überzeugen. Darum verfügen diese Organisation über gute Kenntnisse in Sachen Markt und Wettbewerber: Dieses Wissen hilft ihnen, um potenzielle Wettbewerbsvorteile schnell zu identifizieren. Sie beobachten die Technologietrends genau und konzentrieren sich darauf, dort Entwicklungen mit hoher Marktrelevanz zu identifizieren. Auf der Basis detaillierter Wettbewerberanalysen werden potenzielle Innovationsvorhaben abgewogen. Da das Zeitfenster zur Einführung inkrementeller Verbesserung meist sehr klein ist, wird die sogenannte »Time to market« zum entscheidenden Erfolgsfaktor. Effiziente Produktions- und Vertriebsprozesse sowie eine hohe Produktqualität sind daher ein wichtiges Asset. Diese Organisationen haben durch gegenseitige Benchmarks und/oder umfassende Wettbewerberanalysen gelernt, schnell voneinander zu lernen. Als eine Folge davon sind sich diese Organisationen strukturell immer ähnlich und bewegen sich mehr und in einer Gesamtpopulation (Baecker 2007), in der Best Practices sofort aufgegriffen und kopiert werden. Durch die neuen Kommunikationstechnologien sind die Möglichkeiten, sich gegenseitig zu beobachten, deutlich größer geworden. Für diese Organisationen wird die Herausforderung immer größer, kontinuierlich neue Marktlücken zu finden, die sich mit inkrementellen Verbesserungen ausbeuten lassen. Obwohl die neuen technologischen Möglichkeiten (Stichwort »Business Intelligence«, »Web 2.0«) den Unternehmen erweiterte Spielräume bieten, um die Entwicklung ihrer Wettbewerber und ihrer Märkte zu verfolgen, hat sich der Aufwand für die Bewältigung dieser Aufgabe sicher nicht reduziert.

C) Kunden-Dimension: »Was sagt Frau Miriam dazu?«

Organisationen mit einem ausgeprägten Kundenfokus sind in der Regel hoch innovative, schnell agierende Firmen, die als erste mit einer neuen Technologie, einer neuen Anwendung oder einem neuen Geschäftsmodell auf den (oft Nischen-)Markt drängen. Ihr Ziel ist es, noch schlummernde Kundenbedürfnisse so frühzeitig wie möglich zu identifizieren. Aus diesem Grund binden sie ihre aktuellen Kunden sowie potenzielle Neukunden aktiv in den Ideenprozess zur Entwicklung neuer Produkte und Services mit ein – dies ist eine der vielen »Open Innovation«-Spielarten, auf die wir noch ausführlicher zu sprechen kommen. Da dieses fundierte Wissen über die Bedürfnisse der Kunden einen Großteil des Wettbewerbsvorteils ausmacht, verfügen kundenorientierte Organisationen über ausgeprägte Fertigkeiten und Kompetenzen, um Kundenbedürfnisse zu analysieren. Um sich ihre Flexibilität zu bewahren, haben kundenorientierte Organisationen in der Regel ein hinreichend tiefes Verständnis über den aktuellen Stand der Technologie und bringen eine hohe Bereitschaft mit, bei neuen Entwicklungen sofort mit aufzuspringen. Der Innovationsgrad ist meist sehr hoch, somit kommt der Auswahl der Projekte sowie dem Risikomanagement eine besondere Bedeutung zu. Die Verantwortlichen müssen die Fortsetzung eines einmal ausgewählten Innovationsprojekts immer wieder neu hinterfragen: Wie groß schätzen wir heute die Geschäftsmöglichkeit ein? Wie groß ist die Kundengruppe, die wir ansprechen wollen? Welcher Faktor macht unser Produkt wertvoller als andere? Wo sind die größten technologischen Risiken? Aus welchen Gründen kann das Projekt scheitern?

D) Netzwerk-Dimension: »Niemand ist eine Insel«
Insbesondere bei radikalen Innovationen, die die Spielregeln ganzer Branchen auf den Kopf stellen, sind die Risiken immens. Solche Innovationen jenseits eines einzelnen Marktes oder einer bestimmten Technologie erschüttern die Grundfeste von Organisationen. Da sie ganze Wertschöpfungsketten tangieren, übersteigen sie oft die Kapazitäten einer einzelnen Organisation. Diese Innovationen werden daher weniger alleine realisiert, sondern vielmehr im Zusammenspiel mit anderen Partnern. Wir sprechen in diesem Fall von »Netzwerk-Innovationen« und haben es hier u. a. auch mit einer der wichtigsten Domänen des fremdfinanzierten Innovierens zu tun. Zahlreiche Beispiele machen deutlich, was damit gemeint ist: von der Erfindung der Kreditkarten als Innovation des Zahlungsverkehrs über die Entwicklung von Scanner-Kassen als Innovation des Einzelhandels. Das Elektroauto hat eine ähnliche Dimensionierung: Soll es erfolgreich umgesetzt werden, erfordert dies den gesamten Umbau der traditionellen Wertschöpfungskette individueller Mobilität. Von der Tankstelle angefangen über die Steuerung von Verkehrsflüssen bis hin zur Produktion entsprechend leistungsfähiger Batterietechnologien: soll das Problem der individuellen Mobilität damit gelöst werden, bleibt hier kein Stein auf dem anderen. Auch aus anderen Bereichen lassen sich Beispiele aufzählen: sei es die personalisierte Medizin als Innovation der Gesundheitsversorgung oder das Leasing als Innovation der Investitionsfinanzierung – alle diese Beispiele haben gemeinsam, dass sie nicht von einer Organisation alleine entwickelt und umgesetzt werden können. Hier bekommt die intelligente Kooperation mit Dritten und ein entsprechendes Schnittstellenmanagement eine immens hohe Bedeutung. Wer die traditionellen Premiumhersteller der Automobilbranche dabei beobachtet hat, wie sie als erfolgsverwöhnte Platzhirsche ihre ersten Kooperationsschritte mit zum Teil deutlich kleineren Partnern eingeübt haben, weiß wovon wir sprechen. Der Gedanke, sich dabei einer Netzwerklogik zu unterwerfen, in nur der steuern kann, der sich selbst steuern lässt, entspricht sichtlich nicht dem über lange Jahre gepflegten Selbstbild des Spielmachers, der es gewohnt ist, seine Bedingungen umstandslos durchzusetzen. Mit der steigenden Zahl der Kooperationspartner werden wie wir bereits aufgezeigt haben aus straffen, vertraglich präzise geregelten Kooperationen lose gekoppelte Systeme. Damit geht natürlich auch eine Änderung der relevanten Störgrößen einher. Das Netzwerk selbst und mögliche Partner darin werden zum Fokus der eigenen Beobachtung: Mit wem können wir was machen, und wer macht was mit wem? Gibt es zum Beispiel Standardisierungstendenzen zum Thema XY? Welche Standards laufen Gefahr, sich durchzusetzen bzw. sind wir bei den

wichtigsten Konsortien dabei, die über entsprechende Definitionen der Schnittstellen entscheiden? Wer unterstützt Bluetooth 2.0, wer arbeitet mit wem am Nachfolger der USB-Schnittstelle? Warum ignoriert Apple so offensichtlich die Blu-Ray-Initiative und setzt stattdessen auf Streaming-Dienste? Fragen über Fragen, die in dem Geflecht wechselseitiger Abhängigkeiten einer kaum kontrollierbaren Innovationsökologie schnell existenzielle Dimensionen annehmen.

Innovationsökologien

Netzwerke, wohin man also blickt – sieht so die Zukunft der relevanten Störungsquellen von Organisationen aus? Verstehen wir gemeinsam mit Harrison C. White unter einem Netzwerk ein Cluster aus heterogenen Elementen (Organisation, Geschichten, Personen, Kapitalformen, Marktbedürfnissen) (White 2008), das sich für eine begrenzte Zeit im Rahmen von Kontrollprojekten zusammengefunden hat, wird zweierlei deutlich: Netzwerke sind keine neue Erfindung der Postmoderne, sie werden auch nicht »gemacht«, sondern können bestenfalls explizit gemacht werden, was dann sofort zu neuen Optionen in der Kombination der Menge der Netzwerkteilnehmer führt, da man dadurch Wahlmöglichkeiten hat, die vorher nicht beobachtet werden konnten. Insofern ist davon auszugehen, dass Organisationen über entsprechende Routinen im Umgang mit diesen Dynamiken verfügen. Überdies wird die Notwendigkeit ihrer Existenz – bei aller Popularität des Netzwerkkonzepts und der sicher zunehmenden Bedeutung solcher kompetitiven Kooperationsformen – wohl kaum infrage gestellt. Entstanden als Antwort auf die Folgeprobleme der Umstellung einer hochgradig stratifizierten Gesellschaft auf das Prinzip der funktionalen Differenzierung (Luhmann 1998), erfüllen Organisationen bis heute zentrale Aufgaben für das Funktionieren unserer Weltgesellschaft. Bei allen aufmerksamen Hinweisen auf die Umbrüche, die unsere Gesellschaft in der Folge des Wechsels vom Leitmedium Schrift zu einer netzwerkorientierten Kommunikation unter Computern in ein neues Zeitalter führen werden, ist abzusehen, dass sich ein solcher Wechsel zwar schneller abzeichnen wird als dies so manchem Genießer ordentlicher Verhältnisse lieb sein dürfte, dass Organisationen jedoch weiterhin und trotz der hohen Folgekosten, die sie auslösen, ihre Daseinsberechtigung haben werden (Baecker 2007). Anders als bisher organisiert, aber immerhin als Organisation klar identifizierbar.

6.1.3 Der Umgang mit den Störungen von morgen

Natürlich wagt ein Störungsmanagement, das seinen Namen verdient, auch einen Blick in die Zukunft. Und läuft dabei prompt in eine Zeitparadoxie: Die Zukunft ist und bleibt ungewiss, darum kann heute nicht entschieden werden, welche Störungen in Zukunft relevant sein werden. Trotzdem muss man in der Gegenwart entsprechende Vorbereitungen treffen und umfangreiche Investitionen in Zukunftstechnologien, wie z. B. Glasfieber in der Telekommunikationsbranche, tätigen. Die Gefahr bleibt allerdings, dass sich die Dinge in Zukunft anders entwickeln als geplant.
Um diese Gefahr in ein Risiko zu verwandeln, d. h. zu einem Kalkül, mit dem man rechnen kann, zu machen, gibt es eine Vielzahl sogenannter »Foresight-Methoden«, mit denen Organisation sich dabei unterstützen, sich systematisch mit ihrer Zukunft (und der ihrer Branche) auseinander zu setzen. Die Gefahr solcher Methoden ist eine

ähnliche wie bei allen Planungsabsichten und Szenarioentwürfen: Solange man den Plan nicht mit der Wirklichkeit verwechselt, ist man auf der sicheren Seite. Bezogen auf die Auseinandersetzung mit der eigenen Zukunft ist also darauf zu achten, dass solche Foresight-Methoden regelmäßig aktualisiert werden, damit man einschätzen kann, wie viel die Zukunftsprognose noch mit den Prämissen ihrer Ausgangsbedingungen zu tun hat. Werden solche Methoden in Organisationen entsprechend bedacht eingesetzt, etwa als Grundlage oder Input für eine gemeinsame Reflexion der Chancen und Risiken wahrscheinlicher Zukunftsszenarien, können sie einen wertvollen Beitrag sowohl zur Aufmerksamkeitsfokussierung als auch zu dem daran anschließenden Risikomanagement leisten.

Eine solche Erforschung von Trends und Megatrends ist für Unternehmen das einzige Mittel, um laufende gesellschaftliche Entwicklungen besser zu erfassen und daraus mögliche neue Problemdefinitionen zu generieren, die dann die Voraussetzung für (lukrative) Geschäfte sind. Wie bei allen Innovationen ist und bleibt dies ein riskantes Spiel. Auch wenn beispielsweise die Tatsache einer »Aging Workforce« im Speziellen und einer zunehmend älter werdenden Gesamtbevölkerung im Allgemeinen keine neue Information (mehr) ist, so bleibt dennoch unklar, welche Bedürfnisse eine Generation 60+ in Zukunft haben wird und welche Märkte dadurch wie betroffen sein werden. Gerade technologie- und wissensbasierte Innovationen haben in der Regel eine lange Vorlaufzeit. Entsprechend früh müssen die ersten Weichenstellungen vorgenommen werden, um dann in regelmäßigen Abständen nachjustiert zu werden. Es ist leicht einzusehen, welch wichtige Rolle dabei die Analyse langfristiger Trends spielt, die – vor allem wenn sie nicht mit einem großen Knall, sondern eher schleichend daherkommen – von großen Organisationen nur schwer wahrzunehmen sind. Vor allem bei den sogenannten »leisen Trends« ist es für Organisationen nicht einfach, entsprechende Maßnahmen zu ergreifen. Hier verhalten sich Organisation ähnlich wie ein Frosch im Wasser: Erhitzt man das Wasser nur langsam, wird der Frosch so lange nichts merken, bis es zu spät ist. Wirft man den Frosch aber in das bereits heiße Wasser, so wird er sofort alles daran setzen, wieder heraus zu hüpfen. Entsprechende Kräfte zu mobilisieren um eine Krise zu überwinden, ist für Organisationen immer eine leichtere Übung als schleichende Veränderungen angemessen zu adressieren.

Der Aufwand, der in solchen Studien getrieben wird, ist zum Teil beeindruckend (vgl. die Ausarbeitungen der Siemens AG zu den sogenannten »Pictures of the Future«, abrufbar unter http://www.siemens.com/innovation/apps/pof_microsite/_pof-spring-2011/_html_de/index.html). Bei all der zu verarbeitenden Komplexität ist die Grundfrage all dieser Zukunftsmethoden recht einfach: Wie stelle ich mir die Welt in 3, 5, 10 oder 20 Jahren vor? Und welche Konsequenzen hat dies für die Entscheidungen von heute? Durch das aktive Durchspielen solcher Szenarien und die Imagination möglicher Alternativen wird ein aktiver Umgang mit potenziellen Störungen unterstützt. Gelingt es auch hier, einen kontinuierlichen Analyseprozess zu etablieren, so entwickelt eine Organisation eine entsprechende Sensibilität für die Wahrnehmung und effiziente Verarbeitung von Störungen, die noch nicht sind, aber sein werden.

6.1.4 Konkrete Arbeitsschritte: Scoping und Scanning

Wenn die Zukunftsfähigkeit einer Organisation von der reflektierten Balance zwischen Neuem und Altem plus einem Quantum Glück abhängt, wie dies u. a. Jim Collins in seiner lesenswerten Studie zu »Uncertainty, Chaos, and Luck« ausgeführt hat (Collins/Hansen 2011), dann ist der Aufbau von Routinen zur systematischen Beobachtung relevanter (gegenwärtiger wie zukünftiger) Umwelten ein probates Mittel, um die eigene Überraschungsfähigkeit angemessen zu steigern. Das hier vorgestellte Störungsmanagement markiert den Umstieg von einem »schneller Innovieren« zu einem »klüger Innovieren«, indem es auf die Steigerung der Innovationsfähigkeit von Organisationen abzielt. Welche konkreten Arbeitsschritte sind nun bei der Gestaltung dieses Störungsmanagements zu leisten? Die folgende Grafik gibt einen Überblick über die entsprechenden Tätigkeiten (vgl. Abbildung 7):

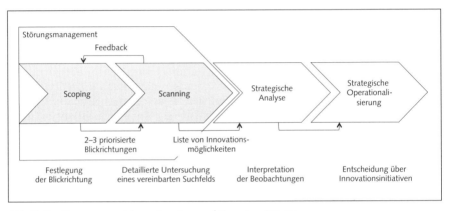

Abb. 7: Das Zusammenspiel von Scoping- und Scanning-Prozess

Im Mittelpunkt stehen hier die beiden Begriffe des »Scoping« und »Scanning« (Day/Schoemaker 2006). Während die dazugehörigen Werkzeuge im letzten Abschnitt dieses Kapitels detaillierter beschrieben werden, geht es hier zunächst um die Markierung des Unterschieds zwischen beiden Instrumenten. Unter »Scoping« verstehen wir die Festlegung eines spezifischen Blickfelds, das »Scanning« ist dann die eigentliche Exploration dieses Feldes. Organisationen tun gut daran, diese Unterscheidung zwischen »wo wollen wir hinschauen« und »was können wir dort sehen« aufrechtzuerhalten, um nicht ständig zwischen beiden zu oszillieren. Trotzdem sind beide Aspekte natürlich im Rahmen einer kontinuierlichen Feedback-Schleife eng miteinander verwoben und beeinflussen sich gegenseitig. Die Auswahl einer bestimmten Beobachtungsperspektive ist daher eher als eine Art Provisorium zu verstehen: In dem Augenblick, in dem neue Informationen zu schwachen, aber relevanten Signalen vorliegen, wird auch der Suchraum überprüft und gegebenenfalls nachjustiert werden müssen.

Da es bei der Festlegung eines definierten Scopes um die Sensibilisierung gegenüber Unerwartetem geht, muss der strategische Suchraum einer Organisation breiter sein als die Auseinandersetzung mit bestehenden Störungsquellen (vgl. Abbildung 8). Mit diesem peripheren Blick achtet eine Organisationen auf Irritationen, die quasi nur

»aus den Augenwinkeln« heraus wahrgenommen werden können. Im Normalbetrieb des alltäglichen Geschäfts sollte diese Perspektive möglichst keine Rolle spielen, um die eigene Produktivität nicht zu gefährden. All das ist leichter gesagt als getan: je unsicherer die eigenen Umwelten sind, desto unspezifischer muss der Blick nach außen gerichtet sein. Da man in solchen Verhältnissen buchstäblich »mit allem rechnen muss«, werden organisationale Entscheidungen zum jeweiligen Scope nur eine geringe Halbwertszeit haben. Hier wird man auf eine pragmatische Lösung setzen müssen, die von Organisation zu Organisation unterschiedlich ausfallen wird. Beim Scanning hingegen geht es um die gezielte Suche nach potenziellen Störgrößen bzw. die Interpretation von Signalen, die daraus überhaupt erst eine Störungen werden lassen.

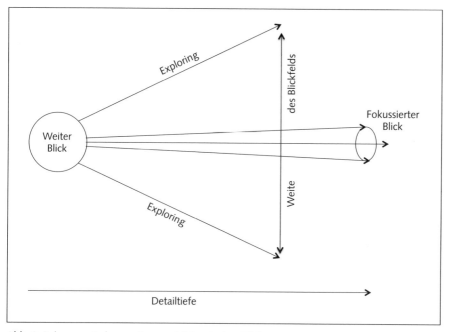

Abb. 8: Balance zwischen weitem und fokussiertem Blick

Um aus dem beständigen Hintergrundrauschen der Umwelt überhaupt erst einmal sinnvolle Informationen selektieren zu können, braucht es eine Einschätzung zu deren Relevanz für das eigene Geschäft. Hier ist vor allem das Topmanagement von Organisationen gefragt, dessen wichtigste Aufgabe in der Übersetzungsleistung solcher Signale in das Innenspiel ihres Unternehmens besteht. Dieses strukturierte »Hereinholen« von (aktuellen, aber auch potenziellen) Störungen, die dann in der weiteren Bearbeitung die Grundlage für Innovationen sind, kann durch unterschiedliche Methoden unterstützt werden. Die wichtigsten davon finden sich am Ende dieses Kapitels. Eine der wie erwähnt aktuell intensiv diskutierten Vorgehensweisen, die »Open Innovation«, werden wir uns gleich noch näher anschauen. In seinem Kern besteht Störungsmanagement jedoch immer in der gezielten (Wieder-)Einführung von Unsicherheit in die jeweilige Organisation.

6.1.5 Open Innovation

Wie wir gesehen haben, geht es beim Störungsmanagement im Kern darum, Routinen für die Wahrnehmung von Umweltveränderungen zu entwickeln, im Rahmen einer »Schule der Wahrnehmung« mögliche blinde Flecke zu identifizieren und die Aufmerksamkeit für relevante, aber schwache Signale zu steigern. Die Herausforderung bei all dem liegt in der gezielten Auswahl von Relevanz und Dosis: Welche Störungssignale können Organisationen bedenkenlos ignorieren (weil die Beschäftigung mit ihnen sie von ihrer eigentlichen Arbeit abhält) – und mit welchen müssen sie rechnen, egal wie stark sie aktuell sind?

Die Relevanz dieser Überlegungen lässt sich nicht nur theoretisch ableiten, sondern auch empirisch belegen. Von 140 befragten Strategieverantwortlichen internationaler Organisationen gaben zwei Drittel der Befragten an, dass ihre Organisation innerhalb der letzten fünf Jahre von mindestens drei Ereignissen mit hohem Einfluss auf die eigene Wettbewerbssituation überrascht wurde (Day/Schoemaker 2005). Das Fazit solcher Untersuchungen: die meisten großen Organisationen haben einen klar fokussierten Blick und sind damit unsensibel gegenüber ungewohnten Perspektiven. Die Frage, wie sich solche Organisationen durch ein entsprechendes Training auf ein professionelles Störungsmanagement vorbereiten lassen, wird uns am Ende der drei Phasen der Innovationshelix beschäftigen, wenn es nämlich im letzten Arbeitsschritt um das Thema der Auswertung und Reflektion all dieser Innovationsaktivitäten geht, die mit dem Störungsmanagement ihren Anfang finden. Doch werfen wir zunächst einen Blick auf die aktuellen Entwicklungstrends, mit denen insbesondere große Organisationen versuchen, ihre Tendenz zur Selbstvergessenheit zu vergessen. Sony, Nokia, die Telekom, aber auch Unternehmen wie 3M, Bosch, Procter & Gamble und, nicht zu vergessen, Siemens sind hier nur einige der Namen, die es zu nennen gilt, wenn wir uns nun dem Thema »Open Innovation« zuwenden.

Unter »Open Innovation« (OI) verstehen wir zunächst einmal alle geordneten Versuche von Organisationen, ihre eigenen Störer (d. h. Kunden, Mitarbeiter, Wettbewerber, Lieferanten, Netzwerkpartner etc.) aktiv in die laufenden Innovationsprozesse mit einzubeziehen. Wir haben bereits weiter oben erwähnt, dass der Begriff »Open Innovation« auf die Arbeiten von Henry Chesbrough zurückgeht (Chesbrough 2006). Die Grundidee besteht in einer Öffnung des Innovationsprozesses von Organisationen und ist mit der Hoffnung verbunden, die jeweilige Außenwelt zur strategischen Vergrößerung des eigenen Innovationspotenzials aktiv zu nutzen. Wiederum befeuert durch die größer werdende Unsicherheit des eigenen Geschäfts, setzt man bei diesem Ansatz also darauf, sich relevante Impulse und Ideen von Außen zu holen, um die eigenen Innovationsprozesse zu beschleunigen. Der Gegenbegriff dazu ist die »Closed Innovation«, quasi die traditionelle Vorgehensweise eines Innovationsmanagements (vor allem in Großorganisationen), welches wie wir gesehen haben vor allem dadurch charakterisiert ist, dass es hauptsächlich in den dafür zuständigen Organisationseinheiten stattfindet (F&E) und der Organisation die volle Kontrolle über den Besitz von Ideen, Patenten, kurz über das »Intellectual Property« (IP), das geistige Eigentum also, garantiert.

In der Regel findet damit der gesamte Innovationsprozess innerhalb der Organisation statt: Von der Grundlagenforschung über die eigentliche Erfindung bis zur Kommerzialisierung von wissenschaftlichen Ergebnissen sind möglichst keinerlei externe Instanzen beteiligt. Sofern doch vereinzelte Kooperationen mit Universitäten oder

Forschungseinrichtungen stattfinden, unterliegen sie strengen Geheimhaltungsabkommen und stellen stets sicher, dass der Zugriff auf das dadurch gewonnene Wissen für das jeweilige Unternehmen uneingeschränkt verfügbar bleibt. In den letzten Jahren hat sich hier einiges getan – schon vor der Einführung des Begriffs »Open Innovation« haben Unternehmen ein großes Portfolio an Ansätzen zur Zusammenarbeit mit ihren relevanten Umwelten entwickelt. Dazu gehört u. a. die Vergabe von Forschungsprojekten an Universitäten und Forschungsinstitute, gemeinsame Co-Entwicklungen mehrerer Firmen, innovationsgetriebene Akquisitionen etc. Insofern ist die Frage durchaus berechtigt, ob der Ansatz der »Open Innovation« nicht alter Wein in neuen Schläuchen ist. Wir müssen diese Frage hier nicht beantworten; uns reicht für den Moment der Hinweis, dass durch die Vermarktung dieses Konzepts eine größere Aufmerksamkeit auf die Innovationsarbeit von Wertschöpfungs-Netzwerken gelenkt wurde, in denen die daran beteiligten Partner (implizit oder explizit) Wissen austauschen. Wir kennen aktuell keine große Organisation, bei der im Rahmen der laufenden Innovationsanstrengungen nicht über das Thema nachgedacht wird. Und mit der Weiterentwicklung der technologischen Möglichkeiten (Stichwort »Web 2.0«) haben sich für Organisationen wie bereits erwähnt weitere, durchaus faszinierende Möglichkeiten eröffnet, effizient und zielgesteuert mit ihren Außenwelten zu kommunizieren und dadurch mit einem externen Netzwerk von Innovationspartnern neue Formen der Kooperation zu etablieren.

Wenn in der Praxis von Organisationen trotzdem eine gewisse Ambivalenz zu beobachten ist, sich auf diesen Ansatz einzulassen, dann hängt dies meist mit dem Kontrollverlust zusammen, der eine notwendige Konsequenz aus und für die Arbeit in Netzwerken ist. Hier sind es insbesondere die hierarchischen Kommunikationsgepflogenheiten, die für Organisationen zwar ein konstituierendes Element darstellen, im netzwerkförmigen Zusammenspiel dann allerdings quer zur deren Arbeitslogik liegen. Wenn Netzwerke nicht von Macht- sondern von Kontrollprojekten dominiert werden, dann ist das durchaus ungewohntes Terrain für hierarchisch aufgebaute Organisationen. Die nahe Zukunft, so unsere Vermutung, wird geprägt sein von Hybridorganisationen, die – zwischen Markt und Hierarchie oszillierend – ihr Auskommen mit den unterschiedlichen Funktionslogiken suchen und dieses Oszillieren selbst als Innovationsquelle nutzen, vor allem wenn es um die Entwicklung neuer Geschäftsmodelle geht. Der Versuch, diesen Schwierigkeiten aus dem Weg zu gehen, in dem man eine Art Light-Variante des OI-Ansatzes fährt, d. h. eine solche Öffnung nicht in Netzwerkdynamiken denkt, sondern als simple Addition externer Ressourcen, wird durch die Funktionslogik von Organisationen selbst unterlaufen. Wir haben ja bereits gesehen, dass Organisationen auf eine Schließung gegenüber ihren Umwelten angewiesen sind, um die eigenen Komplexität hochfahren zu können. Setzt man in diesem Zusammenhang auf ein naives »Sesam, öffne dich«, dann verfügt jede Organisationen über ausreichend Immunschutz, um eine erfolgreiche Adaption der externen Ideen und Impulse nachhaltig zu verhindern. Einer der gängigen Mechanismen hierfür hört auf den Namen »Not invented here!«. Die Geschichte unzähliger schief gelaufener Akquisitionen und Unternehmenszusammenschlüsse zeigt dabei eindrücklich, welches Beharrungsvermögen wider jegliche ökonomische Vernunft Organisationen gerade in solchen Dingen aufbringen können (Krusche 2010).

6.1.6 Praktische Umsetzung der Open Innovation

Bei der praktischen Umsetzung dieses Ansatzes stellen sich für Organisationen zwei grundlegende Fragen, die sorgfältig durchdacht und beantwortet werden sollten, um das Risiko typischer Immunreaktionen so gering wie möglich zu halten.

Dies ist zum ersten die Frage nach dem Was: Welche Innovationsaktivitäten sollen Teil einer Open Innovation werden? Zum zweiten geht es um die Frage: Mit wem? Mit welchen Partnern möchte man sich auf dieses Unterfangen einlassen?

Für beide Fragen gibt es mittlerweile eine Vielzahl von Optionen: Es mangelt weder an unterschiedlichen Partnern (Universitäten, Lieferanten, Wettbewerber, Kunden, Forschungsinstitute, Behörden etc.) noch an gemeinsamen Aktivitäten (Ideengenerierung, Focus Groups, Challenges/Technolgy, Trends and Forecasts, Joint Research, Co-Development, Crowd Sourcing etc.). Sämtliche dieser Aktivitäten können entlang des gesamten Innovationsprozesses stattfinden: von der Ideengenerierung und Bewertung, über die Forschung und Entwicklung, das Design entsprechender Business-Modelle und Konzeptentwicklungen bis hin zu Produktion, Kommerzialisierung und Markteinführung sowie Logistik und Distribution. Jeder dieser Prozessschritte bietet Anlass und Gelegenheit, entsprechende Netzwerkaktivitäten aufzunehmen und damit einen Beitrag zur Open Innovation zu leisten. Die folgende Grafik bietet einen Überblick über die unterschiedlichen Gelegenheiten, sich als Organisation mit dem Paradigma der OI bekannt zu machen (vgl. Abbildung 9):

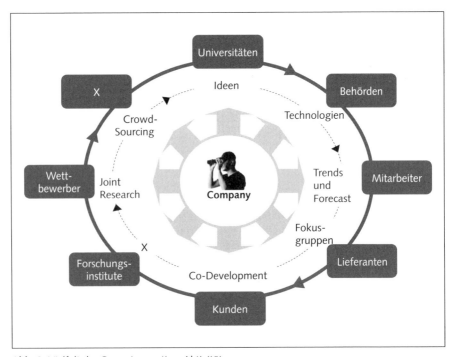

Abb. 9: Vielfalt der Open-Innovation-Aktivitäten

Wie auch immer die Kernaufgabe des Störungsmanagements letztendlich gelöst wird: ohne einen gezielten Umgang mit Irritationen, Unsicherheiten und Unerwartetem ist das Risiko von Organisationen beträchtlich, im Prozess ihrer Ko-Evolution von Entwicklungen so überrascht zu werden, dass sie keine Chance haben, mit entsprechenden Innovationen darauf zu reagieren und so ihr weiteres Überleben zu sichern. Nicht umsonst ist also der erste Arbeitsschritt der Innovationshelix der Einstieg in einen Prozess, mit dem Organisationen sich systematisch auf ihre eigene Zukunft vorbereiten. Um nichts anderes geht es, wenn wir von der »Innovationsfähigkeit« solcher Organisationen sprechen.

6.1.7 Toolbox: Scoping

Scoping	
Um was geht es?	Das Abstecken von spezifischen Ausschnitten aus relevanten Umwelten, in denen Organisationen gezielt nach Störungen suchen.
Herausforderung	Wird der Ausschnitt zu eng gewählt, werden Organisationen von Ereignissen außerhalb des Sichtfelds überrascht. Ist der Bereich zu unfokussiert, sind Organisationen mit der Bearbeitung von zu vielen Störungen überfordert.
Ziel und Ergebnis	Festlegung des Suchraums für Störungen. Das ist die Grundlage für den anschließenden, detaillierten Scanning-Prozess.
Wer und wann	Die Methode wird durch das Topmanagement initiiert, die Bearbeitung erfolgt in heterogenen Arbeitsgruppen. Die Methode hat präventiven Charakter, eine regelmäßige Durchführung ist ratsam.
Vorgehen	*Schritt 1: Festlegung der relevanten Blickrichtung (Scope)* Anhand von gezielten Leitfragen wird analysiert, wie eine Organisation in ihrer *Vergangenheit* mit »schwachen Signalen« umgegangen ist und wie sie es gegenwärtig tut. Durch das Antizipieren zukünftiger Entwicklungen rücken neue potenziell relevante Umwelten ins Blickfeld. *Schritt 2: Auswahl der wichtigsten Blickrichtungen* Es werden jene Blickrichtungen (ca. zwei bis drei) ausgewählt, die wertvolle Hinweise auf zukünftige Chancen und Risiken geben. *Schritt 3: Dokumentation und Auswertung der wichtigsten Blickrichtungen* Pro Blickrichtung werden Chancen und Risiken, die vermuteten neuen Innovationsmöglichkeiten sowie daraus folgende Empfehlungen dokumentiert.
Literatur	Day/Schoemaker 2006

6.1.8 Toolbox: Scanning

Scanning	
Um was geht es?	Eine detaillierte Betrachtung der während des Scopings gewählten Blickrichtungen.
Herausforderung	Offenheit: Sich von den Ergebnissen überraschen zu lassen (auch wenn das Verfahren regelmäßig durchgeführt wird). Rückbindung: Ohne die organisationale Rückbindung der Ergebnisse bleibt es bei neugierigen »Sneakpreviews«.
Ziele und Ergebnis	Konkrete Hinweise auf Veränderungen in der Umwelt, die für die Überlebenssicherung der Organisationen von Relevanz sind oder werden können.
Wer und wann	Scoping und Scanning sind eng miteinander verwoben. Beide Prozesse werden von den verantwortlichen Führungskräften gesteuert. Die Ergebnisse des Scannings geben Hinweise, ob der gewählte Scope vergrößert oder stärker fokussiert werden muss.
Vorgehen	*Schritt 1: Auswahl der Methoden* Es empfiehlt sich ein Mix aus unterschiedlichen Methoden. *Schritt 2: Abwägungen des Investments* Der erwartete Informationsgewinn wird in Relation zu dem zu investierenden Aufwand gesetzt. *Schritt 3: Commitment zur Durchführung* Klare Zuordnung von Ressourcen, Verantwortlichkeiten und der Kontrolle sowie Rückbindung der Ergebnisse. *Schritt 4: Implementierung als iterativer Prozess* Unterschiedliche Scanning-Strategien ermöglichen den Blick auf verschiedene Bereiche der Mikro-Umwelten: Blick nach Innen, Stimme des Marktes, Landschaft der Wettbewerber, Entwicklung von Technologien, Meinungsbilder und Multiplikatoren, gesellschaftliche Änderungen. Eine kontinuierliche Rückbindung an das Scoping muss sichergestellt sein.
Literatur	Day/Schoemaker 2006

6.1.9 Toolbox: Trendanalyse

Trendanalyse	
Um was geht es?	Die Analyse von Megatrends und Trends hilft Unternehmen, gesellschaftliche Entwicklungen und Veränderungen frühzeitig zu erfassen, um daraus Risiken für das bestehende Geschäft und Option für neue Geschäftsbereiche abzuleiten.
Herausforderung	Für Unternehmen sind schleichende Trends schwierig wahrzunehmen; selbst wenn sie erkannt werden, bleiben sie oft unbeachtet.
Ziele und Ergebnis	Zukunftsanalysen helfen der Organisation rechtzeitig die Weichen für Technologien und wissensbasierte Innovationen mit langer Vorlaufzeit zu stellen.
Wer und wann	Trendanalysen sind für alle Bereiche einer Organisation relevant. Um Doppelarbeit zu vermeiden, empfiehlt es sich, ein Kernteam für die Analyse der Trends einzurichten. Eine Trendanalyse sollte in regelmäßigen Abständen (z. B. einmal im Jahr) durchgeführt werden.
Vorgehen	*Schritt 1: Identifikation der relevanten Trends* Systematische Suche nach Trends im Makro- sowie Mikroumfeld des Unternehmens, Kategorisierung der Trends (z. B. Gesellschaft, Technologie, Markt) sowie Auswahl der für die Organisation relevantesten Themen. *Schritt 2: Analyse und Beschreibung der selegierten Trends* Analyse der Hintergründe, treibenden Kräfte und Grundlogik der ausgewählten Trends, Dokumentation in einem einheitlichen Format (Steckbrief). *Schritt 3: Stresstest* In einem Workshop mit Stakeholdern wird die Relevanz der identifizierten Schlüsseltrends interpretiert und es werden entsprechende Handlungskonsequenzen abgeleitet.
Literatur	Pillkahn 2007

6.1.10 Toolbox: Szenario-Technik

Szenario-Technik	
Um was geht es?	Entwickeln von alternativen Zukunftsszenarien. Organisationen können so Handlungsoptionen und Lösungsstrategien durchdenken. Auf Basis ausgewählter relevanter Einflussfaktoren werden alternative Entwicklungspfade identifiziert und beschrieben. Auf dieser Grundlage werden Chancen, Risiken und Implikationen abgeleitet, um so Entscheidungs- bzw. Gestaltungsoptionen zu ermitteln und Folgen möglicher (Nicht)-Handlungen zu analysieren.
Herausforderung	Durch die Arbeit an Zukunftsszenarien entsteht für die Organisation wertvolles strategisches Wissen. Damit das Wissen nicht nur in den Köpfen weniger bleibt, braucht es eine angemessene Kommunikationsstrategie.
Ziele und Ergebnis	Jedes Zukunftsszenario erzählt eine Geschichte, wie unterschiedliche Einflussgrößen unter bestimmten Voraussetzungen interagieren können. Diese Szenarien sind wichtiger Input für die Entwicklung von strategischen Innovationsfeldern.
Wer und wann	Zukunftsszenarien sind für alle Bereich einer Organisation relevant. Sie können für konkrete Anwendungsszenarien oder für einzelne Geschäftsfelder oder Produktgruppen erstellt werden. Für die Entwicklung von Szenarien und Organisation von Workshops wird ein Kernteam zusammengestellt. Ein interdisziplinärer Steuerkreis (Führungskräfte, Experten, Stakeholder) steuert den Prozess und wird bei den unterschiedlichen Arbeitsschritten eingebunden. Das Timing ist banchen-/technologiespezifisch, die Szenarien sollten jedoch regelmäßig aktualisiert werden.
Vorgehen	Zukunftsszenarien werden in zwei Phasen entwickelt: **Phase 1: Vorbereitung** (primär im Kernteam) *Schritt 1: Festlegung der Ausgangsfrage* Die Ausgangsfrage klärt, um was es geht bzw. was man herausbekommen möchte. Optimalerweise impliziert die Ausgangsfrage einen Bezug zu konkreten, anstehenden Entscheidungen. *Schritt 2: Identifikation möglicher Einflussfaktoren* Eine erste (oft lange) Liste möglicher Einflussfaktoren wird zusammengestellt und geclustert, um die relevantesten Einflussfaktoren zu ermitteln. *Schritt 3: Detaillierte Beschreibung der Einflussfaktoren* Für jeden Einflussfakor werden die unterschiedlichen Ausprägungen festgelegt, deren Eintrittswahrscheinlichkeit abgeschätzt und mögliche Auslöser identifiziert.

Szenario-Technik

Vorgehen	*Schritt 4 Entwicklung einer Szenario-Logik* Es werden jene zwei Dimension ausgewählt, die das Zukunftsszenario prägen sollen. Vergleiche das Beispiel in Abbildung 10: 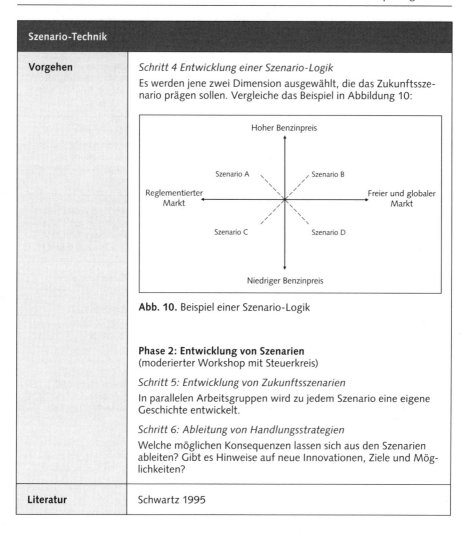 **Abb. 10.** Beispiel einer Szenario-Logik **Phase 2: Entwicklung von Szenarien** (moderierter Workshop mit Steuerkreis) *Schritt 5: Entwicklung von Zukunftsszenarien* In parallelen Arbeitsgruppen wird zu jedem Szenario eine eigene Geschichte entwickelt. *Schritt 6: Ableitung von Handlungsstrategien* Welche möglichen Konsequenzen lassen sich aus den Szenarien ableiten? Gibt es Hinweise auf neue Innovationen, Ziele und Möglichkeiten?
Literatur	Schwartz 1995

6.1.11 Toolbox: Open-Innovation-Prozess

Open-Innovation-Prozess

Um was geht es?	Open Innovation ist keine Methode im engeren Sinn, sondern bezeichnet ein Paradigma, das für die Öffnung des Innovationsprozesses steht: Es geht darum, mit welchen Partnern eine Organisation welche Innovationsaktivität durchführen möchte.

Open-Innovation-Prozess	
Herausforderung	»Not invented here«-Syndrom: Die Verankerung eines OI-Prozesses läuft in der Regel auf einen umfangreichen Veränderungsprozesses hinaus, bei dem die klassischen Stolpersteine zu umschiffen sind.
Ziele und Ergebnis	Eine Dramaturgie aus unterschiedlichen, einzelnen OI-Initiativen. Die Dramaturgie wird in einem eigenen Aktionsplan festgehalten. Ziel ist es, über die Zeit die relevanten Störfaktoren (Kunden, Mitarbeiter, Wettbewerber, Lieferanten etc.) aktiv in den Innovationsprozess mit einzubeziehen.
Wer und wann	Für die Implementierung eines OI-Prozesses wird ein Projektteam beauftragt, deren Auftrag es ist, das OI-Paradigma in der Organisation zu verankern. Je nach Phase des OI-Prozesses sind eine unterschiedliche Anzahl an Mitarbeitern an dem Projekt beteiligt.
Vorgehen	Eine Implementierung lässt sich grob in drei Phasen einteilen: **Phase 1: Konzeption und Einführung** *Schritt 1: Erstellung eines Open-Innovation-Konzepts* Das Projektteam erstellt eine Dramaturgie und einen Aktionsplan. Die Ausrichtung des Prozesses wird in einem Workshop mit dem Vorstand und Topmanagement abgestimmt. *Schritt 2: »Trockentraining«* Erste Prototypen werden entwickelt und evaluiert, mehr und mehr Mitarbeiter werden über das Projekt informiert; im Team findet ein kontinuierlicher Wissensaufbau über Methoden und Best-Practice-Lösungen statt. *Schritt 3: Umsetzung erster Pilotprojekte* Erste Pilotprojekte werden in kontrollierter Umgebung getestet. Resonanz und Feedback wird zur kontinuierlichen Verbesserung genutzt. *Schritt 4: Reflexion* Gemeinsames Innehalten im Managementteam, um aus den Erfahrungen zu lernen und die Richtung der nächsten Schritte anzupassen. **Phase 2: Konsolidierung** *Schritt 5: Kontinuierliche Weiterentwicklung* Planung und Umsetzung neuer OI-Initiativen, Aufbau und Entwicklung des internen und externen Netzwerks *Schritt 6: Interne und externe Kommunikation* Breite Information darüber, welchen Beitrag Mitarbeiter und Mitarbeiterinnen liefern können, bei Bedarf Coaching und Skill-Aufbau.

	Open-Innovation-Prozess
Vorgehen	*Schritt 7: Reflexion* Auszeit des Management-Teams, um über Metriken, Incentives und weitere Kommunikationsmaßnahmen zu entscheiden. Prüfung weiterer Möglichkeiten der Verknüpfung von OI mit dem bestehenden (Innovations-)Prozessen. **Phase 3: Einbettung** *Schritt 8: Netzwerkpflege* Kontinuierliche Entwicklung von internen und externen Netzwerken zum Wissensaustausch. *Schritt 9: Reflexion* Erneutes Innehalten, um über weitere Möglichkeiten der Verankerung des OI-Prozesses nachzudenken und diesbezüglich Entscheidungen zu treffen.
Literatur	Chesbrough 2006, Lackner/Krusche 2012

6.2 Arbeitsschritt 2: Strategische Analyse

Kommen wir nun zum zweiten Schritt der Innovationshelix. Nach dem Störungsmanagement geht es in diesem Schritt um eine Evaluation der dort entwickelten Innovationsfelder und den Abgleich mit der strategischen Ausrichtung der Gesamtorganisation sowie ihren bestehenden Kernkompetenzen. Das Ergebnis dieser Arbeit sind strategische Innovationsschwerpunkte. Da jede Organisation nur über begrenzte Ressourcen verfügt, muss sie die (strategische) Entscheidung treffen, welche der möglichen Innovationsfelder sie detaillierter entwickeln will und welche dieser Felder sie fallen lassen muss. Folgende Leitfragen sind in diesem Zusammenhang hilfreich:
- Wie viel Zeit und Freiheiten nehmen wir uns, uns im Sinne einer strategischen Ausrichtung neu zu definieren?
- Gibt es eine transparente Strategie, die uns eine Orientierung in der Ausrichtung der Innovationsaktivitäten gibt?
- Wie können wir die Informationen zu relevanten Störimpulsen strukturiert auswerten und sie in Bezug zu unserem Status Quo setzen?

6.2.1 Konzeptionelle Überlegungen

Die Fokussierung auf spezifische Innovationsschwerpunkte, die von einer Gesamtstrategie einer Organisation abgeleitet werden, scheint zunächst eine dieser Einsichten zu sein, die sofort und fraglos nachvollziehbar sind. Wirft man jedoch einen Blick auf die aktuelle Management-Literatur und in die Studien der großen Unternehmensberatun-

gen, wird recht schnell deutlich, dass das Thema Innovation zwar in praktisch allen internationalen Großunternehmen als Schlüsselfaktor für weiteres Wachstum angesehen wird, es dort aber weniger um eine sorgfältige Selektion von Innovationsschwerpunkten geht, sondern um ein generelles »Mehr« an Innovationen. »Innovate or die«, so eine prägnante Kurzformel für den Innovationsdruck, der auf Unternehmen lastet (Peters 1990), auf die wir in der Einführung bereits eingegangen sind. Nur jene Unternehmen – so die Argumentationslinie der großen Beratungshäuser und vieler Topmanager –, die aufmerksam die Dynamiken des globalen Geschehens im Blick behalten und sich entsprechend den Änderungen und Verschiebungen ihrer Märkte kontinuierlich neu positionieren, neue Nischenmärkte und Wachstumsfelder besetzen und auch keine Identitätskrise bekommen, wenn sie sich von ihren bis dahin erfolgreichen Produkten trennen müssen, können sich als aktiver und konkurrenzfähiger Player im weltweiten Wettbewerb positionieren. Wie es aussieht, läuft der Mainstream der Überlegungen zum Thema Innovation darauf hinaus, schlicht mehr zu innovieren und das auch noch möglichst schnell. Wie wir bereits gesehen haben, stehen Organisationen heute ohne Zweifel unter einem massiven Veränderungsdruck, der nicht zuletzt aufgrund der technologischen Entwicklungen weitgehend globalisierter Märkte und einer Dynamisierung des Wirtschaftsgeschehens ein historisch neues Ausmaß erreicht hat. Die Einsicht, dass die Stabilität der Verhältnisse nicht mehr als Grundkonstante des eigenen Handelns vorausgesetzt werden kann, ist spätestens seit den krisenhaften Entwicklungen der Weltwirtschaft nicht mehr von der Hand zu weisen. An die Stelle bewährter Rezepte und bekannter Prozedere rücken Rahmenbedingungen, die am besten mit dem aus der Militärsprache entlehnten Akronym VUCA beschrieben werden können (Johansen 2012):

V = Volatility. The nature and dynamics of change, and the nature and speed of change forces and change catalysts.
U = Uncertainty. The lack of predictability, the prospects for surprise, and the sense of awareness and understanding of issues and events.
C = Complexity. The multiplex of forces, the confounding of issues and the chaos and confusion that surround an organization.
A = Ambiguity. The haziness of reality, the potential for misreads, and the mixed meanings of conditions; cause-and-effect confusion.

Diese vier Elemente bestimmen in ihrem ursprünglichen Sprachgebrauch die Undurchschaubarkeit von Gefechtssituationen vor allem bei asymmetrischen Konfliktsituationen, etwa im Fall terroristischer Bedrohungen. Übertragen in den Kontext des Wirtschaftsgeschehens, definieren sie heute weitgehend das Umfeld von Unternehmen und führen so die eingespielte Rationalität von Planungsansätzen, Kausalattributionen und die Gewissheit in der Ergebniserwartung ad absurdum. Mit sogenannten »Hockeystick-Planungen« versucht man, sich hier und da noch über die Runden zu retten, aber mit jeder Verlängerung des Hockeyschlägers auf den entsprechenden Powerpoint-Charts schwindet in immer mehr Unternehmen die Hoffnung, dass sich die zukünftigen Verhältnisse wieder stabilisieren werden und endlich Ruhe eingekehrt in das Durcheinander laufend zu revidierender Pläne.

Radikale Wandlungsfähigkeit, chamäleonhafte Flexibilität, permanente Innovation – so naheliegend die als Anforderung formulierten Schlüsselfaktoren für die eigene Zukunftssicherung zunächst auch sein mögen, aktuelle Untersuchungsergebnisse sorgen hier für überraschende Einsichten. Wir haben bereits im Einführungskapitel erläutert, dass die beiden Managementforscher Morten T. Hansen und Jim Collins in ihrem Ende 2011 veröffentlichten Buch »Great by Choice« zu differenzierten Schlussfolgerungen bezüglich der vorherrschenden, durchweg positiven Aufladung des Innovationsbegriffs kommen. Anhand von ausführlichen empirischen Studien haben die beiden Autoren präzise herausgearbeitet, dass eine hohe Innovationsrate entgegen der weitverbreiteten Einschätzung nicht das zentrale Differenzierungsmerkmal erfolgreicher Überlebensstrategien von Unternehmen ist. Gerade überdurchschnittlich erfolgreiche Unternehmen sind in einem instabilen und turbulenten Marktumfeld in der Regel nicht die Innovationsführer.

Diese Ergebnisse der empirischen Forschung überraschen bei näherem Hinsehen nicht. Ist doch der Aufwand, den ein Unternehmen treiben muss, um als Innovationsführer am Markt zu bestehen nicht unbeträchtlich. Zu oft verhindert dieser Aufwand eine systematische Auseinandersetzung mit den Verwertungsmöglichkeiten einer Innovation, zu schnell werden diese Innovationen vom Wettbewerb kopiert, und oft genug bleiben dort aufgrund des geringeren Entwicklungsaufwands genügend Ressourcen übrig, um die Kopie unter Berücksichtigung erster Kundenrückmeldungen oder technischer Feinarbeit sogar noch zu verbessern. Die Risiken einer bedingungslosen Innovationsanstrengung sind in der Tat nicht von der Hand zu weisen und haben mittlerweile bei vielen Organisationen Eingang in die strategische Auseinandersetzung mit der eigenen Zukunft gefunden. So gehört etwa die explizite Taktik des »Fast Followers« zum Standard-Repertoire strategischer Optionen von Unternehmen, die sich – Parasiten gleich – auf die Ausbeutung von Innovationsvorsprüngen des Wettbewerbs spezialisiert haben. Vieles spricht also dafür, dass nicht die Menge oder Qualität von neuen Ideen der entscheidende Wettbewerbsvorteil sind, sondern ihr »Strategic Fit«, d. h. ihre Passung mit den bestehenden Kompetenzen und verfügbaren Ressourcen einer Organisation (Govindarajan/Trimble 2005).

In der Konsequenz läuft dies auf einen strategischen Umgang mit Innovationen hinaus. Dazu gehört etwa die Einteilung in erfolgswahrscheinliche und weniger erfolgswahrscheinliche Innovationsschwerpunkte, einer der Hauptschwerpunkte dieses Arbeitsschritts unserer Innovationshelix. Sind Innovationsaktivitäten nicht nur ein Lippenbekenntnis des verantwortlichen Managements, so müssten die jeweils chancenreichsten Innovationsmöglichkeiten mit den entsprechenden Ressourcen für die weitere Entwicklung ausgestattet werden. Da es den meisten Organisationen weitaus leichter fällt, Ideen zu generieren als diese mit den nötigen Ressourcen für eine Konkretisierung und Umsetzung auszustatten, ist die aufmerksame Bearbeitung der beiden nächsten Arbeitsschritte ein guter Test für die Ernsthaftigkeit der jeweiligen Innovationsbemühungen. Die Einsicht, dass insbesondere in Großkonzernen zwar viel diskutiert, abgewogen und geplant wird, dies jedoch in keiner Weise eine Garantie dafür ist, das solcherart Besprochenes auch tatsächlich zur Umsetzung kommt, hilft insbesondere den verantwortlichen Projektleitern bei der Einschätzung der Ernsthaftigkeit einzelner Innovationsaktivitäten. Wird ihnen seitens des Topmanagements kein Budget zugeordnet, kann man in der Regel davon ausgehen, dass es sich dann um die Inszenierung von Absichtserklärungen handelt (für deren geschickte Handhabung jede Organisation eigene Wege findet). Diese auf der Grundlage der aus dem Störungsmanagement gewonnenen Einsichten vorgenommene strategische Fokussierung ist die zweite Schlüsselstelle eines erfolgreichen systemischen Innovationsmanagements.

6.2.2 Ein strategischer Rahmen

Bevor wir auf die konkreten To do's in diesem Arbeitsschritt eingehen, halten wir für einen kurzen Moment inne, um einen Blick auf den hier verwendeten Begriff der »Strategie« zu werfen. Da es sich hier um keine Unbekannte im Bereich der Organisation und ihres Managements handelt, existieren entsprechend viele Auffassungen darüber, was den Funktionsumfang einer Strategie ausmacht. Ein Überblick über die unterschiedlichen Denkschulen der Strategieentwicklung zeigt, dass es sich im Grunde um eine Handvoll unterschiedlicher Grundverständnisse oder Lesarten handelt, die zwischen den beiden Polen »Top-Down« und »Bottom-Up« changieren (Mintzberg et al. 2005). Strategien werden also entweder stärker als Ansagen von oben oder eher als aus der täglichen Arbeit emergierende Orientierungen verstanden. Die für uns wesentliche Differenz liegt dabei jedoch zwischen einem rationalitätsgetriebenen Verständnis von Strategiearbeit, aus dem heraus Strategie als eine Art Plan für die Eroberung der Zukunft konzipiert wird, und einer systemisch geprägten Sichtweise, die sich respektvoll auf die Non-Trivialität von Organisationen beruft und Strategie dann konsequenterweise als einen kollektiven Prozess der Selbsterneuerung versteht, bei dem sich eine Organisation und ihre Führung periodisch mit ihrer eigenen Zukunft beschäftigt und daraus die wesentlichen Steuerungsimpulse gewinnt (Nagel/Wimmer 2002, Schreyögg 1984). Bei unseren Überlegungen stützen wir uns auf dieses systemische Grundverständnis von Strategie; die Gründe für die Unangemessenheit einer mechanistisch-trivialen Perspektive auf Organisationen und ihre Steuerung haben wir bereits zu Beginn dieses Buches dargelegt.

Gerade weil die eigene Zukunft immer unbekannt sein wird, sind Entscheidungen zu fällen, wie die Gegenwart gestaltet werden muss, um sich auf das Unbekannte bestmöglich einzustellen. Sowohl bezüglich der eigenen Umwelten als auch im Hinblick auf eine unbekannte Zukunft muss eine Organisation daher regelmäßige Updates ihrer Entscheidungen vornehmen. Da sich die Verhältnisse dauernd verändern (bzw. natürlich auch durch das Agieren der Organisation verändert werden), oder/und sich neue zukünftige Entwicklungen abzeichnen, müssen die Prämissen des eigenen Handelns auf den Prüfstand gestellt und gegebenenfalls nachjustiert werden. Und da es für solche Veränderungen außerhalb des eigenen Kontrollbereichs keine Agenda gibt, die mit dem Timing der Organisation abgestimmt wäre und auf deren aktuelle Befindlichkeiten Rücksicht nimmt, empfiehlt sich die Einrichtung einer turnusmäßigen Überprüfung der eigenen Annahmen. Dabei hat sich die folgende (zirkuläre) Vorgehenslogik bewährt:

- Lege zunächst die Richtung fest: Definiere strategische Innovationsziele, die die Organisation erreichen soll.
- Bewege dich in die Richtung dieser Ziele: Initiiere konkrete Initiativen, die die Organisation in die Nähe ihrer Innovationsziele bringen.

- Überprüfe die Richtung: Evaluiere, ob die produzierten Ergebnisse jene Resultate sind, die zu erwarten waren.
- Adjustiere die Richtung: Präzisiere auf dieser Basis das Innovationsziel und lege neue Initiativen fest.

Folgt man dieser Logik, dann kann man die Formulierung »strategische Innovationsfelder« als Vehikel verstehen, mit dem es einer Organisation möglich wird, gezielt und dosiert mehr und mehr über ihre relevanten Umwelten zu lernen. Akzeptiert die Organisation die Unsicherheit einer prinzipiell unbekannten Zukunft, dann ist es oft nur noch ein kleiner Schritt, bis sie auch einen effizienten Weg entwickelt damit umzugehen. In der Regel läuft dieser Schritt darauf hinaus, ein Spektrum möglicher Zukunftsentwürfe zu entwickeln, diese zu priorisieren, sich für die wahrscheinlichste Variante zu entscheiden und sich dann auf mögliche Konsequenzen daraus einzustellen. Da die damit einhergehende Orientierung nur dann eintritt, wenn alle Mitglieder der Organisation von diesen Festlegungen erfahren, sollte sichergestellt sein, dass alle Mitarbeiter und Mitarbeiterinnen zumindest davon erfahren. Besser noch ist natürlich die (partielle) Einbindung der Belegschaft in den Prozess der Strategieentwicklung selbst: Hat man etwas mitentwickelt, steigt die Wahrscheinlichkeit, dass man sich damit auch stärker identifiziert. Insgesamt verstehen wir »Strategie« als temporäre Richtungsfestlegung; es macht Sinn, dass der einmal eingeschlagene Kurs neu ausgerichtet wird, sobald neue Informationen und entsprechende Anhaltspunkte dies notwendig machen.

Eingebettet in einen solchen strategischen Gesamtrahmen, beleuchtet eine vor allem in Großunternehmen eigenständig herausgearbeitete Innovationsstrategie einen bestimmten Ausschnitt dieses Geschehens. Ihre Funktion lässt sich wie folgt beschreiben (Tidd et al. 1997):

- Eine Innovationsstrategie adressiert das *Was* der Innovation. Mit anderen Worten: es geht darum, sich immer wieder neu dafür zu entscheiden, die richtigen Dinge zu tun. Welche Innovationsprojekte wollen wir weiterführen und welche nicht?
- Eine Innovationsstrategie muss sich mit der Komplexität und den Veränderungen, inklusive der damit verbundenen beträchtlichen Unsicherheiten im Bereich der aktuellen und zukünftigen technologischen Entwicklungen, dem drohenden Wettbewerb sowie den Anforderungen der Märkte auseinandersetzen. Ein wichtiger Teil der Innovationsstrategie ist darauf ausgerichtet, stetig (neues) organisationsspezifisches Wissen dazu zu generieren.
- Eine Innovationsstrategie bietet den Rahmen, um relevantes Fachwissen im Bereich einzelner Technologien, Geschäftsfelder und Produktionsabteilungen zu erkennen und zu entwickeln.

Das Wissen über die strategische Ausrichtung der Gesamtorganisation wie auch der einzelnen Innovationsaktivitäten beeinflusst den Aufmerksamkeitsfokus der gesamten Organisation sowie die Art und Weise, wie wahrgenommene Störungen interpretiert werden. Es wird somit wahrscheinlicher, dass Informationen über Störungen und abweichende Impulse aus den relevanten Umwelten aus allen Ebenen in für die Organisation anschlussfähige Information übersetzt werden. Ein gutes Beispiel dafür ist der Servicetechniker, der im direkten Kundenkontakt immer wieder mit Wünschen konfrontiert wird, die in der Organisation so noch nicht aufgegriffen wurden. Gelingt es, diese Information über geeignete Kanäle in die relevanten Innovationsprozesse einzuspielen, entstehen neue Gelegenheiten, das bestehende Serviceangebot zu innovieren.

Im Idealfall sollte die strategische Ausrichtung der eigenen Innovationsaktivitäten mit der Gesamtstrategie abgeglichen werden und in der Organisation in Form einzelner strategischer Innovationsfelder vorliegen. Diese dienen als eine Art Container, um darin dann die entsprechenden Innovationsinitiativen zu implementieren. Gleichzeitig wird die Organisation in den strategisch festgelegten Innovationsräumen sensibler für die Erkennung von relevanten Störungen; diese »Korridore« dienen quasi als Orientierungsmarken, um die Aufmerksamkeit der Gesamtorganisation zu fokussieren. Sicherheitshalber sei jedoch an dieser Stelle noch einmal explizit daran erinnert, dass jede Organisation gut daran tut, auch Routinen für die Wahrnehmung von Störungen zu entwickeln, die außerhalb der von ihr definierten Innovationsfelder liegen.

Um diesen Idealzustand zu erreichen, muss sich eine Organisation oft mit typischen Herausforderungen auseinandersetzen. Drei davon lassen sich sofort benennen; wir haben sie in ganz unterschiedlichen Unternehmen beobachtet und gehen davon aus, dass sie – in unterschiedlicher Ausprägung natürlich – in jeder Organisation vorzufinden sind.

A) Verschiedene Spielarten der Strategieentwicklung

Je nach Organisationstyp und Geschichte haben Organisationen gänzlich unterschiedliche Formen entwickelt, mit den Implikationen eines Strategieprozesses umzugehen (Nagel/Wimmer 2002). Steht das strategische Know-how nur implizit zur Verfügung, etwa weil es nur im Kopf des Firmengründers existiert, dann ist die Reichweite einer strategischen Richtung naturgemäß begrenzt. Auch sind viele Missverständnisse vorprogrammiert, da man nur aus dem konkreten Handeln dieser einen Person Rückschlüsse ziehen kann, welche strategischen Handlungsfelder relevant sind und wie sie adressiert werden. Im Fall von Experten-gestützten Strategieprozessen muss sichergestellt werden, dass die von den Experten produzierten Informationen in der gesamten Organisation bekannt sind. Manchmal ist schlicht auch keine Strategie vorhanden: Ein Unternehmen – zum Beispiel ein junges Start-up – beschränkt sich darauf, einfach nur seinen Cashflow zu organisieren. Anders dagegen die elaborierte Form der Strategieentwicklung, bei der die Impulse aus dem Störungsmanagement systematisch in den Prozess der strategischen Fokussierung einfließen, um im Rahmen einer gemeinschaftlichen Führungsleistung mit Sinn und Konsequenzen versorgt zu werden. Die Einschränkungen, die sich aus jeder (!) dominanten Spielart ergeben, sollte beim Prozessieren der einzelnen Arbeitsschritte mit berücksichtigt werden. Nur so lassen sich die entsprechenden Aktivitäten dann auch tatsächlich in der spezifischen Organisationsrealität andocken.

B) Machtausübung

Ist die Auseinandersetzung um strategische Positionierungen überwiegend von opportunistischem Verhalten einzelner Diskussionsteilnehmer- und Teilnehmerinnen geprägt, dann schleicht sich rasch ein falscher Ton in die Strategiearbeit ein. Anstatt auf das Gesamtunternehmen bzw. die Schlüssigkeit einzelner Innovationsaktivitäten zu schauen, rücken eigene Karriereerwägungen und/oder Machtkämpfe einzelner Spieler in den Vordergrund. Die inhaltlichen Themen werden zur Munition für eine gänzlich andere Auseinandersetzung, bei der es dann nicht mehr um die Inhalte, sondern nur noch um ein Gewinnen oder Verlieren geht. Gerade in Großorganisationen, bei denen die Mitglieder viel Zeit für Innenpolitik haben, kann man diese Verzerrungen des strategischen Diskurses immer wieder gut beobachten. Bei diesen eher verdeckt laufenden taktischen Manövern helfen in der Regel nur externe Interventionen, die – mit allem Respekt vor der Funktionalität auch dieser Kommunikationsformen – auf die Konsequenzen hinweisen und bei der (gesichtswahrenden) Aufdeckung einzelner Spielzüge behilflich sind. Ohne eine gewisse Bereitschaft allerdings, sich mit dieser menschlichen, allzu menschlichen Dimension der Kooperation in Organisationen auseinanderzusetzen, wird es nicht gehen – hier hilft manchmal ein gewisser Druck von oben, manchmal auch die Not, die dann am Mann ist, wenn Ziele nicht erreicht werden und damit das Zahlenwerk gefährdet ist.

C) Zeitdruck

Findet ein solcher strategischer Abgleich nur einmal jährlich und unter großem Zeitdruck statt, dann ist die Wahrscheinlichkeit besonders groß, dass man dort versucht, kleine Ideen als große Würfe zu verkaufen. In einer hoch verdichteten Arena rücken dann an die Stelle ernsthafter Auseinandersetzungen verdeckte Stillhalteabkommen, bei denen man wechselseitig darauf achtet, keine Einschränkungen der eingespielten Handlungsspielräume zu riskieren. Die Folge sind höfliche Konversationen und eine gelungene Inszenierung gemeinsamer Interessen, die man auch als »Konsensfiktion« bezeichnen könnte. Spätestens im Alltag müssen dann die Mitarbeiter einzelner Abteilungen das ausbaden, was bei diesen Gelegenheiten tunlichst vermieden wurde: strukturell angelegte Zielkonflikte, Zuständigkeitsgerangel und groß angelegte Schlachten um knappe Ressourcen.

6.2.3 Praktische Umsetzung

Fassen wir die bisherigen Überlegungen zur strategischen Analyse kurz zusammen. Das Ziel dieses Arbeitsschritts ist es, immer wieder möglichst transparente und für alle Beteiligten nachvollziehbare Entscheidungen über strategische Innovationsfelder und deren Ressourcenausstattung zu treffen, die in der Konsequenz (auch) einen Lernprozess zu relevanten Innovationsaktivitäten in der Gesamtorganisation stimulieren. Je selbstverständlicher solche Entscheidungen getroffen, überprüft und gegebenenfalls revidiert werden, desto mehr Routine bekommt eine Organisation im Umgang mit dieser Form der Unsicherheitsabsorption. Mit anderen Worten: es ist nicht empfehlenswert, solche strategischen Entscheidungen dem Zufall zu überlassen. Empirische Untersuchungen haben gezeigt, dass Organisationen, die ihre Innovationsentscheidungen zufällig und gelegenheitsgetrieben treffen, auf Dauer deutlich schlechter performen als diejenigen, die dafür die entsprechenden Routinen etabliert haben (Tidd et al. 1997).

Wie nun könnte so ein routinierter Prozess der strategischen Analyse in der Praxis ausschauen? Um den Abgleich zwischen einzelnen Störimpulsen aus den Umwelten und der aktuellen Geschäftsstrategie zu leisten und daraus dann die entsprechenden strategischen Innovationsfelder zu entwickeln, die die Ziele der Geschäftsstrategie unterstützen, ist es notwendig, bei der strategischen Analyse selbst möglichst unterschiedliche Perspektiven zu kombinieren, um das Risiko von blinden Flecken zu verringern und einen umfassenden Blick auf notwendige Konsequenzen zu bekommen.

Dafür empfiehlt sich eine explizite und gemeinschaftliche (Führungs-)Arbeit an den strategischen Prämissen, wie sie im Kontext einer systemischen Strategieenwicklung vorgeschlagen wird. Das Ergebnis dieser Arbeit sind transparente Beschreibung und Bewertungskategorien für strategische Innovationsfelder im Sinne übergeordneter Entscheidungen über die laufenden Innovationsaktivitäten. Folgende Fragen sind dabei sinnvollerweise zu stellen:

- In welchen Geschäftsfeldern wollen wir in Zukunft aktiv sein?
- Welche Märkte sollen bedient werden?
- Welche Wettbewerbsposition streben wir im Vergleich zu anderen Anbietern an?
- Wie schaut das zukünftige Produktportfolio aus?

Ein wichtiger Schritt ist ebenfalls die Evaluation der bestehenden strategischen Innovationsfelder. Der Abgleich zwischen möglichen neuen Innovationsfeldern und der aktuellen strategischen Ausrichtung macht deutlich, an welchen Stellen der Organisation, in welcher Dimension und Dringlichkeit Innovationen möglich bzw. empfehlenswert sind.

Der konkrete Ablauf einer strategischen Analyse orientiert sich zwar immer an den spezifischen Gegebenheiten der einzelnen Organisation; mittlerweile hat sich dazu jedoch eine gewisse Systematik herauskristallisiert, die sich an einer definierten *Schrittfolge* orientiert:

Schritt 1: Innovationsziele festlegen – Zuerst werden Innovationsziele festgelegt. Diese haben eine klare Orientierungsfunktion: Hier soll es im Groben hingehen. Die Formulierung der Innovationsziele wird (auch) gespeist durch Informationen aus dem vorangegangenen Arbeitsschritt des Störungsmanagements. Unterstützt durch entsprechende Methoden und Vorgehensweisen können diffuse Störimpulse in greifbare Innovationsziele transformiert werden. Die entsprechenden Details dazu finden sich in unserem Werkzeugkoffer im letzten Abschnitt des Kapitels. Der dazugehörige Ablauf hat die folgende Logik:

Zunächst geht der Blick in die Zukunft und nach Außen. Die wichtigsten Trends werden in den Blick genommen und deren Chancen und Risiken analysiert – auch hier werden Ergebnisse der vorangegangenen Phase wiederverwendet, d. h. der zukünftige Impact einzelner Störgrößen wird interpretiert. Danach findet eine intensive Beschäftigung mit dem engeren wirtschaftlichen Umfeld der Organisation statt: Wettbewerber, Marktpartner und Kunden. In dieser Reflexionsschleife geht es darum, die wichtigsten Chancen und Bedrohungen des Unternehmens zu entdecken, wofür sich vor allem folgende Instrumente und Bearbeitungsformen eignen. Die *Wettbewerbs- und Konkurrenzanalyse* nach Porter ermöglicht einen guten Blick auf die Stärken und Schwächen des eigenen Unternehmens im Vergleich zum Wettbewerb. Ergänzt wird sie durch eine *Markt-Analyse*, mit der sich die Organisation einen Überblick über die gegenwärtige Situation relevanter Märkte verschafft.

Schritt 2: Stärken/Schwächen-Analyse – In einem nächsten Schritt geht dann der Blick nach Innen: es werden die Stärken und Schwächen der eigenen Organisation betrachtet. Da sowohl Stärken als auch Schwächen immer relative Größen sind, macht es hier durchaus Sinn, Ergebnisse unterschiedlicher Wettbewerber und Konkurrenten einzubeziehen. In dieser Innenbetrachtung wird die Frage nach den eigenen Kernkompetenzen und den Besonderheiten der laufenden Innovationsaktivitäten beantwortet: Wie wurden bis dato in der Organisation Innovationen erfolgreich realisiert? Welche Prozesse und Strukturen stehen hier zur Verfügungen und über welche Kompetenzen verfügt das Unternehmen? Auch hier unterstützen entspreche Methoden wie Roadmapping, Patentmanagement, Kernkompetenzanalyse etc. das Management in seiner Entscheidungsfindung.

Schritt 3: Entwicklung strategischer Innovationsfelder – Abschließend werden dann auf Basis der gemeinsam ausgewerteten Informationen (neue) strategische Innovationsfelder entwickelt. Wieder mit Unterstützung entsprechender Methoden legt die verantwortliche Führung einer Organisation die Richtung ihrer Innovationsaktivitäten fest. Diese strategischen Innovationsfelder definieren dann den Handlungsraum, innerhalb dessen beim nächsten Arbeitsschritt, der strategischen Operationalisierung, sogenannte »Innovation Opportunities«, d. h. konkrete Innovationsprojekte festgelegt werden. Durch die damit sichergestellte strategische Ausrichtung können Innovationsaktivitäten gut gebündelt werden; die bestehenden Chancen und Risiken, aber auch Stärken und Schwächen werden reflektiert und können so zielgerichtet angegangen werden.

6.2.4 Toolbox: Wettbewerbsanalyse

Wettbewerbsanalyse	
Um was geht es?	Systematische Identifikation von direkten Wettbewerbern, potenziell neuen Konkurrenten sowie Anbietern von Konkurrenz- oder Substitutionsprodukten. Grundlage für die strategische Positionierung in der eigenen Branche.
Herausforderung	Balance zwischen Aufwand und Nutzen, d. h. der Gegenstand der Analyse muss präzise eingegrenzt werden, ohne dabei an allgemeiner Aussagekraft zu verlieren. Die Identifikation von neuen Marktteilnehmern/Wettbewerbern ist schwer (oft fehlt z. B. die Erfahrung, deren Spielzüge zu interpretieren), ist aber umso wichtiger (oft induzieren gerade die »Newcomer« signifikante Änderungen der Branchenspielregeln).
Ziele und Ergebnis	Auf Basis eines fundierten Überblicks über die aktuelle Wettbewerbslandkarte werden Schwächen und Stärken der Wettbewerber identifiziert und daraus Maßnahmen und Handlungsstrategien abgeleitet.
Wer und wann	Kontinuierliche und systematische Durchführung durch ein dezidiertes Team. Entscheidungsträger und Stakeholder werden zu Workshops eingeladen, um die aktuelle Wettbewerbssituation durchzuspielen und darauf basierend Handlungsoptionen abzuleiten.

Wettbewerbsanalyse	
Vorgehen	*Schritt 1: Kräfteanalyse des Wettbewerbs* Analyse der eigenen Branche, der Welt der Lieferanten, der Welt der Kunden, der Produkte und potenzieller Ersatzprodukte sowie potenzieller neuer Anbieter, um die wichtigsten Einflussfaktoren (Kräfte) des Wettbewerbs zu identifizieren. *Schritt 2: Identifikation von Wettbewerbern* Welche Unternehmen müssen detaillierter analysiert werden? *Schritt 3: Vertiefende Recherche* Zu jedem der selegierten Wettbewerber wird ein aussagekräftiges und umfassendes Bild ermittelt. *Schritt 4: Konsolidierung der Recherche* In einem Workshop mit Entscheidungsträgern und Stakeholdern werden – auf Basis der recherchierten Informationen – die Stärken und Schwächen der Wettbewerber im Vergleich zur eigenen Organisation erarbeitet. *Schritt 5 Erarbeitung von Handlungsempfehlungen* Was sind konkrete Schritte, die wir aufgrund der aktuellen Wettbewerbssituation angehen sollten?
Literatur	Porter 1992, H. Simon/Gathen 2002

6.2.5 Toolbox: Roadmapping

Roadmapping	
Um was geht es?	Mit Hilfe von Roadmaps werden zukünftige Technologiebedarfe sowie die Potenziale einzelner Technologien analysiert. Bündelung des Expertenwissens aus unterschiedlichen Bereichen: divergierende Meinungen und Erwartungen können so aufeinander abgestimmt und bewertet werden. Der Mehrwert einer Roadmap ist die übersichtliche Darstellung von komplexen Zusammenhängen und technologischen Entwicklungen sowie deren Beziehungen zu und Abhängigkeiten von Produkt- und Marktentwicklungen.
Herausforderung	Zugang und Integration von Know-how aus ganz unterschiedlichen Bereichen (Technologie, Marketing, Produktentwicklung etc.).
Ziele und Ergebnis	Zukünftige Entwicklungen in einem definierten Handlungsfeld in einem zuvor festgelegten Zeitraum zu antizipieren und zu bewerten.

Roadmapping

Wer und wann	Notwendig, um sich Klarheit über notwendige Innovationen sowie deren technologische Voraussetzungen zu verschaffen, technologische Entwicklungen zu prognostizieren, F&E-Aktivitäten zu planen und zu koordinieren (Phaal et al. 2004) sowie die vorhandenen strategischen Kompetenzen zu überprüfen. Iterativer Prozess, der vom Topmanagement initiiert wird, um die Roadmap in regelmäßigen Abständen zu überprüfen und upzudaten. Bearbeitung durch ein Kernteam von zwei bis drei Mitarbeitern, die aus den jeweiligen einschlägigen Abteilungen (z. B. Produktion, Produktentwicklung und Marketing) kommen.
Vorgehen	*Schritt 1: Festlegung der thematischen Ausrichtung* In einem Kick-off-Meeting wird das Thema der Roadmap festgelegt. Im Fokus kann eine Technologie, ein Produkt und/oder ein Markt stehen. *Schritt 2: Definition des Umfangs* Der Detaillierungsgrad einer Roadmap wird durch die Definition von zwei Dimensionen festgelegt: Themenfelder (Technologie, Produkt, Markt etc.) sowie Zeithorizont. *Schritt 3 Recherche zu den Entwicklungen in den einzelnen Themenfeldern* In Einzelarbeit werden fachspezifische Informationen für die Prognose der Entwicklung einzelner Themenfelder ermittelt. *Schritt 4 Erstellung der Roadmap* In einem eintägigen Workshop werden die Ergebnisse der Einzelanalysen konsolidiert und die Entwicklungen der einzelnen Themenfelder miteinander in Beziehung gesetzt. *Schritt 5: Ableitung von Handlungskonsequenzen und Kommunikation der Ergebnisse* Die Ergebnisse der Roadmaps werden in geeigneter Form (Auswertungs-Workshops, Präsentationen etc.) in den weiteren Schritten des Innovationsprozesses kommuniziert und es werden daraus Handlungskonsequenzen abgeleitet.
Literatur	Garcia/Bray 1997, Phaal et al. 2004, Zernial 2008

6.2.6 Toolbox: Strategisches Kompetenzmanagement

Strategisches Kompetenzmanagement	
Um was geht es?	Verknüpfung der strategischen Ausrichtung und der zur Umsetzung notwendigen Kompetenzen, d. h. dem (impliziten und expliziten) Wissen der Mitarbeiter. Dabei gibt die strategische Ausrichtung den zukünftigen Bedarf an Kompetenzen vor. Durch die systematische Erfassung von bestehenden Kompetenzen und dem Abgleich mit zukünftigen Bedarfen können Kompetenzlücken rasch festgestellt werden. Strategisches Kompetenzmanagement ist ein kontinuierlicher Prozess. Durch die regelmäßige Erhebung von Ist und Soll können geeignete Maßnahmen zum zielgerichteten Kompetenzaufbau zeitnah entschieden und umgesetzt werden.
Herausforderung	Eine spezifische Ausarbeitung des Detaillierungsgrads für einzelne Kompetenzen, ohne sich dabei in technische oder fachliche Details zu verstricken.
Ziele und Ergebnis	Entwicklung eines kontinuierlichen Prozesses, der eng mit der Unternehmensstrategie verknüpft ist.
Wer und wann	Ein Kernteam von wenigen Experten steuert den Prozess unter Einbindung der betroffenen Fachdisziplinen.
Vorgehen	*Schritt 1: Festlegung der strategischen Ausrichtung* Verknüpfung der strategischen Ausrichtung einer Organisation und den tatsächlich vorhanden Kompetenzen im operativen Geschäft. Festlegung eines Kompetenz-Modells, mit der die Semantik der Kompetenzen und Technologien präzise beschrieben werden können. *Schritt 2: Entwicklung eines konsolidierten Kompetenzmodells* Entwicklung eines konsolidierten Modells zur Beschreibung der notwendigen Kompetenzen in einem angemessenen Detaillierungsgrad. *Schritt 3: Entwicklung einer Kompetenzvision und -ziele* Gemeinsam mit relevanten Stakeholdern wird der zukünftige Bedarf an Kompetenzen erarbeitet. Leitkriterium für die Abstimmung ist die aktuelle strategische Ausrichtung, inklusive der Roadmaps der Organisation. *Schritt 4: Identifikation von Kompetenzlücken* Grundlage dafür ist ein aktueller Ist-Stand der Kompetenzen. Mit Hilfe von quantitativen und qualitativen Methoden werden Kompetenzverteilung sowie etwaige Kompetenzlücken ermittelt. *Schritt 5: Ableitung von Handlungskonsequenzen* Auf Basis der ermittelten Kompetenzbedarfe werden in einer Folge von Workshops konkrete Maßnahmen zur Kompetenzentwicklung erarbeitet und entschieden.

Strategisches Kompetenzmanagement

Literatur	Anzengruber/Bernard 2010, Anzengruber/Szuppa 2010, Curtis et al. 2002

6.2.7 Toolbox: Entwicklung strategischer Innovationsfelder

Entwicklung strategischer Innovationsfelder	
Um was geht es?	Die Ergebnisse der vorherigen Arbeitsschritte werden zusammengetragen und miteinander in Bezug gesetzt, um so die passenden strategischen Innovationsfelder zu ermitteln.
Herausforderung	Strukturierte Verfügbarkeit der Ergebnisse aus den vorherigen Arbeitsschritten.
Ziel und Ergebnis	Eine klare Beschreibung von strategischen Innovationsfeldern dient zur Orientierung für weitere Anschlussentscheidungen (Ressourcen-Allokation etc.).
Wer und wann	Ein Projektteam wird mit der Vor- und Nachbereitung eines Workshops zur Entwicklung strategischer Innovationsfelder betraut. Der Workshop selbst wird gemeinsam mit den geschäftsverantwortlichen Entscheidungsträgern sowie relevanten Stakeholdern und Experten durchgeführt.
Vorgehen	*Schritt 1: Vorbereitung der Analyse* Im Kernteam werden die Ergebnisse der vorangegangenen Arbeitsschritte in einer SWOT-Darstellung konsolidiert: Für jedes deklarierte Innovationsziel wird eine SWOT-Matrix mit den Informationen über die ermittelten Chancen und Risiken sowie Stärken und Schwächen der Organisation zusammengestellt. *Schritt 2: Entwicklung von strategischen Handlungsoptionen (Workshop)* In einem gemeinsamen Brainstorming werden für jedes Innovationsziel strategische Handlungsoptionen entwickelt und auf dem passenden Feld der SWOT-Matrix platziert. Für jede Handlungsoption wird ein aussagekräftiger Titel gefunden. *Schritt 3: Priorisierung der Handlungsoption und Bündelung zu strategischen Innovationsfeldern* Aufgrund begrenzter Ressourcen kann eine Organisation immer nur eine Auswahl an Optionen gleichzeitig realisieren. Eine Bündelung und Priorisierung von Handlungsoptionen zu strategischen Innovationsfeldern ist daher notwendig. Bei der Bündelung von Handlungsoptionen wird überprüft, ob sich thematisch ähnliche Optionen zusammenfassen lassen. Die Bewertung einzelner Optionen wird immer im Kontext eines Innovationsziels/einer erwünschten Zukunft vorgenommen.

Entwicklung strategischer Innovationsfelder	
Literatur	H. Simon/Gathen 2002

6.3 Arbeitsschritt 3: Strategische Operationalisierung

Nachdem im Rahmen der strategischen Analyse die strategischen Innovationsfelder festgelegt wurden, geht es im dritten Arbeitsschritt der Innovationshelix nun darum, konkrete Innovationsinitiativen auszuwählen und diese mit entsprechenden Ressourcen auszustatten, um das darin verborgene Innovationspotenzial zu heben. An dieser Stelle entscheidet sich oft auch, ob eine Innovationsstrategie bzw. die ausgewählten Initiativen tatsächlich relevanter Bestandteil des Organisationsgeschehens oder bloßes Lippenbekenntnis eines Managements sind. In diesem Arbeitsschritt dreht sich alles um die transparente Kommunikation der strategischen Innovationsfelder, die Entwicklung von Benchmarks zur Messung des Innovationserfolgs sowie um eine Risikostreuung der Innovationsaktivitäten durch ein entsprechendes Portfolio- und Ressourcenmanagement. Wichtige Leitfragen sind dabei:
- In welchen Feldern haben wir eine seriöse Chance, neue Geschäftspotenziale zu entwickeln?
- Wie riskant stufen wir die einzelnen Innovationsaktivitäten ein? Anhand welcher Kriterien möchten wir diese bewerten?
- Wie viele risikoreiche/risikoarme Initiativen können wir verkraften bzw. benötigen wir?

6.3.1 Konzeptionelle Überlegungen: Risiko

Auch wenn Organisationen es nicht mögen und ordnungsliebende Menschen gereizt die Augen verdrehen und die Tatsache am liebsten ignorieren möchten: Überraschungen sind nicht das Salz in der Suppe von Innovationen – sie sind die Suppe selbst. Mit Überraschungen geht immer auch ein gewisses Risiko einher – beide gehören zusammen wie zwei Seiten einer Medaille. Jede Überraschung verändert notwendigerweise eingespielte Routinen und gewohnte Abläufe, sonst wäre sie keine. Was bis dahin noch ganz normal aussah, verändert sich plötzlich durch das Aufschimmern alternativer Optionen. Die Sicherheit einer Routine ist infrage gestellt, weil sie nicht mehr wie am Schnürchen abläuft, sondern stolpert – über eine Verbesserung ihrer selbst oder gar ein »Das geht ja auch ganz anders!«. Kein Wunder also, dass Organisationen etwas gegen Überraschungen haben – und sie doch gleichzeitig herbeisehnen, sei es aus Langeweile oder aufgrund der Notwendigkeit einer Frischzellenkur. Diese Hassliebe treibt manchmal seltsame Stilblüten – mit einigen davon werden wir uns bei der Frage, wie das Neue bekannt gemacht werden kann mit dem Alten, also in der Phase des Embeddings näher beschäftigen müssen. Die Hauptaufmerksamkeit dieses Arbeitsschritts gilt jedoch zunächst der Sorge um das Risiko. Wir wissen aus ungezählten Erfahrungen, dass etwas Neues, Innovationen also, mit Risiko behaftet sind. Sie können grandios scheitern, sie können eine Richtung nehmen, mit der wir nicht gerechnet haben, sie können sich als Stürme in Teetassen erweisen: Man weiß nie im Voraus, ob sich der Einsatz für sie lohnen wird, ob die Verhältnisse danach bessere sind als davor, ob die Kunden tatsächlich (und trotz aller Marketinganstrengungen) mit diesem Produkt oder jener Dienstleistung so zufrieden sein werden, dass sie bereit sind, dafür (überhaupt, oder) mehr Geld auszugeben. Man kann nicht wissen, wie sich zukünftige Kundenbedürfnisse entwickeln werden, wie der Markt darauf reagiert und ob dort nicht jemand gerade über eine viel bessere Innovation nachdenkt – jemand, der nichts zu verlieren hat und ohne den Ballast einer erfolgreichen Vergangenheit und eines daraus meist resultierenden vielköpfigen Headquarters unterwegs ist. All diese unbestimmten Gefahren in ein Risiko zu verwandeln, mit dem eine Organisation kalkulieren kann (ohne es bis zum Zeitpunkt seines Eintritts genau zu kennen): das ist die Aufgabe, die im Rahmen der strategischen Operationalisierung einmal getroffener Entscheidungen zu erledigen ist.

Weil man in Unternehmen normalerweise auf einen funktionierenden Zahlungsverkehr angewiesen ist (Leistung gegen Geld), dort also nicht nur spielen kann, sind alle Innovationsvorhaben in der Regel mit einem Nutzen, präziser: mit einer gewissen Nutzenerwartung, gekoppelt. Man investiert in eine unsichere Angelegenheit und möchte dafür gern den ROI ernten: der Königsweg erfolgreicher Karrieren. Das mag bei anderen Organisationen, die nicht Teil des Funktionssystem der Wirtschaft sind, anders sein, aber wie leicht zu zeigen ist, werden auch dort Güter umgeschlagen; andere, oft immaterielle, mit jeweils eigener Währung. Wer handelt, der handelt – an dieser (erst auf den zweiten Blick überraschenden) Einsicht führt wohl kein Weg vorbei (F. B. Simon 2005).

Wenn wir von »Risikomanagement« sprechen, dann geht es im Grunde um genau diese Abwägungen zwischen einem Risiko, das man eingeht, und dem erwartetet Nutzen, den man damit zu bekommen glaubt; es geht also um einen möglichst optimalen Trade-off zwischen diesen beiden Kategorien. Ein solches Kalkül variiert natürlich – von Unternehmen zu Unternehmen, von Branche zu Branche, von Markt zu Markt. Ähnlich wie bei einer Anlagestrategie für das eigene Vermögen, die von Person zu Person sehr unterschiedlich ausfallen kann, geht es darum, eine möglichst optimale Balance zwischen der Maximierung der eingesetzten Werte und dem Risiko, das man dabei einzugehen bereit ist, auszutarieren. Je nach Risikotyp, Risikoklasse, Vermögensstand, manchmal auch Überzeugungskraft des zuständigen Finanzberaters wird man Strategien entwickeln, das eigene Vermögen möglichst sicher zu vermehren. Etwa in dem man das Risiko streut, sichere und weniger sichere Anlageformen miteinander kombiniert, auf Zeitpunkte wartet, um günstig ein- oder auch wieder auszusteigen etc.

All diese Überlegungen sind Bestandteil eines professionellen Risikomanagements – im unserem Fall handelt es sich nur nicht um das persönliche Vermögensportfolio, sondern um ein »Innovationsportfolio«. Die Entscheidung, welche und wie viele Innovationsvorhaben eine Organisation verfolgen möchte, sollte das Ergebnis einer solchen Kosten-Nutzen-Rechnung sein. Dies ist nicht immer der Fall: Mehr oder weniger irrationale Bauchentscheidungen oder ein gewisser Herdenzwang tun etwa das ihre dazu, um auch hier dem Rationalitätskalkül eines durch und durch auf Nutzenmaximierung gebürsteten Homo Oeconomicus ein Schnippchen zu schlagen. Das muss nicht immer schlecht sein, da alle diese Entscheidungen ja nicht final ausrechenbar sind, d. h. tatsächlich entschieden werden müssen. No risk, no fun sozusagen. Und doch macht es natürlich einen Unterschied, ob dies auf einer solide vorbereiteten und kühl abgewogenen Grundlage geschieht oder in der Hitze des Gefechts emotional aufgeladener Kommunikationsangelegenheiten. Nicht unwichtig sind dabei auch die Summen, die auf dem Spiel stehen. Der Neubau eines Kraftwerks wird hier sicher anders zu Buche schlagen als die Umstellung der elektronischen Ablage für Pdf-Dokumente. In all diesen Fällen macht es jedoch Sinn, sich *vor* einer Entscheidung Gedanken darüber zu machen, in welchem Verhältnis Risiko und Nutzen, und damit auch Aufwand und Ertrag, zueinander stehen. Auch wenn diese Faktoren vor dem Hintergrund eines bestimmten Marktes, einer bestimmten Technologie, einer spezifischen Kundengruppe etc. immer anders bewertet werden müssen: Das 1x1 managerialer Entscheidungen besteht darin, unter Berücksichtigung möglichst vieler (aber nie vollständig bekannter) Variablen, d. h. unter Unsicherheit, eine Entscheidung zu treffen, die guten Gewissens dem dabei angelegten Risikokalkül standhält. Ob diese Entscheidung »richtig« war, d. h. die Erwartungen, die damit verknüpft waren, tatsächlich auch so eingetreten sind, wird man immer erst im Nachhinein wissen können. Erst im Nachhinein ist man also klüger – Wäre dies anders, bräuchte es keine Führungskräfte, die Entscheidungen zu treffen haben; halbwegs leistungsfähige Taschenrechner und entsprechend trainierte Ausführungsorgane würden reichen.

6.3.2 Risikotypologie

Wie der Begriff des »Risikos« (und jener der »Information«) unter den Bedingungen von Ungewissheit zu einer eigenen Rechengröße im Management wird und mit welchen Risiken Organisationen dann rechnen müssen, fasst Dirk Baecker sowohl allgemein als auch am Beispiel von Banken umfassend und mit beeindruckender theoretischer Finesse zusammen (Baecker 2008, Baecker 1988). Dazu gehören auch die spezifischen Risiken, die Organisationen im Zusammenhang mit ihren Innovationsaktivitäten im Blick behalten müssen, wenn sie nicht leichtsinnig werden und ihre Existenz aufs Spiel setzen wollen. In einer Wettbewerbssituation oder – weitaus schwieriger zu kalkulieren – einer Kooperation im Netzwerk gehört dazu etwa die Abschätzung, ob man dabei auf die richtigen Pferde gesetzt hat. Auch das Risiko, sich nicht um die Entwicklung bestimmter Kompetenzen gekümmert zu haben, mit denen auch in den nächsten Jahren ein Wettbewerbsvorteil zu erzielen ist, gehört zu den Standardkalkülen eines aufmerksamen Managements. Das Risiko, mit einem Investment nicht den erwarteten Nutzen zu generieren, haben wir schon erwähnt – auch dies ist insbesondere bei Innovationsaktivitäten von Relevanz, da ein Verspielen des eingesetzten Investments in der Regel das Scheitern des Projekts bedeutet: Das Produkt floppt am Markt, wird in einem Stadium abgebrochen, das bereits etliche Ressourcen verschlungen hat, verschwindet bei seiner Realisierung im Bermudadreieck konkurrierender Geschäftseinheiten und kommt dort zu spät wieder heraus – so viele

Möglichkeiten es in der Praxis auch gibt, das Ergebnis ist unter dem Strich immer das Gleiche: Ein finanzieller Verlust entsteht, der das Unternehmen in manchen Fällen Kopf und Kragen kosten kann.

Das größte Risiko jedoch, mit dem sich Organisationen konfrontiert sehen, ist schlicht das Risiko, morgen nicht mehr auf dem Markt zu sein. Da Organisationen nichts anderes sind als lebendige Systeme, die einzig auf ihr Überleben bedacht sind, ist dies der »Worst Case« all ihrer Aktivitäten. Bezogen auf das Management von Innovationen, die ja zum Überleben von Organisationen keinen unwesentlichen Beitrag liefern, ergeben sich daraus folgende Risikoklassen (Morris 2011):

A) Das Risiko, zu langsam zu innovieren

Wir haben bereits gesehen, dass eine Organisation nie nicht innovieren kann. Im evolutionären Driften ihrer Entwicklung passiert immer etwas, das als Anlass für feine, im Alltag vielleicht kaum wahrnehmbare Mutationen ihrer Routinen und Problemlösungsmuster dient. Das Risiko, in das Organisationen aber sehr wohl laufen, ist, dabei zu langsam zu sein. Eine Organisation, die sich dafür entscheidet, lediglich ihren Status Quo zu erhalten, verändert sich auch; bewegt man sich doch schließlich immer in dynamischen Gleichgewichten, die – ähnlich wie beim Radfahren – sofort ihr Ende finden, wenn man auf der Stelle stehenbleibt. Wenn sich eine Organisation jedoch in turbulenten Umwelten bewegt und sich dort den Veränderungen ihrer relevanten Umwelten entzieht, lässt sie ihren Wettbewerbern klar den Vortritt. Diese gestalten ab diesem Zeitpunkt dann die zukünftigen Geschäftsmöglichkeiten und die langsamere Organisation läuft Gefahr, vom Markt verdrängt zu werden. Auch wenn Innovationsaktivitäten immer wieder scheitern mögen: das Risiko, auf dieses Risiko zu verzichten, führt gerade in turbulenten Verhältnissen zu einer recht hohen Scheiternswahrscheinlichkeit.

B) Das Risiko, beim Innovieren Geld zu verschwenden

Ein wesentlicher Bestandteil von Innovationen sind Fehler. Der Hauptfokus beim Innovieren ist daher konsequenterweise so schnell wie möglich mehr Klarheit über das Potenzial von Innovationen zu bekommen. Erfüllt diese eine Idee, dieses Konzept unsere Erwartungen oder nicht? Im Kern geht es also darum, schneller zu scheitern als die Anderen. Und dies auf eine elegante Weise zu tun, d.h. mit maximalen Lerneffekten und einer Aufmerksamkeit dafür, die gleichen Fehler nicht zweimal zu machen. Merkt man, dass ein Innovationsprojekt in eine falsche Richtung läuft, muss es Möglichkeiten geben, es zu stoppen. Das ist gerade in Großorganisationen leichter gesagt als getan. Aufgrund der eingespielten Planungsroutinen, der Budgetierungszyklen, politischen Rücksichtnahmen, des Timings von Aufsichtsratsitzungen, von Präsentationen von Quartalszahlen, Jahresabschlussabwägungen, möglicherweise verspielten Karrierechancen, manchmal auch schlicht der Bürokratie wegen, sind solche »Stop«-Entscheidungen gar nicht so trivial wie es die ökonomische Vernunft gern hätte. Nicht immer ist dort also der Abbruch aufwendiger Innovationsvorhaben einfach zu adressieren.

Dazu kommt, dass es nicht immer einfach ist, zwischen einem hilfreichen Fehler und einer unnützen Investition, die in die falsche Richtung geht, zu unterscheiden. Bei solchen Entscheidungen spielen subjektive Einschätzungen eine große Rolle. Hilfreich ist dabei, gerade in solchen Fällen auf die Intelligenz eines gemeinschaftlichen Entscheidungsmodus zu setzen (siehe dazu auch unseren Werkzeugkoffer). Insgesamt gilt, dass die Organisationen, die öfters scheitern und aufgrund einer fehlerfreundlichen Kultur und eingespielter Feedback-Systeme aus diesen Fehlern lernen, sich eine bessere Ausgangssituation für die Einschätzung von Innovationsmöglichkeiten aneignen. Wir werden bei den nächsten Schritten der Innovationshelix sehen, dass es diverse Methoden gibt, den Lernprozess beim Innovieren zu beschleunigen (Stichwort: »Prototyping«).

C) Das Risiko, nur inkrementell zu innovieren

Ganz offensichtlich gehört es zu den Überlebensnotwendigkeiten einer Organisation, ihre relevanten Umwelten daraufhin zu beobachten, wie sie sich verändern (und dabei auch die Veränderungen, die man dort selbst angestoßen hat – etwa über eine Preiserhöhung, eine Standortverlagerung etc. – im Blick zu behalten). Um mit diesen Veränderungen Schritt zu halten, muss innoviert und investiert werden. Konsequenterweise sind die meisten Organisationen in diesem Bereich gut aufgestellt, d. h. die Marketingabteilung sammelt fleißig Kundenfeedbacks, die zuständigen Produktmanager filtern und verarbeiten das Feedback und leiten daraus ab, wie bestehende Produkte oder Dienstleitungen verbessert werden können.

Solche inkrementellen Innovationen sind notwendig, passieren in der Regel auch unauffällig und regelmäßig – aber sie sind nicht genug. Blendet eine Organisation die Möglichkeit bahnbrechender /richtungsweisender Innovationen, sogenannter »Breakthrough Innovations«, völlig aus, geht sie ein hohes Risiko ein. Da solche Innovationen das Potenzial haben, die Logik ganzer Märkte und Wertschöpfungsketten zu verändern, verschwindet man im Fall ihres Eintretens einfach von der Bühne des Geschehens. Man muss nicht wieder die Betreiber von Pornokinos bemühen, um auf die Dramatik solcher Situationen hinzuweisen, ein Blick in die aktuelle Wirtschaftspresse reicht, um eine Idee von der Durchschlagskraft solcher Prozesse zu bekommen. Während Apple ein Rekordergebnis nach dem anderen verkündet, schreibt der ehemalige Marktführer Nokia zum dritten Mal in Folge vernichtende Verluste, entlässt Sony zehntausende von Mitarbeitern und ringt der lange Jahre unangefochtene Platzhirsch der IT-Branche, Microsoft, um einen Platz beim Thema Cloud-Computing, dem aktuell wohl zukunftsweisendsten Trend der Telekommunikationsbranche. So schnell ändern sich manchmal die Dinge.

Auch wenn solche bahnbrechenden Innovationen inkrementelle Verbesserungen oft unwichtig und alt aussehen lassen: sie sind natürlich die Ausnahme (sonst wären sie ja nicht bahnbrechend), und es ist schlicht sehr riskant, sämtliche Innovationsaktivitäten einer Organisation auf diese Gelegenheiten auszurichten. Die Frage hierbei lautet also: Wie lassen sich die Investments in inkrementelle und risikoreichere Innovation so balancieren, dass die Chancen, Notwendigkeiten und damit einhergehenden Risiken in einem ausgewogenen Verhältnis zueinander stehen? Für die Beantwortung der Frage gibt es leider kein Patentrezept, jede Organisation muss dieses Verhältnis immer wieder neu für sich klären.

D) Das Risiko, bahnbrechenden Innovationen zu viel Aufmerksamkeit zu schenken

Vor allem hochgradig risikogetriebene Innovationsaktivitäten, sogenannte »VC-Firmen«, führen manchmal zu sich selbst verstärkenden Dynamiken, bei denen sich im Wettbewerb zueinander stehende VCs bei der Einschätzung des Potenzials einer Innovation verrechnen, oder – verlockt von den Sprungfunktionen solcher »Seed-Investments« (geringer Einsatz, hohe Rendite durch Einstieg in der Frühphase einer Unternehmensentwicklung) – alles auf eine Karte setzen. Trotz dem Einsatz ausgeklügelter Portfolio-Technologien und dem laufenden Rück-Check einzelner Einschätzungen im Netzwerk professioneller Kollegen und Kolleginnen ist diese auf »Breakthrough Innovations« geradezu spezialisierte Branche immer wieder gefährdet, das Geld ihrer Investoren so aufs Spiel zu setzen, dass ein entsprechend angemessener Rückfluss des eingesetzten Kapitals in hohem Maß unwahrscheinlich wird.

Obwohl man bei all den Risikokategorien im Vorfeld nie sagen kann, welches Team, welche Idee, welches Geschäftsmodell erfolgreich sein wird, hilft bei allen die Erstellung und Pflege eines Innovationsportfolios, mit der die Chancen und Risiken einer geplanten Innovationsaktivität bestimmt und – zumindest auf dem Papier – in der Balance gehalten werden können. Wir kommen darauf gleich noch zurück.

6.3.3 Nutzenkalküle

Werfen wir zunächst kurz einen Blick auf die Rückseite der Medaille: Wie lässt sich der Nutzen strukturieren, den eine Organisation aus ihren Innovationsaktivitäten ziehen kann. Hier fällt zunächst auf, dass der Rückfluss einer Investition mit verschiedenen Währungen beglichen werden kann. Nach Tidd lassen sich bei allen Innovationsinitiativen im Grunde drei unterschiedliche Motivlagen festhalten, warum eine Organisation das Risiko von Innovationen eingeht (Tidd et al. 1997):

Zunächst ist da die Aussicht auf wirtschaftlichen Erfolg. Eine Innovation macht es einer Organisation möglich, weiterhin Geld zu verdienen, d. h. den eigenen Cashflow stabil zu halten, oder verspricht gar überdurchschnittlichen Profit. Die Organisationen setzt auf ein wirtschaftliches Kalkül, indem sie eine Störung darauf hin beobachtet, welcher ökonomische Nutzen (kurzfristig und/oder langfristig) daraus zu generieren ist. »Innovation ist die Umwandlung von Wissen in Geld.« – dieses oft zitierte Motto fasst diese Abwägungen gut zusammen.

Ein weiteres Nutzenkalkül nimmt die möglichen Vorteile einer Innovation im Rahmen strategischer Positionierungsversuche in den Blick: Eine Organisation versucht, mit einer Innovation ihre strategische Wettbewerbsposition zu verbessern. Die Voraussetzung hierfür ist natürlich zunächst der Zugriff auf die entsprechenden Kompetenzen, um die Innovation auch tatsächlich in Produktform zu realisieren. Gleichzeitig baut eine Organisation im Verlauf des Innovationsprozesses immer auch entsprechendes Know-how auf, das dann wiederum als wettbewerbsrelevante Kernkompetenz zur Verbesserung der eigenen strategischen Position genutzt werden kann. Eine Innovation, die ohne den Rückgriff auf bestehende Kernkompetenzen von/in einer Organisation gleichsam vom Zaun gebrochen wird, läuft Gefahr, als bloße Spinnerei oder aber ungeschliffener Rohdiamant an ihrem Potenzial vorbei zu den Akten gelegt zu werden (Drucker 2006).

Last but not least aktiviert jede Innovation auch die Lernreflexe einer Organisation. Sie hat damit die Möglichkeit (die sie natürlich nicht nutzen muss), spezifisches Wissen zu generieren, und zwar sowohl auf der kognitiven als auch der Erfahrungsebene. Die Entwicklung neuer Verfahrenstechniken etwa gibt der Organisation die Gelegenheit, eine bestimmte Technologie besser zu verstehen. Ein spezifischer, vorher unbekannter Materialmix, mit dem sich Gewicht sparen lässt, eine innovative Schweißtechnik, mit der eine besondere Elastizität in der Verbindung zweier Materialien möglich wird, eine neue Fertigungstechnik, mit der Glas in einem bislang unerreichbaren Maß gebogen werden kann – all dies sind (inkrementelle) Innovationen, die je nach Marktpotenzial durchaus auch das Zeug zu einem »Breakthrough« haben können – die Übergänge sind hier fließend. Und dann kommt dazu noch das Erfahrungswissen im Umgang mit allen diesen Errungenschaften. Der Meister in der Produktion stellt fest, das der Materialmix bei einer bestimmten Temperatur so verklumpt, dass der Materialausschuss in schwindelerregende Höhen schießt, die Schweißtechnik eine besondere Präzision bei der Werkzeugwartung erfordert und für das gebogene Glas spezielle Greifvorrichtungen gebaut werden müssen, um den Produktionsprozess nicht unnötig zu verlangsamen. Dieses Wissen ist kostbar, da es die in der Praxis auflaufenden Innovationskosten dramatisch beeinflussen kann. Gelingt es einer Organisation, ihre Innovationsaktivitäten als »Lerniterationen« zu verstehen und diese mit einem entsprechenden Performance-Monitoring zu versehen (was nur gehen kann, wenn für diese Innovation transparente Auswahl- und Erfolgskriterien vorliegen), dann bestehen gute Chancen, dass damit ein sich selbst verstärkender Feedback-Prozess in Gang gesetzt wird, der erlaubt, nicht nur die ausgewählten Innovationsmöglichkeiten besser einzuschätzen und dementsprechend auch die daraus entstehenden Geschäftsgelegenheiten besser wahrzunehmen, sondern der auch die Art und Weise verändert, wie eine Organisation ihre relevanten Umwelten beobachtet und welche Schlüsse sie aus den dort erkannten Störungen zieht (Barton 2010).

6.3.4 Innovations-Timing

Bei der Arbeit einer strategischen Operationalisierung ist ein weiterer wichtiger Aspekt zu beachten, auf den wir hier kurz eingehen müssen. Dieser Aspekt bezieht sich auf den Lebenszyklus strategischer Innovationsfelder, und er ist deshalb so wichtig, weil dadurch nachvollziehbar wird, warum nicht die Menge an Innovationen, sicher jedoch das Innovations-Timing von Organisationen eine kritische Größe für den Erfolg von Innovationsprozessen ist. Wir erinnern uns: »Innovate or Die«, diese Forderung nach ständiger Innovation um der Innovation willen, ist vielleicht eine verlockende Formel für Management unter Druck, einer empirischen Überprüfung hält sie in den wenigsten Fällen stand. Beim systemischen Innovieren geht es viel mehr darum einen klugen und angemessenen Umgang mit Innovationen zu praktizieren. Dazu gehört in der Frühphase von Innovationsprozessen eine rasche und doch fundierte Einschätzung des Potenzials einer Innovationsmöglichkeit. Noch gibt es ja in diesem Stadium des Innovationsprozesses wenig »Tangible Assets«, die man begutachten oder ausprobieren könnte. Aus den Störungsmeldungen werden Richtungen deutlich, in die es gehen könnte, aber das ist noch weit entfernt von klaren Innovationsprojekten, die mit entsprechendem Ressourceneinsatz durch die einzelnen Schritte der Innovationshelix geschleust werden. Wie wichtig diese schnelle Einschätzung des Innovationspotenzials ist, wird erst richtig deutlich, wenn man sich ihren Lebenszyklus näher anschaut. Dieser lässt sich als ein Wettlauf gegen die Zeit verstehen: Mit der Zeit verliert jedes Innovationspotenzial an Wert. Warum das so ist, zeigen die beiden Grafiken in Abbildung 11 und 12 (Morris 2011).

Phase I: Exploring **151**

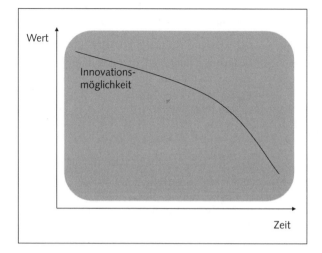

Abb. 11: Lebenszyklus einer Innovationsmöglichkeit

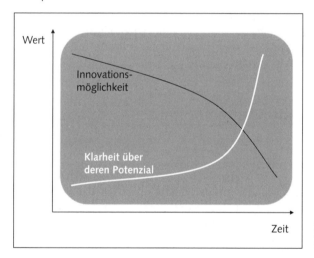

Abb. 12: Klarheit über das Potenzial von Innovationsmöglichkeiten

Wir sehen, dass der potenzielle Wert einer Innovation weitgehend durch ihren Lebenszyklus bestimmt wird. Das ist nicht verwunderlich: In dem Moment, in dem eine Idee geboren wird, sind damit noch viele Möglichkeiten verbunden, möglicherweise ist die Idee sogar noch einzigartig. Das Problem dabei ist nur, dass dies noch niemand so recht erkennen kann. Ist die Idee gut, so werden mit der Zeit immer mehr Menschen auf diese Idee aufmerksam und sie verbreitet sich rasch. Das Potenzial dieser Idee wird so immer besser einschätzbar, das Risiko sich auf ihre Ausbeutung einzulassen sinkt, erste Nachahmer greifen ihre grundlegenden Prinzipien auf und von allen möglichen Seiten richtet sich mehr und mehr Aufmerksamkeit auf ihre Umsetzung. Ihr Wert sinkt also mit der Zeit, da sie mehr und mehr von ihrer Einzigartigkeit verliert. Man könnte auch sagen: je anschlussfähiger eine Idee ist, desto schneller verliert sie an Innovationspotenzial und damit an Wert.

Die zweite Kurve beschreibt die Klarheit über das Potenzial der Idee und die damit verbundenen Implikationen: Zu Beginn der Kurve hat eine Organisation noch wenig Wissen über die Idee, man kann also ihr Potenzial kaum einschätzen. Je mehr man darüber nachdenkt, recherchiert, Prototypen baut, umso mehr Klarheit gewinnt man über den möglichen Wert dieser potenziellen Innovation. Wenn eine Idee also noch den größten Wert hat, hat eine Organisation in der Regel nicht das nötige Wissen, um das in ihr schlummernde Potenzial zu erkennen und entsprechend einschätzen zu können. Für Risiko-averse Großorganisationen besteht hier das Risiko, dass sie eine Idee erst dann aufgreifen, wenn ihr größtes Potenzial bereits wieder abgeklungen ist. Selbst die langsamsten Wettbewerber sind dann längst schon auf diesen Zug aufgesprungen, man ist nicht mehr der »First Mover«, sondern bestenfalls noch ein »Fast Follower«. Dass dies allerdings gerade für große Organisationen nicht unbedingt ein schlechter Schachzug sein muss, haben uns ja die bereits mehrfach erwähnten Ergebnisse der empirischen Untersuchungen von Collins und Morton gezeigt (Collins/Hansen 2011).

Dieses Dilemma kann eigentlich nur durch ein professionelles Innovationmanagement gelöst werden, das in seinen frühen Phasen darauf ausgerichtet ist, dass der Prozess der Auseinandersetzung mit dem Potenzial einer Innovation zielgerichtet geführt und damit beschleunigt wird. Dafür ist insbesondere der Arbeitsschritt der strategischen Operationalisierung bestens geeignet.

6.3.5 Praktische Schritte

Schauen wir uns nun die konkreten Implikationen all dieser Überlegungen an. Wenn es bei dem Arbeitsschritt der strategischen Operationalisierung darum geht, einen möglichst optimalen Trade-off zwischen Risiken und Nutzen sowie zwischen Stabilität und Wachstum im Bereich der Innovationsaktivitäten zu erreichen, dann müssen nicht nur für einzelne Innovationsprojekte Risiko und Nutzen evaluiert werden, sondern es ist wichtig, diese Einschätzung in einer Gesamtschau zu tätigen. Wie lässt sich so etwas in der Praxis des Organisierens erreichen?

Im Alltag von Organisationen fallen Entscheidung für oder gegen Innovationsaktivitäten mittels Zuordnung von Ressourcen. Die Frage dabei lautet: Welches Projekt bekommt wie viel Ressourcen über welchen Zeitraum, um was zu tun? Nebenbei bemerkt: natürlich wollen wir an dieser Stelle die sogenannten »U-Boot-Projekte« von Mitarbeitern und Mitarbeiterinnen nicht unerwähnt lassen; die Aktivitäten, bei denen am Wochenende und nach Dienstschluss an Innovationen getüftelt wird, sind allerdings doch eher Ausnahme als Regel.

Im Rahmen der strategischen Operationalisierung werden jene Innovationsaktivitäten priorisiert und qua Entscheidung selektiert, die über eine optimale Balance von Risiko und Nutzen verfügen. Auch wenn dem nicht immer rein wirtschaftliche Erwägungen zugrunde liegen und eine Einschätzung zum Optimum immer nur posthoc, also im Rückblick auf vergangene Entscheidungen, getroffen werden kann, da zahlreiche Fakten, auf denen solche Entscheidung basieren, am Anfang meist unbekannt sind und erst mit der fortschreitenden Umsetzung eines Projekts transparenter werden, so bleibt doch ein genügend großer Restbestand an ökonomischer Vernunft, der dazu führt, dass insbesondere große Organisationen zu jeder Zeit nicht an einer einzigen, sondern an einer Anzahl von Innovationsinitiativen arbeiten.

Dieses Cluster von Innovationsaktivitäten wird wie erwähnt in der Regel über ein Innovationsportfolio gesteuert. Es ermöglicht einen transparenten Blick auf die Menge der laufenden Innovationsaktivitäten und schafft die Basis für eine ausgewogene Balance zwischen kurzfristigen und langfristigen sowie zwischen innovativen und renovativen Innovationen. Da Innovationsinitiativen sich im Lauf ihrer Bearbeitung (u. a. durch den ständigen Erkenntnisgewinn) verändern, ist es nicht nur sinnvoll, sondern geradezu notwendig, bei manchen von ihnen auf die Verstärkung von Aktivitäten zu drängen, bei anderen eine Richtungsänderungen einzuleiten und bei wieder anderen zu überlegen, ob man sie nicht besser auf Eis legen sollte. Ein entsprechendes Innovationsportfolio hilft der Organisation, die Veränderungen zu dokumentieren und zu verarbeiten. Es ist damit ein wichtiges Hilfsmittel für die Entwicklung von Routinen im Umgang mit Risiko.

Die Verständigung über Richtung und Ausmaß der Implementierung solcher Innovationsinitiativen ist und bleibt eine gemeinschaftliche, nicht delegierbare Führungsleistung. Wir hatten bereits erwähnt, dass dabei die Arbeit im Team ein nicht zu unterschätzender Erfolgsfaktor ist, da in der Regel Entscheider aus verschiedenen Bereichen der Organisation eine unterschiedliche Sicht auf die Dinge haben. Sind sie tatsächlich bei der Sache (und weniger mit sich selbst beschäftigt), dann hilf diese Perspektivendifferenz, Risiken und Nutzen auch mit einem entsprechenden Weitblick zu erfassen. Das alles hört sich ganz vernünftig an – und doch besteht die zentrale Herausforderung darin, ein solches theoretisches Kopfnicken in den Alltag zu übersetzen, ohne dabei seine Bewegungsrichtung umzudrehen. Dass so ein Verfahrensvorschlag Zeit kostet, sollte allen Beteiligten klar sein. Nicht nur, dass die Auseinandersetzungen mit unterschiedlichen Perspektiven durchaus voraussetzungsvoll sind, wenn sie nicht als Inszenierung verstanden und dann entsprechend vorbereitet werden müssen. Auch die konkrete Ausarbeitung eines Innovationsportfolios kostet Zeit – und damit Geld. Sämtliche Innovationsvorhaben müssen transparent und vergleichbar beschrieben werden, deren Risiken und Nutzen evaluiert werden und funktionsübergreifende Arbeitsgruppen müssen sich über einzelne Innovationvorhaben oder schon laufende Innovationsaktivitäten (immer wieder neu) austauschen, um diese zu evaluieren.

Und doch lohnt sich dieser Aufwand in den allermeisten Fällen, da ansonsten die Steuerung von strategischen Innovationsfeldern zu einem Vabanquespiel wird. Die entsprechenden Stolpersteine sind schnell aufgezählt:

- Es besteht die Gefahr einer opportunistischen Planung: Der kurzfristige Vorteil wird gegenüber dem langfristigen Nutzen überbewertet.
- Es gibt keine thematische Fokussierung der Projekte: Ressourcen werden nach dem Gießkannen-Prinzip verteilt und versickern dann ohne nachhaltigen Effekt in der Vielzahl schlecht oder gar nicht synchronisierter Innovationsprojekte.
- Innovationsprojekte werden weder gestoppt noch aussortiert. Die Folge ist ein unstillbarer Hunger nach Ressourcen und ein kontinuierliches Überschreiten der Kosten und Meilensteine.
- Es fehlt an einer strategischen Ausrichtung: Der Mix der laufenden Innovationsaktivitäten ist historisch gewachsen, man verfolgt Projekte, bei denen schon längst nicht mehr klar ist, was der eigentlich Anlass für ihren Launch war. Als Folge muss sich die Organisation mit strategisch unwichtigen Projekten auseinandersetzen, während

an anderen Ecken dringend benötigte Ressourcen zur Realisierung von wichtigen Projekten fehlen. Wenn es unklar ist, welche Projekte wichtig sind und welche nicht (oder weniger), dann ist selbst diese Unterscheidung schwer auszumachen. Alles verschwimmt zu einem Mahlstrom laufender Aktivitäten, in der Praxis erkennbar an vierzehn parallel laufenden Projekten, die alle mit »Top-Prio 1« gekennzeichnet sind. Es ist eine Frage der Zeit, bis sich zur Unzufriedenheit der davon Betroffenen erste Überlastungs- und Demotivationseffekte einstellen, die dann zu höheren Fehlerquoten führen, die dann den Erfolg des Projekt gefährden, woraufhin dann die Priorisierung von »Top 1« auf »Top 1+« heraufgesetzt wird und so weiter und so fort.
- Bei unklaren Auswahlkriterien für Innovationsprojekte werden einzelne Aktivitäten lediglich aufgrund politischer, emotionaler oder anderer Gründe ausgewählt; dies wiederum entkräftet das gesamte Projekt-Setup und zieht höhere Fehlerraten nach sich, die dann dazu führen, das Ressourcen von anderen Projekten abgezogen werden, um die Fehler wieder auszubessern. Die klassische Feuerwehrorganisation entsteht: Von geregelten Abläufen kann nicht mehr die Rede sein. Jeder ist nur damit beschäftigt, von einer Baustelle zur nächsten zu eilen um dort das Gröbste zu verhindern. Wie bei einem chinesischen Tellerjongleur kann man dabei zuschauen, wann die ersten Teller zu Boden fallen und zerbrechen.
- Bei zu weichen Entscheidungskriterien gibt es mit der Zeit zu viele, lediglich durchschnittliche Innovationsprojekte, die nach ihrer Realisierung nur wenig oder keinerlei Impact auf den entsprechenden Märkten hinterlassen.
- Ohne Innovationsportfolio fehlt die Bereitschaft, aber auch die Möglichkeit für eine wirksame Evaluation der Innovationsprojekte. »Evaluation« heißt in diesem Zusammenhang, regelmäßig die Frage zu stellen, ob ein Projekt tatsächlich den Nutzen erbracht hat, zu dessen Erreichung es ursprünglich auf den Weg gebracht wurde. Um diese Frage zu beantworten, muss im Vorfeld festgelegt werden, welche Erwartungen an das Projekt gerichtet sind. Geht es dort vorwiegend darum a) neues Wissen aufzubauen, b) eine bestimmte strategische Positionierung einzunehmen oder eine bereits bestehende zu verbessern, oder c) den laufenden Cashflow zu stabilisieren oder anzuheizen? Um dabei nicht Äpfel mit Orangen zu vergleichen, sollten je nach anvisiertem Nutzen und inhärentem Risiko eines Innovationsvorhabens spezifische Entscheidungskriterien etabliert werden. Im Innovationsportfolio werden dann spätestens bei der Evaluation der laufenden Aktivitäten die unterschiedlichen Typen von Innovationen (etwa »Geschäftsmodell vs. Technologie«) berücksichtigt. Rein finanzielle Kennzahlen greifen dabei in der Regel zu kurz und werden daher immer nur in Kombination mit anderen qualitativen Bewertungskriterien eingesetzt.

Diese Zusammenstellung möglicher Konsequenzen, die das Ergebnis eines fehlenden Innovationsportfolios sein können (aber natürlich nicht müssen), macht deutlich, wie wichtig dieser Schritt der strategischen Operationalisierung innerhalb der Innovationshelix ist (siehe dazu auch Tidd et al. 1997). Der Erfolg von Innovationsprojekten hängt von vielen Einflussfaktoren ab, wobei eine entsprechende Gesamtbewertung nicht mittels einer mathematischen Formel zu ermitteln ist. Das Ergebnis ist immer auch von subjektiv bewerteten Einschätzungen aller daran Beteiligten abhängig. In Organisationen ist es in diesem Zusammenhang immer wieder faszinierend mitzuerleben, welche unterschiedlichen Ausprägungen das Spannungsfeld von Expertenmeinung und Managemententscheidung haben kann. Auch wenn klar ist, wer gerade bei hochgradig komplexen Innovationsprojekten, und damit bei einem Kristallisationspunkt der Auseinandersetzung zwischen Wissen und Macht, letztendlich am längeren Hebel sitzt: die damit einhergehenden Konflikte um die Lufthoheit kosten wertvolle Ressourcen, die meist an anderen Stellen der Organisation produktiver eingesetzt werden könnten. Schon allein aus diesem Grund kommt einer gelingenden Kommunikation – bei Großkonzernen vor allem zwischen den Forschungsabteilungen und der Zentrale – eine große Bedeutung zu. Anders als durch einen ständigen Austausch relevanter Einschätzungen zwischen den Entscheidungsträgern und den verantwortlichen Projektleitern ist die Zuordnung von (finanziellen) Ressourcen zu einzelnen Innovationsprojekten kaum zu heben; mittlerweile haben auch mehr und mehr Manager verstanden, dass eine bloße Exekution ihrer Positionsmacht nur kurzfristig zu den gewünschten Ergebnissen führt. Neue, kreative Ideen meiden Machtdemonstrationen wie der Teufel das Weihwasser. Was nicht heißt, dass man – vor allem bei ihrer Durchsetzung in den Tiefen der Organisation – ganz darauf verzichten könnte.

Insgesamt lässt sich festhalten, dass es bei all diesen Abstimmungs- und Abwägungsprozessen nicht so sehr auf die Methode selbst ankommt, um bestimmte Effekte und Ergebnisse zu erreichen. Vielmehr ist die Art und Weise entscheidend, wie eine Organisation eine bestimmte Methode oder ein spezifisches Instrument nutzt, um die notwendigen Diskussionen über die entsprechenden Innovationsmöglichkeiten lebhaft, aufmerksam und immer mit Blick auf das Gesamtwohl der Organisation zu führen.

6.3.6 Das Innovationsportfolio als strategischer Rahmen

Die Erstellung eines Innovationsportfolios selbst ist kein Hexenwerk. Der Prozess besteht im Grunde aus drei Einzelschritten, die wir in ihrer Logik kurz beschreiben wollen. Hinweise auf einsetzbare Methoden finden sich wie immer am Kapitelende.

Schritt 1: Für ein Innovationsportfolio ist die konkrete und transparente Beschreibung aller Innovationsvorhaben die Startvoraussetzung. Nur wenn Innovationsvorhaben vergleichbar beschrieben sind, ist eine transparente Entscheidung möglich. Je nach Art der Innovation gibt es unterschiedliche Vorgaben (etwa zur Detailtiefe und zu wichtigen Hintergrundinformationen), die bei der Beschreibung der geplanten Innovationen berücksichtigt werden sollen. Konkret bedeutet das, dass Innovationsideen und -vorhaben mittels *Innovations-Steckbriefen* einheitlich beschrieben werden. Solche Steckbriefe kann man sich als eine Art Template vorstellen, die zur Beschreibung von Ideen herangezogen werden und die Grundlage für eine transparente Evaluation der Projekte bilden (gleicher Informationsgehalt wird sichergestellt). Mittels eines sogenannten »Elevator Pitch« – das verbale Gegenstück zum schriftlichen »Executive Summary« in Geschäftsplänen – wird eine neue Idee dann so verdichtet, dass sie innerhalb kurzer Zeit und an ein unterschiedliches Zielpublikum klar und überzeugend vermittelt werden kann.

Schritt 2: Danach geht es darum, das (Geschäfts-)Potenzial von Ideen und Innovationsvorhaben tiefer zu explorieren. Für eine neue Idee wird eruiert, wie sich damit Geld verdienen lässt und was man bei der Implementierung berücksichtigen muss. Welches Business-Modell ist etwa für eine neue Technologie am geeignetsten? Und wie lässt sich die Idee in der Praxis umsetzen? Als Methode hat sich vor allem der Prozess der Business-Model-Generation bewährt. Mit Hilfe einer gut durchdachten, strukturierten und auch sehr lebendigen Vorgehensweise werden neue Geschäftsmodelle entwickelt, die nicht nur Teilaspekte der dafür relevanten Geschäftsprozesse umfassen. Die Erstellung klassischer Businesspläne kann ebenfalls zu diesem Schritt gezählt werden.

Schritt 3: Am Schluss werden die Bewertungskriterien und die Priorisierung einzelner Innovationsvorhaben anhand differenzierter Evaluationskriterien transparent dargestellt und kommuniziert. Der bereits bekannte Dreischritt organisationaler Motivlagen ist dabei eine hilfreiche Strukturierungshilfe für die Arbeit an einem sogenannten »Teachable Point of View«, d. h. einer kondensierten, in sich schlüssigen und konsistenten Darstellung der relevanten Parameter auf die Frage, warum ein bestimmtes Innovationsprojekt für die Organisation interessant ist:
- Können wir dadurch etwas Neues lernen?
- Verbessert sich dadurch unsere strategische Position?
- Können wir damit Geld verdienen?

Die Evaluation von Innovationsprojekten ist dann bereits schon integrierter Bestandteil eines professionellen Innovationsmanagements. Sie folgt den von der Organisation erarbeiten Kriterien und ermöglicht – etwa im Rahmen eines Stage-Gate-Prozesses – die Priorisierung und Selektion von Innovationsaktivitäten mit dem Ziel einer Balance von Risikominimierung und Nutzenmaximierung. In einem kontinuierlich Review-Prozess, der von der Führung initiiert und sowohl von funktionsübergreifenden Arbeitsteams als auch relevanten Stakeholdern begleitet wird, werden die einzelnen Projekte des Innovationsportfolios auf den Prüfstand gestellt und müssen dort ihren Fortschritt als auch Mehrwert für die Organisation behaupten. Das Ergebnis sind strategisch unterfütterte, (halbwegs) transparent getroffene Entscheidungen zu den Schlüsselprojekten des Innovationsprozesses. Durch sie entsteht ein klarer, fokussierter Möglichkeitsraum, der wiederum die Grundlage ist für all die kreativen Prozesse der Design-Phase, in denen es um eine methodisch abgestützte Ideation, d. h. Erfindung neuer Produkte, Dienstleistungen oder Geschäftsmodelle geht. Auf unserer Innovationshelix wird damit der Übergang von strategischer Exploration und Rahmung zu einem neuen Abschnitt markiert: der *Gestaltung* des Neuen.

6.3.7 Toolbox: Innovation-Scorecard-Systeme

Innovation-Scorecard-Systeme	
Um was geht es?	Für die Evaluation von Innovationsvorhaben werden Scorecard-Systeme verwendet. Eine Scorecard ist eine Liste von Kriterien für die Bewertung des Erfolgs von Innovationsprojekten. Die Bandbreite von Kriterien ist groß: Sie reicht von technologischen über marktrelevanten zu wirtschaftlichen Details und umfasst auch rechtliche und politische Faktoren. Viele dieser Kriterien sind unabhängig von der Branche und der Geschäftsstrategie, jedoch können die einzelnen Kriterien in den unterschiedlichen Bereichen unterschiedlich gewichtet werden.
Herausforderung	Auswahl der Kriterien und deren Gewichtung.
Ziele und Ergebnis	Transparente Bewertung der Innovationsvorhaben entlang der festgelegten Erfolgsindikatoren.
Wer und wann	Die Vorbereitung von Innovation-Scorecard-Systemen wird von einem Kernteam organisiert. Bei der Auswahl der Bewertungskriterien sowie deren Gewichtung wird die Meinung und Expertise der relevanten Stakeholder eingeholt. Die finale Entscheidung über die Bewertungskriterien ist Führungsaufgabe. Die transparente Evaluation von Innovationsprojekten ist eine wichtige Voraussetzung für das Management von Innovationsportfolios.
Vorgehen	**Phase 1: Vorbereitung** *Schritt 1: Entscheidung über die unterschiedlichen Kategorien von Innovationsprojekten* Da die Erwartungshaltung an Innovationsvorhaben stark von deren Kategorie abhängt (ist es eine Idee, eine Technologie, ein Produkt, ein Geschäft?), werden für jede Projektkategorie unterschiedliche Bewertungsmaßstäbe festgelegt. In diesem Schritt legt die Organisation fest, welche Kategorien von Innovationsvorhaben sie unterscheiden möchte. *Schritt 2: Ausarbeitung von Scorecard-Templates* Pro Kategorie wird ein eigenes Scorecard-Template entwickelt. Hier wird eine Auswahl an Bewertungsfaktoren zusammengestellt, die Faktoren werden gewichtet und es wird eine Bewertungsskala festgelegt. **Phase 2: Durchführung der Evaluation** *Schritt 3: Bewertung der Evaluation* Die einzelnen Innovationsvorhaben werden entlang der passenden Scorecard-Templates bewertet.
Literatur	R. Cooper 2004, R. Cooper 2006, Roussel et al. 1991, Tidd et al. 1997

6.3.8 Management des Innovationsportfolios

Portfolio-Management	
Um was geht es?	Risikomanagement: Ein Innovationsportfolio hilft Organisationen, eine spezifische Mischung von Innovationsprojekten mit jeweils unterschiedlichen Risikoklassen und Zeithorizonten zusammenzustellen. Bei der Zusammenstellung werden unterschiedliche Perspektiven berücksichtigt, die mit Hilfe von Matrix-Darstellungen (z. B. Kosten/Nutzen, Risiko/Zeit etc.) visualisiert werden.
Herausforderung	Klare Entscheidung zu Innovationsaktivitäten, die nicht genügend Potenzial erkennen lassen.
Ziele und Ergebnis	Entwicklung eines Projekt-Portfolios, das eine Maximierung des Nutzens bei gleichzeitiger Risikostreuung ermöglicht.
Wer und wann	Die Zusammenstellung eines Portfolios und regelmäßige Reviews ermöglichen dem Management Entscheidungen über den Start, die Fortsetzung und Beendung von Innovationsvorhaben. Die Zusammenstellung erfolgt durch ein Team von zuständigen Experten. Die Analyse und Reflexion der unterschiedlichen Innovationsvorhaben im Rahmen des Portfolio-Prozesses ist nicht delegierbare Führungsaufgabe. Für die Ausarbeitung der Projektdetails sowie deren Präsentationen können allerdings Ideen-Coaches als verantwortliche Ansprechpartner für Innovationsvorhaben benannt werden.
Vorgehen	*Schritt 1: Festlegung von Innovation-Scorecard-Systemen* Gemeinsam mit dem Management werden die Innovation-Scorecard-Systeme für die unterschiedlichen Projektkategorien entwickelt. *Schritt 2: Beschreibung und Evaluation der Innovationsvorhaben* Alle laufenden sowie geplanten Innovationsvorhaben werden entlang der ausgearbeiteten Kriterien klassifiziert, evaluiert und dargestellt. Für die Beschreibung der Projekte werden Innovationssteckbriefe verwendet, für die Evaluation die Scorecard-Systeme. *Schritt 3: Matrix-Evaluation der einzelnen Vorhaben* Jedes Innovationsvorhaben wird entlang der Innovations-Matrixen des Portfolios eingeordnet. *Schritt 4: Kollektive Bewertung der neuen Vorhaben* Das Potenzial von Innovationsvorhaben wird mit unterschiedlichen Stakeholdern diskutiert. Hierfür werden zunächst die Innovationsvorhaben von den Ideen-Coaches präsentiert; die Potenzial- und Risikoabwägung sowie die Einordung im Portfolio wird anschließend mit den verantwortlichen Führungskräften diskutiert.

Phase I: Exploring **159**

Portfolio-Management	
Vorgehen	*Schritt 5: Entscheidung über den Gesamtzusammenhang aller Innovationsprojekte* Nach den Einzelpräsentationen wird das Gesamtportfolio analysiert. Die Entscheidung über den Start, die Fortsetzung oder den Abbruch von Innovationsprojekten wird final im Management-Team getroffen.
Literatur	R. Cooper 2004, R. Cooper 2006, Roussel et al. 1991, Tidd et al. 1997

6.3.9 Toolbox: Innovationsmatrix (Nutzen/Risiko)

Innovationsmatrix: Nutzen/Risiko	
Um was geht es?	Risikostreuung: Die Nutzen/Risiko-Matrix ermöglicht eine transparente Darstellung der Risiken und erwarteten Nutzen einzelner Projekte im Portfolio. Die Nutzen/Risiko-Aufstellung ist ein Standardwerkzeug im Innovationsprozess. Es wird von rund der Hälfte aller Unternehmen mit einem systematischen Innovationsmanagement verwendet (R. Cooper 2004).
Herausforderung	Vermeidung von subjektiven Bewertungen des potenziellen Nutzens sowie der involvierten Risiken (»Lieblingsprojekte«).
Ziele und Ergebnis	Transparenz über den erwarteten Nutzen und die Erfolgswahrscheinlichkeit von Innovationsvorhaben.
Wer und wann	Die Innovationsmatrix wird in der Regel im Rahmen des Portfolio-Managements (siehe dort Schritt 3) verwendet.
Vorgehen	*Schritt 1: Einordnung der einzelnen Innovationsprojekte* Jedes Innovationsprojekt wird entlang der folgenden der Dimensionen eingeordnet: *Erwarteter Nutzen*: Welchen Nutzen (meist finanziellen Ertrag) kann das Projekt über eine gewisse Zeitperiode wieder einspielen? *Erfolgswahrscheinlichkeit*: Eine Kombination aus technischer und kommerzieller Erfolgswahrscheinlichkeit. *Höhe der Investitionen*: Der Durchmesser der Kreise beschreibt die benötigten Ressourcen.

Innovationsmatrix: Nutzen/Risiko	
Vorgehen	Erwarteter Nutzen: hoch / substanziell / gering Risiko ← / Erfolgswahrscheinlichkeit: niedrig / hoch Nutzen und Ertrag Quadranten: Oyster (hoch, niedrig Erfolg), Pearls (hoch, hoch Erfolg), White Elephants (gering, niedrig Erfolg), Bread & Butter (gering, hoch Erfolg) **Abb. 13:** Innovationsmatrix: Risiko/Nutzen *Schritt 2: Evaluation des Gesamtportfolios* Jeder der vier Quadranten kennzeichnet einen anderen Typ von Innovationsprojekten: *Pearls* sind Projekte mit hohem Nutzen und geringen Risiko. Das sind die potenziellen Stars des Portfolios und sie sollten entsprechend gehegt und gepflegt werden. *Oysters* sind Projekte mit hohem Nutzen und hohem Risiko. Meist sind dies längerfristige Projekte, die sich über die Zeit zu Pearls entwickeln können. *Bread and Butter* sind Projekte mit geringem Nutzen bei geringem Risiko. Dies sind meist inkrementelle Innovationen mit überschaubarem Umsetzungsaufwand. *White Elephants* sind Projekte mit geringem Nutzen bei hohem Risiko: Mit solch einer Anfangsbewertung kommt in der Regel kein Projekt ins Portfolio. Es geht vielmehr darum, zu analysieren, warum ein Projekt sich dorthin entwickelt hat. Ein Projektabbruch ist naheliegend. *Schritt 3: Ableitung von Handlungsempfehlungen* Sind alle aktuellen und geplanten Projekte in der Matrix eingeordnet, wird schnell transparent, in welchen Bereichen Innovationsaktivitäten forciert, weitergeführt oder auch gestoppt werden müssen.
Literatur	R. Cooper 2004, Tidd et al. 1997

6.3.10 Toolbox: Innovationsmatrix (Kompetenzaufbau/ Innovationsgrad)

Innovationsmatrix: Kompetenzaufbau/Innovationsgrad	
Um was geht es?	Ein professionelles Innovationsmanagement strebt nach Projekten mit unterschiedlichen Innovationsgraden. Dazu gehört auch, die bestehenden Kompetenzen für die Realisierung von Innovationsprojekten zu nutzen, bzw. kontinuierlich am Aufbau neuer Kompetenzen zu arbeiten. Diese Innovationsmatrix gibt Auskunft darüber, welcher Kompetenzaufbau für welche Innovationsprojekte notwendig ist.
Herausforderung	Alltagstauglichkeit einer Operationalisierung einzelner Kompetenzen.
Ziele und Ergebnis	Transparenz über das Zusammenspiel von benötigten Kompetenzen und entsprechendem Kompetenzaufbau bei unterschiedlichen Innovationsprojekten.
Wer und wann	Die Innovationsmatrix wird im Rahmen des Portfolio-Managements (siehe dort Schritt 3) verwendet.
Vorgehen	*Schritt 1: Einordnung der einzelnen Innovationsprojekte* Jedes Innovationsprojekt wird entlang der folgenden Kategorien eingeordnet: *Innovationsgrad der Projekte:* Grob lassen sich Innovationsprojekte in Optimierung bestehender Produkte und Innovationen einteilen. Eine Organisation braucht beide. 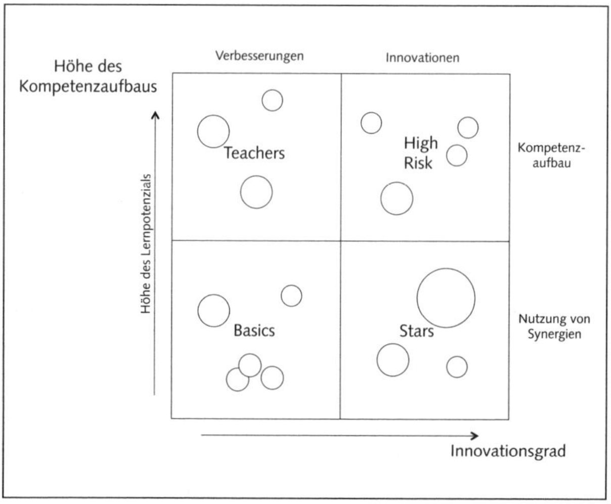

Abb. 14: Innovationsmatrix: Kompetenzaufbau/Innovationsgrad

Innovationsmatrix: Kompetenzaufbau/Innovationsgrad	
Vorgehen	*Kompetenzaufbau*: Manche Innovationsprojekte können mit internen Ressourcen – durch die effiziente Nutzung von Synergien – implementiert werden. Bei anderen Projekten ist der Aufbau von neuen Kompetenzen notwendig. Beide Arten von Projekten sind für die Organisation wichtig. *Höhe der Investitionen*: Der Durchmesser der Kreise beschreibt die benötigten Ressourcen. *Schritt 2: Evaluation des Gesamtportfolios* Jeder der vier Quadranten kennzeichnet einen anderen Typus von Innovationsprojekt: *Basics* sind Projekte mit geringem Innovationsgrad und geringem Lerneffekt: Die Organisation nutzt ihr internes Wissen, um inkrementelle Verbesserung zu realisieren. *Stars* sind Projekte mit hohem Innovationsgrad und geringem Lerneffekt: Hier kombiniert die Organisation das bestehende Wissen unterschiedlicher Abteilungen und/oder Geschäftsbereiche. *Teachers* sind Projekte mit geringem Innovationsgrad und hohem Lerneffekt. Das primäre Ziel dieser Projekte ist neue Kompetenzen in strategisch relevanten Bereichen aufzubauen. *High-Risk-Projekte* sind gekennzeichnet durch einen hohen Innovationsgrad und einem gleichzeitig hohen Lernpotenzial für die Organisation. Solche Projekte sind durch ein hohes Risiko geprägt. *Schritt 3: Ableitung von Handlungsempfehlungen* Für eine Organisation ist ein gesunder Mix der vier Projekttypen empfehlenswert: Erfolgreiche High-Risk-Projekte sind eine wichtige Basis für eine nachhaltige Zukunftsfähigkeit. Basics sichern den kurzfristigen Cashflow und können so das hohe Risiko der anderen Projekte ausgleichen. Teachers sind wichtige Projekte, um neue Kompetenzen aufzubauen und Stars benötigen selten Überzeugungsarbeit.
Literatur	Eversheim 2002

6.3.11 Der Übergang zur nächsten Phase der Innovationshelix

Wir haben gesehen, dass die übliche Bearbeitungsform für Innovationsaktivitäten vor allem in großen Organisationen eine gewisse Anzahl von Projekten umfasst, die im Rahmen eines Innovationsportfolios gemanagt werden. Je nach Zielsetzung und Komplexität der Projekte sind diese unterschiedlich groß und dauern unterschiedlich lang, sind aber als Projekte immer zeitlich beschränkt. In größeren Organisation gibt es oft ganze Abteilungen oder Bereiche (F&E), die kontinuierlich mit der Bearbeitung von Innovationsprojekten beschäftigt sind; in kleinen Organisationen ist das möglicherweise nur ein Mitarbeiter, der den Auftrag bekommt, sich zusätzlich zu seinem Tagesgeschäft mit einer neuen Problemstellung oder Idee zu beschäftigen. Viele Start-ups hingegen tun den ganzen Tag über nichts anderes, der Umgang mit neuen Ideen gehört dort sozusagen zum täglichen Brot, was aber (nicht zuletzt aufgrund der fehlenden Routinen) nicht immer gleichgesetzt werden kann mit einem professionellen Handling dieser Ideen. Die nächste Phase der Innovationshelix, das Designing, ist vor allem für Innovationsaktivitäten interessant, bei denen ein hoher Gestaltungsspielraum besteht. Wir gehen davon, dass es in Organisationen immer Innovationsaktivitäten gibt, die einen eher geringen Gestaltungsspielraum haben, und Innovationaktivitäten, die über einen mittleren bis hohen Gestaltungsspielraum verfügen. Das Ausmaß an Gestaltungsspielraum lässt sich – jenseits subjektiver Einschätzungen, die natürlich sehr unterschiedlich sein können – in der Regel gut an der Höhe der zur Verfügung stehenden Ressourcen (Zeit, Budget, Köpfe) sowie der Präzision der Problemvorgabe ablesen. Die Höhe des Innovationsbudgets bzw. der verfügbaren Ressourcen ist in der Regel eine strategische Entscheidung. Je länger ein Produkt auf dem Markt ist, desto geringer ist das über die Laufzeit des Produktzyklus zugeordnete Innovationsbudget. Mit anderen Worten: je ausgereifter ein Produkt ist, desto weniger Interesse besteht daran, kostbare Ressourcen in Innovationsaktivitäten zu investieren. Es ist dann effizienter, das verfügbare Innovationsbudget in die Neuentwicklung von Produkten zu stecken. Ab einem bestimmten Zeitpunkt im Lebenszyklus eines Produkts oder einer Dienstleistung geht es also nur noch um inkrementelle Verbesserungen oder Fehlerbehebungen (z. B. Bugfixes bei Softwareprodukten). Ähnlich ist es bei der Präzision der Problemstellung. Diese hängt in der Regel vom Wissen und den Kompetenzen der Organisation ab, die sie über längere Zeit zu einem Produkt, einer Technologie oder dem Markt und ihren Kunden aufgebaut hat. Je mehr Wissen in diesen Bereichen vorhanden ist, desto mehr wird man sich auf die Ausbeutung dieses Know-hows konzentrieren und dies in der Regel mit sehr klaren Angaben. Die folgende Grafik veranschaulicht diesen Zusammenhang (vgl. Abbildung 15):

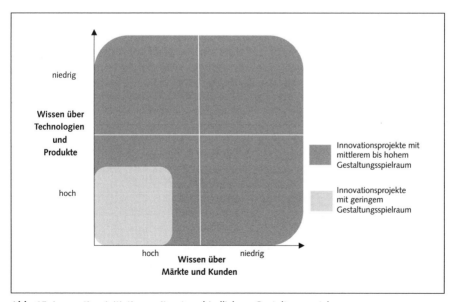

Abb. 15: Innovationsinitiativen mit unterschiedlichem Gestaltungsspielraum

Innovationsinitiativen mit geringem Gestaltungsspielraum sind typischerweise Projekte mit Optimierungs- und Effizienzzielen. In der Regel finden sie auf bekanntem Terrain statt (Markt und/oder Technologie sind bekannt) und es handelt sich um ein klar definiertes Problem mit einer ebenso klaren Erwartungshaltung, die etwa in einem Pflichtenheft dokumentiert ist. Ähnlich verhält es sich bei gesetzlichen Vorgaben, etwa bestimmten Sicherheitsanforderungen, die implementiert werden müssen, um ein Produkt überhaupt auf dem Markt bringen zu können. In solchen Fällen gibt es wenig bis gar keinen Gestaltungsspielraum, das Projekt muss einfach nur effizient, d.h. mit möglichst wenig Aufwand umgesetzt werden. Aus Sicht der Organisation macht es dabei wenig Sinn, dafür die einzelnen Schritte der Innovationshelix komplett zu durchlaufen. Trotzdem müssen natürlich auch in solchen Fällen bestehende Problemlösungen infrage gestellt und eingespielte Routinen unterbrochen werden, um auf neue Ideen zu kommen. Man greift dann möglicherweise nur auf einzelne Schritte dieser Phase zurück, setzt nur bestimmte Werkzeuge ein oder verkürzt die »Durchlaufzeiten« – hier entscheidet die Praxis über die Angemessenheit des Vorgehens.

Auch wenn die Design-Phase ihr volles Potenzial also erst bei Projekten entfaltet, deren Problemstellung noch nicht klar umrissen ist, d.h. bei denen der Gestaltungsspielraum sehr hoch ist, helfen die Grundprämissen ihres Vorgehens, die Haltung etwa, mit der man an Innovationsvorhaben herangeht, bei der Entwicklung und Entdeckung des Neuen, dem Kernstück aller Innovationsprozesse. Diesem Aspekt wollen wir uns nun zuwenden.

7 Phase II: Designing

7.1 Einführende Überlegungen

An die Phase des »Exploring«, d. h. der strategischen Selektion von Innovationsfeldern, schließt sich in einem nächsten Schritt der Innovationshelix die Phase des Designs an. Um was geht es in dieser Phase und welche Arbeitsschritte sind auch hier sinnvollerweise zu beachten? Halten wir uns noch einmal das Ziel dieser Phase im Gesamtablauf eines Innovationsprozesses vor Augen: Es geht dort um die Entwicklung neuer Produkte, Dienstleistungen und zunehmend häufiger auch um die Gestaltung neuer Geschäftsmodelle, mit denen vor allem mit Blick auf die im Internet üblichen Distributionsspielregeln immer noch Geld verdient werden kann. Um dieses Ziel zu erreichen, muss man sich systematisch mehr Klarheit und Wissen über das Potenzial einer strategisch geleiteten Innovationsinitiative verschaffen. Zwei Aspekte sind dabei wichtig: Geschwindigkeit und klarer Kundenfokus. Je schneller man lernt, die aktuellen und potenziellen Bedürfnisse einer Kundengruppe bzw. die Anforderungen eines spezifischen Marktsegments zu verstehen, desto höher die Wahrscheinlichkeit, aus dem eigenen Entwicklungsprozess einen Wettbewerbsvorteil zu schlagen. Vor allem mit Blick auf die im ersten Kapitel des Buches skizzierte »Next Society« ist davon auszugehen, dass man als Organisation nicht mehr allein ist, sich also ständig in einem Netzwerk von Wettbewerbern bewegt, die sowohl aufmerksam beobachten, wer an welchen Themen arbeitet, als auch selbst alle Anstrengung unternehmen, die berühmt-berüchtigte Zeitspanne des »Time to market« zu verkürzen. Dazu kommt auch, dass der globale Umbau unseres Wirtschaftssystems zu einer Vielzahl hoch fragmentierter Märkte führt, in denen spezifische Kundengruppen mit sehr speziellen Anforderungen das Sagen haben (Ridderstrale/Nordström 2000). Je fokussierter man also an den »Needs« einer spezifischen Zielgruppe bleibt, desto geringer die Wahrscheinlichkeit, sich in interessanten und aufregenden Variationen oder Lieblingsprojekten von einzelnen Entscheidungsträgern zu verlieren, die zwar viel Aufmerksamkeit und Ressourcen verbrauchen, aber am Ende als solitäre Studie ohne Käufer und damit Mehrwert dastehen.

Die Grundlogik der Design-Phase folgt der Idee einer Reise ins Unbekannte. Zunächst erforscht man, wohin es gehen könnte, legt Prioritäten fest und antizipiert die Richtung, in die es gehen soll. Dann macht man sich auf den Weg, probiert immer wieder aus, wie man dort hinkommt, wo man hinkommen möchte. Man hat eine grobe Idee, um was es gehen könnte. Aber weder der Weg noch das Ziel sind so klar, dass man einfach loslegen könnte: Es geht vielmehr darum, sich etwas einfallen zu lassen. Die Gestaltungsphase beschreibt also im Grunde einen kreativen Prozess, der über viele iterative Einzelschritte verläuft, immer wieder unterbrochen von einem Innehalten, von Varianten, die man sofort wieder verwirft, und welchen, die man weiterverfolgt, um sie dann doch zu verwerfen, weil man andere, bessere Möglichkeiten gefunden hat, ein Problem des Kunden zu lösen. Es ist ein Prozess mit konvergenten und divergenten Phasen, voll mit Momenten der Freude über eine Kombination, die funktionieren könnte, und großen, staunenden Augen bei jenen grandiosen Momenten des Scheiterns, die das größte Lernmomentum mit sich führen. Im Laufe dieses Prozesses werden Ideen entwickelt, ausprobiert, getestet, weiterverfolgt oder verworfen. Bis irgendwann einmal, nach vielen Feedback-Schleifen und einem beständigen

Lernprozess, eine finale Festlegung erfolgt, die den Startschuss in die nächste Phase unserer Innovationshelix – die (Rück-)Einbettung in die Routinen einer Organisation – markiert.

Wir haben bereits im vorherigen Kapitel gesehen, dass ein vollständiges Durchlaufen der Design-Phase an bestimmte Kriterien gebunden ist, die im Rahmen der strategischen Operationalisierung eines Innovationsprojekts zur Anwendung kommen. Nicht immer wird man dabei also das volle Potenzial eines Design-Prozesses nutzen. Dieser Aufwand lohnt nur, wenn man auf der Suche ist nach den bereits erwähnten »Breakthrough-Innovationen«, also Neuerungen, mit denen die Spielregeln einer ganzen Branche auf den Kopf gestellt werden, wie dies etwa bei Online-Musikdiensten geschehen ist, die den gesamten Wertschöpfungsprozess der Musikindustrie ins Leere laufen ließen. Und ja: natürlich sind das die Innovationen, die am wenigsten planbar, manchmal noch nicht einmal vorhersehbar sind. Immer gehört eine Portion Zufall dazu, das Zusammenkommen glücklicher Umstände, eine Kette von Entscheidungen, die in der Rückschau nach einem zielgerichteten Vorgehen aussehen, im Gehen jedoch eher einer Suchbewegung gleichen denn einem entschlossenen Kurs auf ein vorab definiertes Ziel. Die reichhaltigen empirischen Untersuchungen zu solchen Erfolgsstorys wie Apple geben eine Vorstellung davon, wie die Dinge sich fügen, wenn eins zum anderen kommt (Isaacson 2011). Allein an solchen Beispielen wird deutlich, dass es sich trotz aller Unwägbarkeiten und unkontrollierbaren Zusammenhänge lohnt, sich mit solchen radikalen Innovationen zu beschäftigen. Ist man dabei erfolgreich, dann ist man damit auch in der Lage, die Spielregeln eines gesamten Wirtschaftszweiges zu definieren. Man ist dann in den Gefilden der sagenumwobenen »Blue Oceans« unterwegs (Kim et al. 2005), die einen daran erinnern, dass es in Angelegenheit der Wirtschaft nicht so sehr um Wettbewerb geht, sondern um Monopole. Dass dies natürlich auch eine durchaus lukrative Ausgangssituationen ist, liegt auf der Hand: the winner takes it all.

Doch nicht nur für diese radikalen Innovationen ist der Design-Prozess in seiner vollen Ausprägung eine hervorragende Anleitung. Nicht jede Innovation muss die Welt verändern – manchmal reicht es natürlich auch aus, dafür Sorge zu tragen, dass die Backmischung im Ofen schneller gar wird und trotzdem gleich gut schmeckt, oder durch eine neue Werkstoffkombination bei der Herstellung der Rücksitzbank eines Mittelklassewagens 400 Gramm Gewicht einzusparen, die sich dann durch Skaleneffekte doch zu einem durchaus erklecklichen Profit aufsummieren. Natürlich können (und werden) für solche inkrementellen Innovationen auch Teilschritte des Design-Prozesses verwendet. Allein schon zwei seiner wesentlichen Charakteristika – beschleunigtes Lernen und eine unbändige Neugier und Aufmerksamkeit für Kundenanliegen – machen deutlich, wie sinnvoll die Einbeziehung dieser Arbeitsschritte in unterschiedlichsten Innovationsprozessen ist. Im letzten Schritt unserer Beschreibung der Innovationshelix (vgl. Kapitel 6.3.11) haben wir ja bereits angedeutet, um welche unterschiedlichen Fälle es sich hierbei handeln könnte. In allen diesen Fällen liegt es an den verantwortlichen Führungskräften, einen klaren Blick für das Verhältnis von Aufwand und Nutzen zu behalten. Die Idee unseres Modells der Innovationshelix soll ja lediglich für eine Orientierung sorgen, wie solche Prozesse im Idealzustand verlaufen – es bietet damit hoffentlich eine gute Entscheidungsgrundlage, welche Aspekte dann in der jeweils einzigartigen Praxis von Organisationen genutzt oder – mit entsprechenden Konsequenzen – verworfen werden. Jeder andere Anspruch wäre – hält man sich die Komplexität all dieser Prozesse vor Augen – mehr als vermessen.

7.1.1 Das Charakteristische des Design-Ansatzes

Beginnen wir die Vorstellung der einzelnen Arbeitsschritte der Design-Phase mit ein paar grundsätzlichen Anmerkungen. Diese sind notwendig, damit eine der wesentlichen Besonderheiten des Design-Ansatzes deutlich wird, nämlich die hinter jedem Prozessschritt stehende Haltung, das »Mind-set« also, wie es so schön im Englischen heißt. Als eine psychische Disposition ist diese Haltung nicht einfach zu fassen. Sie hat etwas mit der grundsätzlichen Einstellung zu tun, wie die Dinge betrachtet werden, ob also ein Glas eher als halb voll oder halb leer gesehen wird, ob Fehler etwas sind, über das man sich freuen kann (»wieder was gelernt!«) oder nachts schweißgebadet mit Versagensängsten aufwacht. So schwierig eine präzise Beschreibung dieser spezifischen Haltung eines Design-Ansatzes auch sein mag – sie ist das zentrale Unterscheidungsmerkmal, welches aus einer simplen Abfolge von Schrittfolgen in einem Arbeitsprozess ein aufmerksames und damit immer auch flexibles Vorgehen macht, eine zielgerichtete Gelassenheit, die Umwege in Kauf nimmt, weil sie weiß, dass auch diese (manchmal auch gerade diese) Umwege immer auch Gelegenheiten sind, mehr über das Ziel zu erfahren. Auch auf die Gefahr hin, an dieser Stelle ein Wort zu viel zu verlieren: In allen unseren Gesprächen, in sämtlichen erstzunehmenden Büchern zum Thema »Design« steht diese Frage der Haltung im Mittelpunkt. Sie macht genau den Unterschied, der einen Unterschied macht – etwa zu all den mittlerweile im Markt angebotenen Schnellbleichen im Design Thinking, der kalorienarmen »Light-Variante« des Design-Ansatzes, bei der zwar in wenigen Wochen die einzelnen Werkzeuge und Verfahrensschritte trainiert werden, die Auseinandersetzung mit den dahinterstehenden Prämissen jedoch oft genug zu kurz kommt. »Design für Dummies« also, bei dem die (verkaufsträchtige) Geländegängigkeit der Tools and Toys vor das Verständnis ihrer Anwendungskontexte gestellt und die fehlende Tiefe durch ein umso normativeres Festhalten an Tütensuppenrezepten kompensiert wird. Auch wenn man diesen Angeboten zur »Inkompetenzkompensierungskompetenz« zugute halten muss, dass sie eine gewissen Empathie für den Design-Ansatz befördern (immerhin hat man mal eine Idee davon bekommen, wie so ein Prozess funktionieren könnte), eine Alternative für die ernsthafte Auseinandersetzung mit der Grundhaltung des Design-Ansatzes und ausreichend Gelegenheit, sich darin zu üben, bieten sie – zumindest unserer Beobachtung nach – nur in den seltensten Fällen.

Auch dieses Buchkapitel wird eine intensivere Beschäftigung mit der Frage der Haltung nicht ersetzen können. Wie auch. Es ist uns aber gerade deswegen an Anliegen, vor der Beschreibung der einzelnen Arbeitsschritte auf dieses Manko hinzuweisen – und zumindest einige Hinweise dazu festzuhalten, denen dann, eine entsprechende Initiative vorausgesetzt, jederzeit weitere Vertiefungsschritte außerhalb des Textes folgen können. Bei unseren Vorbemerkungen beziehen wir uns explizit auf die Arbeiten des »Center for Design Research« der Stanford University, das mit einer mittlerweile über vierzigjährigen Geschichte wohl zu den angesehensten Arbeits-, Forschungs- und Ausbildungsstätten des Design-Ansatzes gehört. Aus ihr sind weltbekannte Firmen wie etwa Ideo hervorgegangen, die mit einigen der dort entwickelten Methoden für große Aufmerksamkeit etwa im Topmanagement internationaler Großkonzerne gesorgt haben. Unser Aufenthalt dort und vor allem die vielen Gespräche mit dem Gründer des Instituts, Prof. Larry Leifer, haben uns die Augen geöffnet für die Bedeutung dieser Haltungsdimension.

Worin unterscheidet sich nun die Vorgehensweise und die dahinter liegende Haltung eines Design-Ansatzes von den gängigen Methoden klassischer Problemlösungsansätze, die ja nicht nur die Grundlage sämtlicher Managemententscheidungen sind, sondern auch die gesamte Ingenieurszunft zu einem Aushängeschild des technologischen Fortschritts gemacht haben? Halten wir uns zunächst an die Literatur. Gute Hinweise zu den wesentlichen Unterschieden zwischen Problemlösungsprozessen und Design-Ansätzen finden sich bei Boland/Collopy (2004) oder Dunne/R. Martin (2006). Ihre Erwägungen lassen sich wie folgt zusammenfassen (Zillner 2010):

- The decision attitude is the dominant attitude in management practice and solves problems by making rational choices among alternatives. The underling assumption is that it is easy to come up with considerable alternatives, but difficult to choose among them. The decision attitude as well as the many decision making tools are suitable for clearly defined and stable situations when feasible alternatives are well-known.
- In contrast, the design attitude assumes that it is difficult to come up with a very good alternative, but due to the outstanding quality and originality of the solution its selection becomes trivial. It strives to construct a more satisfying solution than what has been proposed. Each project is the opportunity for new inventions and a chance to go back to those assumptions that have become invisible and unnoticed. The designer aims to change an existing state of affairs into a more preferred one by not being trapped in organizational habits and routines. Within this approach, there is no predefined final goal, but a clear momentum to enhance the variety of alternatives and possibilities.

Wir würden das gern noch einmal unterstreichen: Der Design-Prozess ist kein klassischer Problemlösungsprozess; sondern ein Kreationsprozess, bei dem man sich – immer gemeinsam mit dem Kunden, dessen Bedarfe die eigene Neugier leiten und gegebenenfalls zügeln – zunächst einmal auf die Suche nach einem Problem begibt. Im Unterschied zu dem Problemlösungsprozess eines Ingenieurs oder Managers kann man den Arbeitsprozess eines Designers also als einen »Problemsuchprozess« bezeichnen. Dieser Suchprozess folgt gänzlich anderen Spielregeln als ein zielgerichteter, direkter Zugriff auf die Welt der Gegenstände und Sozialbeziehungen. Er lässt sich am besten mit dem Vorgehen eines Künstlers vergleichen, der bei seiner Arbeit versucht, so weit es geht auf einen theoriegeleiteten Blick zu verzichten. Mit »Theorie« meinen wir an dieser Stelle eine feste Vorstellung davon, wie die Welt funktioniert; ein Set von in sich konsistenten Grundannahmen, mit denen wir uns erklären, warum etwas passiert. Nicht nur aus der ethnologischen Forschung wissen wir, dass dieses Set – im Sinne einer Weltanschauung – im höchsten Maß kulturgebunden und damit kontextabhängig ist. Wir sprechen also nicht von der »Wahrheit«, sondern von der »Wirksamkeit« eines bestimmten Konstrukts. Wenn ich etwa im Kontext einer magischen Weltanschauung davon überzeugt bin, dass ein bestimmtes Ergebnis eines Hühnerorakels drohendes Unheil ankündigt, dann bin ich – den Bahnen eines kulturell geprägten, vorsprachlichen sozialen Konsenses folgend – sofort bereit, ein Ausbleiben dieses Unheils auf die schlechte Qualität des Hühnchens oder das Ungeschick des Medizinmanns zurückzuführen, der sich vor der entsprechenden Zeremonie nicht sorgfältig genug vorbereitet hat. Ich zweifle also mitnichten an der Schlüssigkeit meiner Theorie, sondern an den Umständen, die es ausnahmsweise nicht erlaubt haben, die entsprechenden Ergebnisse zu produzieren. Bereits die Klassiker der Ethnologie weisen – natürlich nicht ganz frei von kolonialen Vorbehalten – auf die fast unhintergehbaren Prämissen unserer »Theories-in-use« hin und legen damit die anschauliche Grundlage für die Erkenntnisse des Konstruktivismus und der modernen Erkenntnistheorie (siehe dazu etwa die Ethnografie der Azande bei Evans-Pritchard, Evans-Pritchard/Gillies 1988; oder, mit mehr philosophischer Raffinesse, die Darstellung von Duerr, Duerr 1985). Ob es sich dabei um Psychoanalytiker oder Neonazis handelt: wer schon einmal mit überzeugten Vertretern eines in sich geschlossenen Theoriegebäudes ins Gespräch kommen wollte, weiß wovon wir sprechen.

Anders hingegen die Perspektive einer Kunst, die es darauf anlegt (und sei es nur als Anspruch), die eigene Arbeit als ein ständiges Hinterfragen der eigenen Weltanschauung zu verstehen. Durch das Loslassen der vertrauten Perspektive kommen neue Aspekte ins Licht, die möglicherweise auch schon vorher existiert haben, aber so noch nicht wahrgenommen wurden. Die Kernkompetenz eines Künstlers ist also eine Aufmerksamkeit für kleine, subtile Abweichungen vom gewohnten Gang der Dinge, der Blick für das, was sich verändert, unsicher wird und brüchig. Sie ist im Wesentlichen eine Schule der Wahrnehmung. Das Interesse gilt dabei nicht so sehr dem Bestehenden, der Sicherheit, die die Wiederkehr des immer Gleichen ausstrahlt (was Künstler – glaubt man den oft kolportierten Berichten – oft genug in wirtschaftlich prekäre Situationen bringt). Sondern darin, Perspektiven einzunehmen und damit Dinge zu entdecken, die bis dato nicht im Fokus der allgemeinen Aufmerksamkeit, d. h. der Selbstverständlichkeit der gängigen Alltagstheorien waren. Ähnlich ist der Anspruch des Designers. Er suspendiert bei seiner Arbeit so weit es geht die eigenen (Vor-)Annahmen darüber, um was für ein Problem es sich denn handelt, mit dem er sich gerade beschäftigt. Die Idee dabei ist, sich möglichst unwissend zu stellen, um die Welt und ihre Zusammenhänge mit neuen Augen sehen zu können. Er verweigert sich den gängigen Lesarten, stellt sich ahnungslos und weiß daher nicht, wie dieses oder jenes funktioniert. Um es zu verstehen, d. h. eine neue Theorie über das Zusammenspiel so unterschiedlicher Faktoren wie Fahrer und Auto zu bilden, muss er zunächst lernen. Um was geht es hier überhaupt, wie sind die impliziten Spielregeln des Zusammenspiels, wie funktioniert das in diesem spezifischen Kontext? Mit der Zurückweisung der üblichen Sehhilfen verknüpft ist eine konsequente Fokussierung auf den Augenblick der Gegenwart. Was passiert hier und jetzt? Weil ich ausblende, wie es üblicherweise läuft, bleibt nur das Material des Augenblicks, aus dem heraus ich eine Theorie entwickeln muss, um überhaupt Zusammenhänge zu verstehen. Diese Theorie hat eine Ad-hoc-Qualität, sie ist instabil und kann jederzeit durch neue Evidenzen in Mitleidenschaft gezogen werden. In einem solchem Arbeitsmodus ist es dann nur konsequent, auf die Idee des Fehlers zu verzichten. Man kann nichts »falsch machen«, weil es zunächst keine Instanz gibt, die – auf welcher Grundlage auch immer – auf einer Differenz zu einem »richtig machen« beharrt. Man bewegt sich mit der Idee eines »Möglichkeitssinns«, der auf das Potenzielle achtet und nicht so sehr auf das Gegebene. Die Frage, die jeweils einen neuen Trittstein im Voranschreiten entstehen lässt, lautet: »Why not? Warum nicht? Wer sagt, dass es nicht auch so klappen könnte? Wäre doch gelacht ... wenn wir das hier mal mit dem in Verbindung bringen, dann ... hmmm, vielleicht könnte man hier das drehen und an dieser Stelle dazugeben; Nein, das geht ja gar nicht ... dann vielleicht so herum?« So ungefähr könnte der innere Monolog ablaufen, der den Designer bei seiner Arbeit begleitet.

»Planung« und – konsequenter gedacht – auch die Idee eines »Prozesses« erweist sich in diesem Zusammenhang als hilfreiche Metapher, deren Funktion hauptsächlich in der Unsicherheitsabsorption liegt, wie dieser aufschlussreiche Ausschnitt aus einem

Gespräch mit Malte Jung, Mitarbeiter am Center for Design Research an der Stanford University andeutet:

»*I have seen, that across engineering and design people like to conceptualize what they are doing in terms of processes. This seems to be in general a useful thing, a way for people to reflect about what they are doing and what they are planning to do. In design thinking the process seems to be so much in the center, because it is just a successful narrative, it gives people a sense of security and safety if they have a sort of a recipe to start with. For instance, with IDEO they had the challenge that they wanted to sell a design approach to other companies. In this case you have to give them safety, as no one will give you money if you come along with fluffy statements such as 'we will try, we will fail, we do not know what we are doing, but at some point in time we will find out ...' But if you come to a company and tell them about your five steps, and you can tell what you have achieved after each phase, the communication is much easier. In this way, the process of design thinking is an important tool in the communication process and helps to establish trust, it has its value in selling that, and it is also extremely helpful for people who are learning the design approach, as it helps them to find the initial starting point. But then there is a big difference in the way how you conceptualize the process. For instance, I have often seen people state that there is THE process, and it becomes suddenly THE design process with a particular number of steps with an exactly fixed order. Here at Stanford people say, that there is a process, a way of visualization, but it does not have a particular meaning, people sketch up their processes all the time, the process gives some orientation at the beginning, and then people might forget about it again. The design process should not be mixed up with the production of a large number of post-its. Producing post-its is more or less a process to producing post-its, and for sure such a process can be optimized and can be speeded up. But it is not about design.*«

Wenn es um die Beschreibung des Unterschieds zwischen Haltung und Vorgehensweise geht, ist dem nur wenig hinzuzufügen.

Nun ist diese Haltung und die daraus resultierende gelassene Aufmerksamkeit für die Resonanz des Augenblicks weiß Gott nicht etwas, was Künstler oder Designer entdeckt oder gar erfunden haben. Der Bogen einer solchen Positionierung in der Welt reicht von den Grundfesten des Zen-Buddhismus (Zen-Geist = Anfänger-Geist (Suzuki 2007) über die großen Momente der ethnologischen Forschung und ihren »Bricoleurs«, den Bastlern also, die sich auf die Spur der unbekannten Dinge geheftet haben, um sie Stück für Stück neu zusammenzusetzen (Levi-Strauss 1982), bis hin zu der Kybern(Ethik) eines Heinz von Försters, dessen neugieriges Augenblitzen im Gespräch ganz sicher dem Schalk zu verdanken ist, der vergnüglich und milde gestimmt beobachtet, wie die Themen im Gespräch eine unerwartete Wendung nehmen (Förster 1993). Diese Haltung hat etwas Verspieltes, fast schon Kindliches – und ist nicht ganz kompatibel mit dem Anspruch eines Managers oder Ingenieurs, der ein klares Ziel vor Augen hat und auch die Theorie, sprich den genauen Plan, wie er oder sie dahin kommt. Weder, das sei hier festgehalten, ist das eine richtig, noch das andere falsch. Es sind einfach zwei unterschiedliche Zugänge zur Welt, die beide ihre Vor- und Nachteile haben. Die Frage, die uns und die Protagonisten der Design-Phase der Innovationshelix beschäftigt, ist daher nicht auf Ausschluss gerichtet. Das wäre geradezu töricht, auch wenn es möglicherweise einen kleinen Punktgewinn bei den üblichen Scharmützeln unterschiedlicher Denkschulen und Communities of Practice einbringen würde. Der Charme dieses Gedankens ist vielmehr ein reflektiertes Zusammenspiel – reflektiert deswegen, weil ohne das Nachdenken über die Grundlagen der eigenen Profession (oder persönlichen Haltung) nutzloser Streit um ein Rechthaben vorprogrammiert ist. Im Zusammenspiel der unterschiedlichen Phasen der Innovationsmatrix ist die Frage von Interesse, wie – je nach Situation – ein Zusammenspiel beider Haltungen in eine fruchtbare, d. h. konstruktive Spannung zu bringen ist.

In seinen konzeptionellen Grundlagen (und wie wir gehört haben: nicht immer in seiner Praxis) läuft es auch beim Design-Ansatz auf ein Zusammenspiel dieser beiden unterschiedlichen, ja widersprüchlichen Paradigmen hinaus. Der Schlüssel für ein produktives Vorgehen liegt in der Kombination von Kunst und Engineering. In einem Bild, dass Tim Ingold (Ingold 2007) in seinem wunderbaren Buch über die Funktion der Linie in der abendländischen Geschichte zeichnet, wird dieses Zusammenspiel schön beschrieben. Er verwendet dazu die beiden Begriffe »Wayfaring« und »Transport« und illustriert deren Unterschied anhand der Jagdformen sibirischer Stämme. Beim Beginn ihrer Jagd wissen diese Stämme natürlich nicht, wo sich das Wild versteckt. Sie entwickeln daher eine Technik des »Umherstreifens«, gehen also in Resonanz mit ihrer Umgebung, in einen Lernmodus, bei dem sie versuchen, alles Wissenswerte über die aktuelle Eigenschaft des Schnees, des Wetters, Windrichtung etc. herauszubekommen. Während sie umherstreifen, erfahren sie so viel wie möglich über ihre Umgebung, die Chancen, die sich damit auftun und die Beschränkungen, die dadurch – immer wieder wechselnd – vorgegeben sind. Ihre Pfade passen sich den Bedingungen an, es ist eine Form der Ko-Evolution, wir sie bereits beim improvisierten Innovieren beschrieben haben. Man beeinflusst beim Streifen die Umgebung und wird von ihr beeinflusst. An einem bestimmten Punkt finden sie dann ein Tier (aber: vielleicht auch nicht), jagen und erlegen es mit all dem handwerklichen Können, das sie sich in den Jahren angeeignet haben. Und jetzt kommt der Punkt: sie lassen das erlegte Tier im Schnee liegen und machen sich auf die Jagd nach einem neuen Wild. Es ist also das Prinzip der Jagd, das hier praktiziert wird, und nicht das Erlegen eines Tieres. Auf diese Art bleiben diese Stämme in Verbindung mit ihrer relevanten Umwelt und lernen, sich jedes mal wieder an neue, unbekannte Situationen anzupassen. Wieder zurück im Lager, wird ein zweites Team ausgestattet, das nun genau weiß, wo das erlegte Wild liegt. Diese Sammler brauchen sich nicht damit auseinanderzusetzen, wie sie unbekanntes Terrain explorieren. Für diese Gruppe geht es um einen optimierten Ablauf: Sie gehen in einer Linie, um sich vor dem Wind zu schützen, sie gehen direkt und ohne Umwege, um Energie zu sparen, und sie gehen zielgerichtet und schnell, weil sie sich auf die bestehenden Theorien verlassen können. Wayfaring und Transport: die beiden Modi beschreiben die Unterschiede zwischen Design und Umsetzung, zwischen Gestaltung und effizientem Abarbeiten von Entscheidungen. Sie zeigen auch, dass es für beide Modi unterschiedliche Skillsets braucht, verschiedene Werkzeuge und eben auch: Haltungen.

Abstrakt gesprochen, ist eines der grundlegenden Prinzipien des Designs der disziplinierte Wechsel von divergentem und konvergentem Denken. Fokussiert sich die Kommunikation auf dieses Wechselspiel, dann entstehen nicht nur gute Ideen, sondern auch gute Ideen zu deren Umsetzung. Dies muss nicht notwendigerweise von den gleichen Personen kommen. Zu unterschiedlich sind möglicherweise die jeweiligen mentalen Modelle, zu fremd die Riten und Geschichten, die man sich in den jeweiligen »Professional Communities« erzählt – der Modus von »Explore« und »Exploit«, darauf hat schon niemand geringer als der Managementvordenker James March hingewiesen (March 1991) – ist nicht einfach so tauschbar wie ein Hemd. Ein Zuviel an Folgekonsequenzen und Pfadabhängigkeiten hängt an den einzelnen Entscheidungen in dem jeweiligen Paradigma. Aber, und um genau dieses geht es dann in unserer dritten Phase in der Innovationshelix, dem Embedding, es bleibt die Aufgabe der Verständigung, der Brückenschlag zwischen den Welten, der aus der Sprachlosigkeit und den (wechselseitigen) Abwertungen hinausführt und die Unterschiede produktiv macht. Wie gelingt es einem Innovationsprojekt, nein, wir bleiben für einen Moment in diesem Bild, wie gelingt es den Jägern der unbekannten Aufenthaltsorte von Problemen sowohl wieder ins Dorf zurückzufinden und dort willkommen geheißen zu werden als auch genügend Anschlussmöglichkeiten zu generieren, die von den zuständigen Transportern aufgegriffen und mit einem guten Stück an Arbeit in ein leckeres Mahl verwandelt werden können? Letztendlich geht es darum, dass beide Gruppen satt werden. Man braucht sich wechselseitig, und allein diese Interdependenz sollte Anlass genug sein, sich im Alltag der dörflichen Routinen mit Respekt zu begegnen.

Neben der spezifischen Haltung gibt es noch zwei weitere Eigenschaften, die den Design-Prozess charakterisieren. Dies wäre zum einen die Idee der Iteration. Design ist kein gradliniger, linearer Prozess, sondern eine Art Verschleifung mit offenem Ausgang. Zum einen gelingt es praktisch nie, auf der Direttissima eine Vorstellung davon zu bekommen, was sich hinter dem offensichtlichen Problem eines Kunden verbirgt. Nicht nur, dass wir an dieser Stelle in die Paradoxie jedes Problems rutschen (das man ja nur haben kann, wenn bereits eine Lösung absehbar ist – sonst hätte man kein Problem, sondern wäre entweder ratlos oder (noch) nicht bereit, die Kosten einer Lösung zu tragen) – allein schon die Vorstellung, zunächst einmal keine festen Vorstellungen zu haben, mit der Sicherheit gestiftet und Experten in ihrer Autorität bestärkt werden, führt dazu, dass man die Daten zunächst generieren muss, aus denen dann Hinweise auf neue, so noch nicht durchgespielte Kombinationen von Neuem und Bekanntem entstehen. Der Designer ist darauf angewiesen, in einem iterativen Trial-and-Error-Format Annäherungen an ein noch nicht hinreichend bekanntes Lösungsszenario durchzuprobieren. Durch die Wiederholungen und die darin eingebauten Variationen werden immer wieder neue Möglichkeiten durchgespielt. Damit wird zweierlei erreicht: Das Arbeitsteam bewahrt sich davor, zu lange an einer bestimmten, möglicherweise suboptimalen Idee festzuhalten. Man bleibt beim Skizzenhaften, arbeitet mit Post-it's statt mit Flipcharts und Beamerpräsentationen. Und stellt dabei sicher, dass neue Ideen im Modus eines »Rapid Prototyping« immer sofort durchgetestet werden.

Das ist ein weiteres Charakteristikum des Design-Ansatzes: Prototyping als eine Form des unmittelbaren praktischen Umsetzens von Ideen. Statt Ideen im Kopf einzelner Individuuen zu belassen, wo sie ein fast beliebiges Eigenleben führen können, werden im Arbeitsprozess alle nur erdenklichen (und verfügbaren) Materialien genutzt, um einer Idee Ausdruck zu verleihen. Durch die Einbeziehung aller Sinne entstehen dabei klare Rückmeldungen: »Das kann so gar nicht halten!«. Neben dem Spaß und den gruppendynamischen Elementen, die eine solche Form der Kooperation am konkreten Werkstück immer auch evoziert, ist es vor allem die Beschleunigung des Lernprozesses, die dadurch erreicht wird. »Accelerated Learning« ist das Stichwort für die Prozesse des Abgleichs von kognitiven Vorstellungen (»das müsste doch eigentlich...«) mit dem konkreten, greifbaren Prototyp mit all seinen Möglichkeiten, aber natürlich auch Beschränkungen etwa durch das verwendete Material, die bestehende Architektur, die jeweilige Funktionalität etc. Weil der Bau aller Prototypen bzw. die Lernerfahrungen daraus sowohl sorgfältig dokumentiert werden als auch die durchreflektierte Grundlage für den Bau des nächsten Prototypen bilden, entsteht bereits nach kurzer Zeit ein unglaublich dichtes Lernsetting, das sich im Voranschreiten immer wieder selbst erdet. Statt in großartige Gedankengebäude zu flüchten oder individuellen Größenfantasien nachzuhängen, wird jede Variation einer Idee eben nicht nur durchdacht, sondern einfach ausprobiert. Hier sieht man sehr schnell, wo sich weiteres Potenzial abzeichnet, das eine Spur legt für weiteres Ausprobieren, und wo Ideen ins Leere laufen. Fehler beim Bau von Prototypen zu machen ist aus dieser Perspektive das Beste, was einem Team passieren kann: Wirklich innovative Lösungen beginnen in aller Regel mit einer Überraschung. Gibt es eine schönere Beschreibung der Funktion von Fehlern?

7.1.2 Design und Design Research: ein kurzer Theorie-Rückblick

»Design is a battle of sorts between naming the thing and losing the dream, and keeping the dream and losing the name that stirs others to make the dream happen.«
(Weick 2004)

Wirft man einen Blick in die Literatur, dann wird schnell deutlich, dass die Verwendung des Begriffs »Design« sehr unübersichtlich und verwirrend ist. Dies hängt nicht zuletzt mit der Menge an Publikationen zusammen, die in den letzten Jahren rapide angestiegen ist (insbesondere zu dem Modethema des sogenannten »Design Thinkings«). Innerhalb der wissenschaftlichen Literatur ist zu dem Begriff keine allgemein geteilte Definition auffindbar. Vielmehr ist zu beobachten, dass innerhalb der Designer-Community (bzw. den unterschiedlichen Communities) eine rege Auseinandersetzung darüber eingesetzt hat, was »Design« (und in der jüngsten Diskussion auch »Design Thinking«) eigentlich bedeutet und wie andere Begriffe wie »Kreativität«, »Erfindung« und »Innovation« dazu in Beziehung zu setzen sind. Bei einer solchen babylonischen Sprachverwirrung hilft oft ein Blick in die Geschichte: Was sind die Wurzeln des Design-Ansatzes? Eine umfassende Diskussion und geschichtliche Einordnung der unterschiedlichen Design-(Thinking)-Ansätze findet sich etwa bei Kimbell (2009) oder Mareis (2011).

Am Anfang war das Objekt ...
Der Ursprung der Design-Theorie und -Praxis liegt in dem Design von Objekten. Die Zielsetzung dort war es herauszufinden, wie Objekte funktionieren, was sie tun und wie man diese herstellen kann. Obwohl der zentrale Fokus der Design-Forschung auf physischen Objekten lag, beschäftigten sich bereits in den 1960er-/1970er-Jahren Design-Praktiker und -Theoretiker mit der Frage, inwieweit sich die Denkweise des Designs auch auf andere Bereiche übertragen lässt. So definierte Christopher Alexander den Begriff Design als »*... the process of inventing things which display new physical order, organization, form, in response to function.*« (Alexander 1971). Obwohl sein Interesse und der Fokus seiner Arbeit im Bereich der Architektur und Bautechnik lag, zeigen seine Arbeiten sehr gut, dass sich die grundlegenden Gedanken und Ideen des Designs auch auf viele andere Bereiche übertragen lassen.

... dann kam das Denken

Einen wichtigen Grundstein zur wissenschaftlichen Diskussion über Design und Design Thinking legte der amerikanische Psychologe, Computerwissenschaftler und Ökonom Herbert A. Simon in seinem Buch »The Science of the Artificial«. (H. A. Simon 1996). Simon geht davon aus, dass die Welt, in der wir heute leben, viel mehr durch das Wirken von Menschenhand als durch die Wirkung von Naturgesetzten geprägt wurde. Hier unterscheidet er zwischen zwei Perspektiven: Die Perspektive der Notwendigkeit, in der die Dinge erscheinen, wie sie sind, und die Perspektive der Kontingenz, in der die Dinge erscheinen, wie sie sein könnten. Die erste Perspektive beschreibt das Wissen der Naturwissenschaften und Technologie, die zweite Perspektive den Möglichkeitssinn des Wissens. Unter den Begriff »Design« fallen dann alle Arbeitsgebiete und Professionen, die mit der zweiten Perspektive zu tun haben: Geschäftsleute, Ärzte, Ingenieure, Politiker, Künstler. Für Simon ist aber weniger die eine oder andere Seite dieser Unterscheidung von Interesse, ihn interessiert vielmehr der Berührungspunkt dieser beiden Welten: im Inneren die technische Struktur und Funktionsweise von Artefakten – im Äußeren deren Anwendungs- und Aufgabengebiete. Die Design-Wissenschaft (als Übersetzung für »The Science of the Artificial«) sollte sich demnach primär mit der Wechselwirkung zwischen Innen und Außen bzw. zwischen Technik und Anwendung beschäftigen (Bolz 2005).

Ein weiterer wichtiger Aspekt, der durch Simons Arbeit verdeutlicht wurde: Design beschränkt sich nicht nur auf das Objekt, sondern findet seinen Niederschlag in vielen weiteren Bereichen. Simon bezeichnet Design als jene Form(en) der zielgerichteten Produktivität, die die Überbrückung der Differenz zwischen Ist- und Soll Zustand zum Ziel haben:

> »Everyone designs who devise courses of action aimed at changing existing situations into preferred ones. The intellectual activity that produces material artifacts is no different fundamentally from the one that prescribes remedies for a sick patient or the one that devises a new sales plan for a company or a social welfare policy for a state.«
> (H. A. Simon 1996)

Design ist somit zu verstehen als ein allgemeiner Begriff für alle jene Kompetenzen, die mittels eines professionellen Trainings und Tuns erworben werden können. An dieser Stelle sei vermerkt, dass Simon schon sehr früh auf den Bedarf an Bildungs- und Weiterbildungsangeboten im Bereich Design hingewiesen hat. In seinen Worten geht es darum, eine Balance zu schaffen zwischen der wissenschaftliche Ausbildung und dem technologischen Wissen auf der einen Seite und den praxisnahen und professionellen Gestaltungsfähigkeiten auf der anderen Seite.

Die wohl wichtigste Bedeutung von Design ist die Vermutung, dass Design nicht nur den Möglichkeitssinn kultiviert, sondern auch die Basis legt, sich flexibel auf die Zukunft einzustellen. Also: weniger Fokus auf das Produkt, sondern Aufmerksamkeit auf die Aktivität selbst, die zu dem Produkt führt. Seiner Meinung nach geht es beim Design darum, die Varietät zu steigern, ohne dabei die gesetzten Rahmenbedingungen aus dem Blick zu verlieren oder zu übertreten. Man kann sich dies als einen Tanz in Fesseln vorstellen; ein Tanz, bei dem die gegebenen Restriktionen dennoch nicht dazu führen, dass die Tänzerin den Spaß und den Mut verliert, immer wieder neue Schrittkombinationen auszuprobieren. Um maximale Freiheit in der Wahl möglicher Tanzschritte (trotz auferlegter Fesseln) zu gewinnen, ist für Simon die Reflexion der Denkprozesse des Designs – Urteilen, Entscheiden, Wählen, Entwerfen, Darstellen – eine notwendige Finger- bzw. Fußübung.

Es verwundert nicht, dass sich Simon dabei auch mit der Natur der Probleme auseinandersetzt, die mit Ansätzen des Designs adressiert und gelöst werden können. Hier kommt der von ihm geprägte Begriff der »Bounded Rationality« in Spiel. Nach seiner These sind Systeme (psychische oder soziale) nicht in der Lage, die ganze Komplexität ihrer Umwelten rational zu erfassen. Sie sind daher darauf angewiesen, unterschiedliche Strategien im Umgang mit dem Phänomen der begrenzten Rationalität zu entwickeln: »Local Hill Climbing« bezeichnet beispielsweise die kurzsichtige Suche nach lokalen Optima. Da ein Beobachter nicht in der Lage ist, die Welt in ihrer ganzen Komplexität zu erfassen, wird er immer auf vereinfachende – oft durch historische Erfahrungen geprägte – Weltbilder zurückgreifen. »Eine Suche im Labyrinth der Möglichkeiten« – so beschreibt Simon eine weitere, von ihm favorisierte Strategie, um das Grundproblem der beschränkten Rationalität sozialer Systeme in den Griff zu bekommen. Anstatt sich im Bereich der Optimierung zu verlieren, empfiehlt er die Entwicklung heuristischer Suchverfahren im maximalen Möglichkeitsraum. Diese helfen – trotz begrenzten Wissens und wenig Zeit – auf »gute« Lösungen zu kommen (im Original: »satisfying« im Sinne von »gut genug« anstelle des »Besten«). Bei komplexen Herausforderungen besteht das effiziente Problemlösungsverhalten vor allem darin, nach guten und passenden Alternativen zu suchen. Und die Design-Wissenschaft hilft dabei, Mechanismen zu beschreiben, mit denen genau jene Alternativen generiert werden können (Bolz 2005).

Die Suche nach unlösbaren Problemen
Um das Anwendungsgebiet von Design genauer zu fassen, formulierte Horst Rittel den Ansatz der sogenannten »Wicked Problems« (Rittel 1967). Rittel war auf der Suche nach einem alternativen Modell des Design-Prozesses – im Vergleich zu den bis dahin gültigen linearen Design-Modellen der Design Community. Um die Vorstellung von Linearität zu unterbrechen, führte er die Unterscheidung von »Problemdefinition« und »Lösungsbeschreibung« ein. Steht die Problemdefinition für einen analytischen Prozess, in dem der Designer die Elemente des Problems sowie die damit verknüpften Anforderungen für eine erfolgreiche Design-Lösung bestimmt, ist die Lösungsbeschreibung ein synthetischer Prozess, in der eine Vielzahl von Anforderungen miteinander kombiniert und gegenseitig ausbalanciert werden, um so einen Blick auf das Ganze zu bekommen. In einem seiner ersten veröffentlichten Arbeitspapiere beschreibt er solche »Wicked Problems« als

> » ... a class of social system problems which are ill-formulated, where the information is confusing where there are many clients and decision makers with conflicting values, and where the ramifications in the whole system are thoroughly confusing.«
> (Rittel 1967)

Abgesehen davon, dass der Duktus der Definition eine gewisse Ähnlichkeit mit dem verzweifelten Hilferuf eines Seelsorgers hat, wird hier deutlich, dass eine der charakterisierenden Eigenschaften von »Wicked Problems« deren Unbestimmtheit ist. Hervorzuheben ist, dass mit »Unbestimmtheit« hier die fehlenden Rahmenbedingung und Grenzen des Design-Problems gemeint sind (Unbestimmtheit könnte man ja auch im Sinne einer Unterspezifikation interpretieren). Mit welcher Art der Unbestimmtheit dieser Problemtyp zu tun hat, beschreibt Rittel in späteren Publikationen anhand von zehn Eigenschaften (Rittel/Reuter 1992):
- »Wicked Problems« haben keine endgültige Beschreibung und jede Beschreibung eines »Wicked Problems« bezieht sich auf die Beschreibung einer möglichen Lösung.

- »Wicked Problems« haben kein definiertes Ende.
- Es gibt keine richtige oder falsche Lösung für ein »Wicked Problem«, nur eine bessere oder eine schlechtere.
- Für die Lösung von »Wicked Problems« gibt es keine vollständige Liste von zulässigen Operationen.
- Für jedes »Wicked Problem« gibt es immer mehr als eine mögliche Erklärung und jede dieser Erklärung hängt wiederum von der Weltanschauung des Designers ab.
- Jedes »Wicked Problem« ist das Symptom eines anderen, auf einer höheren Ebene angesiedelte Problems.
- Keine Beschreibung oder Lösung eines »Wicked Problems« kann eindeutig überprüft oder evaluiert werden.
- Jeder Lösungsversuch kann nur einmal durchgeführt werden. Danach hat sich das »Wicked Problem« verändert.
- Jedes »Wicked Problem« ist einzigartig.
- Die Bearbeiter von »Wicked Problems« sind für ihre Handlungen voll verantwortlich.

Bei solchen »Wicked Problems« ist es in der Regel schwierig, eine angemessene Einschätzung der aktuellen Situationen zu bekommen. Es erstaunt nicht, dass Wicked Problems weit verbreitet sind und auch vor den Operationen von Organisationen nicht halt machen. Bedingt durch die Komplexität des globalen Spielfelds – Wettbewerber, Kunden, gesetzlichen Reglementierungen, technologische, gesellschaftliche, ökonomische und politische Veränderungen – sehen sich Organisationen mit einer sich kontinuierlich ändernden Dynamik ihrer relevanten Umwelten konfrontiert. Unangenehm, hartnäckig, schwer durchdringbar und wenig greifbar sind die heute üblichen Adjektive, um die Tragweite dieser Art von Problemen anzudeuten. Das Thema Nachhaltigkeit ist ein Beispiel hierfür: »Soll ich mich mehr auf die Sicherung langfristiger und nachhaltiger Ziele konzentrieren oder ist für mich die kurzfristige Überlebenssicherung wichtiger? Wie kann ich hier die Balance halten?« Potenzielle Lösungen lassen sich hier nicht in die Kategorie »Richtig oder »Falsch« einordnen. Eine Lösung kann besser oder schlechter sein, kann mehr oder weniger Sinn machen. Und morgen kann alles wieder anders ausschauen. Ohne die Relevanz des Ansatzes von Rittel schmälern zu wollen, ist allerdings die alleinige Diagnose von »Wicked Problems« gerade für Organisationen noch ohne Mehrwert, da sich aus dieser Erkenntnis noch keine Handlungsempfehlungen ableiten lassen.

Eine interessante Fragestellung in diesem Zusammenhang ist die Unbestimmtheit derartiger Probleme. Die Antwort auf diese Frage – die auch von Rittel unbeantwortet blieb – sieht Buchanan als wichtigen Startpunkt für eine theoretische Auseinandersetzung zum Thema Design (Buchanan 1992). Seiner Meinung nach liegt die Antwort in der besonderen Rolle des Themenbezugs (im englischen »subject matters«) von Design. Da Design per se nicht auf ein bestimmtes Thema oder eine spezifische Domäne eingeschränkt ist, bleiben Design-Probleme in der Regel unbestimmt und »wicked«. Und obwohl sich Design uneingeschränkt auf alle Domänen anwenden lässt, muss der Designer bei der Entwicklung des Designs eine Festlegung der Domäne oder des Themas vornehmen. In den Naturwissenschaften funktioniert dies genau anders herum: In einer festgelegten Domäne geht es darum, die darin existierenden Prinzipen und Gesetze zu verstehen.

7.1.3 Der Design-Ansatz in der Praxis

Die vielen Hinweise zur Theorie und Haltung im Design-Prozess haben ihren Zweck erreicht, wenn bei dem nächsten Schritt – der Beschreibung der einzelnen Arbeitsschritte der Design-Phase – die Aufmerksamkeit geschärft ist für eine entsprechende Relativierung der Idee eines durchstrukturierten Prozessablaufs. Was in der Theorie und auf einem Blatt Papier wie ein ordentlicher Ablauf aussieht, der Schritt für Schritt abgearbeitet werden kann, ist in der Praxis eher ein Strom von Aktivitäten, bei dem die einzelnen Schritte fließend ineinander übergehen. Manchmal wird dieser Strom sogar unterbrochen – man kommt an einer Stelle nicht mehr weiter, geht zurück an den Anfang des Prozesses, fädelt noch einmal neu ein, überspringt einen Abschnitt und holt später nach, was dort hätte passieren sollen ..., um bei den darauf folgenden Schritten dann wieder systematisch und wie geplant weiterzumachen. Die Design-Phase ist der unruhigste Teil des Innovationsprozesses. Viele Dinge geschehen dort eher als das sie gemacht werden. Gute Ideen gibt es nicht auf Kommando, und gleichzeitig führt ein kreatives Spielen mit Möglichkeiten ins Nirgendwo, wenn es keine Problemdefinition und keinen Innovationsfokus gibt, der diesem Spiel Rahmen und Richtung gibt. Für die Praxis dieser Phase ist dies die eigentliche Herausforderung: einen klaren Blick für die Logik des Ablaufs zu haben, Orientierung zu schaffen durch eine in sich schlüssige Schrittfolge, ein Format, das Sicherheit stiftet und die Aufmerksamkeit und Initiative der an diesem Prozess beteiligten Personen koordiniert, – ohne dabei zwanghaft zu werden. Je besser wir verstanden haben, wie die einzelnen Prozessschritte miteinander zusammenhängen, desto gelassener können wir auf Abweichungen und Unterbrechungen reagieren, die nicht geplant sind, sondern passieren.

Insgesamt geht es in der Design-Phase darum a) in einem zielorientierten Lernprozess einen Innovationsfokus zu entwickeln, der die Entstehung neuer Ideen befördert, indem er den Raum begrenzt, in dem sie stattfinden können, sowie b) die Entwicklung und das Ausprobieren neuer Ideen, mit denen entweder ein bestehendes Problem besser gelöst oder aber ein bestehendes Bedürfnis auf eine gänzlich neue Art gestillt werden kann. Und wenn man Glück hat, weckt man damit sogar neue Bedürfnisse, die bis dahin noch gar kein Problem verursacht haben.

Bei unserem Vorgehen orientieren wir uns an den Arbeiten von Charles Owen (1998) sowie den Überlegungen von Beckman und Barry (2007), die sich für uns durch eine angenehme Nüchternheit in der Bearbeitung des Themas auszeichnen. In der ausufernden Literatur zum Thema Design, Kreativität und Innovation (Stichwort: »Wie kommt das Neue in die Welt?«) existiert eine Vielzahl von Modellen, die entweder einzelne Aspekte des Design-Prozesses aufgreifen und in den Mittelpunkt stellen (Mareis 2011), oder aber diesen mit neuen Begriffen unterlegen und um eine sozialkritische Dimension erweitern, um damit die gesellschaftliche Ebene und dort die Notwendigkeit sozialer Innovationen zu adressieren. All diese Modelle orientieren sich in ihrem Kern an einer ähnlichen Schrittfolge. Es ist also ein Leichtes, Verwandtschaften und Überschneidungen zu entdecken, etwa zu der »Theorie U« von C. Otto Scharmer, die in ihrem Kern auch auf den Fundus des Design-Ansatzes zurückgreift (Scharmer 2011).

Wir sind hier in unserem Anspruch bescheidener und verstehen den vorgestellten Arbeitsprozess als eine Art Rahmen, mit dem Organisationen sich in die Lage versetzen, produktiv mit der Paradoxie des Managens von Innovationen umzugehen, d. h. unter Anerkennung der Fesseln ihrer Geschichte das Spannungsfeld von »zielgerichtetem Erfinden« und »Zulassen von Neuem« für die Arbeit an der eigenen Zukunftsfähigkeit zu nutzen.

Der gesamte Design-Prozess besteht aus insgesamt vier Einzelschritten, die als iterative Schleifen zwischen Recherche, Problemdefinition, der Entwicklung neuer Ideen und Konzepte und einem praktischen Ausprobieren und Testen von (Teil-)Lösungen oszillieren. Jeder dieser Einzelschritte hat eine eigene Funktionalität, die allerdings erst im Kontext der anderen Schritte ihr volles Potenzial entfaltet:

Needfinding (Recherche): Durch die Beobachtung und Befragung von Anwendern versucht ein Arbeitsteam, verdeckte Kundenbedürfnisse zu eruieren.

Problemdefinition (Analyse/Synthese): Die gesammelten Daten aus der Interaktion mit den Anwendern werden zunächst ausgewertet und analysiert, um in einem zweiten Schritt zu einer schlüssigen Problemdefinition verdichtet zu werden. Diese dient als Grundlage für die Suche nach innovativen Lösungen.

Ideenfindung: Der durch die Synthese des Datenmaterials entstandene Suchraum wird systematisch genutzt, um die Wahrscheinlichkeit eines fokussierten Erfindens zu erhöhen.

Prototyping: Kleine und große Ideen werden im Rahmen konkreter Prototypen durchprobiert und gemeinsam mit dem Kunden getestet. Die Learnings daraus werden dann in dem weiteren Innovationsprozess verarbeitet.

Die folgende Grafik veranschaulicht die einzelnen Schritte (vgl. Abbildung 16):

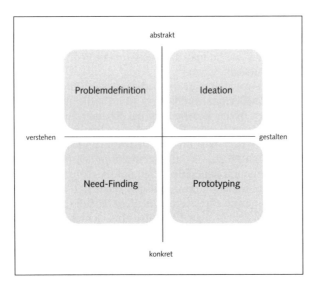

Abb. 16: Die vier Schritte des Design-Prozesses

Es sei nochmals darauf hingewiesen, das die Übergänge in diesem Prozess in der Praxis fließend verlaufen und sich manchmal noch nicht einmal an die schlüssige Reihenfolge des Uhrzeigers halten – auch wenn dies aus der Perspektive eines verantwortlichen Managements sehr wünschenswert wäre. Im Alltag verläuft dieser Prozess immer in iterativen Schritten, bei denen sich divergente und konvergente, abstrakte und konkrete sowie analysierende und gestalterische Schritte abwechseln und wechselseitig ergänzen. Dies im Hinterkopf behaltend, kommen wir nun im Folgenden zu der Beschreibung der einzelnen Arbeitsschritte.

7.2 Arbeitsschritt 4: Need-Finding (Recherche)

7.2.1 Warum Need-Finding?

Das Vorgehen im Design-Prozess ist grundsätzlich geleitet von einer Pull-Dynamik. Eine konkrete Herausforderung oder Problemstellung ist die Leitplanke für die iterativen Verschleifungen der Design-Arbeit. Es muss schlicht jemand geben, der ein Anliegen hat, damit der Prozess Halt bekommt und sich nicht im Glasperlenspiel unendlicher Möglichkeiten verliert. In einem ersten Schritt geht es konsequenterweise darum, die Bedürfnisse herauszubekommen, die hinter einem konkreten Anliegen eines Kunden stehen.
Dazu kommt, dass vor dem Hintergrund einer mehr und mehr vernetzten, globalen Weltgesellschaft eine Vielzahl fragmentierter Märkte entsteht. Über das Internet, auf Facebook oder sonstigen Plattformen finden sich sehr schnell User Communities, die zwar möglicherweise auf der ganzen Welt verstreut leben, aber ein spezifisches gemeinsames Interesse haben und damit einen potenziellen Markt abbilden, der dann auch über ein eigenes Chancen/Risiken-Profil verfügt. Die Zeichen mehren sich, dass die Zeiten von Einheitsprodukt und Massenproduktion zumindest in der Konsumgüterindustrie vorbei sind. Denken wir nur an die Vervielfältigung des Produktportfolios einer so traditionellen Branche wie der Automobilindustrie. Wo vor 10, 15 Jahren noch drei Baureihen (C-Klasse, E-Klasse, S-Klasse, oder 3er-, 5er-, 7er-Modell) ausreichten, um in den vollen Genuss von sozialen Distinktionsgewinnen zu kommen, ist die heutige Modellpalette geprägt von einer fast schon unüberschaubaren Vielzahl an Angeboten für spezifische User-Gruppen. Es gibt Modelle für die große Familie, für die kleine Familie, für den Singlehaushalt, für den sportlichen Singlehaushalt, für den ökologisch-affinen Singlehaushalt, für den Fan von maskulinen Produkten, etwas mehr Knuffiges für die allein erziehenden Mütter, für junge Nachwuchskunden ein Einsteigermodell, für junge Familien etwas mit viel Raum für Gepäck und Kinderwagen, für die wohlhabende Klientel eine Luxusvariante mit Vollausstattung, und wenn es einen neuen, aktuellen Trend gibt wie zum Beispiel Elektromobilität, dann dazu natürlich auch ein entsprechendes Modell. Den gleichen Effekt können wir bei vielen

Konsumprodukten beobachten – sei es die Vielfalt der Mobiltelefone, die Ausdifferenzierung der Brot- und Käsesortensorten oder die Anzahl zielgruppenspezifischer Versicherungsangebote. Überall sprießen Nischenmärkte aus dem Boden und verlangen nach einer präzisen, sorgfältig recherchierten Bedarfseinschätzung. Das Wissen über die Kontexte von Nutzern wird immer wichtiger, das zeigen nicht zuletzt die an der Börse gehandelten Preise für Firmen wie Google oder Facebook, deren Geschäftsmodell im Kern ja aus nichts anderem besteht als der Aggregation von kontextsensitiven Userdaten.

Nimmt man diese Beobachtungen ernst, wird in Bezug auf das Thema Innovation die tiefgreifende Recherche und damit das Verständnis für die kontextspezifischen Kundenbedarfe zu einer Schlüsselstelle. Ohne verlässliche Informationen dazu ist die Investition in Innovationsideen wie russisches Roulette – man kann Glück haben und erwischt mehr oder weniger zufällig die Bedürfnisse einer weltweit vernetzten Zielgruppe. Durch die mitlaufenden Skaleneffekte ist das dann wie ein Volltreffer im Lotto: Ein Team von 12 Leuten baut eine coole Kameraapplikation für das iPhone, bettet sie in ein Community-Modell ein, setzt auf die Konvergenz der vielen Social-Media-Plattformen, die mit dieser Applikation einfach und elegant gefüttert werden können, und wie immer sich dann die Netzwerkdynamik entfaltet: innerhalb weniger Monate gibt es zigtausende von Downloads und die Firma wird ein Jahr nach ihrer Gründung für 1 Milliarde Dollar von Facebook aufgekauft. Bingo.

Solche Glücksfälle sind bei einem Innovationsmanagement nicht an der Tagesordnung. Dort steht die sorgfältige Recherche am Anfang des Design-Prozesses und die Ergebnisse daraus sind ein wichtiger Input für den weiteren kreativen Prozess. Die Grundhaltung hierfür lässt sich am besten mit Empathie, d. h. Einfühlungsvermögen umreißen. Es geht um ein aufmerksames Beobachten von Anwendern in konkreten Alltagssituationen, um eine aktive Interaktion mit ihnen durch gezielt geplante Begegnungen (Interviews, Co-Einkäufe), kurz: um das Eintauchen in deren Lebenswelt, um das Nachempfinden von Erfahrungen, die nur dort stattfinden und Einiges aussagen über Präferenzen, Wahlmöglichkeiten und Entscheidungen darüber, was tatsächlich gebraucht wird und auf was ohne Probleme verzichtet werden kann. Bereits hier wird deutlich, wie wichtig eine Haltung des »Nicht-Wissens« seitens des Beobachters für die Qualität der Ergebnisse hat. Wenn alle Interaktionen vor dem Hintergrund der eigenen Vorannahmen gefiltert werden, dann sagt das am Ende viel über den Beobachter aus, aber herzlich wenig über die Präferenzprofile des Users.

Der schwierige Teil in der Recherchephase ist daher die Interpretation der äußerlich beobachtbaren Verhaltensweisen. Man kann zwar sehen und festhalten, dass jemand oft flucht, wenn er in sein Auto einsteigt. Aber ob das mit der Sitzhöhe, der vorgezogenen B-Säule oder einem fehlenden Haltegriff zusammenhängt, erschließt sich daraus nicht. Natürlich kann man in so einer Situation nachfragen – interessanterweise wissen jedoch Kunden oft selbst nicht genau, was in so einer Situation nicht stimmt. Es fühlt sich irgendwie komisch an, es ist unbequem, es nervt – sonst würde man ja nicht fluchen. Aber an was genau es nun liegt?

Gelingt es, mittels ethnografischer Methoden nicht nur genau zu beobachten, sondern diese Daten auch zu dekodieren, dann erschließt sich nach und nach der Kosmos sinnvoller Bezüge, werden aus reinen Gegenständen funktionale Zusammenhänge, die einen Sinn haben, weil sie – für die betreffende Person, nicht notwendigerweise für den Beobachter – Sinn machen. Erst durch dieses kognitive und auch emotionale Nachvollziehen erschließt sich nach und nach »das Leben der Anderen«.

Es wäre ein Leichtes, an dieser Stelle in einen philosophischen, präziser: erkenntnistheoretischen Diskurs einzusteigen, der sich seine Gedanken macht über die prinzipielle Unzugänglichkeit des Bewusstseins anderer und die sozialen Anstrengungen, die wir permanent unternehmen, um diese unüberwindbare Hürde zu umgehen. Das Thema ist ernst, entsprechend weit reicht der Bogen intellektueller Anstrengungen, sich hierzu ein sinnvolles Bild zu machen. Allein in der Neuzeit lösen die Versuche zu verstehen, was eigentlich »Verstehen« heißt, ein Feuerwerk an brillanten Ideen aus. Von Gadamers Überlegungen, Verstehen als »handelnden Nachvollzug« zu konzipieren, über Habermas' eloquenten Versuch, diese Verschränkung über die Partizipation an einer gemeinsamen Lebenswelt abzusichern, bis hin zu den nicht minder eloquenten, aber deutlich nüchterner ausfallenden Hinweisen eines Niklas Luhmann, der gelingende Kommunikation als Glücksfall ansieht und auf doppelte Kontingenz setzt, um das Schlimmste zu verhindern – es würde den Rahmen dieses Buches sprengen, wenn wir dieses Fass aufmachen. Im Kontext der Überlegungen zu einem gelingenden Innovationsmanagement belassen wir es bei den Hinweisen, dass die ethnologische Gedankenfigur einer aktiven Auseinandersetzung mit dem Fremden, die schlussendlich in die Methode einer »Teilnehmenden Beobachtung« gegossen wurde, ausreichende Näherungswerte zur Erschließung ja immer auch sozial motivierter individueller Präferenzen und Sinnstiftungen generiert. Genau wissen werden wir es nie – aber wir können eine Ahnung davon bekommen, welchen Blick spezifische Kundengruppen auf die Welt haben und an welchen Äußerlichkeiten sich diese mentalen Modelle festmachen lassen. Dies ist die Eintrittspforte in das Design innovativer Lösungen, die verstanden haben, um was es diesem oder jenem User »eigentlich« geht und wie dieser »Need« durch eine Verbesserung bestehender Lösungsangebote, aber auch durch die Neudefinition eines strukturell äquivalenten Angebots, befriedigt werden kann. Dies hört sich trivialer an als es dann tatsächlich in der Praxis des Innovierens ist. Nicht immer etwa gelingt es, die Lücke zwischen »Bedürfnis erkannt« und »Hier ist die Lösung dafür« zu schließen. Selbst wenn durch die Recherchephase klar geworden ist, was die psychischen, physischen oder kulturellen Anforderungen einer Kundengruppe sind – die Lösung dafür (ein bestimmtes Objekt, eine Aktion, eine Dienstleistung) liegt ja damit noch nicht automatisch auf dem Tisch. Diese zu entwickeln, ist die Aufgabe der Folgeschritte in der Design-Phase, auf die wir noch zu sprechen kommen.

7.2.2 Was zeichnet eine gute Recherche aus?

Wenden wir uns nach dem »Warum?« nun der Frage des »Wie?« zu. Das Herzstück guter Beobachtung sind Aktivitäten, die unter den Begriffen »Contextual Inquiry«, »ethnografische Marktforschung«, »On-Site-Beobachtungen« oder auch »qualitative Interviews« bekannt geworden sind. Es wundert nicht, dass ein Großteil dieser Methoden aus der ethnografischen Forschung kommt – geht es dort ja um ein ähnliches Anliegen, freilich in einem anders gelagerten Kontext. In der Marktforschung und der Innovationsforschung ist die Anwendung dieser Methoden ein noch relativ junges Feld; das reichhaltige Repertoire ethnologischer Methoden ergänzt erst nach und nach das klassische Interview-Setting. Die »dichten Beschreibungen« (Geertz 1987), die damit produziert werden, stiften jedoch deutlich größeren Mehrwert – es ist daher abzusehen, dass sich diese Methoden in naher Zukunft stärker etablieren werden. Die ersten Projekte, die sich explizit damit beschäftigt haben, kamen aus dem Bereich des Human Interface Designs. Dort ging es ursprünglich um die Frage, wie Systeme für eine computer-gestützte Kooperation aussehen müssen, damit die virtuelle Zusammenarbeit von Teams besser funktioniert. Hierfür war es notwendig, das soziale Umfeld zu kennen, in dem solche Aktivitäten stattfinden, um darauf aufbauend Lösungen für das Bedürfnis »bessere Kooperation« zu entwickeln. Wir werden am Ende des Kapitels wieder die wichtigsten Werkzeuge und Vorgehensweisen dazu kurz vorstellen. An dieser Stelle reicht der Hinweis, dass man bei dieser Arbeit gern interessanten *Geschichten* nachgeht, die von Usern aus ihrem Alltag erzählt werden und die Widersprüche oder »Work-Arounds« beinhalten. Obwohl zum Beispiel Eltern betonen, es sei ihnen wichtig, dass ihre Kinder ein gesundes Frühstück bekommen, wird in der Beobachtung ihres Alltags deutlich, dass die wenigsten Eltern ihren Kindern ein gesundes Frühstück zubereiten. Wenn man also verstehen würde, was Eltern davon abhält, ihrem Anspruch gerecht zu werden, dann bieten sich aus dieser Einsicht erste Hinweise darauf, wo man ansetzen könnte, um dieses Problem zu lösen. Das gleiche gilt etwa für Geschichten von persönlichen Erfolgen und Niederlagen: immer wieder wird in Baumärkten die Beobachtung gemacht, das Do-it-yourself-Kunden überfordert sind und eine bereits begonnenen Renovierung ihres Hauses wieder stoppen. Würde man verstehen, warum diese Kunden frustriert sind, würde sich daraus sofort ein neues Marktpotenzial erschließen lassen.

All diese Methoden können (und werden) durch quantitative Ergebnisse der Marktforschung angereichert. Dennoch ist es wichtig, durch die *direkte Interaktion* mit den Kunden bzw. Usern ein Verständnis der Gesamtsituation zu entwickeln, in der eine bestimmte Verhaltensweise aus seiner subjektiven Perspektive Sinn macht. Eine solche Gesamtsituation erfasst oft alle Teilnehmer und Teilnehmerinnen einer Wertschöpfungskette: Für das (innovative) Design eines Gebäudes sind natürlich alle jene Personen relevant, die in dem Haus wohnen oder arbeiten; aber natürlich gehören dazu auch diejenigen, die das Gebäude instand halten, die die Bewohner besuchen, die in dem Gebäude Dienstleistungen anbieten etc. Die Nachhaltigkeit einer Innovation zeichnet sich dadurch aus, dass bei ihrer Entwicklung das gesamte System in den Blick genommen wurde. Daraus resultiert ein Verständnis davon, in welcher Weise eine Innovation die kurz- und langfristigen Belange der Beteiligten verändert. Natürlich werden mit diesen Methoden immer auch die Enduser in den Blick genommen, d. h. diejenigen, die ein neues Produkt verwenden und es daher auch bezahlen werden.

Oft ist die Exploration eines Kundenproblems daher eine sehr komplexe Angelegenheit und es fällt schwer, einen geeigneten Einstieg zu finden, mit dem die Vielfalt der Perspektiven und Beteiligten gebändigt werden kann. In solchen Fällen empfiehlt sich die Arbeit mit sogenannten »Fokusgruppen«, die wir ebenfalls in der nachfolgenden Toolbox vorstellen werden. Folgende Beispiele aus der Praxis geben einen guten Eindruck davon, wie Unternehmen mit diesen Methoden arbeiten:

Beispiel Reinigungsmittel – Mitarbeiter der Firma Henkel besuchen die Endverbraucher direkt in ihren Haushalten oder Arbeitsstätten. Um einen umfassenden Einblick in den Alltag zu bekommen, sprechen sie mit den Kunden über deren Probleme und Wünsche bei der alltäglichen Arbeit. Oder sie führen Experteninterviews mit Reinigungsprofis, um Näheres über deren Gewohnheiten und Herausforderungen bei der Reinigung von Hotelzimmern unter Zeitdruck zu erfahren. Die Mitarbeiter beobachten und arbeiten selbst in den Haushalten mit und erfahren dabei, welche Produkte und Hilfsmittel eingesetzt werden. Entstehen dabei erste grobe Konzeptideen zu Verbesserungen, werde auch diese mit den Kunden diskutiert.

Beispiel Mobilfunk – Aus der Mobilfunk-Branche ist das sogenannte »Sofa-Hopping« bekannt, bei dem ebenfalls Mitarbeiter und Mitarbeiterinnen (natürlich nach voriger Absprache) für ein paar Tage direkt bei den Kunden im Haushalt leben, um dort die Gewohnheiten im Umgang mit Telekommunikationsgeräten fast schon am eigenen Leib hautnah zu erfahren. Die daraus gewonnen Einsichten geben außerordentlich wertvolle Hinweise auf mögliche inkrementelle Verbesserungen, aber ebenso für grundsätzlich neue Ideen in Bezug auf das Zusammenspiel von Mensch und Telefon plus die damit verknüpfbaren Dienstleistungen und Serviceangebote.

7.2.3 Toolbox: Durchführung von Beobachtungseinheiten/Fokusgruppen

Durchführung von Beobachtungseinheiten/Fokusgruppen	
Um was geht es?	Beobachtungseinheiten werden durchgeführt, um vertiefte Einblicke in die Gewohnheiten von Anwendern und Kunden zu gewinnen. Es geht darum herauszufinden, wie bestimmte Zusammenhänge tatsächlich ablaufen oder funktionieren. Es werden die folgenden Beobachtungsverfahren unterschieden: *Verdeckte versus offene* Beobachtung: Wissen die Beobachteten, dass sie beobachtet werden? *Nicht-teilnehmende versus teilnehmende* Beobachtung: Wird der Beobachter aktiver Teil der Interaktion? *Systematische versus unsystematische* Beobachtung: Gibt es ein standardisiertes Beobachtungsschema? Beobachtungen in *natürlichen versus künstlichen Settings*: Wo finden Interaktionen statt und welche Vorteile haben beide Settings?
Herausforderung	Wie gelingt es, Teil einer Interaktion zu sein, und trotzdem zu beobachten, was dort vor sich geht?
Ziele und Ergebnis	Generierung von anschaulichem Datenmaterial, das dabei unterstützt, ein detailliertes Verständnis der Bedürfnisse von Anwendern zu entwickeln.
Wer und wann	Immer dann, wenn es wichtig ist, die Bedürfnisse der Anwender besser zu verstehen.
Vorgehen	*Schritt 1: Auswahl des Settings* Es wird festgelegt, wo und wann die interessierenden Prozesse und Personen beobachtet werden können.

Durchführung von Beobachtungseinheiten/Fokusgruppen	
Vorgehen	*Schritt 2: Festlegung des Aufmerksamkeitsfokus* Es wird festgelegt, was (und wie) bei der Beobachtung tatsächlich und unbedingt festgehalten werden soll. *Schritt 3: Sequenz aus unterschiedlichen Beobachtungsperspektiven* Im Rahmen einer Beobachtung wird zwischen unterschiedlichen Perspektiven gewechselt: die *beschreibende Beobachtung* für die allgemeine Beschreibung des Feldes, die *fokussierte Beobachtung*, die mehr und mehr die relevanten Aspekte der Ausgangsfrage in Blick nimmt; die *selektive Beobachtung*, die zentrale Aspekte gezielt erfasst. *Schritt 4: Abschluss der Beobachtung* Das Ende einer Beobachtungs-Session ist nicht immer einfach zu bestimmen, da man nicht im Vorfeld entscheiden kann, ob im nächsten Moment ein Ereignis passiert, das wichtige weitere Einblicke birgt.
Literatur	Flick 2007

7.2.4 Toolbox: Durchführung von Interviews

Durchführung von Interviews	
Um was geht es?	Interviews sind eine wirksame Methode, um im direkten Kontakt viel über Erfahrungen, Meinungen, Haltungen und Wahrnehmungen zu lernen. Interviews liefern dichte Beschreibungen, weil auch die Körpersprache, Mimik etc. beobachtet werden kann. Sie können entlang der folgenden Dimensionen klassifiziert werden: *Grad der Strukturierung*: Strukturierte Interviews folgen einer festen Reihenfolge von Fragen, unstrukturierte Interviews ähneln mehr einer Konservation. *Auswahl der Zielgruppe*: z.B. Stakeholder-Interviews, Experteninterviews, Lead-User-Interviews etc. *Anzahl der Interviewees*: Interviews können mit einer Person, mit Paaren oder in Gruppen durchgeführt werden.
Herausforderung	Neugier: Als Interviewer sich immer wieder neu überraschen zu lassen und das eigene Wissen sowie spezifische Annahmen nicht zu groß werden zu lassen.
Ziele und Ergebnis	Erkenntnisgewinn über die Bedürfnisse der Anwender

Durchführung von Interviews

Wer und wann	Immer dann, wenn das Innovationsteam mehr über die Anwender erfahren will.
Vorgehen	*Schritt 1: Klärung der Fragestellung* Zu Beginn wird die Fragestellung bzw. das Forschungsinteresse präzise festgelegt und transparent kommuniziert. *Schritt 2: Analyse des existierenden Wissen* Es geht darum heraus zu finden, was bereits bekannt ist, um zu verhindern, dass die Interviewees mit belanglosen Fragen belästigt werden. *Schritt 3: Identifikation der geeigneten Interviewpartner* Neben der Entscheidung über die Zielgruppe(n) des Interviews werden hier auch konkrete Personen/Gruppen kontaktiert. *Schritt 4: Entwicklung eines Interview-Leitfadens* Hierfür werden zunächst möglichst viele Fragen gesammelt, diese werden dann nach Themengebieten sortiert und bei Bedarf zusammengefasst. Sobald die grobe Struktur der Fragen steht, werden die Fragen nochmals präzisiert. Final wird die Relevanz der einzelnen Fragen bestimmt. Wenn möglich, wird ein Interview-Trockenlauf durchgeführt. *Schritt 5: Durchführung der Interviews* Folgende Empfehlungen sollten bei der Durchführung von Interviews beachtet werden: *Frage nach dem Warum und Wie*: Auch wenn die Antwort möglicherweise vertraut ist: es geht darum, herauszufinden, warum jemand tut, was er tut *Ermutigung zum Geschichten erzählen:* Egal ob Geschichten wahr oder falsch sind, sie machen deutlich, wie der Interviewee denkt. *Inkonsistenzen beachten*: Handeln die Personen anders als sie darüber reden, ist dies oft ein wichtiger Hinweis für mögliche Einsichten. *Schweigen ist erlaubt*: Pausen helfen dem Interviewee, das Gesagte zu reflektieren und gegebenenfalls zu vertiefen. *Keine selbstbeantworteten Fragen:* Dies birgt die Gefahr, dass Personen unbeabsichtigt Dinge äußern, die lediglich die Erwartungen des Interviewers bekräftigen. *Keine Suggestivfragen*
Literatur	Flick 2007; Stanford, Institute of Design 2010

7.3 Arbeitsschritt 5: Problemdefinition (Analyse und Synthese)

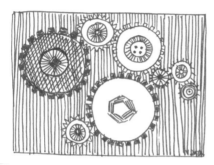

Die Ausbeute der geschilderten ethnografischen Tieftauchgänge im Rahmen des Need-Findings ist zunächst einmal eine unglaubliche Menge an Einzeldaten, Notizen, Tonbandaufnahmen, Fotos, Protokollen, Videoaufnahmen, Feldforschungstagebüchern und persönlichen Eindrücken. Das Ziel des an die Recherche anschließenden Arbeitsschritts ist es, durch eine detaillierte Analyse des umfangreichen Datenmaterials zu einer eingegrenzten Problemdefinition zu kommen, die dann die Grundlage für die weiteren Schritte im Innovationsprozess bildet. Die Idee dabei ist, aus der Menge der Einzeldaten in sich schlüssige Sinneinheiten zu entwickeln, die in der Art einer Geschichte ein konsistentes Bild von den untersuchten Situationen abgeben. Dazu müssen die Daten strukturiert, sortiert, interpretiert und entsprechend ihrer Relevanz priorisiert werden. Gelingt dieser wichtige Arbeitsschritt nicht, dann bleibt man auf einem Berg von Einzelinformationen sitzen, die jeweils für sich genommen kleine Ausschnitte aus dem Alltag einer spezifischen User-Gruppe beleuchten, aber keine tragfähige Narration abgeben, auf die man die weiteren Entwicklungsschritte aufsetzen könnte.

Das Datenmaterial besteht üblicherweise aus Hinweisen zu den beteiligten Akteuren, den Aktivitäten, die zwischen ihnen stattfinden, und dem Raum, in dem sie stattfinden. Wer benutzt wann welchen Gegenstand, welche Ereignisketten lassen sich festhalten, welche Interaktionen, die einzelne Personen im Zusammenspiel mit anderen praktizieren, in welcher Reihenfolge passieren welche Sequenzen, wie lange dauern sie, welche Emotionen kommen dabei ins Spiel etc. Mittels einer Methode, die wir in unserer Toolbox am Kapitelende näher vorstellen, werden diese Rohdaten strukturiert gesammelt und ausgewertet. Zentral sind dabei klare Abmachungen im Team, welche Beobachtungen wie dokumentiert werden.

Die Interpretationsarbeit ist der Dreh- und Angelpunkt dieses Arbeitsschritts. Sie ist ein lebendiges Spiel mit Framings und Reframings, d. h. dem Versuch, einen Rahmen zu konstruieren, in dem möglichst viele dieser Einzelinformationen ihren Platz finden und daher Sinn machen. Die Leitfrage dabei ist immer: Was sind hier die zugrunde liegenden Muster und Themen, welche mentalen Modelle, welche »Theorien« werden von den Usern benutzt, die aus deren Perspektive Sinn machen und einen spezifischen Handlungs- bzw. Kommunikationszusammenhang überhaupt erst zu einem Problem werden lassen?

7.3.1 Arbeit im Team

Da eine Person schnell mit der Vielfalt des Materials überfordert sein würde, findet diese Arbeit am besten in (mehreren) Team-Sitzungen statt, bei der sich die Interpretationsansätze und Erklärungsversuche aller Teilnehmer und Teilnehmerinnen wechselseitig ergänzen und befruchten. Die Arbeit im Team hat einen weiteren, nicht zu unterschätzenden Vorteil: Eines der größten Risiken bei diesem Arbeitsschritt ist nämlich die Projektion der eigenen mentalen Modelle auf das vorhandene Datenmaterial. Nichts liegt näher, als das beobachtete Verhalten eines Menschen vor dem Hintergrund der eigenen Annahmen über die Welt zu interpretieren. Die aus der Denkschule des Konstruktivismus stammende, mittlerweile durch mannigfache Experimente belegte Grundprämisse, dass – radikal zugespitzt – jeder Mensch seine eigene Wahrnehmung von der Welt hat, die ihn umgibt, sich sozusagen selbst einen Reim auf die Geschehnisse macht, ist eine der größten Akzeptanzherausforderungen in der Geschichte der Erkenntnistheorie – vergleichbar vielleicht nur noch mit der Kränkung des europäischen Egos durch die Entdeckungen eines Galileo Galilei. Mit einer geradezu bewundernswerten Selbstverständlichkeit gehen wir davon aus, dass unsere Mitmenschen ganz ähnliche Bedürfnisse, Beuteschemata, Aspirationen oder einfach nur Einschätzungen von bestimmten Sachverhalten haben wie wir. Das hat seine guten, funktionalen Gründe: Wie sonst wäre die Komplexität und Unberechenbarkeit der Verhältnisse auszuhalten, wenn nicht eine grundsätzlich unterstellte Ähnlichkeit im Miteinander vieles fraglos stellt, was ansonsten Gegenstand von langwierigen Aushandlungsprozessen sein würde? Aber der Preis für diese Vereinfachung hat es durchaus in sich: In unserem Kontext eines professionellen Innovationsprozesses etwa ist in der Folge die permanente Zurückhaltung einer vorschnellen Bewertung durch das eigene Urteil verlangt. Diese Zurückhaltung ist unter der sozialen Kontrolle eines Teams, das sich auf die entsprechenden Vorsichtsmaßnahmen verständigt hat, deutlich einfacher zu praktizieren als alleine.

Immer wieder werden so gemeinsam im Team die gemachten Annahmen hinterfragt, werden Hypothesen entwickelt und wieder verworfen, was eine spezifische Situation wohl bedeuten könnte und welche Bedürfnisse hinter dem konkreten Agieren aufblitzen. Es geht dabei um Mustererkennung – wann taucht ein bestimmtes Verhalten, eine abgeschlossene Sinneinheit immer wieder auf, durch was wird sie ausgelöst, wie verläuft die Zirkularität der Interaktionsprozesse? Um solche Muster aus Einzeldaten zu extrahieren, hat sich eine Vorgehensweise bewährt, die in drei Schritten abläuft. Zunächst einmal versucht man, die wichtigsten Einblicke aus einer Beobachtungssequenz festzuhalten. Einblicke sind eine Art Aha-Effekt, ein Aufhorchen über eine unerwartete Wendung, ein überraschendes Ereignis, mit dem niemand gerechnet hat. Es sind Momente, die ein Licht auf die Innovationsherausforderung werfen, weil sie oft ein Brückenschlag sind zwischen der individuellen Geschichte und verallgemeinerbaren Zusammenhängen. Solche Einblicke werden gezielt in den Blick genommen, weil sie Unterschiede markieren, die einen Unterschied machen. In einem zweiten Schritt werden diese Einblicke miteinander in Beziehung gebracht: Gibt es Gemeinsamkeiten, welche Unterschiede fallen auf, welche Ähnlichkeiten lassen sich auch über unterschiedliche Samples an Beobachtungen festhalten?

In einem dritten Schritt schließlich werden aus diesen kondensierten Befunden Möglichkeitsräume für Innovationen abgeleitet. Welche Korridore lassen sich ausmachen, in denen weiter am Thema gedacht werden kann? Immer geht es darum, eine gute Balance zu finden zwischen empirisch reichhaltigen Einzelaspekten und abstrakten mentalen Modellen, die – einmal nachvollzogen – der Schlüssel sind für eine Arbeit an alternativen Entwürfen zu einer vom Kunden/User als wünschenswert empfundenen Lösung.

7.3.2 Von der Analyse zur Synthese

Während die Arbeit am Beginn dieser Phase vorwiegend von einem analytischen Vorgehen geprägt ist, bei dem es darum geht, Einsichten zu gewinnen – indem man das Material sortiert, priorisiert und zu verstehen versucht, was warum geschieht, rutscht die Aufmerksamkeit in einem fortgeschrittenen Stadium mehr und mehr auf die Synthese dieser Einsichten zu einem neuen Gesamtbild, mit dem eine präzise(re) Problemdefinition möglich wird. Diese Synthese können wir uns als einen voranschreitenden Verdichtungsprozess vorstellen, eine Verschmelzung der einzelnen Einsichten zunächst zu mehreren Innovationsperspektiven, die als Möglichkeitsräume den Korridor definieren, der wiederum die nächste Verdichtungssequenz leitet. Nach und nach werden diese Perspektiven zu einem Innovationsfokus verschmolzen, mit dem eine konkrete Problemdefinition auf den Punkt gebracht wird. Im Bereich des Marketing wird eine solche Problemdefinition oft auch als »Werteversprechen« bezeichnet (Treacy/Wiersema 1997). Es handelt sich dabei um einen konkreten Kundennutzen oder den Vorteil, der durch ein Produkt oder die Nutzung eines Services ermöglicht wird. Dieses Versprechen ist nicht gleichzusetzen mit den einzelnen Produkteigenschaften, die erfüllt sein müssen, um diesen Kundennutzen zu ermöglichen.

Die Synthese der einzelnen Aha-Erlebnisse und Einsichten in die mentalen Modelle der beobachteten User zu einem Innovationsfokus leitet den »strengen« Teil des kreativen Arbeitsprozesses ein. Aus der Vielzahl von Optionen, Spielvarianten und Perspektiven muss eine belastbare und für alle Beteiligten nachvollziehbare Problemdefinition herausdestilliert werden, die als Grundlage für den nächsten Arbeitsschritt dient. Diese Konvergenzbewegung ist oftmals keine leichte Angelegenheit: Das Team muss sich von vielen (liebgewonnenen) Ideen verabschieden. Im Vergleich zu der divergenten, »lockeren« Phase, die von Exploration und »Wayfaring« geprägt war, geht es nun um Zuspitzung, Fokussierung und Präzision. Entsprechend muss auch der Steuerungsmodus des Teams wechseln: Er geht von einem eher assoziativen Driften zu einer stärkeren Zielorientierung mit der dazugehörigen Disziplin im Denken und Handeln. Das Ergebnis dieses Zusammenspiels von Analyse und Synthese ist ein nachvollziehbar formulierter *Innovationsfokus*, der als Sprungbrett für den sich anschließenden Arbeitsschritt der Ideation, d.h. der Erfindung neuer Ideen zur Lösung des definierten Problemzusammenhangs, dient. Eine klare Problemdefinition ist dabei der Schlüsselfaktor für den Erfolg dieses nächsten Arbeitsschritts.

Die Methoden, mit denen der Prozess der Analyse und Synthese unterstützt werden kann, finden sich am Kapitelende in den entsprechenden Toolboxen. Der Aufwand, der in die saubere Analyse und Verdichtung des Beobachtungsmaterials gesteckt wird, zahlt sich durch eine fokussierte Ideenfindung im nächsten Arbeitsschritt aus. Die Tatsache, dass in rund 90% aller gescheiterten Innovationsprojekte der Misserfolg dadurch zustande kam, weil dort schlicht die falschen Probleme bearbeitet wurden, d.h. die Problemdefinition nicht präzise genug war (Hauschildt 2004), unterstreicht die Bedeutung dieses Schrittes nochmals deutlich. Ein klarer Innovationsfokus darf nicht mit der Problemlösung verwechselt werden; er ist Basis für den Prozess der Ideengenerierung, der ohne klare Richtung zu einem kreativen Abenteuer wird, bei dem die Beteiligten möglicherweise viel Spaß haben, aber das Risiko insgesamt recht hoch ist, dass die daraus entstehenden innovativen Impulse ins Leere laufen. Dann heißt es: außer Spesen nichts gewesen ...

7.3.3 Toolbox: Datenanalyse

Datenanalyse	
Um was geht es?	Die Beobachtungsdaten der Recherchephase müssen verarbeitet und ausgewertet werden. D. h. das Material wird strukturiert, interpretiert und nach Relevanz sortiert. Durch das Framen und Re-Framen der Daten können Kernaussagen, wichtige Themen, Einsichten und relevante Muster extrahiert werden. Die Datenanalyse ist ein iterativer sowie analytischer Prozess.
Herausforderung	Bei der Interpretation des Datenmaterials sollten nicht nur die bestehenden Annahmen bekräftigt werden.
Ziele und Ergebnis	Es gilt, aus einer Fülle von Beobachtungsdaten gemeinsame Themen für mögliche Innovationen zu finden.
Wer und wann	Die Analyse und Synthese von Beobachtungs-Sessions sollte zeitnah nach der Recherche/Feldbeobachtung im Innovationsteam stattfinden.
Vorgehen	*Schritt 1: Geschichten austauschen und festhalten* Im Innovationsteam werden Erfahrungen und Erlebnisse der Feldforschung ausgetauscht und konsolidiert. Das Erzählen von Geschichten ist ein gutes Vehikel, um die Beobachtung in einem sinnvollen Zusammenhang zu erfassen. Eine gute Geschichte umfasst 6 W: Wer, Was, Wann, Wo, Warum und Wie. *Schritt 2: Erkennen von Mustern* Um Muster, Themen und größere Zusammenhänge in den Datensätzen zu erkennen, werden zunächst die wichtigsten Einblicke extrahiert. Jene werden in Folge geordnet und gruppiert, um so die wichtigsten Themen zu identifizieren.
Literatur	Walker 2010

7.3.4 Toolbox: Entwicklung eines Innovationsfokus

Entwicklung eines Innovationsfokus	
Um was geht es?	Es wird ein klarer Fokus etabliert, mit dem die Suche nach innovativen Konzepten eine Richtung bekommt. Der Fokus sollte sich an den erfassten Bedürfnissen potenzieller Anwender orientieren. Um dies zu erreichen, wird eine Geschichte entwickelt, die beschreibt, wie sich das Leben der Anwender durch die Einführung einer neuen Technologie, durch ein neues Produkt, einen neuen Service etc. nachhaltig verbessert hat.

Entwicklung eines Innovationsfokus	
Herausforderung	Den Fokus aus der Perspektive potenzieller Anwender formulieren und nicht aus dem Machbaren bereits bestehender Lösungen.
Ziele und Ergebnis	Es geht um eine transparente Beschreibung, welches (Nutzer-) Problem in den folgenden Arbeitsschritten gelöst werden soll.
Wer und wann	Der Prozess baut auf den Ergebnissen der Recherche und Datenanalyse auf. Ein Innovationsfokus wird im Team entwickelt, um von den unterschiedlichen Expertisen und Erfahrungen der Teammitglieder zu profitieren.
Vorgehen	*Schritt 1: Einführung ins Thema* Das Innovationsteam vergewissert sich der groben Rahmenbedingungen der Innovationsinitiative. *Schritt 2: Entwicklung von Innovationsperspektiven* Bei der Entwicklung einer Innovationsperspektive werden die Ergebnisse der Recherche und Datenanalyse in eine umsetzbare Problembeschreibung übersetzt. Eine Innovationsperspektive a) ist immer aus der Perspektive des Kunden formuliert, b) beinhaltet eine zukünftige Lösung und c) gibt die Richtung für die weitere Entwicklung an. Das Team erzählt sich Geschichten, wie ein Zustand aussehen könnte, bei dem das Problem des Anwenders gelöst wäre. Das Erzählen von Geschichten hilft dem Team, sich die Anwender immer wieder konkret vorzustellen, um damit auch deren bis dato nicht adressierten Bedürfnisse zu verstehen. *Schritt 3: Evaluation der Innovationsperspektive* Bei der Evaluation geht es darum, die Vor- und Nachteile der einzelnen Aspekte der Innovationsperspektive zu diskutieren. Jede überzeugende Innovation ist eine Re-kombination und Iterationen von unterschiedlichen Aspekten und Teilen von anderen Ideen und Problemlösungen. *Schritt 4: Konsolidierung des Innovationsfokus* Nach dem Motto »Best of All« kombiniert der Innovationsfokus die unterschiedlichen Perspektiven, in dem Vorteile integriert und verstärkt werden und Nachteile umgangen oder substituiert werden.
Literatur	Holtzblatt et al. 2004, Walker 2010; Stanford, Institute of Design 2010

7.4 Arbeitsschritt 6: Ideation

Bei diesem Arbeitsschritt der Design-Phase tauchen wir ein in die Welt der Kreativität. Es geht in dieser Phase im Wesentlichen darum, neue Ideen und Konzepte für alle möglichen Produkte, Dienstleistungen und Geschäftsmodelle zu generieren. Sobald die Arbeit des vorgehenden Schritts abgeschlossen ist, d. h. ein klarer Innovationsfokus vorliegt, geht es darum, konkrete Vorschläge zu entwickeln, wie neue Lösungen aussehen könnten, mit denen die aus dem Need-Finding kondensierten Bedürfnisse spezifischer Kundengruppen befriedigt werden können.

So einfach sich das zunächst anhört: die Frage, wie das Neue in die Welt kommt, d. h. wie man auf neue Ideen kommt, ist gar nicht so leicht zu beantworten. Die Antworten reichen von naiven Anweisungen (»Lassen Sie uns heute mal etwas kreativ sein«), die natürlich genauso wenig funktionieren wie die berüchtigte »Sei-spontan-Paradoxie«, bis hin zu klugen Abhandlungen über die Rationalität der Kreativität (Jansen et al. 2009). Die Zahl praktischer Ratgeber, Hinweise, Werkzeuge und Methoden ist Legion; einige der bekanntesten Vorgehensweisen zum Prozess der Ideengenerierung haben wir auch hier wieder an das Ende des Kapitels gestellt. Doch werfen wir zunächst einmal einen Blick auf die konzeptionellen Schwierigkeiten, die sich hinter diesem Arbeitsschritt verbergen.

7.4.1 Konzeptionelle Überlegungen: Kreativität

Das Thema Kreativität leidet aktuell nicht unter einem Mangel öffentlichen Interesses. Politische Initiativen und beeindruckende Zahlen zur Wirtschaftskraft der sogenannten »Creative Industries« (Lange 2007) belegen, dass mit dem Begriff der »Kreativität« mittlerweile mehr Hoffnungen und Erwartungen verknüpft sind als dies im ursprünglichen Bedeutungskontext der Fall war. Hatte man vor Jahren bei dem Thema noch den freischaffenden, außenstehenden Künstler im Sinn, der in einem Akt des (meistens einsamen) Gestaltungswurfs etwas Neues in die Welt brachte, oder vielleicht auch eine Kindergartenklasse, die beflissen an der Fertigstellung einer gemeinsamen Collage bastelte, hat Kreativität im Zuge der Veränderungsdynamiken in Richtung Wissensgesellschaft eine deutlich andere Konnotation bekommen. Sie hat sich zu einem *Sehnsuchtsbegriff* gewandelt, zu einer Projektionsfläche diffuser gesellschaftlicher Defizitempfindungen, die möglicherweise aus dem Unbehagen heraus wachsen, die Dinge nicht mehr unter Kontrolle zu haben. Angefangen bei Fragen des globalen Klimaschutzes über die Eruptionen an den Finanzmärkten bis hin zu der Desillusionierung ob einer immer noch nationalstaatlich geprägten Politik, die immer offensichtlicher Schwierigkeiten hat, die wirklich komplizierten, grenzübergreifenden Probleme zu fassen zu bekommen: die Einsicht wächst, dass die Geister, die wir riefen, sich nicht so leicht wieder abschütteln lassen; dass die Pfadabhängigkeit also, in die die großen Institutionen unserer westlichen Welt geraten sind, den etablierten

Problemlösungsmechanismen einen Riegel vorschieben. Kreativität muss her, um diesem Gefühl von »Rien n'est va plus« etwas entgegenzusetzen. Man muss sich etwas einfallen lassen, ungewohnte Pfade beschreiten, weil man auf den alten Wegen nicht mehr weiterkommt. An Kreativität ist eigentlich zwar kein Mangel – es scheint aber, dass ihre gesellschaftliche Verteilung undurchschaubaren Regeln folgt. Während in technischen Ingenieurbüros pfiffige Lösungen für Verkehrsleitsysteme entwickelt werden und die Flipcharts in den Konferenzräumen der Finanzinstitute voll sind mit Überlegungen zu abenteuerlichen Finanzprodukten mit noch nie gesehenen Nebenwirkungen, fällt uns zu anderen komplizierten Problemen schlicht nichts ein. Als Gegenmaßnahme wird eine Art Generalaufforderung ins Feld geführt: Wir müssen uns halt was einfallen lassen, es muss anders werden, irgendwie.

Kreativität wird in die Pflicht genommen. Ähnlich wie beim Begriff der »Kultur« knüpfen sich Rationalitätserwartungen daran und die Hoffnung auf Machbarkeit. Auch wenn Nena noch so inbrünstig davon singt, dass Wunder geschehen – vor dem Hintergrund all der »Wicked Problems« würden wir diese nur zu gern selber machen. Es sind fast schon religiöse Motive, die sich daran knüpfen: Kreativität als »Magic Trick«, als Rekurs auf etwas noch nie Dagewesenes, als Joker, den wir ins Spiel bringen, wenn es nicht mehr weitergeht bzw. wir nicht mehr weiterwissen. Die implizite Prämisse, besser vielleicht Hoffnung, die dabei mitschwingt, lautet: Kreativität ist machbar.

Diese Hoffnung übersieht, dass es sich bei dem Phänomen der Kreativität um ein *passives Konzept* handelt. Ähnlich wie der bereits erwähnte Begriff der Kultur« und ebenso ähnlich wie das so oft ins Feld geführte »Vertrauen« handelt es sich bei Kreativität um das Ergebnis von konkreten Handlungs- bzw. Kommunikationsmustern, den Bodensatz einer erfahrbaren und geteilten Praxis, die dazu führt, dass man sich wechselseitig (!) entweder traut – oder eben nicht. Dass es eine Kultur der Kooperation gibt – oder eben nicht. Wir werden noch sehen, dass der Begriff der »Innovationskultur« ganz ähnlichen Konstruktionsprinzipien folgt, wird er doch immer dann ins Feld geführt, wenn ein Schleier der Unschärfe über das konkrete Geschehen gelegt werden soll. Die Hoffnung, die mit dem Beharren auf Kooperationskultur, auf Vertrauen und Kreativität verknüpft ist, ist jeweils eine ganz ähnliche und sie folgt einer zutiefst magischen Überzeugung – der Idee nämlich, dass, wenn man etwas nur oft und fest genug behauptet, es tatsächlich auch eintritt. So kommt es dann, dass wir (zunehmend verbissen) an die Notwendigkeit des Vertrauens und an die Notwendigkeit einer Kreativität appellieren – und dabei die ganz praktischen Bedingungen und Spielregeln aus den Augen verlieren, die kreative und vertrauensvolle Zusammenhänge zur Folge haben. Die Einsicht, dass Kreativität etwas ist, das geschieht und nicht gemacht werden kann, ist dem Kopf bekannt. Doch anstatt sich dann die Rahmenbedingungen anschzuauen, unter denen Kreativität wahrscheinlicher werden könnte, setzen wir darauf, sie zu behaupten. Und erreichen damit oft genau das Gegenteil davon.

Die unterschiedlichen Lesarten des gesellschaftlichen Diskurses über Kreativität fassen Dirk Baecker und Joachim Landkammer in einem lesenswerten Gespräch zusammen (Baecker/Landkammer 2009). Von der naiven Vorstellung einer durchweg positiven Eigenschaft, einem »Soft Skill« sozusagen, mit der man glaubt, die Einfallslosigkeit bezüglich bestimmter Problemlagen kompensieren zu können (bis hin zu den fehlenden Bodenschätzen der hiesigen Region, die damit auf Kreativität als Ressource angewiesen sein soll) über die protestgeladene Auflädung mit neoliberalen Dispositiven, die ein ständiges Unternehmertum in eigener Sache fordern und dazu

»kreative Ellbogen« benötigen, bis hin zu den melancholischen Untertönen einer verloren geglaubten Authentizität des Künstlers, der sich im Zeitalter der Massenreproduktion seiner wertvollsten Ressource beraubt sieht: in all diesen Facetten schwingt die Idee einer »gewollten Kreativität« mit, einer Kreativität, die sich also für diverse Zwecke nutzen lässt, egal ob diese politischer, pädagogischer oder ökonomischer Natur sind. So sehr ein solches Missverständnis aus seinem gesellschaftlichen Kontext heraus nachvollziehbar und verständlich ist, es ändert nichts daran, dass der Versuch, Kreativität zu instrumentalisieren in der Regel kontraproduktive Folgen nach sich zieht: Statt kreativer werden wir verspannter, schmecken das »Geschmäckle«, das in dem funktionalen Gebrauch des Begriffs versteckt ist – und wenden uns ab. Mit anderen Worten: Kreativität findet nur dort statt, wo wir nicht damit rechnen. Sie ist eine Überraschungsfunktion per se und funktioniert selbst als passives Konzept anders, als wir uns das so vorstellen. Nämlich nicht als eine Art göttlicher Eingebung, die uns in unbedachten Momenten ereilt, sondern als eine Form der Arbeit, die auf eine wohltuende Art und Weise die Gegenüberstellung von Routine (= Arbeit) und Ausnahmezustand (= Kreativität) unterläuft. Was genau können wir uns darunter vorstellen?

In seinen Überlegungen zu »Kreativität als künstliche Evolution« weist Dirk Baecker darauf hin, dass die polare Gegenüberstellung von Arbeit und Kreativität auf eine eigentümliche Art und Weise verdeckt, wie sehr wir es in unserer täglichen Arbeit mit kreativen Momenten zu haben und wie viel an Disziplin und Übung es andererseits braucht, damit sich so etwas wie »Kreativität« überhaupt einstellt (Baecker 2009). Durch diesen interessanten Kunstgriff implodiert die Dichotomie der beiden Begriffe: »Kreativität« rückt stärker an die Vorstellung von »Arbeit« heran, und »Arbeit« wird aus der Enge der stupiden Routine (»Und ewig grüßt das Murmeltier«) befreit. Dieser Blick auf Kreativität (und in der Folge dann konsequenterweise auch auf die »Innovation«) deckt sich mit den empirischen Belegen der bereits zu Beginn unseres Buches dargelegten Ausführungen von Scott Berkum, der auf radikale Weise den Glorienschein dekonstruiert, der sich um den Begriff der »Innovation« gelegt hat und der den Blick verstellt auf die harte Arbeit, die hinter jeder großen wie auch kleinen Erfindung steht. Ähnlich wie bei Mozart, bei dem die Zuschreibung des Genies den Blick auf die stunden-, tage-, monate-, jahrelange Zeit des Übens verdunkelt, auf die endlosen Fingerläufe, die harte Disziplin, mit der sie immer wieder und wieder wiederholt wurden, die Formensprache, die so oft und lange praktiziert wurde, dass man sie vergessen konnte und – auf ihrer Grundlage – neue Kombinationen und Re-Kombinationen entstehen konnten; all diese Arbeit war der unsichtbare Teil der Leichtigkeit, mit der nach Jahren des Praktizierens Werke aus der Feder flossen, die die Welt so noch nie gehört hatte. Die Zuschreibung des »Genialen« half dieser Musik, ein breiteres Gehör zu finden, also die Wahrscheinlichkeit der Ablehnung von etwas so unerhört Neuem zu minimieren (ganz ähnlich wie im Falle der Führung, die sich zumindestens früher noch voll auf die Autorität ihrer Position verlassen konnte). Der Rückgriff auf diese Differenzen verhilft dem Neuen zur Durchsetzung – so zumindest funktioniert (allerdings: nicht immer) einer der Mechanismen, mit dem Innovationen sich gegen die Schwerkraft des Bestehenden durchsetzen können.

Auf der Rückseite der Medaille sieht es ähnlich aus: Mit dem Begriff der Arbeit blenden wir weitgehend aus, wie viel an Improvisation, an Störungen und an Unvorhergesehenem auch in den einfachsten Routinearbeiten aufscheint.

»Es gibt keine Arbeit, die nicht laufend von den Kollegen, vom Material, vom Zeitdruck her mit kleinen oder großen Störungen belastet wird. Jeder, der arbeitet, muss daher in der Lage sein, kreativ mit Störungen umzugehen, um sie gar nicht erst durchschlagen zu lassen.« (Baecker/Landkammer 2009)

Mit diesen Worten beschreibt Dirk Baecker einen Zustand, den jeder von uns, wenn er denn seinen Lebensunterhalt mit Arbeit verdient, wohl aus eigener Anschauung bestätigen kann (Baecker/Landkammer 2009). Baecker macht damit den Blick frei für den respektvollen Umgang mit der Alltagskreativität, die im Sinne der Aufmerksamkeit für Abweichungen und Störungen dafür sorgt, das Organisationen überhaupt funktionieren. Die Erfahrungen, die jede Organisation unmittelbar zu spüren bekommt, wenn sich ihre Mitglieder dafür entscheiden, »Dienst nach Vorschrift« zu machen, zeigen auf beeindruckende Weise, wie sehr jedes System darauf angewiesen ist, das aufmerksame Teilnehmer und Teilnehmerinnen ihre Wahrnehmung in den Dienst der Sache stellen und damit dafür sorgen, dass die Dinge nicht wegen, sondern trotz ihrer Regelhaftigkeit funktionieren. Die Untersuchungen, die im Zusammenhang mit HROs durchgeführt wurden, belegen die Abhängigkeit solcher Organisationen von einer mitdenkenden Belegschaft (Weick/Sutcliffe 2003). Dies trifft in Zeiten kaum noch unterscheidbarer Produkte mehr zu denn je: Es ist die Bereitschaft der Menschen zum Mitmachen, die einen Unterschied macht – und die damit die Spreu vom Weizen trennt, wenn es um die Leistungsfähigkeit einer Organisation geht. Gemeinsam mit Dirk Baecker vermuten wir: das innovative Unternehmen der Zukunft wird sich durch Engagement definieren und nicht durch regelbasierte Standards (Baecker 2007). Nimmt man diesen Gedanken ernst, redefiniert er auch den aktuellen Hype um Konstrukte wie die »Creative Industries« oder eine »Digital Boheme«, die sich gerne als Vorreiter einer besonders kreativen Klasse definieren (oder sich dazu anbieten, so definiert zu werden). Auch wenn es natürlich eine durchaus intelligente Strategie im Repertoire gesellschaftlicher Spielzüge ist, anhand der Erfahrungen weniger Spieler, die man ins Feld schickt/ziehen lässt, um sie beim Scheitern zu beobachten, entsprechende Rückschlüsse auf praktikablere Techniken des Überlebens zu ziehen: die Idee besonders kreativer Klassen erinnert auf eine eher unangenehme Weise an die Erwartungen, die wir vor gar nicht so langer Zeit an sogenannte »Eliten« hatten, die für uns den Karren komplexer Probleme aus dem Dreck ziehen sollten. Auch wenn es sich damals nur um Massenarbeitslosigkeit gehandelt haben mag, bereits dort sind diese Erwartungen ja nicht wirklich eingelöst worden.

Für das Management von Innovationsprozessen ist dies eine wichtige Nachricht: Man kann in der Regel davon ausgehen, dass es in Organisationen nicht an Kreativität mangelt. Aber möglicherweise an entsprechenden Rahmenbedingungen, damit sie an den richtigen Stellen zum Tragen kommt. Damit kann man arbeiten – auch wenn es sicher sinnvoll ist, spezielle Räume oder Zeiten innerhalb von Organisationen auszuflaggen, an denen eine solche temporäre Aufhebung der Schwerkraft lustvoll und ohne größeren Schaden für Mensch und Maschinen er- und ausgelebt werden kann.

7.4.2 Kreativität als kommunikatives Ereignis

Ideation ist also jener Prozessschritt in der Design-Phase, bei dem sich ein professionelles Innovationsmanagement auf die Ideengenerierung konzentriert. Es geht darum, den gesamten Lösungsraum auszuloten, der mit Hilfe des Innovationsfokus aufgespannt wurde. Dabei zählen zunächst einmal vor allem eine Menge und Vielfalt von Ideen, die dann das Arbeitsmaterial für Arbeitsschritt 7, das Prototyping, sind.

Wir haben bereits erörtert, warum die dazu notwendige Kreativität nicht einfach auf Anweisung hin »gemacht« werden kann, wodurch dieser Arbeitsschritt auf ein etwas unsicheres Terrain führt. Auch wenn also die Ergebnisse dieses Schrittes nicht vorhergesagt oder geplant werden können, so lassen sich Rahmenbedingungen definieren und auch einrichten, mit bzw. in denen die Wahrscheinlichkeit deutlich steigt, tatsächlich auf neue Ideen für bestehende Problemzusammenhänge zu kommen bzw. sich neue Problemzusammenhänge einfallen zu lassen, die so noch nicht als (anschließend ökonomisch ausbeutbarer) Bedarf identifizierbar waren.

Ein wichtiger Schlüssel dazu ist ein systemisch informiertes Verständnis von Kreativität. Dieses Verständnis unterläuft zunächst die etwas romantische, aber unter Managern, Mitarbeitern und Beratern durchaus weit verbreitete Vorstellung, dass Ideen nur gut genug sein müssen, um Erfolg zu haben. Die Tautologie dieses Gedankenganges wird geflissentlich übersehen, ebenso die Antwort auf die Frage, was »gut« denn eigentlich bedeuten könnte. Aus einer systemischen Perspektive ist die Frage viel spannender, wie eine Idee eigentlich kommuniziert werden kann, dass sie von einer Organisation als »gut« wahrgenommen wird und diese sich in der Folge für deren Annahme entscheiden kann. Rückt man den Fokus weg von der Vorstellung, dass gute Ideen etwas sind, das als geistige Aktivität in den Köpfen einiger außergewöhnlicher Menschen stattfindet, und hin zu der Annahme, dass Ideen kommunikative Ereignisse sind, die nur dann gut sind, wenn sie eine Anzahl von »Gefolgsleuten« für sich einnehmen können, dann entsteht durch dieses Reframing eine neue Perspektive sowohl auf den Prozess der Ideengenerierung als auch der Anschlusskommunikation, die aus einem guten Gedanken ein organisationswirksames Ereignis werden lässt. Diesen Zusammenhang hat niemand besser auf den Punkt gebracht als der Großmeister der Kreativitätsforschung, Mihaly Csikszentmihalyi:

> »Kreativität findet nicht im Kopf des Individuums statt, sondern in der Interaktion zwischen individuellem Denken und einem sozio-kulturellen Kontext. Sie ist eher ein systemisches denn ein individuelles Phänomen.«
> (Csikszentmihalyi/Klostermann 1997)

Auch wenn wir es vor allem in unserem Kulturkreis gewohnt sind, Ideen als geistiges Eigentum zu begreifen, das einem individuellen Besitzer zugeordnet werden kann, der dann auch in der Lage ist, einen Rechtsanspruch darauf zu erheben, so ändert das nichts an der Tatsache, dass Ideen nur dann Wirkung entfalten, wenn sie sich verbreiten, d.h. eine möglichst große Fangemeinde um sie herum entsteht. Für Organisationen ist dies ein wichtiger Lackmustest für den Innovationswert einer Idee: Gibt es bereits eine große Fangemeinde für eine Idee, dann kann man davon ausgehen, dass man zu spät dran ist, um als Organisation von der Neuigkeit zu profitieren. Gibt es dagegen niemanden, der sich bislang dafür interessiert, dann stehen alle Möglichkeiten offen – freilich mit dem Risiko, dass sich trotz allen Bemühens keine Fans finden, die sich von der Idee in den Bann schlagen lassen.

Wir können also davon ausgehen, dass Ideen auf einen sozialen Kontext angewiesen sind, der sie nährt und gedeihen lässt. Ist niemand da, um sie zu hören (oder zu lesen), so gehen kreative Ideen schlicht unbemerkt unter. Einen solchen Kontext zu schaffen, das ist eine der wichtige Aufgabe des Innovationsmanagements. Versteht man ein solches Innovationsmanagement also vor allem auch in der Phase des Designs als eine Form der Kontextsteuerung (Willke 1996), dann hat man den Kern einer systemischen Herangehensweise an das Thema Innovation auf den Punkt gebracht. Diese Gedankenfigur geht interessanterweise auch mit den Forschungen von Mihaly Csikszentmihalyi konform. Auch er kommt zu dem Schluss, dass es deutlich leichter ist, Kreativität durch eine Veränderung der äußeren Bedingungen zu fördern, als den Versuch zu unternehmen, ein Individuum zu kreativerem Denken anzuregen. Um sich dem Phänomen der Kreativität zu nähern, interviewte er in seinen Studien beispielsweise eine große Anzahl von Personen, die sich durch besonders kreative Leistungen ausgezeichnet haben. Dabei wurde immer wieder deutlich, dass es nie einzelne Person waren, die einen kreativen Prozess ausgelöst oder ins Rollen gebracht haben. Stets war es das Zusammenspiel von mehreren Ereignissen, die eher zufällig so miteinander in Wechselwirkung traten, dass es in der Konsequenz zu einer besonderen Kreation kam. Wurden etwa Künstler nach den Ursachen ihres Erfolges befragt, so war deren häufigste Antwort: Glück gehabt. Das Bild, das Csikszentmihalyi wählt, um den Prozess der Kreativität zu illustrieren, ist das eines Verkehrsunfalls. Es mag sein, dass es manche Persönlichkeitsmerkmale gibt, die es wahrscheinlicher machen, in einen Verkehrsunfall verwickelt zu werden; dennoch lässt sich ein Verkehrsunfall nie durch die Eigenschaften einer einzelnen Person erklären. Stets handelt es sich um Zusammentreffen besonderer Umstände, die in der Konsequenz zu so einem Ereignis führen. Das Resümee, das daraus gezogen werden kann: in der Auseinandersetzung mit dem Thema Kreativität wird der Beitrag des Individuums oft überschätzt. Diese Einsicht deckt sich weitgehend mit systemtheoretischen Überlegungen, die Kreativität nicht als persönliche Eigenschaft, sondern kommunikatives Ereignis verstehen, als etwas also, das nicht *in* Menschen, sondern *zwischen* Menschen geschieht, und zwar während sie miteinander kommunizieren. Auch wenn Csikszentmihalyi grundsätzlich von einem (ungleich verteilten) »kreativen Potenzial« bei Menschen ausgeht, sprich der Fähigkeit, neugierig zu sein und aus dieser Neugier heraus auf neue Ideen zu kommen, so steht bei ihm die systemische Wechselwirkung bestimmter konstitutiver Faktoren im Mittelpunkt.

So haben bestimmte Rahmenbedingungen etwa seiner Ansicht nach Einfluss auf die Entfaltung von Kreativität: Man kann beispielsweise nur dann kreativ tätig sein, wenn man die Spielregeln des Systems verstanden hat (und reproduzieren kann), in dem man sich bewegt. Um etwa in einem bestimmten Bereich einen kreativen Beitrag zu leisten, müssen die spezifischen Spielregeln und auch der Inhalt dieses Bereiches vertraut sein. In einem wissenschaftlichen Fachgebiet beispielsweise kann man keine neue Idee publizieren, ohne detaillierte Kenntnisse über dieses Fachgebiet sowie die einzelnen Beiträge von Kollegen und Kolleginnen – die sogenannte »Related Work« –

zu haben. Natürlich gehört neben solchen Kenntnissen auch die Bereitschaft dazu, überhaupt einen Beitrag zu einem kreativen Prozess leisten zu wollen. Wir alle kennen Beispiele von Personen, die sich in einem Bereich sehr gut auskennen, dort anerkannte Experten sind und damit das Potenzial hätten, wertvolle Beiträge zu leisten, sich letztendlich aber doch dafür entscheiden, andere Dinge zu tun.

Kommen diese konstitutiven Faktoren zusammen und geraten in Resonanz, dann führt das zu einem Zustand, den Csikszentmihalyi als »Flow« bezeichnet. Er versteht darunter eine (individuelle wie auch kollektive) Erfahrung, die sowohl den Kern kreativer Prozesse beschreibt als auch Menschen dazu motiviert, einen Beitrag zum kreativen Prozess zu leisten. Eine solche Flow-Erfahrung kennt jeder, der schon einmal in völliger Selbstvergessenheit einem Gedanken gefolgt ist, etwas Außergewöhnliches vollbracht hat oder – in dieser speziellen Mischung aus völliger Konzentration und aufmerksamer Entspanntheit – zu einer Einsicht gekommen ist, die so noch nicht verfügbar war. Wir können diesen Zustand als Geburtsort neuer Ideen verstehen, als Herzstück der Ideation, über die tatsächlich das Neue in die Welt kommt. Und auch wenn dieser Zustand nicht auf Kommando reproduziert werden kann, ist er doch kein geheimnisvolles, mystisches Ereignis, das nur wenigen Erleuchteten zuteil wird. Die Forschungsergebnisse zeigen, dass ein solcher Flow im Grunde durch das Zusammenspiel der folgenden neun Faktoren charakterisiert wird:

- Jeder Schritt des Kreationsprozesses ist durch klare Ziele gekennzeichnet.
- Man erhält unmittelbares Feedback für das eigene Handeln.
- Aufgaben und Fähigkeiten befinden sich im Gleichgewicht.
- Handeln und Bewusstsein bilden eine Einheit.
- Ablenkungen sind weitgehend ausgeschlossen.
- Man hat keine Versagensängste.
- Man arbeitet selbstvergessen.
- Das Zeitgefühl ist aufgehoben.
- Die Aktivität ist autotelisch, d. h. das Ziel ist selbstgewählt.

Folgt man den Überlegungen Csikszentmihalyis, dann ist Kreativität im Grunde das Ergebnis des Zusammenspiels von drei unterschiedlichen Faktoren: Erstens einem spezifischen sozialen Kontext, einer bestimmten Kultur oder Domäne also, die durch ein definiertes Regelset symbolisiert wird, zweitens einem Wirt, d. h. eine Person, über die sich die Ergebnisse vielfältiger kommunikativer Prozesse manifestieren, sowie drittens einem Feld von relevanten Feedback-Gebern (Experten, Fans), die dieses Neue anerkennen und bestätigen.

7.4.3 Kreativität und Organisation

Mit der Redimensionierung von Kreativität als Arbeitsprozess und ihrer Resozialisierung als kommunikatives Ereignis wird nun der Blick frei für die Frage nach den Rahmenbedingungen, mit denen ein Zusammenspiel all dieser Faktoren im Kontext von Organisationen wahrscheinlicher gemacht werden kann. Wir müssen an dieser Stelle nicht noch einmal darauf hinweisen, dass die besondere Stärke von Organisationen – routinisierte Arbeitsabläufe – und das Störungspotenzial kreativer Prozesse und neuer Ideen in einem besonderen Spannungsverhältnis zueinander stehen. Auch wenn wir nicht soweit gehen müssen wie einzelne Organisationsforscher, die der Auffassung sind, dass Kreativität einer Organisation eher schadet (Levitt 2002), so können wir doch davon ausgehen, dass eine Organisation mit Kreativität zunächst einmal nicht viel anfangen kann, Kreativität also auch nicht das Allheilmittel für die Innovationskraft von Organisationen ist.

Aus Sicht der Organisation liegt die große Herausforderung eines Innovationsprozesses darin, Ideen umzusetzen. Eine innovative Idee zu haben, reicht nicht aus, wenn der Nutzen für den potenziellen Kunden oder damit auch für die Organisation nicht ersichtlich ist. Hier ist die Unterscheidung zwischen »Idee« und »Innovation« hilfreich. Erst wenn aus einer Idee Mehrwert geschöpft werden kann, sie also produktiv gemacht wird, können wir von einer »Innovation« sprechen. Allein die Tatsache, dass es ohne Probleme möglich ist, mit einem Dutzend Personen einen Tag in einem Raum zu verbringen, um in sogenannten »Innovations-Workshops« mit Hilfe bestimmter Methoden wie Brainstorming-Sessions Unmengen von Ideen zu produzieren, macht deutlich, dass im Organisationskontext die kreative Ideengenerierung nur ein Teilaspekt des Innovationsprozesses ist. Und – mit Blick auf den Zusammenhang der einzelnen Schritte unserer Innovationshelix – möglicherweise sogar einer der weniger wichtigen: Weder die Menge, noch die Vielfalt von Ideen ist der eigentliche Engpass. Oft fehlt es viel mehr an einer Systematik, die einen disziplinierten Umgang mit Ideen ermöglicht. Und natürlich müssen wir an dieser Stelle im Blick behalten, dass Kreativität und Ideation von Industrie zu Industrie einen unterschiedlichen Stellenwert haben. Im Marketing etwa, wo alle fünf Minuten ein neuer Werbespot für Aufmerksamkeit sorgen muss, haben kreative Ideen einen anderen Stellenwert als beispielsweise in der Energieindustrie. Erfolgt bei einem Werbespot Idee und Umsetzung fast zeitgleich, liegen bei dem Antrieb einer Gasturbine zwischen Idee und Umsetzung möglicherweise mehrere Jahre.

Nichtsdestotrotz wird es ohne neue Ideen natürlich nicht zu Innovationen kommen. Insofern hat der Arbeitsschritt der Ideation seine volle Berechtigung – er macht aus einer Organisationsperspektive aber nur dann Sinn, wenn er eingebettet ist in einen durchgängigen Innovationsprozess.

Grundregeln für die Gestaltung von Rahmenbedingungen
Geht es darum, in Organisationen Rahmenbedingungen zu schaffen, die Kreativität und das Generieren von neuen Ideen fördern, lassen sich aus all den angestellten Überlegungen handfeste Grundregeln ableiten, die erheblichen Einfluss auf die Qualität der Ideengenerierung haben:
- Das Team, das während der Ideation verantwortlich ist für den »Flow« neuer Ideen, muss ein vertrauensvolles Klima und einen gemeinsamen Kommunikationskodex etablieren. Klassische Ideation-Settings arbeiten darum gerne mit einem »Ja, und …«-Ansatz, d. h. es gibt die einfache Spielregel, dass jeder geäußerte Gedanke zunächst einmal anerkannt und bestätigt wird. Die Selektion wird vertagt und es entwickeln sich zusammenhängende Assoziationsketten, die neue Aspekte verknüpfen. Der Trick besteht gleichsam darin, eine Anschlusskommunikation anzuordnen: Just say Yes. Ist dieser Umstand nicht gegeben, kann der Einsatz eines Moderators hilfreich sein, der das Team bei der Entwicklung eines solchen gemeinsamen Sprachvorrats unterstützt und auch die immer mitlaufende Gruppendynamik solcher Settings durch entsprechende Interventionen fruchtbar werden lässt.
- Ein Mindestmaß an Interdisziplinarität in der Teamzusammensetzung ist wichtig. Damit wird sichergestellt, dass die Perspektiven der einzelnen Teammitglieder durch

die unterschiedlichen Grundannahmen und Arbeitshypothesen der einzelnen Fachbereiche geprägt sind und die im Zusammenspiel entstehenden Ideen ein möglichst breites Spektrum an »Requisite Variety«, d. h. angemessener Vielfalt, abdecken.
- Innerhalb der Organisation muss für die Möglichkeit einer Anschlusskommunikation gesorgt werden. Präsentationen vor verantwortlichen Entscheidungsträgern, aber auch die Veröffentlichung entsprechender Neuigkeiten zum Projektfortschritt, zu ersten Erfolgen oder besonderen Herausforderungen, die noch nicht gelöst sind, sind hier hilfreiche Verfahren, mit denen schnell getestet werden kann, wie anschlussfähig die gemeinsam entwickelten Ideen für den Rest der Organisation sind.
- Ein im Kontext hierarchischer Organisationen besonders ausgeprägtes Besitz- und Machtdenken behindert den kreativen »Flow« in der Ideengenerierung. Besteht ein starker Wettbewerb unter Abteilungen oder zwischen Kollegen, dann wird man sich im Vorfeld genau überlegen, welcher Gedanke an wen weitergetragen wird oder nicht. Da Hierarchie ein konstitutiver Faktor für das Funktionieren von Organisationen ist, wird man solche Effekte nie ganz vermeiden können. Durch den Aufbau temporär hierarchiefreier Zonen, die interessanterweise mit Hilfe von Hierarchie in der Organisation durchgesetzt werden, werden diese hinderlichen Nebeneffekte zwar nicht gänzlich ausgeschaltet, aber doch auf ein annehmbares Maß reduziert. Wir kommen im Abschnitt zu den konkreten Arbeitsschritten der Ideation nochmals auf diesen Punkt zurück.

Der Faktor Zeit
Die Notwendigkeit einer allgegenwärtigen Effizienzsteigerung, die als betriebswirtschaftliche Stellgröße in die DNA jeder Organisation eingeschrieben ist, führt zu einer kontinuierlichen Zeitverknappung und Leistungsverdichtung. Auch wenn die Notwendigkeit einer laufenden Produktivitätssteigerung aufgrund der Spielregeln eines globalen Hyperwettbewerbs nachvollziehbar und einsichtig ist: es mehren sich die Hinweise, dass viele Organisationen aufgrund der Professionalisierung dieser Bemühungen (etwa durch darauf spezialisierte Beratungsunternehmen) einen Zustand erreicht haben, der einer ausgepressten Zitrone gleicht. Der Aufwand, der getrieben werden muss, um noch ein paar letzte Prozentpunkte an Produktivitätsgewinnen einzufahren, steht in keinem Verhältnis mehr zum Ergebnis. Nicht umsonst wird von verschiedenen Autoren darauf hingewiesen, dass das Zeitalter der Produktivitätssteigerungen langsam zu einem natürlichen Ende kommt (siehe etwa den Klassiker: Nefiodow 1996) – und damit fast automatisch das Thema der Innovationskraft von Organisationen auf die Agenda rückt.

Auf Innovationsprozesse haben diese Verschlankungskuren meist verheerende Effekte. Durch das radikale Herauskürzen von Puffern, Redundanzen und Überlappungen im Zusammenspiel einzelner Arbeitsschritte wird nicht nur die Robustheit von Organisationen gefährdet, die insbesondere bei komplexen Produktionsprozessen die Garantie dafür ist, bei (ausgerecht dort immer wahrscheinlicher werdenden) Störungen handlungsfähig zu bleiben. Auch und gerade der Ideengenerierungsprozess ist darauf angewiesen, auf einen ausreichenden »Conceptual Slack« (Weick / Sutcliffe 2007a) zurückgreifen zu können, d. h. einem Freiraum oder Zeitpuffer, der es ermöglicht, außerhalb der durchoptimierten Routinen auf neue Gedanken zu kommen. Je weniger »Slack Time« zur Verfügung steht, d. h. je mehr eine Organisation auf Effizient getrimmt ist, desto unwahrscheinlicher ist es, dass neue Ideen, und daraus dann in Folge entsprechende Innovationen, entstehen. Es hat schlicht niemand die Zeit, sich mit solchen Störungen auseinanderzusetzen. Nicht umsonst haben Unternehmen wie Gore oder Google diesen »Slack« wieder offiziell in die bestehenden Arbeitsprozesse integriert (vgl. auch Kapitel 8.4.4). Mitarbeiter und Mitarbeiterinnen können dort sanktionsfrei einen fest vereinbarten Teil ihrer Arbeitszeit dazu nutzen, eigenen Initiativen nachzugehen; sie werden dazu sogar von ihren Vorgesetzten explizit ermuntert (Hamel/Breen 2007). Glaubt man den entsprechenden Fallstudien, entstehen genau in diesem Zeitraum zumindest die Grundlagen für all die bahnbrechenden Innovationen, auf denen beide Unternehmen ihren Erfolg gründen. Auch wenn das Spannungsfeld zwischen laufenden Optimierungsbemühungen und ausreichenden Freiräumen für das verantwortliche Management nicht leicht zu balancieren ist: ohne die Einsicht in die Notwendigkeit beider Pole laufen Organisationen in die Paradoxie aller Rationalisierungsprozesse: Je effizienter diese funktionieren, desto weniger braucht man sie für das eigene Überleben.

7.4.4 Weitere praktische Schritte

Bei der Schaffung von Rahmenbedingungen, in denen kreative Prozesse der Ideengenerierung wahrscheinlicher gelingen, haben sich neben den genannten Grundregeln die folgenden Arbeitsschritte bewährt.

Zunächst einmal geht es um die konsequente Beachtung des *Innovationsfokus*. Egal ob in Innovations-Workshops außerhalb der täglichen Routinen, in der Kommunikation zwischen Mitarbeiter und Führungskraft oder bei Kreativ-Sessions der eingesetzten Innovations-Teams: im Vorfeld all dieser Schritte es ist wichtig, den Fokus und die Erwartungshaltung transparent zu machen. Welches Problem soll gelöst werden? Was ist unser Innovationsfokus? Was sind die zentralen Informationen, mit denen wir in unserer Organisation für Anschluss sorgen können (z. B. das Wissen über die Kosten der Umsetzung, über mögliche Chance und Risiken, über notwendige Kompetenzen etc.). Dies macht den Suchraum für Ideen transparent, schafft Orientierung für den Umgang mit allzu abgehobenen Ideen und ruft die bestehenden Ergebniserwartungen in Erinnerung.

Das es in Organisationen in der Regel klar abgegrenzte Freiräume braucht, in denen sich neue Ideen entfalten können, empfiehlt sich die Einrichtung spezieller »Inkubationszellen«, die jenseits der laufenden Routinen für genügend Freiraum sorgen. Dies können singuläre Ereignisse wie etwa spezielle Innovations-Workshops oder Organisationslaboratorien sein, oder auch spezielle Organisationseinheiten, die strukturell verankert sind und sich ausschließlich um die Generierung neuer Ideen kümmern. Beide bedürfen besonderer Rahmenbedingungen, die das Gelingen des Ideationsprozesses unterstützen. Dazu zählen etwa:

Klare und kommunizierte Ziele
- Was ist die Problemstellung/der Innovationsfokus?
- Was sind übergeordnete Ziele?
- Was sind konkrete Ergebnisse, die in diesem Rahmen erarbeitet werden sollen?

Inspiration durch spannende Kurzvorträge
- Ziel: Gemeinsamer inhaltlicher Rahmen, Anregung durch externe Impulse

- Zeitmanagement: Kurz und prägnant
- Aufrütteln durch einen energetisierenden Vortragsstil

Ausgewählter Teilnehmerkreis
- Ziel: Überraschungen wahrscheinlicher machen und Machtkämpfe vermeiden
- Hierarchisch homogene Zusammensetzung
- Bereichs- und fachübergreifende Experten

Genügend Management Attention
- Ziel: Anschlusskommunikation wahrscheinlicher machen
- Klare Erwartungen aussprechen
- Sofortiges Feedback
- Vereinbarung von nächsten Schritten

Sorgfältig ausgewählte Örtlichkeiten
- Ziel: Sicherer und kreativitätsfördernder Rahmen
- Hell, freundlich, großzügig
- Flexible Arbeitsräume
- Werkstatt-Atmosphäre

An einer methodischen Unterstützung dieser Prozesse mangelt es in der Regel nicht. Eine Vielzahl von Vorgehensweisen und Werkzeugen reichen weit über die Befolgung einfacher Rezepte hinaus und bedienen sich dabei Erkenntnissen aus vielen wissenschaftlichen Disziplinen, wie etwa den Kommunikationswissenschaften, der Informatik, den Kognitionswissenschaften etc. Das klassische Brainstorming zählt zu den bekanntesten Methoden dieses Arbeitsschritts. Vergisst man bei der Anwendung all dieser Instrumente nicht, dass es sich lediglich um einen Arbeitsschritt handelt, der Teil eines langen und disziplinierten Umsetzungsprozesses ist, dann hat man zumindest einmal die halbe Miete auf das richtige Konto eingezahlt.

7.4.5 Toolbox: Brainstorming

Brainstorming	
Um was geht es?	Brainstorming ist der Klassiker unter den Methoden der Ideenfindung. Die Methode eignet sich gut, um in kurzer Zeit viele Ideen zu finden. Brainstorming gibt es in vielen unterschiedlichen Variationen, wie z. B. Brainwriting, 6-3-5 Methode etc. Es wird in vielen anderen Methoden als ergänzender Baustein verwendet.
Herausforderung	Entwicklung einer konzentrierten, offenen und wertneutralen Arbeitsatmosphäre.
Ziele und Ergebnis	Eine möglichst große Anzahl von Ideen zu einem Problem.

Brainstorming	
Wer und wann	Das Innovationsteam (oft mit Moderator), immer wenn es darum geht, neue Ideen zu entwickeln. Die Anwesenheit von Vorgesetzten ist zu thematisieren. Nicht immer ist es möglich, dann ein entspanntes Arbeitsklima zu etablieren.
Vorgehen	*Schritt 1: Vorstellung der Regeln für das Brainstorming* Alle Ideen, sowohl mögliche als auch unmögliche, werden akzeptiert und notiert. Keine Fragen, Kommentare oder Kritik zu den einzelnen Ideen. Quantität vor Qualität (Tempo und Menge). Das Aufbauen bzw. das Kombinieren von bestehenden Ideen ist erwünscht (Assoziationen). *Schritt 2: Festlegung des Themas* Bevor das Brainstorming beginnt, sollte das Thema/die Aufgabenstellung für alle sichtbar dokumentiert sein. *Schritt 3: Einteilung in Gruppen* Eine optimale Gruppengröße liegt bei vier bis sieben Teilnehmern. Empfehlenswert ist eine Mischung aus Fachleuten und Laien, oder die Mischung unterschiedlicher Disziplinen und Domänen. *Schritt 4: Eine Sequenz mit einfachen Regeln* Teilnehmende äußern spontan ihre Ideen und der Moderator schreibt alle Ideen ohne jegliche Bewertung auf. Die Teilnehmer lassen sich von den Ideen der Anderen inspirieren, bauen auf bestehende Ideen auf bzw. kombinieren diese. Bei nachlassendem Ideenfluss hilft der Moderator mit Fragen nach.
Literatur	Schlicksupp 1993; Stanford, Institute of Design 2010

7.4.6 Toolbox: TRIZ

TRIZ	
Um was geht es?	TRIZ ist eine Vorgehensweise zur Entwicklung neuer Lösungsansätze (das russische Akronym steht sinngemäß für »Theorie des erfinderischen Problemlösens«). TRIZ beinhaltet eine Vielzahl an Werkzeugen und Methoden, die auf drei wesentlichen Grundannahmen basieren: 1. Einer großen Anzahl von Erfindungen liegt eine vergleichsweise kleine Anzahl von allgemeinen Lösungsprinzipien zugrunde. 2. Oft werden erst durch das Überwinden von Widersprüchen (technische oder physikalische) innovative Entwicklungen möglich. 3. Die Evolution technischer Systeme folgt bestimmten Mustern und Gesetzen.

TRIZ

Um was geht es?	Die TRIZ-Methoden bauen auf einer präzise formulierten Problemstellung auf. Der Problemlösungsprozess wird durch den Rückgriff auf naturwissenschaftlich-technologische Erkenntnisse und wichtige Innovationsprinzipien gelenkt und unterstützt. Aus der Vielzahl an Werkzeugen und Methoden sind für die Verwendung im Innovationsalltag insbesondere die *Widerspruchsmatrix* geeignet, die ein Team im Auffinden der relevanten Innovationsprinzipien unterstützt. Im Schnittpunkt der vertikalen (sich verbessernde) und horizontalen (sich verschlechternde) technischen Parameter können entsprechende Kennziffern für solche Prinzipien identifiziert werden.
Herausforderung	Je klarer und präziser die Problemformulierung, desto besser das Ergebnis.
Ziele und Ergebnis	Lösung technischer Probleme als Vehikel zur Entwicklung neuer Erfindungen.
Wer und wann	Die einzelnen Schritte der Methoden können in Einzelarbeit oder in Gruppenarbeit (etwa auf der Basis eines Brainstormings) durchgeführt werden.
Vorgehen	*Schritt 1: Formulierung des Problems als Widerspruch* Das spezifische Problem wird als Widerspruch formuliert; dabei helfen die Parameter der Widerspruchsmatrix (z. B. Gewicht des bewegten Objektes, Stabilität des Objektes, Temperatur, Energieverlust etc.) *Schritt 2: Bestimmung der Parameter, die verbessert werden sollen* Es werden maximal drei Parameter bestimmt. *Schritt 3: Bestimmung der Parameter, die sich verschlechtern* Welche Parameter verschlechtern sich bei der Anwendung herkömmlicher Verfahren? *Schritt 4: Arbeit mit der Widerspruchsmatrix* Es gilt, in der Widerspruchsmatrix am Kreuzungspunkt der widersprüchlichen Parameter zutreffende Innovationsprinzipien zu finden. *Schritt 5: Entwicklung von Teillösungen* Erste Teillösungen entstehen durch die Anwendung der ausgewählten Innovationsprinzipien auf das spezifische Problem. *Schritt 6: Synthetisierung einer Gesamtlösung* Kombination der Teillösungen zu einer Gesamtlösung.
Literatur	Eversheim 2002

7.5 Arbeitsschritt 7: Prototyping

Der letzte Arbeitsschritt der Design-Phase beschäftigt sich mit dem Herstellen und Testen von Modellen der während der Ideation entstandenen Ideen. Was sich zunächst wie ein recht banaler Folgeschritt anhört, entwickelt bei einem aufmerksamen Innehalten eine beachtliche Tiefenschärfe: »Prototyping« gilt als ein zentrales Charakteristikum der Arbeit eines Designers. Es geht dabei um eine schnelle Konkretisierung einer Idee, um die Herstellung eines be-greifbaren Gegenstands oder Modells, um eine skizzenhafte Vergegenständlichung, mit der eine Idee zum ersten Mal unter dem Aspekt ihrer Realisierung betrachtet wird. Oft ist es so, dass sich bei dem kreativen Prozess der Ideengenerierung eine Idee festsetzt, Kristallisationspunkt wird für eine Vielzahl von assoziativen Verknüpfungen, die sich auf eine bestimmte Prämisse zurückführen lassen. Ist ein gewisser Flow im Arbeitsmodus des Teams entstanden, führt die positive Rückkopplung der einzelnen Beiträge (»Ja, und ...«) leicht zu einer Art Trancezustand, in dem – vergleichbar mit dem Gefühl des Verliebtseins – bestimmte Aspekte einer Idee in den Vordergrund rücken und andere hingegen völlig unter den Tisch fallen. Das Risiko sich selbst verstärkender Projektionen wächst und damit auch die Wahrscheinlichkeit, sich in eine spezifische Richtung festzufahren und damit den Möglichkeitsraum unnötig lange einzuengen. Um dieses Risiko möglichst gering zu halten, werden sofort im Anschluss an die Ideengenerierung erste Prototypen hergestellt, mit der eine Idee aus den Köpfen heraus in eine Welt tritt, in der sämtliche Regeln der Physik weitgehend intakt sind und die den Möglichkeitsraum in einen Machbarkeitsraum transformieren. Mit diesem »Reality Check« wird schnell deutlich, ob die Richtung, die man im Verlauf des Ideationsprozesses eingeschlagen hat, eine weiterführende Spur legt oder man besser noch einmal zurück an den Start geht und den Prozess mit alternativen Prämissen und Vorüberlegungen neu einfädelt.

Ein weiterer Effekt des Prototypings ist die Lernerfahrung, die durch die Umsetzung von der Idee in die Praxis automatisch in Gang gesetzt wird. Das Team sammelt Erfahrungen und eignet sich neue Kenntnisse über den Zusammenhang von Problem und Lösung an. Damit einher geht natürlich auch ein erweitertes Verständnis des zu lösenden Problems bzw. der spezifischen Bedürfnisse einer Zielgruppe, für die erst ein Problem gesucht wird. Diese Erfahrungen fließen in den weiteren Innovationsprozess ein und kommen den darauf folgenden Iterationsschleifen zugute. Durch diese Form des »Trial and Error« entstehen schnell erfahrungsbasierte Optionen einer Problemlösung, die gleichzeitig willkommener Anlass für den im Team mitlaufenden Kommunikationsprozess sind. Anhand solcher konkreter Beispiele kann man sich wechselseitig klar machen, was mit einem bestimmten Aspekt einer Idee gemeint war, oder was man eigentlich ganz bewusst ausgeschlossen hat. Der Prototyp dient gleichsam als Aufmerksamkeitsfokus des kommunikativen Ereignisses, sorgt für Gesprächsstoff und veranschaulicht mit einem Blick, was ansonsten mit vielen Worten aufwendig erklärt werden müsste. Anhand der Anschaulichkeit des praktischen Modells erübrigen sich im Regelfall auch viele Fragen von Personen, die nicht Teil des Ideationsprozesses waren. Es ist offensichtlich, wie eine bestimmte Idee gemeint war, auch wenn (und gerade weil) sie noch nicht einen finalen Status der Ausarbeitung erreicht hat. Durch diese Möglichkeit eines kommunikativen Anschlusses bieten sich gute Möglichkeiten, anhand von Prototypen erste Fans für eine Idee zu gewinnen, die dann durch weitere Hinweise und Ergänzungen aus diesen Reihen in einem Prozess der Co-Kreation ihre endgültige Gestalt findet.

Die Haltung, mit der ein solcher Versuch des »gezielten Scheiterns« durchgeführt wird, deckt sich mit den bereits ausgeführten Hinweisen zu der Grundhaltung im Design:

> »If you are building a prototype and it does what you expected then this is waste of time. A prototype that does not fail is waste of time, as you are not able to learn anything from it.«

Mit diesen Worten beantwortet Prof. Larry Leifer, Gründer des Center of Design Research (CDR) an der Stanford University unsere Frage nach der Haltung bei dem Arbeitsschritt des Prototypings. Er gibt uns damit einen wertvollen Hinweis auf den konzeptionellen Hintergrund, der im praxisgetränkten Prozess eines Prototypings oft kaum wahrnehmbar ist.

7.5.1 Konzeptionelle Überlegungen: Lernen

Möglichst schnell aus Fehlern lernen: so könnte man die Grundprämisse des Prototypings zusammenfassen. Sie deckt sich mit den provokanten Hinweisen, die Tom Peters und Robert Waterman in ihrem 1982 erschienenen Buch »In Search of Excellence« unter dem Motto »schneller Scheitern« zusammengefasst haben. Ihre paradoxe Aufforderung an das Management von Organisationen, in einem zu Turbulenzen neigenden Umfeld einfach mehr Fehler zu machen, um daraus möglichst schnell zu lernen, welche Problemlösungsstrategien zu hilfreichen, d.h. überlebenssichernden Ergebnissen führen und welche nicht, unterlief auf intelligente Art und Weise den bis dahin ungebrochenen Standard, gerade in unsicheren Zeiten auf rationale Abwägungen von Handlungsalternativen zu setzen, die mittels analytischer Schärfe gegeneinander gestellt und im Sinne einer »Rational Choice« entschieden wurden. In vollem Wissen um die soziale »Grundimprägnierung« jeglicher Organisation setzten die beiden Autoren auf die Widersprüchlichkeit von Organisationslogiken als auch der darin arbeitenden Menschen. Ihre Grundaussage stütze sich darauf, dass im Umgang mit der Unberechenbarkeit einer intelligenten Organisation ein in raschen Zyklen durchgeführtes »Trial and Error«-Verfahren schneller zu verlässlichen Informationen über Handlungsalternativen führt als das Nachdenken über Optionen, die im Moment ihrer Realisierung von einer nicht mehr kausal nachvollziehbaren Praxis verschluckt werden.

Im eklatanten Widerspruch zu der vielerorts in Organisationen ausgegebenen Maxime »Bloß keine Fehler!« erlaubt die Blickverlagerung von »Fehler« auf »Lerngelegenheit« auch eine gedankliche Neuausrichtung, weg von der Moral hin zur Wirkung, und legt damit die Basis für eine alltagstaugliche Fehlerkultur. Anstatt sich nämlich damit zu plagen, was denn nun ein »richtiges« Verhalten (im Unterschied zu einem fehlerhaften, »falschen« Verhalten) in bestimmten Situationen ausmacht, kann man sich auf die Durchführung kontrollierter Experimente konzentrieren, die einzig unter dem Aspekt des Risikomanagements beobachtet werden müssen. Was damit sofort wegfällt, ist die Defizitorientierung, die eine Fixierung auf die Vermeidung von Fehlern unweigerlich nach sich zieht. Schließlich muss man ja, um Fehler vermeiden zu können, diese zunächst einmal entdecken. Auch wenn sich eine solche Leidenschaft für Fehler unter den spezifischen Bedingungen einer HRO-Organisationen noch bewähren mag (Weick/Sutcliffe 2003), die Angst vor Sanktionen, die in normalen Organisationen der ständiger Begleiter einer Fehlervermeidungsstrategie ist, führt im Normalfall zu sich selbst verstärkenden Prozessen, die einer Organisation gleich Schlingen die Luft zum Atmen nehmen. Um mögliche Sanktionen zu umgehen, werden dort mit der Zeit sämtliche Regeln absolut gesetzt und dazu missbraucht, den damit ja definierten Pfad der Tugend nicht zu verlassen. Anstatt das Risiko von Abweichungen in Kauf zu nehmen, erstarrt eine Organisation in sturem Bürokratismus, da allein das Befolgen dieser Regeln (ob dies nun sinnvoll ist oder nicht) garantiert, dass man keine Fehler macht bzw. dass man, wenn sie denn *passieren* sollten (ein konstitutives Element von Fehlern, die ja nicht »gemacht« werden, da wir ansonsten von »Sabotage« sprechen müssten), dafür nicht zur Verantwortung gezogen werden kann. Eine Philosophie des »Cover your ass« macht sich breit, meistens begleitet von ermunternden Aufrufen für mehr Intrapreneurship, Selbstverantwortung und Commitment seitens eines zunehmend hilfloser agierenden Managements, das meistens eine Ahnung davon hat, welche Kosten und Konsequenzen mit diesem Verlust der Agilität verbunden sind. Die Behinderung der Lernfähigkeit einer Organisation, die damit unmittelbar einhergeht, ist in der Tat ein schwerwiegendes Argument für eine Fehlerkultur, die nicht den wohl geordneten Normalzustand als Referenz für ihre Beobachtungen nimmt, sondern die Unberechenbarkeit der Verhältnisse. Eine Unberechenbarkeit, in der jederzeit mit Fehlern gerechnet werden kann, die man – ganz knapp – gerade mal nicht gemacht hat und die auch nicht als zu vermeidendes Übel interpretiert werden, sondern stets Anlass sind für ein Lernen, das gelernt hat, nicht jeden dieser Anlässe als Lernerfahrung ernst nehmen zu müssen.

Es ist genau diese Konnotation des Lernens, die im Modus des Prototypings besonders gut trainiert werden kann. Beobachtet man Designer bei ihrer Arbeit, dann fällt auf, dass gescheiterte Prototypen nicht den Frust auslösen, der normalerweise mit einem Fehlschlag einhergeht. Man sieht Überraschung, verblüfft hochgezogene Augenbrauen, schräg gelegte Köpfe und Stirnrunzeln, das darauf schließen lässt, wie aufmerksam gerade beobachtet wird. Was gänzlich fehlt, sind die typischen Begleiterscheinungen eines Fehlers, der missmutige Stoßseufzer, die zusammengepressten Lippen und der Blues, der einen beschleicht, um sich anschließend in Katerstimmung aufzulösen.

Aus gemachten Erfahrungen lernen: dies ist spätestens seit den Arbeiten von David Kolb auch die Grundlage der modernen Lerntheorie, die sich auf die maßgeblich von John Dewey zu Beginn des 20. Jahrhunderts entwickelte Pädagogik des Pragmatismus stützt und das erfahrungsbasierte Lernen in den Mittelpunkt stellt (Kolb 1984). Der von Kolb entwickelte »Experiential Learning Cycle« durchläuft vier Phasen, die von Beckman und Berry in einem lesenswerten Grundlagenartikel auf die einzelnen Arbeitsschritte der Design-Phase umgelegt wurden (Beckman/Barry 2007).
- Die konkrete Erfahrung bildet den Ausgangspunkt jedes Lernprozesses. Diese Erfahrung besitzt Echtcharakter, d. h. sie hat für den Lernenden eine beobachtbare Konsequenz zur Folge.
- Auf Basis dieser Erfahrung findet ein nachgelagerter Reflektionsprozess statt. Das Erlebte wird sich noch einmal vor Augen geführt und etwa auf mögliche Ursachen hin mental durchgespielt.

- Der Reflexionsprozess führt zu einer abstrakten Begriffsbildung. In diesem Schritt kommt es zu einer Generalisierung, bei der von der konkreten Erfahrung abstrahiert und ihm zugrunde liegende Prinzipien erkannt werden. Durch diesen Schritt werden die aus der Erfahrung gewonnenen Einsichten zu Wissen, das auch auf andere Situationen übertragbar ist.
- Im vierten Schritt wird in realen Situationen mit dem erworbenen Wissen aktiv experimentiert. Dies führt zu neuen Erfahrungen, die wiederum Anlass für einen neuen Lernzyklus sind.

Aus diesem reflektierten »Try and Error«-Verfahren lassen sich unterschiedliche Präferenzen bei der Verarbeitung der Erfahrungen ableiten, die zu einer Kategorisierung sogenannter »Lernstile« geführt haben. Die folgende Tabelle fasst diese unterschiedlichen Stile zusammen (vgl. Abbildung 17):

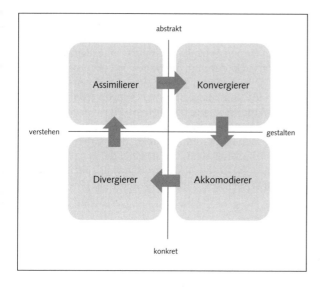

Abb. 17: Lernstile nach Kolb (1984)

Die etwas kryptischen Bezeichnungen beziehen sich auf die unterschiedlichen Modi (abstrakt/analytisch oder konkret/praktisch), in denen Erfahrungen gesammelt und anschließend verarbeitet werden (innengerichtetes Nachdenken/außengerichtetes Handeln).
- *Akkomodierer* (Pragmatiker): Dieser Typ lernt am liebsten aus der direkten Erfahrung und agiert spontan und risikofreudig. Aufgrund der aktiven und flexiblen Art tendiert dieser Lerntyp zu einer unbefangenen Experimentierfreudigkeit. Im Vordergrund stehen eher Personen als Theorien, Schlüsse werden aus einzelnen Fakten gezogen, weniger aus theoretischen Denkgebäuden.
- *Divergierer* (Universalisten): Dieser Typ lernt am ehesten aus der Beobachtung. Daraus werden dann Konsequenzen abgeleitet und Schlüsse gezogen. Der Lerntyp ist prädestiniert für kreative Lösungen, weil Sachverhalte aus verschiedenen Perspektiven betrachten werden können. Was ihn auszeichnet ist ein breites Interesse an Menschen. Man findet diesen Lerntyp oft bei Menschen mit künstlerischen Fähigkeiten.

- *Assimilierer* (Theoretiker): Dieser Typ lernt aus logischen Schlussfolgerungen. Hier zählt vor allem die Entwicklung von Theorien und Modellen durch systematisches und analytisches Vorgehen. Die Auseinandersetzung mit Theorien steht im Mittelpunkt.
- *Konvergierer* (Spezialist): Dieser Typ arbeitet zielorientiert an neuen Lösungen, die sich aus der Anwendung von Theorien und Modellen ergeben. Im Vordergrund steht die Überprüfung von Theorien und Hypothesen, die systematisch zu Problemlösungsprozessen herangezogen werden. Auch hier überwiegt die Sachorientierung.

Wie gut zu erkennen ist, weisen die jeweiligen Charakteristika der einzelnen Lernstile eine große Nähe zu den einzelnen Arbeitsschritten des Design-Prozesses auf. Vergleicht man diese verschiedenen Zugänge zum Lernen mit der Darstellung der einzelnen Arbeitsschritte des Design-Prozesses zu Beginn dieses Kapitels (vgl. Kapitel 7.1.3), so wird auch deutlich, welche Rolle dem Prototyping in diesem Lernprozess zukommt. Der Arbeitsmodus, in dem sich das Prototyping vollzieht, ist das aktive Probieren anhand von praktischen Erfahrungen. Es kann damit als Prozessabschnitt in der Design-Phase, aber auch als spezifischer Lernstil gesehen werden. Insgesamt gewinnt dadurch auch die Idee, den gesamten Design-Prozess im Kontext eines Lernzyklus zu verstehen, an Plausibilität. Innovation rückt damit in die Nähe von Lernprozessen, die mit ihren unterschiedlichen Modi der Verarbeitung lebenspraktischer Erfahrungen eine enge Verbindung zur Domäne des Wissensmanagements legen (Mareis 2011). Durch die Einbettung der einzelnen Arbeitsschritte der Designs-Phase in eine konsistente Lerntheorie wird deutlich, dass der Design-Prozess insgesamt unter dem Aspekt des Wissensaufbaus rekonstruiert werden kann – ein Gedanke, den wir vor allem den Forschungen von Charles Owen zu verdanken haben, der als einer der ersten Designer die unterschiedlichen Vorgehensweisen im Design-Prozess als jeweils spezifische Formen des Aufbaus und Gebrauchs von Wissensressourcen dekodiert hat (Owen 1998).

7.5.2 Praktische Schritte

Kommen wir zurück auf die praktische Dimension des Prototypings. Wir haben gesehen, dass ein rascher, iterativer Bau von Prototypen ein wichtiger Schritt ist, um aus Ideen greifbare Erstversionen von Produkten zu machen. Primäres Ziel des dabei mitlaufenden Lernprozesses ist es, neue Einsichten über das bearbeitete Problem und seinen Lösungsraum zu generieren. Dabei steht weniger der Aspekt des Prüfens im Vordergrund. Prototypen sind also nicht als Beleg für bestimmte Annahmen gedacht, die einer Idee zugrunde liegen. Mit ihrer Hilfe testet man eher, was geht und was nicht. Während des Prototypings suchen wir also nicht nach Bestätigung der von uns getroffenen Grundannahmen, sondern nehmen diese als Anlass, etwas Neues zu lernen. Es geht also um ein Austesten des Potenzials einer bestimmten Idee. Mit anderen Worten: nicht die Beweisführung eines mehr oder weniger erfolgreichen Experiments steht im Mittelpunkt, sondern das gezielte Scheitern der Versuchsanlage, mit der eine Fülle von Einsichten und Erfahrungen produziert wird, die unmittelbar in die nächste Testschleife mit einfließen. Dieses Durchtesten möglicher Lösungen ist die einzige Chance, erste Ideen aus dem Arbeitsschritt Ideation direkt und erfahrungsbasiert zu schärfen: »*The test mode is another iterative mode in which we place our low-resoluti-*

on artifacts in the appropriate context of the user's life.« – in diesen Worten beschreibt Larry Leifer im Gespräch die Quintessenz des Prototypings. Er fügt hinzu: »*Prototype as if you know you're right, but test as if you know you're wrong.«* Wenn es bei Prototypen also in erster Linie um die Lernerfahrung geht, dann sollte man sich Gedanken darüber machen, was man lernen will bzw. welchen Aspekt einer Idee man in größerer Detailtiefe explorieren möchte – und zwar bevor man beginnt, einen Prototypen zu bauen. So lassen sich Ressourceneinsatz und das erwartete Ergebnis besser aufeinander abstimmen. Ebenfalls sinnvoll ist es, schon im Vorfeld die unterschiedlichen Typen des Prototypings im Blick zu behalten, um mit einem entsprechend gestuften Vorgehen experimentieren zu können. Am CDR wird etwa zwischen folgenden Prototypen unterschieden:

- *Critical Experience Prototype*: a procedure to test an important aspect of the user experience.
- *Critical Function Prototype*: a mockup that focuses on the most vital features of a product concept which allows then to refocus and prioritize the efforts.
- *Dark Horse Prototype*: a mockup that is potentially promising, but whose ideas where rejected earlier for a preferred approach.
- *Test drive Prototype*: a prototype exploring a very challenging direction, with low probability of success, but potentially high return.
- *Funky Prototype*: a moderately developed prototype, that reflects the potential of the final design.
- *Fully functional Prototype*: an end version of a series of prototypes.

Alle diese Prototypen können jede beliebige Form annehmen: Gegenstände, die gerade auf dem Tisch stehen, ein Rollenspiel, eine Zeichnung, ein Storyboard, ein Film oder kleine Modelle. Der Grad der Perfektion und der Detaillierung unterscheidet sich dabei, sollte aber immer auf den Fortschritt des Innovationsprojekts abgestimmt sein. D. h. in den frühen Phasen von Projekten werden die Prototypen einfach und schnell zusammengestellt. Wichtig ist dabei, nicht etwas Perfektes bauen zu wollen, sondern viele unterschiedliche Ideen oder Features auszuprobieren und/oder Feedback dazu zu bekommen. Je einfacher und weniger aufwendig ein Prototyp ist, desto geeigneter ist er, um viele Ideen auszuprobieren, ohne sich dabei zu voreilig auf eine Richtung festzulegen oder zu viele Ressourcen in diese eine Richtung zu stecken, die dann hinderlich sind, wenn man alles über Bord werfen möchte oder muss. Dabei geht es primär nicht darum, ein möglichst genaues »Mock-up« einer anvisierten Lösung zu bauen; das Ziel ist vielmehr ein einfacher, konkrete Gegenstand, mit dem der Kunde neue Features und Ideen real ausprobieren kann. Es geht also darum, dass aus einer abstrakten Idee eine anfassbare Mini-Lösung entsteht, mit der Menschen (ob nun das Innovationsteam, die Anwender selbst oder andere Personen) interagieren. So bekommen alle diese Personen neue Einblicke in die Möglichkeiten und Beschränkungen der angedachten Ideen und lernen mit allen Sinnen die Sinnhaftigkeit einzelner Features kennen.

Mit Hilfe von Prototypen wird das Innovationsteam in die Lage versetzt, die Bedürfnisse und den Kontext der Anwender immer besser zu verstehen. Dabei geht es nie um eine vollständige Abbildung der Möglichkeiten einer Idee. Aspekte, die aktuell im Fokus des Innovationsprozesses stehen, werden vielleicht stärker ausgearbeitet, während andere Aspekte allein schon aus Ressourcengründen nur oberflächlich angerissen werden.

Alle Prototypen werden nach Möglichkeit im direkten Umfeld des Anwenders ausprobiert. Hier geht es vor allem darum, das Kundenverständnis zu vertiefen: Ein Prototyp ist ein ausgezeichnetes Vehikel, um mit zukünftigen Kunden in den Dialog zu gehen, erste Ideen vorzustellen und darauf ein fundiertes und detailliertes Feedback zu bekommen. Diese Anlässe sind natürlich auch eine gute Gelegenheit, ein noch engeres Verhältnis mit potenziellen Kunden aufzubauen. Die aufmerksame Beobachtung ihrer Reaktionen bietet oft unerwartete Einsichten, was deren Vorstellungen einer angemessenen Problemlösung angeht. Das kann dazu führen, dass man wieder zurück an den Ausgangspunkt der Ideengenerierung muss, oder es wird deutlich, dass man nicht nur an einer möglichen Lösung vorbeigeschrammt ist, sondern bereits das Problem nicht richtig erkannt wurde. Last but not least hilft ein Prototyp auch immer dabei, die eigenen Visionen und Ziele anschaulich darzustellen. So können sie allen beteiligten Stakeholdern besser kommuniziert werden und bleiben auch nachhaltiger im Gedächtnis von Kunden oder Entscheidungsträgern verankert.

7.5.3 Toolbox: Entwicklung von Prototypen

Entwicklung von Prototypen	
Um was geht es?	Ideen und Konzepte können durch die Arbeit mit Prototypen schneller evaluiert und besser verstanden werden.
Herausforderung	Beginnen, obwohl man die Idee möglicherweise konzeptionell noch nicht verstanden hat; dabei den Anwender nie aus den Augen verlieren.
Ziele und Ergebnis	Durch die schnelle Konkretisierung von Ideen kann das Projektteam schneller lernen, d. h. neue Erfahrungen werden gesammelt, die zu neuen/vertieften Erkenntnissen über den spezifischen Innovationsbereich führen.
Wer und wann	Prototypen werden im Innovationsteam entwickelt und mit ausgewählten Test-Usern evaluiert.
Vorgehen	*Schritt 1: Entwicklung einer Fragestellung* Auf welche Fragestellung soll der Prototyp eine Antwort sein? Welcher Aspekt und welche Variablen sollen getestet werden? *Schritt 2: Entwicklung eines oder mehrerer Prototypen* Im Team werden Prototypen für die gewählte Fragestellung entwickelt. Es geht *nicht* darum, bereits eine Lösung umzusetzen, sondern den Fokus auf die identifizierten Variablen und Aspekte zu setzen. *Schritt 3: Entscheidung über Kontext und Setting des Anwender-Testings* Wer sind mögliche Anwender? In welcher Situation und bei welcher Tätigkeit soll der Prototyp getestet werden?

Entwicklung von Prototypen

Vorgehen	*Schritt 4: Durchführung des Anwender-Testings* Für das Anwender-Testing werden unterschiedliche Rollen festgelegt: Ein Moderator, der das Setting steuert; Spieler, um den gesamten Ablauf realitätsnaher zu gestalten, und Beobachter, die sich ausschließlich auf die Beobachtung der Interaktion konzentrieren.
Literatur	Hanington/B. Martin 2012, Walker 2010; Stanford, Institute of Design 2010

8 Phase III: Embedding

8.1 Einführende Überlegungen

Aus der kreativen Arbeit der Design-Phase geht es in der letzten Phase der Innovationshelix wieder zurück in den Alltag der Organisation. Die im Design-Prozess entstandenen Prototypen, die mit Hilfe des strategischen Innovationsfokus zielgerichtet auf die Interessen, Kernkompetenzen und Wettbewerbsstrategien des einzelnen Unternehmens ausgerichtet wurden, müssen sich in ihrer weiteren Ausarbeitung in Richtung eines marktfähigen Produkts oder einer Dienstleistung im bestehenden Organisationsalltag bewähren. Die Rückbindung der neuen Ideen ist eine zentrale Schlüsselstelle im Innovationsprozess. Gelingt es nicht, die Immunreaktion bestehender Verhältnisse so zu kanalisieren, dass eine Art Synchronisation des Neuen mit dem Alten stattfindet, war die gesamte bisher geleistete Arbeit weitgehend vergeblich: Die vielversprechendsten Innovationsideen bleiben liegen, werden nicht weiterverfolgt, verschwinden in den Schubladen und Archiven der Organisation oder werden gar offensiv bekämpft und zu Fall gebracht. Aus einer evolutionstheoretischen Perspektive ist dieser Schritt der Retention die Nagelprobe für selektierte Varianten des bestehenden Status Quo. Sie müssen sich in der Praxis bewähren, also dort ihre Überlebensfähigkeit zeigen, wo es darauf ankommt. Im Kontext von Organisationen läuft es darauf hinaus, dass die in die Form von Prototypen gegossenen neuen Ideen Teil der bestehenden Routinen werden müssen. Selbst wenn eine Organisation den Ergebnissen ihrer Selbsterneuerung eine Zeit lang »Welpenschutz« einräumt (Kibed/Sparrer 2000, O'Connor et al. 2008), kommt früher oder später der Zeitpunkt, an dem eine Innovation den Nimbus des Neuen und Ungewohnten soweit abgelegt hat, dass sie ohne größere Störungen in die laufenden Arbeitsprozesse einer Organisation inkorporiert ist und aus dem Prozess der Exploration in die Phase der Exploitation übergeht.

Wie dieser Übergang vonstatten geht und welche Arbeitsschritte dabei sinnvollerweise in den Blick zu nehmen sind – diese Fragen stehen im Mittelpunkt des nun folgenden Kapitels. Sie werden ergänzt durch Überlegungen zur nachhaltigen Verankerung der Innovationsfähigkeit in Organisationen, den Aufbau jener »Organizational Capabilities« also, von denen in diesem Buch bereits mehrfach die Rede war. Sind entsprechende Organizational Capabilities vorhanden, kann der permanente Ko-Evolutionsprozess von Organisationen und ihren relevanten Umwelten selbst zu einer Routine werden, aus der heraus eine Organisation immer wieder neu entscheiden kann, wo sie sich mit ihrer Außenwelt arrangiert und wo sie auf solche Lerngewinne bewusst verzichtet. Wir haben ja bereits gesehen, dass ein Innovieren um jeden Preis – d. h. hauptsächlich um seiner selbst willen – wenn überhaupt, dann nur in den seltensten Fällen eine erfolgreiche Überlebensstrategie ist. Es liegt auf der Hand, dass dieser nächste Konkretisierungsschritt im Innovationsprozess abhängig ist von der spezifischen Organisationslogik der einzelnen Spielarten des Innovierens. Es macht einen großen Unterschied, ob ein junges Start-up oder alteingesessenes Familienunternehmen, ein internationaler Großkonzern oder eine mit Risikokapital ausgestattete Unternehmensgründung sich mit der Implementierung innovativer Konzepte beschäftigt (vgl. *Kapitel 4: Die Spielarten des Innovierens*). Nur dort, wo eine Organisation überhaupt über nennenswerte Routinen verfügt, müssen wir damit rechnen, dass sich diese gegen die Störung ihrer gewohnten Abläufe zur Wehr setzt. Und wie stark diese Immunreaktion dann tatsächlich ausfällt, ist auf das Engste gekoppelt mit dem »Impact«, den eine Innovation auslöst. Dieser wird bei inkrementellen Verbesserungen anders aussehen als bei radikalen oder gar disruptiven Veränderungen, mit denen die existenzielle Grundlage einer bestehenden Organisation infrage gestellt wird. Über welche Möglichkeiten Organisationen verfügen, um mit diesen berechtigten Widerständen umzugehen, ist ein wesentlicher Aspekt des Arbeitsschritts der Implementierung.

Insgesamt besteht die letzte Phase unserer Innovationshelix aus drei Arbeitsschritten:

Bei *Arbeitsschritt 8: Implementierung* geht es in erster Linie um die Gestaltung der organisationsinternen Synchronisationsprozesse zwischen Innovation und Routinen. Wenn es in Organisationen immer wieder darum geht, die Anschlusskommunikation für einmal getroffene Entscheidungen sicherzustellen, dann steht und fällt die Implementierung einer Innovation mit dieser Art von »Andockmanöver«. Dass dies in den seltensten Fällen ohne Friktionen geht, belegen die vielen Aussagen von Innovationsmanagern, die die Implementierung als den wichtigsten Teil der Partitur eines professionellen Innovationsmanagements ansehen. Auch die Vielzahl von gescheiterten Innovationsinitiativen gibt Zeugnis von den Herausforderungen, die in dieser Phase versteckt sind. Last but not least verläuft an genau dieser Stelle eine Verbindungsgrenze zu den vielen, vielen Change-Initiativen, in denen sich die widerspenstige Zähmung der durch Innovationen ausgelösten Spannungsfelder manifestiert. Auch wenn ein professionell aufgesetztes Change-Management nicht gleichbedeutend ist mit der Implementierung von Innovationen, sondern sich in den allermeisten Fällen mit den Folgen einer solchen (Selbst)Erneuerung auseinanderzusetzen hat: der Rückgriff auf die vielfach erprobten Vorgehensweisen und Werkzeuge des (systemischen) Veränderungsmanagements gehören zum Standard-Repertoire eines erfolgreichen Innovationsmanagements, das immer damit rechnen muss, mit seinen Interventionen in der Organisation selbst auf Ablehnung zu stoßen. Der konstruktive, also reflektierte Umgang mit Widerstand – einer der zentralen Aspekte des Change-Managements – gehört hier sicher zu den Kernkompetenzen einer auf Wirkung bedachten Implementierungsarbeit.

Arbeitsschritt 9: Monitoring umfasst die Einrichtung transparenter Kontrollprozesse und Sollbruchstellen, mit denen ein sauber eingerichtetes Innovationsportfolio laufend auf Abweichungen von den vereinbarten Innovationskorridoren und Ressourcenausstattungen beobachtet und einzelne Projekte darin gegebenenfalls auch anhand von für alle nachvollziehbaren Kriterien gestoppt werden können, wenn sie aus dem vereinbarten Rahmen fallen. Es handelt sich bei diesem Arbeitsschritt um eine Art »Gegenstück« zur strategischen Operationalisierung in Arbeitsschritt 3: Die dort erfolgte Rahmensetzung wird hier praktisch umgesetzt und dabei laufend auf ihre Praxistauglichkeit hin überprüft. Das Ziel dieses Arbeitsschritts ist das *Monitoring* der laufenden Innovationsaktivitäten. Damit wird ein mehr oder weniger belastbarer Informationsstand über den Fortschritt einzelner Innovationsprojekte mitsamt der dabei immer wieder notwendigen Nachjustierungen sichergestellt, der Grundlage ist für daran anschließende Managemententscheidungen. Dabei besteht immer ein gewisses Risiko der Unter- oder Übersteuerung solcher Initiativen. Lässt man die Zügel zu locker, entwickeln Innovationsprojekte oft eine ungeahnte Eigendynamik, die sie aus dem strategischen Korridor hinaustreiben lassen und damit den Nutzen der Innovationsaktivitäten für die Organisation schmälern. Sind die Zügel zu straff angelegt, entsteht nicht genügend Freiraum, der es Innovationen überhaupt erst möglich macht, sich innerhalb einer Organisation zu entwickeln. Mit der Etablierung und Vereinbarung transparenter Erfolgskriterien kann diese Balance gut bewältigt werden: Man orientiert sich regelmäßig an wenigen Kenngrößen und kann dadurch die laufenden Innovationsaktivitäten weitgehend ungestört laufen lassen. Eine offensive Kommunikation des laufenden Geschehens hilft bereits im Vorfeld die vorhersehbare Ablehnung einzelner Initiativen zu minimieren. Gerade in Großorganisationen besteht die Kunst eines solchen Monitorings oftmals darin, regelbasiertes Verhalten nicht gegen individuelles Engagement auszuspielen. Wir haben bereits darauf hingewiesen, wie sehr Organisationen auf das mitlaufende Bewusstsein, d. h. die Aufmerksamkeit ihrer Mitglieder angewiesen sind. Deren Geistesgegenwart ist durch nichts zu ersetzen. Wir dürfen davon ausgehen, dass die Organisation der Zukunft – trotz aller Notwendigkeit standardisierter, d. h. regelbasierter Prozesse – eine *engagierte* Organisation sein wird, in welcher der Frage der Motivation also ein höherer Stellenwert eingeräumt wird als den stets mitlaufenden, betriebswirtschaftlichen Kosten-Nutzen-Kalkülen.

In *Arbeitsschritt 10: Auswertung* haben wir es schließlich mit der Auswertung dieser Innovationsaktivitäten zu tun. Anders als beim Monitoring, das die einzelnen Innovationsprojekte in den Blick nimmt und unter Ist-Soll-Spannung setzt, beschäftigt sich eine Auswertung des Innovationsprozesses selbst mit den Erfahrungen, die eine Organisation mit dem Prozess des Innovierens an sich gemacht hat. Diese Form der Metareflexion stellt sicher, dass die Lernerfahrungen, die in den einzelnen Projekten notwendigerweise, ob durch Erfolg oder Misserfolg, aufgelaufen sind, auf generalisierbare Einsichten hin überprüft werden. Im Beobachtungsfokus steht also der Innovationsprozess selbst – wir sprechen daher auch von einer »Beobachtung zweiter Ordnung«, mit der die Innovationsfähigkeit einer Organisation gestärkt wird. Anstatt nämlich nur auf einzelne Projektverläufe zu schauen, lernt eine Organisation, *wie* sie lernt (Stichwort »Lernen zweiter Ordnung« Lutterer 2002) – gelingt es, diese Fähigkeit wiederum als eigene Routine zu etablieren, dann haben wir den Zielbahnhof eines professionellen Innovationsmanagements erreicht: Der aufmerksame Blick auf die Routinen zur Routineunterbrechung ermöglicht es einer Organisation, gezielt zu innovieren – d. h. immer auch, sich einzelnen Neuerungen zu verweigern und damit darauf zu setzen, dass man nie bloßes Opfer der Verhältnisse ist, die einen umgeben, sondern diese immer auch mitgestaltet. Die Frage, die bei diesem Arbeitsschritt im Mittelpunkt steht, ist die nach der Verbesserung der eigenen *Innovationsfähigkeit*. Gelingt die Arbeit dieses Schrittes, kann man mit dem rechnen, was oft unbedacht als »Innovationskultur« bezeichnet wird: die Summe konkreter Handlungs- und Kommunikationszusammenhänge, die über die Zeit zu einem organisationalen Bodensatz geronnen sind. Alles, was dort mit der Zeit seinen Eingang gefunden hat, ist – und das macht die Quintessenz jeder Kultur aus – selbstverständlich.

Ein letzter Hinweis sei uns gestattet, bevor wir uns der Implementierungsarbeit zuwenden: die klassischen Werkzeuge, die jeder Organisation zu Verfügung stehen, um das Projektmanagement solcher Innovationsaktivitäten zu bewältigen, haben wir aus dieser Phase herausgehalten. Zu umfangreich ist das bestehende Angebot an

»Tools and Toys« und zu selbstverständlich ist in Organisationen mittlerweile auch der Umgang damit geworden, als dass es Sinn machen würde, den schon beachtlichen Umfang der Werkzeuge noch weiter zu vergrößern. Wir konzentrieren uns daher bei unseren Überlegungen auf diejenigen Aspekte, die aus unserer Sicht eine besondere Relevanz für die Gestaltung des Innovationsprozesses haben. Wir setzen dabei darauf, dass in der Praxis ausreichend Know-how und auch Einsicht dazu verfügbar ist, dass die Umsetzung von Innovationsprojekten in Organisationen immer auch eine Umsetzung von Projekten ist – mit allen Spannungsfeldern, die sich daraus im vielfältigen Geflecht von Linien und Strukturen ergeben. Wenn dem nicht so ist, empfiehlt sich ein Blick in die bereits öfters zitierten Standardwerke von Autoren wie Hauschildt (2004), Eversheim (2002), Tidd (1997) oder (Goffin et al. 2009).

8.2 Arbeitsschritt 8: Implementierung

Wie gering oder umfangreich eine Innovation auch immer sein mag: jede Organisation muss aus ihrer Logik heraus mit all der ihr zur Verfügung stehenden Kreativität ihre Routinen verteidigen und wird daher diese neuen Impulse aussteuern, um den gewohnten Status Quo aufrecht zu erhalten. Die Herausforderung in diesem Arbeitsschritt ist also, Mechanismen zu etablieren, mit denen die Wahrscheinlichkeit eines Zusammenspiels von Innovation und bestehenden Routinen erhöht wird. Erst wenn sich eine Innovation in der Praxis des Organisierens bewährt hat, sie also nicht mehr neu ist, kann sie ihr volles Potenzial (im Sinne eines Stiftens von Mehrwert für die Organisation) entfalten. Für die Etablierung solcher Mechanismen und den Umgang mit den Friktionseffekten im Synchronisationsprozess gibt es leider keine Patentrezepte. Zu verschieden sind die einzelnen Organisationen und zu verschieden sind auch die Erinnerungen an das Ergebnis ihrer letzten »Häutungsprozesse«, als dass wir allgemeingültige Gesetzmäßigkeiten oder stets reproduzierbare Spielregeln daraus extrahieren könnten. In jedem Einzelfall gilt es daher, bei der Implementierung aufmerksam darauf zu achten, welche zirkulären Interaktionsmuster beim Aufeinandertreffen von Neu und Alt entstehen, um daraus dann die entsprechenden Schlüsse für eine bessere Gestaltung dieser Begegnungsflächen zu ziehen. Nichtsdestotroz haben sich in der Praxis des Innovationsmanagements auch bestimmte Erfahrungswerte für den Umgang mit Innovationen herausgeschält, die in erster Linie mit den unterschiedlichen Modi des Innovierens korrelieren, die wir in Kapitel 3 vorgestellt haben: inkrementelle, radikale bzw. disruptive Innovationen und Prozessinnovationen mit entsprechendem Organisationsumbau. Wir werden im Folgenden genauere Handlungsempfehlungen für den Umgang mit verschiedenen Innovationstypen entwickeln, möchten an dieser Stelle aber bereits auf einige grundlegende Aspekte für den Umgang mit inkrementellen und radikalen Innovationen eingehen.

Inkrementelle Innovationen: Wie leicht vorherzusehen, geht im Fall inkrementeller Innovationen eine Implementierung leicht von der Hand. Wir können diesen Innovationstyp sogar als »Normalzustand« einer Organisation begreifen. Die Vorstellung, dass eine Organisation nur aus festzementierten Routinen besteht, die, wie ein Uhrwerk schnurrend, ohne jegliche Änderung tagein, tagaus abgeleistet werden, trifft selbst im Fall hoch bürokratischer Institutionen nicht zu. Auch eine Verwaltung muss sich mit aufgeregten Bürgern, kranken Kollegen oder schlecht gelaunten Chefs auseinandersetzen und auf diese Mikrobewegungen ihrer relevanten Umwelten reagieren. Dazu gehören dann auch inkrementelle Verbesserungen bestehender Arbeitsabläufe, die eine solche Organisation zum Teil selbst in die Welt setzt (etwa in Form neuer Verordnungen, die auf einen überholten Sachstand wie etwa »wilde Ehe« reagieren). Solche »leisen« Innovationen sind im Alltag der Organisation möglicherweise kaum erkennbar und gehören zu den normalen Feinjustierungen, mit der jede Organisation ihr Überleben in einer sich stetig wandelnden Umgebung sichert. Auch diese Innovationen folgen dem evolutionären Grundmuster von Variation, Selektion und Retention: Ein bestimmter Impuls (etwa ein Kundenwunsch) wird auf- und angenommen und erzeugt eine Abweichung von den bisher üblichen Routinen (Variation). Dieser Wunsch wird umgesetzt (Selektion) und anschließend von der Organisation auf seine Praxistauglichkeit hin überprüft (Retention). »Taugt« diese kleine Veränderung etwas, d. h. bewährt sie sich im Kontext der bestehenden Routinen und Umweltgegebenheiten, dann rutscht diese Innovation fast unmerklich in den Fundus der Problemlösungsmöglichkeiten, der einer Organisation (in Form von Routinen oder auch Kernkompetenzen) zur Verfügung steht.

Radikale Innovationen: Je größer/radikaler nun eine Idee im Kontext ihres Entstehungszusammenhangs ist, desto höher ist die Wahrscheinlichkeit, dass diese Idee (oder auch ihre ersten Realisierungen in Form von Prototypen oder ersten Produktvorläufern) bei der internen Tauglichkeitsprüfung durchfällt und daher von der Organisation abgelehnt wird. Die Frage ist hier stets: wie bewährt sich das Neue im Kontext des Alten, d. h. wie kann dieses Neue Anschluss finden an die ineinander verwobene Kette vorlaufender Entscheidungen und damit selbst zum Anlass weiterer Entscheidungen werden? Erst durch diesen »Ritterschlag« kann die bestehende Organisation das Neue zur Adresse kommunikativer Zusammenhänge werden lassen – knüpfen daran weitere Entscheidungen an (etwa zu Höhe des Budgets, der Ausstattung mit Personalressourcen etc.), dann wird dieses Neue eingewoben in die tägliche (Re-) Produktion einer Zielrhetorik, mit der die Organisation ihre unbekannte Zukunft zu überlisten versucht. Gelingt die unter dem Begriff der »Implementierung« zusammengefasste Bewährungsprobe nicht, beginnt sich Widerstand zu regen, mit dem eine Organisation die bestehenden –und erfolgreichen, sonst gäbe es die Organisation nicht (mehr) – Problemlösungsroutinen vor allzu leichtfertigen Veränderungen zu schützen vermag. Wir haben es hier mit der klassischen Erfolgs-Paradoxie zu tun: Je erfolgreicher eine Organisation in der Vergangenheit war, desto schwerer tut sie sich mit Innovationen. Warum sollten wir die Spielzüge, die uns bis zum heutigen Tag Ruhm und Ehre gebracht haben, durch etwas Neues gefährden? Der Erfolg der Vergangenheit ist der Feind des Neuen – so könnte man eine durchaus rationale Logik zusammenfassen, die ja die Sicherheit des vergangenen Erfolgs gegen die Unsicherheit einer unbekannten Zukunft eintauschen müsste, um einen Schritt voranzukommen. Die empirische Ausgangslage ist hier eindeutig: In vielen Unternehmen, die vor größeren Innovationen standen, gelang die anschließende Implementierung nicht (A. C. Cooper/Smith 1992), weil den erfolgreich etablierten eigenen Lösungsansätzen und dem laufenden Geschäft Priorität eingeräumt wurde. Die Schattenseite des Erfolgs ist somit klar – er macht blind für Innovationen. Unternehmen die damit beschäftigt sind, die eigenen Routinen aufrecht zu erhalten, verengen darüber den Fokus auf das aktuelle Geschäft inklusive der Absicherung einer bereits bestehenden Vormachtstellung im Wettbewerb. Das hat durchaus tragische Komponenten im Lebenszyklus von Organisationen. Oft scheitern sie daran, dass sie die Lektionen zur Sicherung ihres kurzfristigen Überlebens zu sehr verinnerlicht haben.

Gerade radikale oder gar disruptive Innovationen müssen also von Organisationen zunächst abgelehnt werden. Sie sind im Zweifel nicht willkommen. Entweder man erkennt den Wert und das Potenzial einer Innovation (noch) nicht oder man fürchtet – im Fall von disruptiven Innovationen – um den Verlust angestammter Märkte und der im Umgang mit ihnen entstandenen eigenen Identität. In beiden Fällen stoßen solche Innovationen auf zum Teil erbitterten Widerstand in Organisationen – ob sie schlussendlich doch angenommen werden, hängt nicht zuletzt von der Führung und einem professionell aufgesetzten Implementierungsprozess ab.

8.2.1 Widerstand? Nein, Danke …

Das Wichtigste zum Thema Widerstand schicken wir gleich vorweg: der Begriff selbst tendiert dazu, zirkuläre Effekte auszulösen. Was ist damit gemeint? Allein der Umstand, dass eine Immunreaktion der Organisation mit dem Begriff »Widerstand« gerahmt wird, lässt Tendenzen entstehen, diesen »Widerstand« zu brechen. Dies ist wiederum Wasser auf die Mühlen einer Schutzfunktion, die genau dadurch erst zur Höchstform aufläuft, was dazu führt, dass weitere Anstrengungen unternommen werden müssen, entsprechende Gegenmaßnahmen einzuleiten, was in der Folge dazu führt, dass … und so weiter. Wenn nachvollziehbar ist, dass eine Organisation sich mit diesem Mechanismus davor schützt, erfolgreich praktizierte Routinen aufs Spiel zu setzen, dann ist auch klar, dass jeder Versuch, diesen Schutzmechanismus zu unterlaufen sofort die Notwendigkeit größer werden lässt, genau dieses verlässlich zu unterbinden. Schnell entsteht ein Teufelskreis wechselseitiger Verstärkung, der einer Organisation jeglichen Freiraum nimmt, um abzuwägen, ob, wie und vor allem in welchem Ausmaß bestehende Erfolgsmuster im Umgang mit den eigenen relevanten Umwelten geschützt werden müssen. Und an welchen Stellen diese Erfolgsmuster geändert werden müssen, um weiterhin erfolgreich sein zu können.

»Bitte nicht füttern« – so könnte man die goldene Regel im Umgang mit dem Phänomen der Ablehnung von Innovationen am Besten auf den Punkt bringen. Statt also den Versuch zu unternehmen, »Widerstand« zu brechen, geht es darum, seine Funktionalität zu verstehen und sich damit Zugang zu verschaffen zu den Informationen, die quasi hinter dem Symptom verborgen sind. Hat man verstanden, um was es bei dieser Reaktion aktuell geht, dann lassen sich gezielt adäquate Handlungsstrategien für einen konstruktiven Umgang damit entwickeln.

Typische Manifestationsformen von Widerstand
In diesem Zusammenhang ist es sinnvoll, sich die unterschiedlichen Manifestationen vor Augen zu halten, die solche »Immunreaktionen« in Organisationen annehmen können. Hauschildt (2004) beschreibt anhand unterschiedlicher Kategorien die vielen Gesichter der Ablehnung, die Innovationen in Organisationen auslösen können. Auch er geht davon aus, dass im Regelfall alle Beteiligten zwar ihre Bereitschaft zur Innovation bekunden, dies jedoch oft nur Lippenbekenntnisse sind, um sich vor potenziellen Sanktionen zu schützen. Die entsprechenden Reaktionen im konkreten Handeln lassen sich dann wie folgt unterscheiden:
- Aktiv (= Handeln) oder passiv (= Unterlassen von Handlung)
- Offen (= Protest wird artikuliert) versus verdeckt (= Protest wird verschwiegen praktiziert)
- Destruktiv (= Innovation soll verhindert werden) versus konstruktiv (= Innovation soll verbessert werden)
- Direkt (= Gründe werden adressiert) oder indirekt (= Ablehnung wird an Nebensächlichkeiten festgemacht)
- Loyal (= beruft sich auf die Ziele/Interessen der Organisation) oder opportunistisch (= orientiert sich an individuellem Nutzen)

Die Wirkung dieser unterschiedlichen Manifestationen ist hingegen immer die gleiche: Innovationen werden verhindert, verzögert oder so umgeformt, dass sie ihren störenden Charakter verlieren. Die entsprechenden Auseinandersetzungen werden in der Regel als rational ausgetragener Wettbewerb von Argumenten vollzogen.

Verborgene Motivlagen
Da es bei diesen Auseinandersetzungen ja nicht in erster Linie um die Sachebene geht, sind der Fantasie kaum Grenzen gesetzt, warum eine Innovation abgelehnt werden muss: Sie kommt zu früh, leistet nicht das, was sie behauptet, erzeugt keine hinreichende Nachfrage, kannibalisiert die bestehenden Cash Cows, ist nicht finanzierbar, ist vor dem Hintergrund der aktuellen wirtschaftlichen Lage zu riskant etc. Um die unterschiedlichen Reaktionen besser dechiffrieren zu können, hat sich eine Unterteilung in fünf unterschiedliche Motivlagen bewährt, die jeweils spezifische Umgangsformen erfordern, wenn man sie konstruktiv wenden will.

Nicht verstehen: Hier liegt die Barriere im Nicht-Wissen. Es liegen nicht genügen Informationen vor, um den Sinn einer Innovation nachvollziehen zu können. Das kann etwa daran liegen, dass der Anlass für die Notwendigkeit einer Innovation gar nicht oder nicht ausreichend kommuniziert wurde. Abstrakte Powerpoint-Folien oder weitergeleitete E-Mails ersetzen nicht die direkte Auseinandersetzung, in der der Anlass für eine Innovation besprochen und deren Konsequenzen in einen sinnvollen Kontext gestellt wird.

Nicht einverstanden sein: Eine strategische Innovationsentscheidung wurde zwar verstanden, aber die Argumente und Prämissen, die zu dieser Entscheidung geführt haben, werden nicht geteilt. Dies kann unterschiedliche Gründe haben: Man verfügt über Informationen, die nicht in den Entscheidungsprozess eingeflossen sind oder man teilt bestimmte Einschätzungen nicht, die dieser Entscheidung zugrunde liegen (Marktpotenzial, Kundenbedürfnisse, Herstellungskosten etc.).

Nicht wollen: Eine Innovation wird abgelehnt auf der Grundlage unterschiedlichster Abwägungen, die die Vorteile des Status Quo mit den Nachteilen seiner Veränderung vergleichen. Nach der jeweiligen Einschätzung gefährden die Konsequenzen einer Innovation bestehende Arbeitsbeziehungen, Machtverhältnisse, persönliche Karrierechancen, Einflussmöglichkeiten etc. Wie auch immer der Abwägungsprozess dieser »inneren Buchhaltung« aussieht: im Ergebnis überwiegen die vermuteten Nachteile einer Innovation den Aufwand sich darauf einzulassen. Eine Innovation wird blockiert, weil die Kosten zur Aufrechterhaltung des Status Quo geringer sind als der (potenzielle) Nutzen, der aus seiner Veränderung gezogen werden kann. Da diese Abwägungsprozesse jeweils eignen Logiken folgen und dabei auch unterschiedliche Währungen und hochgradig subjektive Situationseinschätzungen mit im Spiel sind, erschließt sich ihre Rationalität nicht immer auf den ersten Blick. Man darf allerdings davon ausgehen, dass es sich in diesem Fall nicht um irrationale Ängste oder Sorgen handelt, sondern um sinnvolle Kalküle, mit denen sorgfältig abgewogen wird, welchen (subjektiven) Vorteil eine Innovation tatsächlich bringt: Wer handelt, der handelt (F. B. Simon 2005).

Nicht können: Eine Innovation wird abgelehnt, weil die damit verbundenen Auswirkungen negative Auswirkungen auf die eigene Kompetenzzumutung haben könnten. Plötzlich findet man sich etwa in einer englischsprachigen Projektgruppe wieder, die den Auftrag hat, diese Innovation weiter auszuarbeiten. Der Blick auf die eigenen Fremdsprachenkenntnisse macht deutlich, dass man zwar über die nötige Fachqualifikation verfügt, diese jedoch in dem spezifischen Kontext nicht einbringen können wird. Wenn die bestehenden Kernkompetenzen einer Organisation durch eine Innovation in Gefahr geraten, werden starke Immunreaktionen provoziert. Niemand möchte schließlich als Anfänger dastehen.

Nicht dürfen: Eine Innovation wird aufgrund der bestehenden Spielregeln und Policies abgelehnt. Wenn eine Innovation in das Geflecht von Geboten und Verboten einer Organisation eingreift, werden die dafür vorgesehenen Wächterfunktionen aktiviert. Dies sind der Regel die administrativen Funktionen einer Organisation (etwa Teile des Controllings oder der HR), deren Aufgabe ja genau die Pflege und Wartung des bestehenden Zustands ist.

Es ist unmittelbar einsichtig, dass jede dieser Motivlagen unterschiedliche »Behandlungsstrategien« nach sich zieht. Geht es um Verständnisfragen, wird man gut mit vertieften Informationen weiterkommen. Ähnliches gilt für Fragen eines inhaltlichen Dissenses, die etwa im Zuge einer rationalen Auseinandersetzung mit den Vor- und Nachteilen aus dem Weg geräumt werden können. Schwieriger verhält es sich bei all den Vorbehalten, die aus einem »nicht wollen« oder »nicht können« herrühren. Während beim Letzteren noch entsprechende Qualifizierungsangebote zu einer Entlastung führen können, ist ein »nicht wollen« wenn überhaupt, dann nur durch eine transparente Gegenrechnung aus der Welt zu schaffen. Da es sich hier in der Regel um höchst subjektive Kalküle handelt, kann ihnen aus Sicht der Organisation nicht immer entsprochen werden. Hier hat es sich bewährt, in eine offenen Verhandlung einzutreten: Unter welchen Bedingungen wäre man bereit, eine Innovationsaktivität zu unterstützen? Auch wenn diese Bedingungen nicht immer vollständig erfüllbar sein werden, allein die Auseinandersetzung mit den zugrundeliegenden Abwägungen hilft bereits, verhärtete Fronten aufzuweichen und Bewegung ins Spiel zu bringen. Freilich wird sich eine Organisation diesen Aufwand nicht mit jedem ihrer Mitglieder leisten können.

Die Bedeutung von Promotoren
Um in diesem Zusammenhang die Akzeptanz von Innovationen allgemein zu erhöhen, hat sich der Einsatz sogenannter Promotoren bewährt (Hauschildt 2004). Man unterscheidet dabei zwischen Fach-, Macht- und Prozesspromotoren. Von den Fachpromotoren muss der inhaltlich-sachliche Impuls zur Begeisterung für die neue Idee kommen. Sie stehen vor der Aufgabe, die oft abstrakte und hochspezifische Fachsprache in eine allgemein verständliche und nachvollziehbare Form zu übersetzen und zu argumentieren, worin die fachliche Notwendigkeit der Neuerung besteht. Die Machtpromotoren wiederum besitzen Entscheidungsbefugnisse, sprich: Sie können einen Innovationsprozesses gegen potenzielle innerbetriebliche Vorbehalte und Widerstände, gegen konkurrierende Abteilungen oder Einzelpersonen durchsetzen. In der Regel sind dies Führungskräfte, auf deren Rolle im Innovationsprozess wir gleich noch zu sprechen kommen. Die Prozesspromotoren schließlich kümmern sich um das Management der Schnittstellen zwischen den verschiedenen Bereichen und Abteilungen einer Organisation; sie verfügen dafür über genaue Kenntnisse der unterschiedlichen Kommunikationsformen der beteiligten Einheiten und sind dann besonders gefragt, wenn es gilt, all die unterschiedlichen Ansprüche, Erwartungen und zeitlichen Verzahnungen im Innovationsgeschehen so weit wie möglich auszubalancieren und zu synchronisieren.

Es sind vor allem zwei Aspekte, die in diesem Zusammenhang von überragender Bedeutung für das Gelingen einer Prozesspromotion mit so unterschiedlichen Kompetenzen sind: Erstens verfügen alle Promotoren über eine hohe *Aktionskompetenz*. Es hilft die visionärste Idee keinen Deut weiter, wenn sie über den Status des genialen Hirngespinstes nicht hinausreicht. Innovationen werden durch Handlungen und Entscheidungen in Gang gesetzt. Zweitens müssen – gerade aufgrund der »heißen«, aktions- und entscheidungsintensiven Dynamik von Innovationsprozessen – alle an einem solchen Prozess Beteiligten über eine gute *Teamfähigkeit und soziale Kompetenz* verfügen. Über den Erfolg einer Innovation entscheidet also nicht zuletzt auch die Team- und Gruppendynamik in den zuständigen Einheiten. »*Without teams of trust and good leaders who take risks, innovation rarely happens*«, schreibt Berkun, der selbst jahrelang im Innovationsmanagement von Microsoft tätig war. »*You can have all the budget in the world, and resources, and gadgets, and theories, and S-curves, and it won't matter at all.*« (Berkun 2010)

Die Bedeutung der Führung
In all den geschilderten Fällen des Widerstands bedarf es eines Führungseinsatzes, um solche berechtigen Bedenken einer Organisation zu adressieren. Wir werden auf die Rolle der Führung bei der Implementierung von Innovationen noch zurückkommen (vgl. Kapitel 9; sie ist der zentrale Dreh- und Angelpunkt, wenn es darum geht, den Synchronisationsprozess von Neuem und Alten so zu gestalten, dass sich eine Organisation damit nicht vollständig blockiert. In Bezug auf das Phänomen des »Widerstands« hat sich eine Grundhaltung bewährt, die folgendermaßen umschrieben werden kann: Bei Innovationsprozessen sind Skepsis und Ablehnung normal. Das ist funktional, weil sich eine Organisation damit schützt, funktionierende Routinen

und Erfolgsstrategien allzu schnell und unbedacht preiszugeben. Es ist klüger, diese Bedenken als wertvolle Information zu verstehen, als sie als Widerstand zu denunzieren. Um diese berechtigten Bedenken einer Organisation zu zerstreuen, macht es viel Sinn, die jeweiligen Hintergründe dieser Skepsis zu erkunden: Worum geht es eigentlich? Um welche Motivlagen handelt es sich? Und was wird dadurch geschützt?

Darüber hinaus lassen sich insbesondere für den Fall radikaler und disruptiver Innovationen sowohl aus der Praxis wie auch der vorliegenden Literatur Empfehlungen ableiten, mit denen die vorhersehbaren Immunreaktionen einer Organisation zwar nie ganz vermieden, aber doch stark gemindert werden können.

8.2.2 Handlungsempfehlungen für den Umgang mit radikalen Innovationen

»Do not mix managerial units and entrepreneurial ones.«
(Peter Drucker)

Da radikale Innovationen in der Regel gerade in ihrer Frühphase noch unscharf und in ihren Folgewirkungen unberechenbar sind, brauchen solche »Innovation Opportunities« sowohl einen gewissen Schutz vor den eingespielten Routinen einer Organisation als auch eine Inkubationszeit, in der ihre Möglichkeiten entdeckt und exploriert werden können (O'Connor et al. 2008). Daran knüpfen sich spezifische Evaluationsmechanismen und geeignete Organisationsstrukturen an, auf die wir bereits in *Arbeitsschritt 3: Strategische Operationalisierung*, näher eingegangen sind.

Peter Drucker geht in seinen Überlegungen zum Innovationsmanagement noch einen Schritt weiter (Drucker 2006). Er rät bestehenden Business Units konsequenterweise davon ab, sich mit Innovationsaktivitäten zu beschäftigen, wenn dort nicht gleichzeitig die zugrundeliegenden Policies und Spielregeln radikal geändert werden. Ein unternehmerisches, d. h. immer auch risikofreudiges Agieren funktioniert seiner Ansicht nach nicht, wenn es quasi im Randbereich eines eingespielten Business praktiziert wird. Zu unterschiedlich sind die jeweils zugrunde liegenden Handlungslogiken, als dass man wechselseitig aufeinander Rücksicht nehmen könnte. Anstatt sich zu ergänzen, behindern sich die verschiedenen Vorgehensweisen, was auf beiden Seiten zu Mittelmaß und Frustrationen führt. Besser ist es Drucker zufolge, beiden Anliegen jeweils separierte Organisationseinheiten zur Verfügung zu stellen, in denen sie sich auf ihre spezifischen Stärken besinnen können.

Ähnlich argumentiert auch Carl Weick, der in diesem Zusammenhang den Begriff des »Conceptual Slack« geprägt hat, den wir bereits kennengelernt haben:

> »Conceptual slack refers to a divergence on organizational members's analytical perspectives about the organization's technology or production processes, a willingness to question what is happening rather than feign understanding, and greater usage of respectful interaction to accelerate and enrich the exchange of information.«
>
> (Weick/Sutcliffe 2007a)

Wir haben bereits gesehen, dass sich die Logik eines solchen organisationalen Freiraums radikal von den Bedingungen der eingespielten Geschäftsprozesse unterscheidet. Nach Ansicht von Weick führen die unterschiedlichen Werte zu gänzlich unterschiedlichen Kulturen, die daraus resultierenden Entscheidung müssen daher auch sehr unterschiedlich ausfallen; ähnlich wie Peter Drucker sieht auch er wenig Sinn darin, diese unterschiedlichen Logiken in einer Organisationseinheit zu bündeln. Die bereits erwähnten Beispiele von Google oder Gore legen nahe, dass diese radikale Trennung in der Praxis nicht notwendigerweise Schiffbruch erleiden muss. Die vielen Hinweise, gerade im Fall von radikalen Innovationen zunächst einmal für ausreichend Schutzraum innerhalb der Organisation zu sorgen, scheinen durchaus schlüssig und nachvollziehbar. Für die Implementierung radikaler Innovationen lassen sich aus diesen Überlegungen folgende Konkretisierungen ableiten.

Inkubationszonen
Auch wenn es in vielen (gerade großen) Organisationen dezidierte Einheiten gibt, zu deren Aufgaben auch der Schutz noch nicht vollständig ausbuchstabierter Innovationsmöglichkeiten gehört: oft genug kann selbst in diesen Entwicklungsabteilungen oder dem Bereich F&E nicht ausreichend sichergestellt werden, dass dieser Art von Innovationsinitiativen genügend Inkubationszeit zukommt und sie vor der Routine, etwa der laufenden inkrementellen Verbesserungsprozesse, geschützt ist. Gina O'Connor hat sich mit ihrem Forschungsteam ausführlich der Steuerung von radikalen Innovationen gewidmet. Ihre Empfehlungen decken sich weitgehend sowohl mit den Arbeiten anderer Innovationsforscher als auch mit unseren eigenen Beobachtungen (O'Connor et al. 2008).

Innovationsinitiativen brauchen solange eine Inkubationszeit bzw. einen entsprechenden Welpenschutz, bis man herausgefunden hat, was genau das neue Wertversprechen auf (welchem?) Markt sein könnte, wie man damit Geschäft generieren kann und wie man einen entsprechenden Markt und eine möglichst große Kundenbasis aufbauen kann. Da man zu Beginn einer solchen Innovationsinitiative selten weiß, was am Ende herauskommen wird, empfiehlt es sich, wie wir bei unseren Überlegungen zur strategischen Operationalisierung gesehen haben, ein Portfolio von vielen kleinen Innovationsmöglichkeiten zu hegen und zu pflegen (vgl. Kapitel 6.3.6). Die Fähigkeit allerdings, mit der damit verbundenen Unsicherheit umzugehen, ist vor allem in großen Organisationen unterentwickelt. Auffallend ist auch, dass die meisten Unternehmen keine ausreichenden Ressourcen für diese Phase zur Verfügung stellen. Auch übersehen Unternehmen häufig, dass radikale Innovationen nicht automatisch auch ein »Breakthrough Business« generieren, d. h. nach der marktreifen Entwicklung der entsprechenden Produkte muss weiter Budget zur Verfügung gestellt werden, um eine entsprechende *Marktentwicklung* einzuleiten. Diese Aufgabe übernehmen dann in der Regel Organisationseinheiten, die sich mit New Business Development und Marketing beschäftigen.

Aktive Kommunikation
Neben der Einrichtung von Inkubationszonen braucht es eine aktive Kommunikation zwischen dem Innovationsprojekt und dem Rest der Organisation. Die Verantwortung dafür liegt grundsätzlich bei der Projektleitung solcher Initiativen, da diese Aktivitäten gerade in der eigenen Organisation immer wieder legitimiert werden müssen. Ohne eine aktive Kommunikation der Projektinhalte kann die Organisation kein Verständnis für den Wert und die Wichtigkeit dieser Initiative entwickeln. Empirische Studien zeigen immer wieder, dass eine völlige Abschottung solcher Projekte in der Regel dazu führt, dass diese Initiativen nach einiger Zeit sang- und klanglos eingestellt werden:

> »*Leaders from innovation initiatives need to legitimize their projects, if they miss this part and only focus on the implementation of the project content, the chances are high that they won't receive any further money.*« (O'Connor, 2008)

Eine gute Möglichkeit, auf solche Initiativen aufmerksam zu machen ist der regelmäßige Kontakt mit möglichen Endkunden: Kann man dort entsprechendes Interesse erzeugen, so ist dieses Feedback viel wert. So wurde etwa innerhalb eines Technologiekonzerns eine radikal neue Anwendung für die semantische Suche in Röntgenbildern entwickelt. In der Diskussion mit Radiologen wurde deutlich, dass diese selbst die Betaversion der entsprechenden Software sofort kaufen würden; eine solche Rückmeldung sorgt für entsprechenden Rückenwind auch in den Bereichen der Organisation, die normalerweise nichts mit dieser Innovationsinitiative zu tun haben. Ist damit eine entsprechende Management-Attention sichergestellt, steigt die Wahrscheinlichkeit weiterer Mittelzuwendungen enorm. Auch Publikationen und Vorträge auf Konferenzen bieten eine gut sichtbare Plattform, um zumindest Teilbereiche solcher Aktivitäten einem breiteren Publikum vorzustellen. Das externe Feedback hilft dem Team, auch innerhalb der Organisation Reputation und Sichtbarkeit aufzubauen. Kommen dazu noch regelmäßige Besprechungen und Meetings mit den zuständigen Geschäfts- und Produktverantwortlichen, dann findet sich mit der Zeit eine gute Balance zwischen Abgeschiedenheit und Sichtbarkeit. Die Herausforderung für den jeweiligen Projektleiter ist es, eine Art semipermeable Membran zu sein, d.h. für genügend Kontaktfläche zu sorgen, ohne den vollständigen Zugriff organisationaler Routinen zuzulassen. Eine entsprechende Unterstützung des Topmanagements erleichtert diese Gratwanderung natürlich erheblich.

Gezielte Vernetzung

Die gezielte Einrichtung solcher Kontaktpunkte kann auch über die sogenannten »Strategies of Technology Brokering« erfolgen. Im Grunde geht es dabei um die Vernetzung bestehender Communities of Expertise, um etwa bestehende Technologien oder Komponenten daraus auf einem neuen Markt zu etablieren.

> »*Technology Brokers bridge the gaps in existing networks that separate distant industries, firms, and divisions to see how established ideas can be applied in new ways and places, and build new networks to guide these creative recombinations to mass acceptance.*«

– so beschreibt Hargadon in seinem Buch »How Breakthroughs happen« die Aufgabe solcher »Netzwerkmakler.« Durch ihre Arbeit schaffen sie neue Kristallisationspunkte für Communities, die sich quer zu den bereits bestehenden Netzwerken entwickeln und damit auch neue Zugänge zu potenziellen Märkten ermöglichen (Hargadon 2003). Die Aufgabe einer Organisation besteht darin, solche »Springer« zu etablieren, die zwischen den bestehenden Netzwerken oszillieren und dabei für die Verteilung von entsprechenden Ideen, Impulsen und eben auch Marktzugängen sorgen. In großen Konzernen können dies etwa Key Account Manager sein, die zwischen den zuständigen F&E-Bereichen und einzelnen Geschäftseinheiten pendeln und bei dieser wechselseitigen Befruchtung auch noch von entsprechenden Intranetlösungen unterstützt werden.

8.2.3 Handlungsempfehlungen für den Umgang mit disruptiven Innovationen

Noch anspruchsvoller als radikale Innovationen sind disruptive Innovationen, die – wie wir bereits gesehen haben – in der Regel einen völlig neuen Geschäftsansatz inklusive neuer Business-Modelle erzwingen. Als aktuelles Beispiel können wir uns hier noch einmal den Siegeszug der Online-Plattformen für die Musikwiedergabe ins Gedächtnis rufen. Mit Hilfe sogenannter »Cloud-basierter Streaming-Dienste« wird der Kauf einzelner CDs mehr und mehr obsolet – als Konsequenz muss sich ein ganzer Industriezweig neu erfinden bzw. wird von neuen Marktteilnehmern definiert, die bislang keine Rolle in diesem Geschäft gespielt haben. Solche Innovationen sind von den Organisationen, die in den angestammten Märkten bislang das Sagen hatten, besonders schwer zu bewältigen. Ähnliche Beispiele sind die Einführung der Digitalkamera, die Entwicklung des Internets oder, wieder aktueller, die Umstellung der Automobilbranche auf Elektroantriebe. Auch wenn solche disruptiven Innovationen (ähnlich wie ihre kleinen Geschwister, die radikalen Innovationen) in ihrer Frühphase noch nicht wirklich performant sind, d. h. etwa lediglich einen Nischenmarkt ansprechen oder nur einer spezifischen Kundengruppe einen Mehrwert bieten, so kann man – natürlich nur im Nachhinein – die dramatischen Konsequenzen erkennen, die solche Innovationen ausgelöst haben. In relativ kurzer Zeit werden bestehende, gut funktionierende Problemlösungsmuster entwertet und komplett neue Spielregeln aufgestellt, die so manchen erfolgsverwöhnten Platzhirsch alt aussehen lassen (Christensen 2003).

Das »Innovators Dilemma«
Selbst wenn Organisationen über die Kompetenzen verfügen, disruptive Technologien zu entwickeln, so tun sie sich in der Regel schwer, diese auch zu einer Marktreife zu bringen. Der Grund hierfür liegt im Innovators Dilemma«, gleichsam einer besonderen Variante der klassischen Erfolgs-Paradoxie, von der oben bereits die Rede war: Das Unternehmen, das selbst durch eine konsequenzenreiche Innovation seinen Platz im Markt gefunden hat, müsste sich mit einer weiteren Innovation dieser Tragweite selbst das Wasser abgraben. Das ist einer der Gründe, warum ehemalige Innovationsführer wie Microsoft oder Nokia sich so schwer damit tun, bei den »Breakthrough-Innovationen« wieder an erster Stelle zu sein. Gerade *weil* sie die Mittel und Ressourcen haben, solche potenziell disruptiven Innovationen durch alle Risiken der Frühphase hindurch zu tragen, tun sie sich schwer damit. Sie haben zu viel zu verlieren, um das Risiko der Entwicklung komplett neuer Technologien einzugehen, mit denen sie ihr eigenes erfolgreiches Geschäftsmodell unterlaufen. Wenn das Kerngeschäft eines Unternehmens etwa in der Entwicklung und dem Vertrieb von Bürosoftware liegt, die auf einen Desktop-Computer angewiesen ist, dann ist aus Sicht dieses Unternehmens nur schwer einzusehen, warum man konsequent die ersten Züge einer Innovation anstoßen sollte, die genau dieses Erfolgsgeheimnis ad absurdum führt, in dem etwa die Software ins Internet ausgelagert wird. Hier haben neue Unternehmen, die dann möglicherweise auch im Besitz von notwendigen Basistechnologien sind, eindeutig die besseren Karten.

Auf schwierigem Terrain: Nischenmärkte
Neben diesem auch empirisch gut belegten Dilemma kommt ein weiterer Faktor ins Spiel, der es vor allem größeren Organisationen erschwert, potenziell disruptiven In-

novationen nachzugehen. Wir haben gesehen, dass solche Innovationen sich zunächst in Nischenmärkten entfalten. Nun sind Nischenmärkte nicht das angestammte Revier großer Unternehmen, die schon allein aufgrund ihrer Größe stets einen entsprechenden Aufwand mitproduzieren, der über ein Agieren in kleineren Marktsegmenten kaum refinanziert werden kann. Mit anderen Worten: Nischenmärkte mit unreifen Produkten zu adressieren, ist weder das Kerngeschäft noch entspricht es dem Selbstverständnis größerer Organisationen. Wir haben bereits in *Kapitel 3: Die Spielarten des Innovierens* gesehen, dass Unternehmen, die mit einer anderen Logik innovieren (etwa indem sie sich über Risikokapital finanzieren), weitaus bessere Chancen haben, in diesem unwegsamen Gelände zu reüssieren.

Auch hier belegen empirische Studien den Befund. So untersuchte etwa Christiansen (Christensen 2002) retrospektiv (von 1975 bis 1995) die Entwicklung von 116 neuen Technologien, von denen der überwiegende Teil (nämlich 111) sogenannte »Sustaining Technologies« waren – also Technologien, mit denen ein bereits bestehendes Geschäft fortgesetzt wurde. Bei allen diesen 111 Technologien waren jene Firmen, die bis dahin in der Entwicklung der Vorgängertechnologien führend waren, auch wieder führend in der Entwicklung und Einführung der neuen Nachfolgertechnologie. Die verbleibenden 5 Technologien waren disruptive Innovationen, bei denen es also keinerlei Wettbewerbsvorteil durch Patente, bestehende Kernkompetenzen o. ä. gab. Die Ergebnisse der Untersuchung zeigen, dass bei diesem Innovationstyp keines der bis dahin führenden Unternehmen seine Marktführerschaft halten konnte, nachdem diese Innovationen im Markt eingeführt waren.

Wie sich Großkonzerne vorbereiten können
Ist nun die Konsequenz aus diesen Studien, dass insbesondere Großkonzerne sich nicht um disruptive Innovation kümmern sollten? Die Antwort ist ein klares Nein: Potenziell disruptive Innovation sind gerade für große Organisationen viel zu gefährlich zu ignorieren, da sie mit einem Schlag die gesamte wirtschaftliche Grundlage solcher Organisationen infrage stellen können. Gerade Großkonzerne müssen also Wege finden, sich auf diesen Innovationstyp vorzubereiten.

Für einen (vorausschauenden) Umgang mit disruptiven Innovationen haben große Unternehmen im wesentlichen drei Optionen, die in der Praxis auch immer wieder in Anspruch genommen werden.

Akquisition: Dies ist zum einen die Akquisition von kleineren Firmen, die bereits die benötigten Kompetenzen entwickelt haben. So verlockend dieser Weg auch ist: er mündet unweigerlich in die Schwierigkeiten, die mit solchen Akquisitionen in der Regel verbunden sind. »*Unfortunately, companies' track records in developing new capabilities through acquisition are frighteningly spotty.*« Mit diesen Worten bringt Christensen die Sachlage auf den Punkt (Christensen 2002). Die Tendenz zur Schismogenese, d.h. der Spaltungstendenz, die immer dann neue Nahrung erhält, wenn Organisationseinheiten stärker integriert werden sollen, unterläuft den Mehrwert solche Aufkäufe überraschend schnell. Dies gilt natürlich insbesondere für den Fall, dass der eigentliche Wert einer gekauften Firma darin liegt, *wie* etwas getan wurde, und weniger bei dem, was dann letztendlich das Produkt war (Krusche 2010).

Aufbau neuer Kompetenzen: Eine weitere Option besteht im Aufbau neuer Kompetenzen innerhalb der Organisation. Hier muss insbesondere das Management darauf achten, dass die jeweiligen Innovationsteams ihren Platz abseits der bestehenden Organisationsroutinen finden, um ungestört arbeiten zu können. Ohne entsprechende Distanz ist das Risiko, wie oben beschrieben, sehr hoch, dass sich die jeweiligen Einheiten zu wenig von den bestehenden Verhältnissen absetzen, als dass sich eine andere Arbeitsatmosphäre mitsamt den dazugehörigen Kooperationsverhältnissen und Entwicklungsprozessen einspielen kann.

Spin-Out: Last but not least besteht die Möglichkeit, einen Spin-Out zu gründen; eine eigenständige Business Unit etwa, die sich selbst organisieren kann und weitgehende Freiräume in ihrer Gestaltung besitzt. Damit kann beispielsweise die Grundlage für eine neue Kostenstruktur geschaffen werden, mit der aufgrund der Preisvorteile eine starke Position in einem »Emerging Market« aufgebaut werden kann. Das Engagement der Großorganisation ist in solchen Fällen viel zu teuer, um gerade auf noch nicht etablierten Märkten signifikante Wettbewerbsvorteile erreichen zu können. Geht man bewusst nicht den Weg einer gezielten Quersubvention solcher Geschäftsgelegenheiten, dann sind solche kleinen, flexiblen Einheiten meist im Vorteil – sofern sichergestellt ist, dass die Entscheidung über die Höhe der Ressourcen für das Spin-Out nicht im Wettbewerb steht mit der Ressourcenvergabe für Innovationsinitiativen innerhalb der Mutterorganisation. Für den Erfolg von Spin-Outs ist letztendlich aber die Führungsperspektive erfolgskritisch: Das verantwortliche Management braucht einen aufmerksamen Weitblick und muss sich bewusst sein, dass der Umgang mit potenziell disruptiven Innovation nicht der Logik der gewohnten Allokationsprozesse für Ressourcen im Großunternehmen folgen darf: »*CEO's who view spinouts as a tool to get disruptive threats off their personal agendas are almost certain to meet with failure.*« (Christensen 2002)

8.2.4 Handlungsempfehlungen für strukturelle Veränderungen

Zuletzt gilt unsere Aufmerksamkeit den nach innen gerichteten Konsequenzen aller Innovationstypen. Es ist unmittelbar einleuchtend, dass es zwischen einzelnen Innovationsaktivitäten und der potenziellen Veränderung der bestehenden Organisationsstrukturen eine enge Verzahnung gibt (Lam 2004). Von einer inkrementellen Verbesserung bestehender Produkteigenschaften bis hin zu der radikalen Veränderung eines bestehenden Geschäftsmodells: stets ist damit zu rechnen, dass all diese Innovationen auch auf die bestehenden Arbeitsabläufe und Organisationsstrukturen durchschlagen. Dies wird in dem einen Fall wahrscheinlicher, in dem anderen unwahrscheinlicher sein – aber potenziell führen alle Innovationstypen die Veränderung bestehender, in Strukturen geronnener Prozesse mit sich. Im Fall von Prozessinnovationen – etwa bei der Entwicklung neuer Dienstleistungen im Servicegeschäft – ist dies sogar das explizite Ziel. Ein gutes Beispiel hierfür ist etwa die Plattformstrategie in der Automobilbranche (Gassmann/Sutter 2008) oder das Servicemodell, mit dem der bereits angeführte Computerhersteller Dell seine gesamten Geschäftsprozesse auf den Kopf gestellt hat.

In all diesen Fällen birgt ein Innovationsprozess für jede Organisation neue Möglichkeiten und Herausforderungen, die sich in der Regel auch in Veränderungen der bestehenden Organisationsstrukturen niederschlagen. Sei es die Einstellung neuer

Experten, eine Firmenakquisition, die Zusammenlegung von Abteilungen oder Bereichen, der Austausch von Führungskräften, die Umstellung bestimmter Prozessschritte etc. – im Innenspiel der Organisation sind das die schmerzhaften Druckpunkte, an denen sich eine Innovationen bemerkbar macht. Gleichzeitig ist die Fähigkeit einer Organisation, ihre eigenen Entscheidungsprämissen stets aufs Neue infrage stellen zu können, eine der wichtigsten Voraussetzung für das erfolgreiche Entwickeln neuer Ideen und Technologien. Alle bislang von uns ins Feld geführten Innovationen im Bereich von Produkten, Dienstleistungen, Technologien und Geschäftsmodellen sind eng verzahnt mit entsprechenden organisationalen Innovationen. Die Organisation verändert sich, indem sie innoviert. Und innoviert, indem sie sich verändert. Was dabei Ursache und was Wirkung ist, lässt sich nur durch die willkürliche Interpunktion der Beteiligten festlegen.

Die Effekte, die sich aus den Konsequenzen einer Innovation auf die innovierende Organisation selbst ergeben, werden in der Literatur meist unter der Überschrift »Change-Management« zusammengefasst. Wir haben bereits am Beginn dieses Arbeitsschritts der Innovationshelix darauf hingewiesen, dass die Veränderung bestehender Routinen nicht gerade zu den Lieblingsbeschäftigungen einer Organisation zählt. Das Repertoire an hilfreichen Handlungsempfehlungen und Vorgehensweisen, mit denen Organisationen doch in die Lage versetzt werden, konstruktiv mit den Veränderungen ihrer konstitutiven Elemente umzugehen, füllt mittlerweile ganze Bücherregale. Der Großteil dieser Konzepte – sofern es sich um mehr als nur Werkzeuge handelt – bezieht sich (mehr oder weniger transparent) auf die Arbeiten von John P. Kotter, der in seinem Bestseller »Leading Change« (1996) die wesentlichen Kardinalfehler bei der Implementierung von Veränderungsprojekten analysiert hat. Wenn wir uns mit den Konsequenzen auseinandersetzen, die Innovationen auf die Organisation selbst haben, dann führt an diesen Grundlagen des Change-Managements kein Weg vorbei. Auch hier haben wir natürlich im Blick zu behalten, dass der Aufwand, aber auch die Dringlichkeit, eine Innovation auf ihrem Weg der Umsetzung zu begleiten, vom jeweiligen Organisationstyp abhängig ist. Ein Großunternehmen mit gut eingespielten Routinen oder ein Familienunternehmen mit starker Tradition wird hierbei größere Aufmerksamkeit brauchen als ein Start-up, das seine Geschichte erst noch schreiben muss.

Nichtsdestotrotz: ausgehend von unseren Erfahrungen in der Begleitung solcher Folgewirkungen des Innovieren würden wir die folgenden Punkte als zentrale Stolpersteine einer erfolgreichen Implementierung von Innovationen sehen.

Masterstory

Fehlt zu Beginn des durch eine Innovation ausgelösten Veränderungsprozesses die Einsicht, warum eine solche Veränderung notwendig ist, dann ist es schwer, die Organisation von den anstehenden Veränderungsschritten zu überzeugen. Das »Sense Making« in solchen Prozessen ist immer wieder eine Herausforderung für das zuständige Projektteam, bzw. die verantwortlichen Entscheidungsträger, die hinter dem Projektteam und seinen Innovationsaktivitäten stehen. Der Aufbau einer »Veränderungsenergie« ist die Voraussetzung dafür, dass eine Organisation überhaupt die Bereitschaft zeigt, sich auf das Abenteuer einer Veränderung bewährter Abläufe einzulassen. Eine solche Energie entsteht – das zeigen die vielen, vielen Veränderungsprojekte, mit denen Organisationen gerade in den letzten Jahren immer wieder konfrontiert waren – aus dem Zusammenspiel zweier Faktoren, die einen Spannungsbogen entstehen lassen, der eine Organisation und ihre Mitglieder über die Unsicherheit einer Selbsttransformation trägt.

Der erste Faktor ist die Auseinandersetzung mit dem gegenwärtigen Status Quo: *Was passiert, wenn nichts passiert?* Eine möglichst nüchterne und klare Situationsanalyse bildet die Grundlage für die Nachvollziehbarkeit und Plausibilität des sogenannten »Case for Action«, d. h. dem Anlass, der einen solchen Prozess überhaupt erst in Gang setzt. Fehlt diese Begründung, die natürlich auch durch entsprechendes Zahlenmaterial abgesichert sein sollte (aktuelle Geschäftszahlen, Marktentwicklung, Informationen zum Wettbewerb etc.), dann bleibt einer Organisation nicht viel mehr übrig, als die mit solchen Veränderungen immer verbundenen Fragezeichen der Willkür oder, schlimmer, den Eigeninteressen der Führung, zuzurechnen. Und gerade weil Führung in diesen Zusammenhängen eine entscheidende Rolle spielt, ist sie in solchen schwierigen Situationen in besonderem Ausmaß auf die Legitimation ihrer Entscheidungen angewiesen.

Der zweite Faktor ist dann ein klares (d. h. möglichst nicht in rosa Licht getauchtes) Zukunftsbild – »*Da wollen wir hin!*« – des wünschenswerten Zustands nach der erfolgten Implementierung der Innovation. Hier geht es tatsächlich darum, eine Vorstellung zu entwickeln und anschließend zu kommunizieren, die plausibel macht, warum es sich lohnt, die Mühsal der Veränderung auf sich zu nehmen. In vielen Fällen wird in Organisationen dafür die berühmt-berüchtigte »»Vision«« bemüht. Wir stehen diesen Bemühungen allerdings eher skeptisch gegenüber –: in den wenigsten Fällen ist eine solche Vision greifbar und vor allem spezifisch genug, um als tragfähiger Attraktor zu dienen. Beschränken sich die Aussagen dort auf die üblichen Kernaussagen, rufen sie gerade in Organisationen, die nicht zum ersten Mal durch solche Prozesse gehen, bestenfalls Gleichgültigkeit, schlimmstenfalls Zynismus hervor. Man hat gelernt, dass plakative Botschaften wie »Unsere Mitarbeiter sind das wichtigste Gut«, »Wie wollen die Besten sein und unsere Wettbewerber schlagen«, »Unsere Leidenschaft und Disziplin führt zu herausragenden Produkten« etc. nur wenig Auswirkungen auf die alltägliche Arbeit haben, oftmals von Werbeagenturen stammen und, auch wenn sie meistens wunderschön verpackt sind, eine gewisse Beliebigkeit aufweisen. Anstelle solcher visionären Allgemeinplätze empfiehlt sich der Vorgriff auf einen konkreten Ausblick, auf die Hoffnungen, die man mit einer Innovation verbindet und den Möglichkeiten, die sich daraus ergeben, wenn die Dinge denn so kommen wie geplant. Je greifbarer dieses Bild ist, je stärker auch mit konkreten Zielen verknüpft, die es zu erreichen gilt, wenn man diesen Zielbahnhof erreichen möchte, desto kraftvoller ist auch die Sogwirkung, die darin angelegt ist. Ohne eine Idee, warum man eigentlich die Dinge nicht mehr so weitermachen kann, wie man es gewohnt ist, und wohin die Reise geht, wenn man sich auf diese Argumente einlässt, wird es schwierig sein, erwachsene Menschen zu einem Mitmachen zu bewegen.

Das Zusammenspiel beider Pole findet seinen Niederschlag in der sogenannten »Masterstory«: eine konsistente Geschichte, die Auskunft darüber gibt, warum diese eine Innovation für das Unternehmen wichtig ist, welche Konsequenzen, sprich Veränderungen durch ihre Implementierung eintreten, was das für die davon betroffenen Mitarbeiter und Mitarbeiterinnen bedeutet und wie das Ziel aussieht, das die Organisation mit Hilfe dieser Innovation ansteuert. Die Masterstory erzählt auf eine »annehmbare« Art und Weise, wie die aktuelle Situation und das Zukunftsbild miteinander zusammenhängen und warum die absehbaren Änderungen ja durchaus erfolgreicher Routinen einen Beitrag zur Zukunftssicherung der Organisation und ihrer Mitglieder darstellen. Sie ist die Grundlage jeder Organisationsänderung, schafft Orientierung und Sinn bei allen Beteiligten und ist nicht zuletzt Ausweis einer überlegten Vorgehensweise, die – wenn man sich schon auf ergebnisoffene Veränderungen einlassen muss – zumindest durch ihre Prozesssicherheit signalisiert, dass man als Organisation nicht orientierungslos durch den Nebel stolpert.

Ohne ausreichendes Gespür für die Dringlichkeit des Vorhabens und ohne ein tragfähiges Zukunftsbild sowie seine gelungene Vermittlung sind solche nach innen gerichteten Implementierungsprozesse von Innovationen mit Vorsicht zu genießen. Die Wahrscheinlichkeit, auf einer solchen unvorbereiteten »Innovation Journey« schlicht zu stranden ist beträchtlich. Hinweise, wie eine solche Masterstory erstellt werden kann und auf welche Grundprinzipien des »Storytellings« (Thier 2006) dabei zu achten ist, haben wir wieder an das Ende des Kapitels gestellt.

Masterplan

Als weiterer Baustein eines professionellen Implementierungsprozesses gesellt sich zu der Masterstory ein entsprechender »Masterplan«. Dieser Projektplan gibt Auskunft über die eingesetzten Ressourcen, das Staffing, die einzelnen Projektphasen und den Zeitplan, aus dem ersichtlich ist, was bis wann passiert. Diese Festlegung des Gesamtprogramms und die Konkretisierung einzelner Aktivitäten helfen, auch in unübersichtlichen Zeiten den Überblick zu bewahren. Ein entsprechender Kommunikationsplan strukturiert die Informationspolitik des Implementierungsprozesses: Wann wird wer über welches Medium informiert? Welche Rückmeldungsgelegenheiten gibt es, um aus der Information tatsächlich eine Kommunikation zu machen? Was ist ein gutes Timing für die ebenen-spezifische Verbreitung der Kernbotschaften? Kommen zu viele Informationen auf einmal, landen nach einer Weile die meisten davon im Spam-Ordner der Mailprogramme – tröpfelt der Infofluss nur spärlich, ist der Gerüchteküche Tür und Tor geöffnet und die Führung muss sich von ihrer Lufthoheit in Sachen Kommunikation verabschieden. Gerade in großen Organisationen ist mit Verzögerungen bei der Weitergabe von Informationen zu rechnen, die aufgrund der hierarchischen Filtereffekte auftreten. Die Verarbeitung (im Sinne eines »Sense Making«) von Informationen braucht ihre Eigenzeit, sie geschieht in der Regel auch nicht alleine vor dem Bildschirm sitzend, sondern im gemeinsamen Gespräch mit anderen, die ihre Einschätzungen und Emotionen dazu preisgeben. Ein guter Kommunikationsplan rechnet mit diesen Ebenen-spezifischen Verschiebungen und passt den Kommunikationsfluss entsprechend an.

Wenn in diesem Rahmen auch schon erste kleine Erfolge (sogenannte »Quick Wins«) zu vermelden sind – ein positives Kundenfeedback zu den Prototypen des innovativen Produkts etwa, oder besondere Durchbrüche bei der Umsetzung einer neuen Technologie – dann hilft dies sehr, den Glauben der Organisation an die positiven Effekte einer Veränderung zu stärken, die von einem Innovationsvorhaben ausgelöst wurde. Mit entsprechenden Pilotprojekten lassen sich solche Auswirkungen portionieren und die Organisation bekommt Gelegenheit, sich an lokal begrenzten Ereignissen schon mal mit den praktischen Implikationen einer Innovation auseinanderzusetzen.

Eine solche Dramaturgie des Veränderungsprozesses dient allen Beteiligten und Betroffenen als Landkarte, die das Navigieren in unsicheren Gefilden erleichtert und damit eine wesentliche Orientierungsfunktion ausübt. Freilich darf man sich dabei nicht der Illusion hingeben, dass sich solche Implementierungsprozesse an den Plan halten, der für sie entwickelt wurde. Zu komplex ist das Geschehen in allen Organisationen, als dass man auf eine kontinuierliche Aktualisierung der Pläne verzichten könnte. Erst mit Hilfe einer »rollierenden Planung« wird dem Umstand Rechnung getragen, dass Organisationen ja alles andere als triviale Maschinen sind. Beispiele für solche Veränderungs-Architekturen finden sich in gut lesbarer Form etwa bei Königswieser und Exner (1998).

Umgang mit Immunreaktionen
Wurde der Prozess einmal losgetreten, läuft eine Organisation erwartungsgemäß in all die Vorbehalte, die trotz guter Vorbereitung auf unterschiedlichen Ebenen herangezogen werden, um den bestehenden Status Quo aufrechterhalten zu können. Wir haben dieses Phänomen bereits weiter oben ausführlicher erörtert und brauchen daher an dieser Stelle nicht weiter darauf einzugehen. Gelingt es einer Organisation nicht, einen konstruktiven Umgang mit diesen vorhersehbaren Reaktionen auf die Störung ihrer Routinen zu etablieren, drohen Stillstand und Blockade sämtlicher Umsetzungsaktivitäten.

Führungskoalition
Einen entscheidenden Beitrag bei der Durch-Führung jedes Implementierungsprozesses haben natürlich die Führungskräfte einer Organisation. Dort laufen alle relevanten Fäden zusammen (oder sollten dies zumindest tun): von der Bereitstellung und Steuerung der benötigten Ressourcen bis hin zur (intelligenten) Durchsetzung notwendiger Entscheidungen – das Management übernimmt die Verantwortung für den Ablauf solcher Initiativen, ist Vorbild und Fels in der Brandung, wenn es um die Produktion von Orientierung und (vorläufiger) Sicherheit geht, steht im Umgang mit den defensiven Routinen (Argyris 1965) einer Organisation ihren Mann bzw. ihre Frau, kommuniziert die Kernbotschaften der Masterstory – und tut gut daran, für all dies eine funktionsfähige Koalition zu bilden, die in ihrer Arbeit nicht von Positionsgerangel und Machtkämpfen behindert wird und den Schulterschluss sucht mit den jeweils untergeordneten Ebenen, um einen möglichst durchgängigen Kommunikationszusammenhang zu etablieren. Da natürlich auch die Führung in der Regel von den Konsequenzen eines Implementierungsprozesses betroffen sein wird – eine neue Technologie macht ganze Bereiche überflüssig, bestimmte Kompetenzen müssen neu geordnet, gegebenenfalls auf- oder abgebaut werden etc. – besteht die Herausforderung für diese Personen vor allem darin, ein gutes Selbstmanagement an den Tag zu legen. Keine leichte Aufgabe, als Adresse für all die Zweifel und Fragen der Organisation zur Verfügung zu stehen, wenn man selbst mit den Unsicherheiten zu kämpfen hat, die mit der Umsetzung einer Innovation einher gehen. Hier helfen all die Sicherheit stiftenden Begleitmaßnahmen, die eine Organisation speziell für ihre Führungskräfte in solchen Situationen anzubieten hat – wenn man sie denn nutzt.

Kontinuierliche Reflexion
Als letzten Punkt der praktischen Hinweise für solche Implementierungsprozesse sei noch auf die Notwendigkeit einer Metareflexion hingewiesen. Nicht nur aus Gründen der laufenden Feinjustierung in der Prozesssteuerung macht es Sinn, sich in regelmäßigen Abständen über die Einsichten zu verständigen, die aus der Beobachtung des Ablaufs des Gesamtprozesses entstehen. Diese Form der »Beobachtung zweiter Ordnung« ermöglicht wie bereits erläutert einen Lernprozess, der über das konkrete Geschehen hinausgeht. Welche Konsequenzen aus der Reaktion der Organisation auf

den Implementierungsprozess selbst zu ziehen sind und wie diese Erkenntnisse nachhaltig in der Praxis der Organisation verankert werden können: diese Fragen lassen sich nur mit einem gewissen Abstand zum alltäglichen Geschehen beantworten. Und doch ist wie wir gesehen haben die Auseinandersetzung mit den Antworten auf diese Fragen der Schlüssel für den Aufbau von Organizational Capabilities, die es der Organisation ermöglichen, eine gewisse Orientierung zu entwickeln bei ihren konkreten und anlassbezogen Entscheidungen, wie mit einzelnen Ereignissen umzugehen ist.

Da dieser Schritt auch ein zentraler Erfolgsfaktor bei der Synchronisation des Neuen mit der jeweiligen Alltagspraxis einer Organisation ist, haben wir dafür gesorgt, dass im letzten Kapitel auch dazu entsprechende Werkzeuge zu finden sind.

Die kritischen Erfolgsfaktoren auf einen Blick

Insgesamt lässt sich das Zusammenspiel all dieser Faktoren in eine überschaubare Formel bringen, mit der die wesentlichen Aspekte solcher Implementierungsprozesse beleuchtet und damit auch für eine gemeinschaftliche Abstimmung und Steuerung des Prozesses fruchtbar gemacht werden können. Es sind vier Variablen, die dabei in einen sinnvollen Zusammenhang zu bringen sind:

- C = Case for Action (d. h. Anlass für die Veränderung des bestehenden Status Quo)
- Z = Attraktives Zukunftsbild
- M = Masterplan
- $K(s)$ = Subjektive Kosten, die mit der Veränderung verbunden sind
- V = Veränderung

Die Kernaussage der Formel läuft dann auf folgendes hinaus: Eine Veränderung wird nur dann erfolgreich sein, wenn sowohl C als auch Z in Kombination mit M die subjektiv empfundenen Kosten K übersteigen. D. h.:

$$C * Z * M > K(s) = V$$

In dieser kurzen Formel sind alle relevanten Faktoren zusammengefasst, die uns bei diesem Arbeitsschritt begegnet sind. Und auch wenn es bei solchen Implementierungsprozessen nie eine Garantie für ihr Gelingen gibt: die aufmerksame Beachtung dieser kritischen Erfolgsfaktoren erhöht deutlich die Wahrscheinlichkeit, mit der Organisationen die Konsequenzen von radikalen oder potenziell disruptiven Innovationen nicht nur irgendwie »überstehen«, sondern auch dazu nutzen können, um an ihrer Agilität zu arbeiten.

8.2.5 Toolbox: Stakeholder-Analyse

Stakeholder-Analyse	
Um was geht es?	Es handelt sich um eine einfache Methode, um im Vorfeld zu erkennen, welche Personengruppen die Umsetzung einer Innovation unterstützen und wo mit Widerständen zu rechnen ist. Auf dieser Basis können Maßnahmen abgeleitet werden, die dabei helfen, a) das vorhandene Unterstützungspotenzial zu heben (Rückenwind erzeugen) und b) neuralgische Punkte zu erkennen sowie potenzielle Widerstände zu verstehen und frühzeitig zu adressieren (Gegenwind vermeiden). Stakeholder sind alle jene Personen, Gruppen, Organisationen und Institutionen, die Einfluss auf die Umsetzung eines Innovationsprojekts haben können und deren Interesse durch die Umsetzung der Projektidee berührt wird. Diese Stakeholder verbinden Erwartungen oder Befürchtungen mit dem Projekt und organisieren dementsprechend Widerstand oder Unterstützung.
Herausforderung	Dechiffrierung von latentem Widerstand und die Adressierung von großen Gruppen bei umfangreichen Umsetzungsprojekten.
Ziele und Ergebnis	Transparenz über mögliche Unterstützung und Widerstände im Projektumfeld.
Wer und wann	Das Instrument führt man am einfachsten im Projektteam durch. Je nach Größe und Komplexität des Projektes benötigt die Methode 60–90 Min. Bearbeitungszeit.
	Schritt 1: Identifikation der Stakeholder In einem Brainstorming werden die Stakeholder des Projekts identifiziert und auf Karten festgehalten. Typische Kandidaten für die Stakeholder-Liste sind: die Kunden, Anwender oder Nutznießer des Projekts, das Team und deren Abteilungen/Bereiche, externe Partner die an dem Projekt arbeiten, Projektmanager, Geldgeber und Sponsoren, andere einflussreiche Parteien.

Phase III: Embedding **233**

Stakeholder-Analyse	
Vorgehen	*Schritt 2: Anordnung der Stakeholder auf einer Interessen/ Einfluss-Matrix* In einer moderierten Gruppendiskussion verständigt sich das Team über die Position der Stakeholder auf einer Interessen/ Einfluss-Matrix (vgl. Abbildung 18). In der Diskussion können die Interessenslagen, die Einflussmöglichkeiten sowie Hintergründe dazu ausgetauscht und analysiert werden. Interesse hoher Einfluss und niedriges Interesse hoher Einfluss und hohes Interesse Einfluss niedriger Einfluss und niedriges Interesse hoher Einfluss und niedriges Interesse Abb. 18: Interessen/Einfluss-Matrix *Schritt 3: Ableitung von Handlungskonsequenzen* Für die Festlegung von Strategien und Maßnahmen wird im Anschluss diskutiert, welche Stakeholder aus welchem Grund wie für die geplanten Schritte im Projekt näher eingebunden werden sollen.
Literatur	Freeman 1984

8.2.6 Toolbox: Erstellung einer Masterstory

Erstellung einer Masterstory	
Um was geht es?	Masterstorys sind Geschichten, die den Sinn einer durch Innovation ausgelösten Veränderung erklären. Durch ihre spezifische Konstruktion helfen sie, möglichst viele Betroffene einzubinden und Veränderungsenergie aufzubauen. Masterstorys werden eingesetzt, um eine *komplexe neue Idee vorzustellen* und dabei auch kritische Stimmen vom Nutzen der neuen Idee zu überzeugen.
Herausforderung	Faktenbasierte Erzählung; keine »Märchengeschichte«.
Ziele und Ergebnis	Orientierung und Sinnstiftung für alle Beteiligten.
Wer und Wann	Eine Masterstory wird vom Topmanagement entwickelt, um den »Case for Action« sowie das Zielbild für ein Veränderungsprojekt zu kommunizieren.
Vorgehen	Die Dramaturgie einer Masterstory besteht aus drei Schritten: *Schritt 1: Klare Zusammenfassung der Ausgangslage:* »Was passiert, wenn nichts passiert?« *Schritt 2: Prägnante Formulierung eines Zielbildes:* »Da wollen wir hin!« *Schritt 3: Konkrete Beschreibung der einzelnen Schritte und möglichen Herausforderungen, die von der Gegenwart (Ist) zum Zukunftsbild (Soll) führen.*
Literatur	Loebbert 2003, Thier 2006

8.2.7 Toolbox: Aktionsplan zur Implementierung

Aktionsplan zur Implementierung	
Um was geht es?	Entwicklung eines konkreten Masterplans für einen Veränderungsprozess. Ohne Masterplan drohen Aktionismus und Orientierungslosigkeit.
Herausforderung	Die Unterbrechung bestehender Routinen ist kein Selbstgänger. Sie benötigt zusätzlichen Ressourcenaufwand und hohe Aufmerksamkeit der Führung. Eine aufeinander abgestimmte, zielgerichtete und reflektierte Vorgehensweise ist erfolgskritisch.

Phase III: Embedding 235

Aktionsplan zur Implementierung	
Ziele und Ergebnis	Prozessbegleitung für die erfolgreiche Implementierung einer Organisationsveränderung.
Wer und Wann	Für die Implementierung einer Veränderung wird ein dediziertes Projektteam etabliert, das für die Steuerung des Prozesses verantwortlich ist.
Vorgehen	*Schritt 1: Unterbrechung der eingespielten Eigendynamik* Um die bewährten Routinen unterbrechen zu können, wird eine kritische Masse benötigt, die sich sichtbar für die Initiative engagiert. *Schritt 2: Definition des Case for Action: Die Masterstory* Es geht darum, ein Bewusstsein für die Dringlichkeit und Notwendigkeit der Veränderungsinitiative bei den wichtigsten Entscheidungsträgern zu schaffen. Diese Botschaft kann mit Hilfe einer faktenbasierten und überzeugenden Masterstory kommuniziert werden. *Schritt 3: Eine gemeinsame Zukunftsperspektive schaffen* Engagement entsteht nur, wenn klar ist, wohin die Reise geht. Je präziser ein Zielbild ist, desto wahrscheinlicher wird man sich darauf einlassen können. *Schritt 4: Erstellung eines Masterplans* Ein Masterplan beschreibt die Gesamtarchitektur des Veränderungsprozesses inklusive einer konkreten Beschreibung der einzelnen Arbeitsschritte. Der Masterplan legt fest, wie einzelnen Aktivitäten zusammenhängen. *Schritt 5: Kontinuierliche Steuerung des Prozesses* Die Implementierung wird vorangetrieben, Erfolge werden stabilisiert und bei Bedarf werden Kurskorrekturen vorgenommen. *Schritt 6: Auswertung des Gesamtprozesses* Die Lernerfahrungen aus dem Prozess werden systematisch ausgewertet.
Literatur	Wimmer 2004, J. Kotter 1995, J. P. Kotter 1996

8.3 Arbeitsschritt 9: Monitoring

Im vorletzten Arbeitsschritt unserer Innovationshelix geht es um das Monitoring der laufenden Innovationsaktivitäten. Mit den entsprechenden Entscheidungen, die in einem Innovationsportfolio gebündelten Innovationsaktivitäten in Richtung Marktreife voranzutreiben, sind immer auch eine Menge klassischer Projektmanagement-Aktivitäten verbunden, die wir mit Blick auf den Fokus des Buches jedoch nicht weiter verfolgen können. Hier gibt es insbesondere im Kontext des Innovationsmanagements eine Anzahl von Ratgebern, auf die man im Bedarfsfall jederzeit zurückgreifen kann (vgl. etwa Patzak/Rattay 2009, Meredith/Mantel 2011, Burke 2006).

Bei der Durchsicht der entsprechenden Literatur fällt auf, dass gerade aus einer betriebswirtschaftlichen Perspektive das Thema der Implementierung von Innovationen oft eher als Applikation solcher Projektmanagement-Ansätze gesehen wird. Die damit einhergehende Suggestion der Berechenbarkeit von Innovationsaktivitäten ist zwar verständlich und nachvollziehbar, ändert jedoch nichts daran, dass sich Innovationsprozesse nur im Ausnahmefall der Planungslogik eines Projektmanagements unterwerfen. Nicht zuletzt daraus speist sich die Notwendigkeit einer systemtheoretisch informierten Perspektive, die bei Innovationsaktivitäten nicht auf die Berechenbarkeit der Verhältnisse setzt und gerade damit Geländegewinne bei der Konzeptualisierung und Steuerung solcher Initiativen einfährt. Ein entsprechend angepasstes Steuerungsverständnis beruht konsequenterweise auf dem Prinzip der Kontextsteuerung – also der Steuerung der Gestaltung von Rahmenbedingungen. Unsere Hinweise zur Implementierung und in der weiteren Folge nun auch zum Monitoring des Innovationsprozesses sind von der Einsicht getragen, dass es sich dabei nicht um gradlinige, gar per Anweisung zu steuernde Prozesse handelt.

8.3.1 Beobachtung konkreter Innovationsaktiväten

Im Unterschied zum letzten Arbeitsschritt der Innovationshelix, der Auswertung, nimmt das *Monitoring* die konkreten Innovationsaktivitäten in den Blick: entweder auf der Ebene von Einzelprojekten, oder – dann schon in Richtung Risikomanagement unterwegs – das Gesamtportfolio sämtlicher laufender Innovationsprozesse. Der Unterschied besteht also einmal in der Reichweite des Evaluierungsbereichs, aber auch im Betrachtungsfokus. Während in *Arbeitsschritt 10: Auswertung* versucht wird, Einsichten über den Verlauf des Innovationsprozesses *als organisationale Routine* zu gewinnen und daraus Schlüsse abzuleiten, wie diese Art der Aktivitäten nachhaltig im Organisationsgeschehen verankert werden kann, betrachtet das Monitoring die einzelnen Aktivitäten und generiert daraus Steuerungsimpulse für den weiteren Fortgang des Prozesses. Beide Aktivitäten hängen natürlich miteinander zusammen und profitieren voneinander, sind aber doch distinkte Vorhaben mit jeweils anderen Methoden und Vorgehensweisen. Das *kontinuierliche Monitoring* des Innovationsprozesses liefert also wichtige Informationen für die strategischen Entscheidungen zur

Fortführung der einzelnen Innovationsaktivitäten, die im Rahmen der strategischen Operationalisierung gefällt bzw. regelmäßig überprüft und bei Bedarf korrigiert werden. Die Nähe des Monitorings zu *Arbeitsschritt 3: Strategische Operationalisierung* macht übrigens wieder einmal deutlich, wie wenig selbst die »verschleifte« Darstellung unserer Innovationshelix die tatsächliche Praxis von Innovationsprozessen wiedergeben kann. Die Innovationshelix ist und bleibt ein heuristisches Modell, das die Logik eines Prozessablaufs abzubilden versucht – in der Realität zerbricht die sequenzielle Anordnung des Prozesses, die Arbeitsschritte werden zum Teil parallel durchlaufen, einige werden übersprungen, wiederholt, abgekürzt und es gibt immer wieder rekursive Rückbezüge auf andere Arbeitsschritte.

8.3.2 Feinsteuerung durch transparentes Controlling

Wie bei anderen Arbeitsschritten auch, hängt der Umfang und die Intensität entsprechender Monitoring-Aktivitäten von der jeweiligen Organisationsgröße und -logik ab. Ein Großkonzern wird hier anders vorgehen müssen als ein Familienunternehmen mittlerer Größe oder ein Start-up. Trotzdem wird es in allen Organisationen irgendeine Form der Prozesssteuerung geben, mit der Innovationsprozesse auf ihre Wirkung hin beobachtet werden. Ein wesentliches Ziel dieses Arbeitsschritts besteht deswegen in der Einrichtung eines transparenten Controllingsystems zum Zweck der Feinsteuerung der Innovationsprojekte. Dazu gehört auch die Vereinbarung von klaren *Abbruchkriterien*, mit der sich eine Organisation einerseits vor den Rückschlägen eines aus dem Ruder laufenden Innovationsprojekts schützt und andererseits die Steuerung unterschiedlicher Innovationsaktivitäten ihres Innovationsportfolios im Blick behalten kann. Die Informationen, die im Verlaufe des Monitorings generiert werden, dienen zum Abgleich von *Soll* und *Ist*; die Wahrscheinlichkeit, dass die aufgesetzten Masterpläne und Implementierungsarchitekturen den Turbulenzen einer lebendigen Praxis genügen, schätzen nicht nur wir, sondern auch viele Innovationsmanager als eher gering ein. Umso wichtiger ist die Einrichtung von Routinen, die eine aufmerksame Beobachtung dieser Differenz ermöglichen, um daraus dann die entsprechenden Schlüsse für die Steuerung solcher Innovationsprozesse zu ziehen. Im einzelnen geht es dabei um Fragen nach den Erwartungen, die an eine Innovationsinitiative gestellt werden, und die Einschätzung der Chancen, den diese hat, diesen Erwartungen tatsächlich gerecht zu werden. Welche Evaluationskriterien können angelegt werden, um die Reichweite einer Innovation in den unterschiedlichen strategischen Stoßrichtungen (Cashflow, Lernen, strategische Positionierung) besser einschätzen zu können? Welche Risiko/Nutzen-Kalküle müssen nicht nur beachtet, sondern auch durchgerechnet werden, um das Realisierungspotenzial einer Innovation besser beurteilen zu können? Ist der potenzielle Erfolg geplanter Innovationen durch unerwartete Entwicklungen im Technologiebereich, bei Wettbewerbern oder im entsprechenden Marktsegment gefährdet? Solche Fragen markieren den Beobachtungsfokus, den ein verantwortliches Management zusammen mit den zuständigen Projektleitern in den Blick nimmt, um im Bedarfsfall steuernd einzugreifen.

8.3.3 Updates zum Ergebnisstand laufender Prozesse

Ein zweites wesentliches Ziel dieses Arbeitsschritts ist es, immer wieder die verschiedenen Einsichten und Erkenntnisse der laufenden Innovationsaktivitäten in die Organisation zu spielen. Ein entsprechendes Monitoring soll sicherstellen, dass innerhalb der Organisation ein ausgeglichener Informationsstand über den Fortschritt der Innovationsaktivitäten herrscht, da dieses neue Wissen für die Arbeit vieler anderer Bereiche, aber auch für die Phasenabschnitte des Innovationsprozesses relevant ist. So profitiert etwa der Schritt der strategischen Operationalisierung von einem aktualisierten Wissen von Innovationsprojekten, um das aktuelle Innovationsportfolio zu überdenken. Ähnliches gilt für die strategische Analyse, und auch für das Störungsmanagement sind solche Einblicke wichtig, um sich zu vergewissern, dass man tatsächlich relevante Umwelten im Blick hat.

Vernetzung von vorhandenem Wissen
Da Innovationsprojekte schwer zuverlässig planbar sind, ist auch deren Fortschritt nur schwer zu beurteilen. Gerade weil zum Teil beträchtliche Investitionssummen im Spiel sind (man denke nur an die Einführung einer neuen Technologie), braucht eine Organisation Transparenz über den Einsatz dieser Ressourcen. Gleichzeitig herrscht eine gewisse Unsicherheit im Umgang mit solchen Aktivitäten, da wenig Erfahrungen über die Art, den Umfang oder die Dauer vorliegen – schließlich handelt es sich ja um Innovationen, d. h. man kann nicht auf viele Vorerfahrungen zurückgreifen. Gerade in Großunternehmen wird an vielen Stellen gleichzeitig geforscht, designed, werden Ideen entwickelt und neue innovative Lösung erarbeitet. Viele dieser Aktivitäten sind miteinander verknüpft, d. h. bestimmte Aktivitäten bauen auf den Ergebnisse anderer Aktivitäten auf, da es etwa technologische Abhängigkeiten gibt. Das Wissen und Know-how aus unterschiedlichen Bereichen und Disziplinen muss zusammengetragen und miteinander in Bezug gesetzt werden. In multi-disziplinären Teams braucht es den Aufbau eines gemeinsamen Sprachvorrats, damit die Teammitglieder überhaupt sinnvoll kooperieren können. Oft kommt dann noch erschwerend hinzu, dass die Teammitglieder geografisch verstreut sind und unterschiedlichen Organisationseinheiten angehören. Die Folge all dieser Faktoren ist eine hohe Komplexität und damit eine wachsende Notwendigkeit, sich über die laufenden Prozesse und deren aktuellen Ergebnisstand immer wieder neu zu verständigen. Es ist genau diese Komplexität, die letztendlich der Anlass ist für den hohen Steuerungsbedarf.

Beurteilungskriterien
In Bezug auf zeitnahe Aktivitäten besteht meistens eine gute Einschätzung zum Stand der Dinge. Liegen die Aktivitäten jedoch weiter in der Zukunft, wird es schwer bis unmöglich, detaillierte Prozessschritte festzulegen. Unterschiedliche Detaillierungsgrade werden benötigt, um die Steuerung des Gesamtprozesses, aber auch die Feinsteuerung des Fortschritts einzelner Projekte weiter voranzutreiben. Dazu gehört auch die Definition von Abbruchkriterien. Jeder Innovationsprozess stellt eine Kette von Ja/Nein-Entscheidungen im Organisationsgefüge dar, und je klarer die Kriterien definiert sind, bei denen aus einem Ja zu weiteren Schritten und Folgeaktivitäten ein Nein wird, desto größer ist die Sicherheit bezüglich der Verlaufssteuerung. Mit anderen Worten: »*Die Durchführung einer Innovation ist eine Sequenz nicht erfolgter Abbruchentscheidungen.*« (Hauschildt 2004)

In der Regel dienen hier die vereinbarten Meilensteine im Prozessablauf als Steuerungsmarkierungen. Es sind jeweils individuell beschlossene Zwischenstationen – und sie müssen es auch sein, da jedes Innovationsprojekt seine Eigenarten hat. Auch wenn die Bewertung solcher Zwischenstationen wohl am Beginn des Prozesses eher nach technischen Beurteilungskriterien vorgenommen wird, diese Kriterien dann im weiteren Verlauf zunehmend von ökonomischen Kriterien ergänzt und schließlich ganz von ihnen ersetzt zu werden: die Frage, wann eine Innovation erfolgreich ist und wann die Reißleine gezogen werden muss, wird kaum mit Hilfe solcher Kriterien allein beantwortet werden können. Es macht allerdings Sinn, je nach Projektfortschritt unterschiedliche Kennzahlen zu entwickeln und zu vereinbaren, die jeweils bestimmte Teilleistungen adressieren. Während des Arbeitsschritts der Ideation wird man sich die Zahl der Ideen anschauen können; für die Arbeit einer F&E-Abteilung wird es Messwerte für den technischen Fortschritt, die Anzahl der Erfindungen, Patente und Publikationen geben; im Bereich der Marktforschung bestimmte Absatzmengen; bei der Produktentwicklung dann detaillierte Beschreibung der Verbesserungen und nach erfolgreicher Markteinführung kann etwa der Anstieg des Börsenkurses als Messgröße dienen.

Alle diese Steuerungsgrößen müssen im Monitoring berücksichtigt werden, damit sie ihre Steuerungsrelevanz entfalten können. Statt einer simplen Abfrage und damit Kontrolllogik geht es jedoch vielmehr darum, gemeinsame Reflexionsschleifen zu etablieren, mit der die aktuellen Aktivitäten auf den Prüfstand gestellt werden können; daraus entstehen dann spezifische Entscheidungsbedarfe, die wiederum transparent gemacht werden müssen (etwa in der Interdependenz von Zeit, Kosten und Leistung), um dann schließlich entsprechend umgesetzt zu werden. Da diese Schritte nicht weit in die Zukunft hinein durchgeplant werden können, empfiehlt sich eine nicht zu lange, regelmäßig aktualisierte Taktung, die tatsächlich eine Feinsteuerung jenseits von Kontrollwahn und laufender Berichterstattung ermöglicht. Nicht zuletzt werden damit auch kontinuierlich Updates zum Stand der Dinge in die Organisation gespielt – wie wir bereits gesehen haben, kein unwesentlicher Nebeneffekt dieses Arbeitsschritts.

8.3.4 Stolpersteine und Herausforderungen

Für den Arbeitsschritt des Monitorings ergeben sich aus dem bisher Gesagten im wesentlichen drei Herausforderungen: 1) eine angemessene Intensität der Steuerungseingriffe, 2) ein transparentes Erwartungsmanagement sowie 3) eine kluge Informationspolitik. Was genau ist mit diesen Punkten gemeint?

Angemessene Intensität der Steuerungseingriffe
Verstehen wir unter Monitoring weniger eine Form der Kontrolle, sondern eher eine Form des Feedbacks, welches einen kontinuierlichen Abgleich der Erwartungen, Ziele und Vereinbarungen im laufenden Projektgeschehen erlaubt, dann entspricht diese Form der Steuerung viel eher den Notwendigkeiten, die ein Innovationsprojekt braucht, um tatsächlich innovativ sein zu können. Wir haben bereits gesehen, dass soziale Systeme, also auch Organisationen, normalerweise intelligente Möglichkeiten entwickeln, sich instruktiven Zugriffen zu entziehen. Dies gilt in besonderem Maße

auch für Innovationsprojekte: Auf Anweisung bekommt man bestenfalls eine Inszenierungsleistung und da das Terrain unüberschaubar genug ist, werden sich auf Nachfrage immer gute Gründe dafür finden lassen, warum etwas nicht so geklappt hat, wie eigentlich vereinbart. Es braucht also eine gute, vertrauensbasierte Kooperation zwischen der Leitung eines Innovationsprojekts und dem verantwortlichen Management; diese muss sowohl den Notwendigkeiten der Organisationslogik gerecht werden (optimaler Ressourceneinsatz, berechenbare Ergebnisse, verlässliche Aussagen), als auch genügend Freiräume lassen, damit ein Innovationsprojekt überhaupt zu der Entwicklung neuer Lösungsansätze kommt. Wir haben es hier also mit dem bereits erwähnten Problem der Über- bzw. Untersteuerung von Innovationsaktivitäten zu tun.

Sind etwa Sollkriterien derart präzise definiert, dass für kreative Ansätze kein Raum bleibt, oder wird die Schrittfolge im Prozess vorab so stark festgezurrt, dass Umwege nur noch um den Preis von Sanktionen möglich sind, dann wird der Handlungsspielraum einer Lösungssuche erheblich eingeengt. Auch verhindert die Aufgliederung des Gesamtprozesses in einzelne Aktivitäten – das Standardvorgehen bei sämtlichen Projektmanagement-Tools – wenn sie zu früh und zu rigide vorgenommen wird, einen ganzheitlichen Blick auf den Problemzusammenhang und erschwert damit die lose Kopplung von Assoziationsketten, die jedoch typisches Merkmal kreativer Arbeitsprozesse ist. Neue Lösungsansätze tauchen oft erst »aus den Augenwinkeln heraus« auf, sie sind noch nicht so präzise zu strukturieren, dass sie in die verbindliche Taktung eines Meilensteinplans passen. Darauf Rücksicht zu nehmen, gehört zu den anspruchsvolleren Aufgaben einer Prozesssteuerung; auch und gerade im Hinblick auf die Kontrollbedürfnisse von Organisationen, die oft eine Eigendynamik entwickeln und damit zum Selbstzweck werden. Statt zu innovieren, ist ein Innovationsprojekt dann nur noch damit beschäftigt, Reportings zu verfassen und sich sogenannte »Deliverables« aus den Fingern zu saugen: Alle sprechen dann zwar von »Innovationen«, meinen dabei aber die Verwaltung des Innovationsprozesses.

Auf der anderen Seite besteht natürlich das Risiko, dass ein Innovationsteam thematisch abdriftet und sich – betört von der eigenen Kreativität –in Richtungen verläuft, die zwar aufregend und spannend sind, mit dem eigentlichen Innovationsfokus jedoch nichts (mehr) zu tun haben. Im Fall solch einer Untersteuerung gibt es keinerlei Direktive, die Innovationsaktivitäten bleiben sich selbst überlassen und die Frage nach der strategischen Relevanz für die Organisation verliert jede Relevanz.

Zwischen diesen beiden Polen gilt es zu balancieren, um jeweils projektspezifische Formen eines hilfreichen und damit auch wirkungsvollen Controllings zu etablieren. Empirische Befunde belegen diese Argumentationslinie. So weist Hauschildt (2004) darauf hin, dass eine zu intensive Kontrolle von Innovationsaktivitäten gerade bei der Arbeit an radikalen Innovationen kreativitätsfeindlich ist. Die Steuerungsintensität ist bei solchen Projekten deutlich niedriger anzusetzen als bei inkrementellen Innovationen. Natürlich wird man auch hier das Kind nicht mit dem Bade ausschütten: Vereinbarte Meilensteine geben auch bei der Entwicklung radikaler Innovationen dem Prozess eine klare und begreifbare Struktur und eröffnen den handelnden Personen gleichzeitig eine gewisse Handlungsautonomie, die zur Selbststeuerung einlädt und damit auch starker Anreiz für hohes Engagement ist. Und doch steigert etwa eine flexible Handhabung von Budgets die Effizienz von Innovationsprozessen in einem überdurchschnittlichen Ausmaß.

Die Kritik an einem zu rigiden Festhalten an Meilensteinen und Ablaufplänen ist mittlerweile von einer konzeptionellen Ebene auch auf die Frage der operativen Vorgehensweisen gerutscht. Es geht dort also um die Wahl der angemessenen Werkzeuge zur Steuerung von Innovationsprozessen: »*Wer unverdrossen an verrichtungsdefinierten Phasengliederungen der Ablaufvorgabe festhält, zeigt einen Mangel an Professionalität.*« (Hauschildt 2004). Gemeint ist hier der Umgang mit dem klassischen Tool dieses Arbeitsschritts: der »Stage-Gate-Methode«. Da es schlicht nicht möglich ist, den Projektablauf im Vorfeld so detailliert zu erfassen, wie es das Vorgehen im Stage-Gate-Modell zwingend vorsieht, sind in den letzten Jahren alternative Steuerungsmodelle entstanden, die nicht mehr nur Top-Down-orientiert arbeiten, sondern das Know-how des Projektteams und den laufend verfeinerten Kenntnisstand im Projekt als Grundlage für Entscheidungen zum weiteren Verlauf heranziehen. Wir haben daher beide Ansätze in unseren Werkzeugkoffer gelegt: Es finden sich dort sowohl Vorgehensweisen, die sich an dem sogenannten »SCRUM-Konzept« orientieren, als auch eine Beschreibung des klassischen Stage-Gate-Verfahrens.

Transparentes Erwartungsmanagement
Da jedes Monitoring beliebig intensiv betrieben werden kann, steht bei seinem Einsatz immer die Frage im Mittelpunkt, ob es sich wirtschaftlich rechtfertigen kann, d. h. ob durch ein »Mehr« an strukturierten Zugriffen tatsächlich auch ein »Mehr« an effektiver Prozesssteuerung erreicht wird. Um diese Frage zu beantworten, braucht es ein transparentes Erwartungsmanagement. Werden keine oder nur sehr diffuse Erwartungen an ein Innovationsprojekt definiert, dann ist die Gefahr hoch, dass es keine Grundlage für einen ernsthaft betriebenen Soll-Ist-Abgleich gibt und man in den laufenden Feedback-Gesprächen bei einem unscharfen »Irgendwie« landet. Normalerweise wird ein solches »Soll« in Projektorganisationen durch spezifische Vorgaben zu Ergebnissen, Terminen, Budgets oder Prozessabläufen definiert. Im Fall von Innovationsprojekten ist meist jedoch nicht klar, wohin die Reise überhaupt hingehen soll. Wie aber kann man wissen, welche Ergebnisse zu erarbeiten sind, welche Ressourcen benötigt werden, oder welche Termine einzuhalten sind, wenn noch unklar ist, wie das Ziel der Reise aussehen wird? Selbst das mittlerweile in Unternehmen weit verbreitete (wenn auch nicht immer so gelebte) Steuerungssystem »Führen mit Zielvereinbarungen« greift im Fall von Innovationsprojekten zu kurz, da die Ziele solcher Aktivitäten selbst etwas sind, was sich erst mit der zunehmenden Präzisierung einer innovativen Idee in Richtung marktreifes Produkt erschließt.

Je innovativer also ein Projektvorhaben ist, desto schwieriger lässt sich das anvisierte Ergebnis formulieren bzw. der exakte Zeit- und Ressourcenbedarf abschätzen. In der Regel definiert darum das verfügbare Budget die maximale Dauer eines Innovationsprozesses. Zeitdruck entsteht genau dann, wenn die angestrebten Ergebnisse in der durch das Budget begrenzten Zeit nicht realisierbar sind (und eine Budgeterhöhung ausgeschlossen wurde). Nun muss ein gewisser Zeitdruck per se noch nichts Negatives sein, im Gegenteil: Zeitdruck wird sogar oft als wichtiger Beschleuniger für Forschungs- und Entwicklungsprojekte genannt (Reichwald/Schmelzer 1990). Dennoch sollte man nicht aus den Augen verlieren, dass die Wahl des richtigen Zeitfensters für die Markteinführung einer Innovation ausschlaggebender ist als deren schnelle Entwicklung.

Kluge Informationspolitik
Bei genauerem Hinschauen tangiert die Frage einer klugen Informationspolitik mehr Themen als nur den ausgeglichenen Informationsstand in der Organisation. Gerade zu

Beginn von Innovationsprojekten, wenn es also darum geht, sich Wissen über das Potenzial von Innovationsmöglichkeiten anzueignen, ist der Austausch und die Verbreitung von ersten Einschätzungen zu den Möglichkeiten einer neuen Problemlösung von hoher Bedeutung. Im weiteren Voranschreiten und bei ersten Projekterfolgen wächst auch das Wissen darum, was nicht funktioniert hat und warum es nicht funktioniert hat. Diese Einsichten sind natürlich unbezahlbare Lektionen, die allerdings nur dann sinnvoll in der Organisation verarbeitet werden können, wenn der Umgang mit Fehlern von Neugier und Sanktionsfreiheit geprägt ist. Alles andere führt – das hatten wir ja bereits angedeutet – in ganze Wallfahrten zur Fehlervertuschung, bei der eine Organisation ihre Intelligenz in die Suche von Schuldigen und dem Verwischen verräterischer Spuren investiert. Ein Lackmus-Test für einen konstruktiven Umgang mit Misserfolgen ist die Dokumentation solcher Fehlschläge.

Werden Entwicklungssackgassen nicht schriftlich festgehalten, verschwinden sie schnell wieder in der operativen Hektik des Alltags. Ihr Vergessen hat zur Folge, dass ähnliche Erfahrungen an unterschiedlichen Stellen der Organisation völlig unnötigerweise mehrmals gemacht werden müssen. Last but not least ist die Frage der klugen Informationspolitik immer auch eine Frage der unterschiedlichen Sprachen, die in Organisationen gesprochen werden. Weil beispielsweise die Logik einer Entwicklungsabteilung eine andere ist als die des Topmanagements, entstehen Kommunikationsbarrieren, die zu Missverständnissen und wechselseitiger Frustration führen. Erläutert etwa ein Techniker, welche Herausforderungen aufgrund eines neuen Kenntnisstands im Innovationsprojekt zu bewältigen sind, dann fällt diese Beschreibung meist sehr detailliert und die konkreten Schwierigkeiten betonend aus. Während der Techniker stolz darauf ist, das Problem in seiner ganzen Komplexität selbst verstanden und entsprechend ausführlich kommuniziert zu haben – es war ja tatsächlich ein hartes Stück Arbeit – und dabei die Auswirkungen dieser Lösung auf das Marktpotenzial der Innovation völlig beiseite lässt, ist der verantwortliche Manager schockiert über die große Anzahl an Folgeherausforderungen (nach dem Motto »Wir hätten das Fass besser gar nicht aufmachen sollen«) und plädiert in den folgenden Sitzungen dafür, das Projektbudget zu kürzen, da ganz offensichtlich Aufwand und Nutzen nicht mehr in einem ausgewogenen Verhältnis zueinander stehen. Die wiederum daraus folgenden Enttäuschungen bei allen Beteiligten brauchen hier nicht weiter ausgemalt zu werden.

8.3.5 Handlungsempfehlungen zum Monitoring

Die bisherigen Ausführungen lassen erkennen, dass das Monitoring und die Prozess-Steuerung von Innovationsprojekten seine Produktivität nur dann entfalten kann, wenn sich formale und informelle Aktivitäten die Waage halten. Eine Übersteuerung durch (zu) elaborierte Verfahren ist dabei genauso kontraproduktiv wie eine Untersteuerung der Prozesse durch fehlende Aufmerksamkeit des Managements. Interessanterweise zeigen empirische Studien, dass es gerade bei unbekannten Technologien oder Märkten nicht falsch ist, auf die vertrauten Steuerungsinstrumente zurückzugreifen, d. h. ein hoher Innovationsgrad und intensives Monitoring schließen einander nicht aus. Welche Handlungsempfehlungen lassen sich nun vor diesem Hintergrund aussprechen? Wir haben eine Handvoll praktischer Empfehlungen zusammengestellt, mit denen die geschilderten Problemstellungen aufgegriffen und – im Sinne der Balance unterschiedlicher Spannungsfelder – bearbeitbar gemacht werden können. Wenn bei diesem Arbeitsschritt die Forderung nach einem kontinuierlichen und transparenten Monitoring der Innovations-Performance im Vordergrund steht, dann sollte dieses Monitoring auf drei Ebenen stattfinden: auf der des Projekts, der des Innovationssystems und auf der Ebene der gesamten Organisation (Drucker 2006).

Monitoring auf der Ebene des Projekts
Für jedes Innovationsprojekt werden Erwartungen formuliert (über Ergebnisse, Zeitplan, Budget); damit ist eine Grundlage gelegt, um die Ergebnisse des Projekts (Ist) mit den Erwartungen (Soll) zu vergleichen. Durch regelmäßige Feedback-Loops (etwa in Review-Meetings) findet ein Austausch zwischen dem Innovationsteam/seiner Leitung und dem Management statt, bei dem es um den Abgleich von Innovationspotenzial und strategischer Relevanz geht. Im Mittelpunkt solcher Reviews steht die Frage: Was können wir aus dem bisherigen Verlauf lernen? Und zwar:
- über das Potenzial der Innovation?
- über unser Stärken und Schwächen?
- über neue konkrete Geschäftsmöglichkeiten?
- über die Art unserer Steuerung, Kommunikation und Zusammenarbeit?

Diese Feedback-Schleifen sichern ein integriertes »Built-In-Learning«, d. h. es können Maßnahmen generiert werden, um die eigene Performance zu verbessern.

Monitoring auf der Ebene des Innovationssystems
Das Monitoring hat auf dieser Ebene die Aufgabe, relevante Information als Input für den Arbeitsschritt der strategischen Operationalisierung und Auswertung bereitzustellen bzw. an die entsprechenden Stellen der Organisation weiterzuleiten. Im Mittelpunkt steht dabei die systematische Analyse, ob die laufenden Innovationsaktivitäten richtig balanciert sind. Die entsprechenden Leitfragen lauten: Ist unser Innovationsportfolio ausgewogen? Stimmt die Balance zwischen Nutzen und Risiko?

Monitoring auf der Ebene der gesamten Organisation
Hier hat das Monitoring die Aufgabe, relevante Information als Input für den Arbeitsschritt des Störungsmanagements bereitzustellen und/oder entsprechend weiterzuleiten. Da alle Arbeitsschritte nicht scharf voneinander abzugrenzen sind, betrifft ein Teil der Ergebnisse dieser Analyse auch die strategische Operationalisierung. Entsprechende Leitfragen beleuchten die folgenden Aspekte:
- Müssen wir an der gesamten Geschäftsstrategie etwas ändern?
- Wie sind wir im Vergleich zu unseren Wettbewerbern unterwegs?
- Sind unsere strategischen Innovationsfelder die richtigen?
- Beobachten wir die für uns relevanten Umwelten (Märkte, Wettbewerber)?
- Gibt es neue Geschäftsmöglichkeiten, auf die wir uns fokussieren sollten?
- Sind wir als Organisation innovationsfähig?

Zu diesem Erwartungsabgleich in fest vereinbarten Review-Meetings kommen noch Hinweise zur Informationspolitik bzw. zum Wissensmanagement.

Prozessmodelle zur operativen Steuerung
Im Sinne einer evolutionstheoretisch informierten Sicht auf das laufende Innovationsgeschehen ist die Kenntnis der wichtigsten Innovationsaktivitäten die Voraussetzung für eine erfolgreiche Rückbindung (Retention) von Innovationen; in der Verarbeitung dieser Informationen innerhalb der Organisation findet die »Erfolgskontrolle«, d. h. die pragmatische Überprüfung der Tauglichkeit der Innovationsergebnisse für das Überleben der Organisation statt. Der dazu notwendige Austausch zwischen den verantwortlichen Projektleitern, ihren Mitarbeitern und Mitarbeiterinnen, aber auch zwischen den für Strategie, Marketing und Personal verantwortlichen Führungskräften sollte so organisiert werden, dass er genügend Management-Attention bekommt, ohne bereits damit schon über Gebühr in die bewährten Routinen einzugreifen.

Wie wir bereits gesehen haben, wird ein Innovationsprojekt mit der systematischen Aufbereitung von Erkenntnissen, Einsichten und Fehlerquellen darüber hinaus selbst zu einer »Lernenden Organisation«. Das »Sharing« des Gelernten ist ein wichtiger Beitrag zu einer Innovationspraxis, die sich nicht in einzelne Bereiche einer Organisation zurückzieht, sondern auch in den Kontext der Gesamtorganisation ausstrahlt und damit den Nährboden für die Verankerung einer Innovationsfähigkeit im Sinne einer Organizational Capability schafft. Dieser Aspekt wird uns in *Arbeitsschritt 10: Auswertung*, noch näher beschäftigen.

Auf der *operativen* Ebene kommen vor allem Prozessmodelle zum Einsatz, mit denen die Innovationsaktivitäten gesteuert werden. Solche Prozessmodelle werden wie Blaupausen genutzt: Sie beschreiben Best Practices und legen den Benutzern damit nahe, welche Grundparameter im Prozess beobachtet werden sollen und wie eine entsprechende Gestaltung der Kommunikationsstrukturen auszusehen hat (etwa: wer berichtet an wen in welchem Gremium). In der entsprechenden Fachliteratur findet sich eine große Vielfalt an Prozessmodellen, bei denen sich zwei grundsätzliche unterschiedliche Funktionen unterscheiden lassen: a) Prozessmodelle, die als Management-Tools zum Einsatz kommen, um Prozesse bestmöglich zu standardisieren, sowie b) Prozessmodelle für Forschungszwecke, um empirisch erfasste Daten möglichst realitätsnah und überschaubar wiederzugeben (Verworn/Herstatt 2002). In der Praxis muss man sich dann natürlich von dem Gedanken verabschieden, dass es »den einen« Innovationsprozess gibt, der für alle Unternehmen gleich gültig wäre. Wird ein Prozessmodell zur Steuerung der Innovationsaktivitäten verwendet – was in praktisch allen größeren Unternehmen der Fall ist – dann beschreibt dieses Modell tatsächlich einen Idealzustand, der dann in Abhängigkeit von den jeweils konkreten Zielsetzungen und Rahmenbedingungen modifiziert wird. Interessanterweise haben sich mit dem »Stage-Gate-Prozess« und der »SCRUM-Methode«, die wir abschließend im Werkzeugkasten zu diesem Kapitel genauer vorstellen wollen, zwei grundlegend verschiedene Zugangsweisen herausgebildet, mit denen Innovationsprozesse im Monitoring beobachtet und gesteuert werden.

8.3.6 Toolbox: Stage-Gate-Prozess

Stage-Gate-Prozess	
Um was geht es?	Um mit dem Risiko, das die Umsetzung von Innovationsaktivitäten begleitet, effizient umgehen zu können, ist es hilfreich einen Prozess zu haben, der zu festen Zeitpunkten Momente des Innehaltens (»Gates« mit Meilensteinen) einbaut, um den aktuellen Stand des Projekts mit den beteiligten Stakeholdern zu reflektieren. Ein Stage-Gate-Model (R. Cooper 2004) legt die Zeitpunkte fest, an denen ein strategisches Assessment des Projektfortschritt stattfindet. Ziel ist, nur jene Projekte, die sowohl technische als auch marktspezifische Fragen fundiert beantworten können, in das nächste Stadium passieren zu lassen. Jene Projekte, die das strategische Assessment nicht schaffen, müssen entweder nacharbeiten, werden abgebrochen oder die Ergebnisse werden in anderen Projekt weiterverwendet.
Herausforderung	Verantwortliche Manager müssen klare, oftmals auch harte Entscheidungen treffen, die jedoch nachvollziehbar sein müssen, um den beteiligten Mitarbeitern die notwendige Orientierung zu geben.
Ziele und Ergebnis	Kontinuierlicher Austausch über den Fortschritt der Innovationsaktivitäten, ermöglicht/zwingt zur Offenlegung der unterschiedlichen Informationen zu den Risiken und Nutzen von Innovationsprojekten. Gemeinsam können Risiken und Nutzen immer wieder neubewertet werden und der Abbruch von weniger erfolgreichen Innovationsprojekten institutionalisiert werden.
Wer und Wann	Für die Steuerung des gesamten Prozesses wird ein Mitarbeiter mit der Rolle des Prozessmanagers beauftragt. Für die Entwicklung und Umsetzung der Innovationsideen werden funktionsübergreifende Innovationsteams benannt. Die Gate-Meetings werden von einem Steering-Committe aus verantwortlichen Managern und Stakeholdern durchgeführt. Der Stage-Gate-Prozess inklusive der Reviews findet kontinuierlich statt.

Stage-Gate-Prozess	
Vorgehen	*Schritt 1: Festlegung des Stage-Gate-Prozesses* Trotz der typischen Phasen schaut ein Stage-Gate-Prozess für jede Industrie und jedes Projekt anders aus. Grob können fünf Stages unterschieden werden: Stage 0 *(Discovery):* Es werden neue Möglichkeiten und Ideen entdeckt. Stage 1 *(Scoping):* Die Ideen werden fokussiert Stage 2 *(Build Business Case):* Entwicklung eines Geschäftsszenarios Stage 3 *(Development):* Phase der Entwicklung Stage 4 *(Testing und Validation):* Der aktuelle Stand wird getestet und validiert. Stage 5 *(Launch):* In dieser Phase steht die Markteinführung im Fokus. Die zeitliche Verteilung der Stages sowie die Anforderungen an die Ergebnisse sind im Vorfeld festzulegen. *Schritt 2: Kick-off* Das Management Team sowie Stakeholder werden involviert und deren Rollen und Verantwortlichkeiten genau festgelegt. Der Prozessplan mit den Stages wird vorgestellt. *Schritt 3: Implementierung in der Stage-Phase* Je nach den Vorgaben der Stages werden im Team entsprechende Ziele (»Deliverables«) abgearbeitet. Parallel laufende Aktivitäten werden aufeinander abgestimmt. Erfolgskritische Informationen aus den unterschiedlichen Bereichen (Technik, Markt und Finanzen) werden konsolidiert. *Schritt 4: Durchführung von Gate-Meetings* Das Team stellt die Deliverables der jeweiligen Phase vor. Das Steering-Commitee diskutiert mit dem Projektleiter die Stärken und Schwächen des Projekts. Final treffen die verantwortlichen Manager des Steering-Commitees die Entscheidung über die Fortführung, das Zurückstellen, die Wiederverwendung oder den Abbruch von Projekten. Wird das Projekt fortgeführt, werden die Ziele und Ergebnisse (Deliverabels) für die nächste Phase (Stage) festgelegt.
Literatur	R. Cooper 2004, R. Cooper 2006, Edgett/Jones 2011

8.3.7 Toolbox: SCRUM

SCRUM	
Um was geht es?	SCRUM wurde ursprünglich als Vorgehensmodell für die inkrementelle und iterative Entwicklung von Software entwickelt. In der Zwischenzeit wird die Vorgehensweise auch in anderen Kontexten (z. B. Projektmanagement) eingesetzt. Die Stärke von Scrum ist ein effizienter Umgang mit der Komplexität von Projekten. Möglich wird dies insbesondere durch a) Transparenz, d. h. Fortschritt und mögliche Hindernisse des Projektes werden täglich durchgesprochen und dokumentiert; b) kontinuierliches Testing, d. h. die Produktfunktionalitäten werden regelmäßig überprüft; und c) Flexibilität, d. h. die Anforderung an das Produkt werden nach jeder Arbeitsphase neu bewertet und bei Bedarf angepasst.
Herausforderung	Trotz der Selbstorganisation und Eigenverantwortung im Team benötigt der Scrum-Prozess eine pragmatische Disziplin gegenüber den etablierten Regeln und Rollen.
Ziele und Ergebnis	Iterative Produktentwicklung in mehreren Zyklen bei maximaler Selbststeuerung des Teams.
Wer und wann	In einem SCRUM-Prozess sind verschiedene Personen in unterschiedlichen Rollen involviert: Der »Scrum-Master« steuert den Prozess und hat die Aufgabe, auftretende Hindernisse aus den Weg zu räumen; die Teammitglieder sind dafür verantwortlich, das Produkt zu entwickeln. Für jeden »Sprint« gibt es einen sogenannten »Product-Owner«, der die Prioritäten festlegt. Oft sind auch Stakeholder involviert, die den Prozess beobachten und bei Bedarf beratend aktiv werden. Ein Sprint-Zyklus dauert ca. 4 Wochen. Für die Entwicklung eines Produkts werden mehrere Sprints nacheinander ausgeführt.
Vorgehen	Der Scrum-Prozess ist durch einen genauen Ablauf unterschiedlicher Meetings festgelegt. Die Meetings werden vom Scrum-Master gehostet. Zwischen den Meetings arbeitet das Entwicklungsteam selbstverantwortlich und selbstgesteuert an der Entwicklung bzw. den Komponenten des Produkts. *Schritt 1: Sprint Planning Meeting* In einem halbtägigen Meeting stellt der Product-Owner die Ziele des Sprints sowie die aktuelle Priorisierung der Geschäftsanforderungen vor. Im Gegenzug macht das Team eine Aufwands-und Ressourcenabschätzung und verpflichtet sich anhand einer Liste von Aufgaben, mit der die Ziele und Priorisierungen adressiert werden. Das Team übersetzt so die eher abstrakten Geschäftsanforderungen in konkrete, technisch lösbare Sprint-Aufgaben. *Schritt 2: Daily Scrum Meeting* Daily Scum Meetings finden jeden Tag zur gleichen Zeit statt und dauern nicht länger als 15 Minuten. Ziel des Meetings ist es, sich einen Überblick über den Status der aktuellen Arbeiten zu verschaffen. Jedes Teammitglied beantwortet die folgenden drei Fragen:

SCRUM

Vorgehen	Was hast du gestern gemacht? Was wirst du heute machen? Gibt es Probleme oder Schwierigkeiten, mit denen du konfrontiert bist? Der Product-Owner beobachtet die Meetings und beantwortet bei Bedarf kurze Fragen. Der Scrum Master protokolliert den Status-Quo und macht ein Update von der aktuellen Aufgabenliste. *Schritt 3: Sprint Review Meeting* Ein Sprint Review Meeting wird am Ende des Sprints mit allen Beteiligten durchgeführt. Dauer: ca. 2–3 Stunden. Entlang einer Produkt/Feature-Demo werden die erreichten Verbesserungen diskutiert. Der Product-Owner nimmt formell die Ergebnisse ab. Der Srum Master koordiniert den Termin für das nächste Sprint Planning Meeting. *Schritt 4: Sprint Retrospective Meeting* Im Team wird die eigene Performance im vergangenen Sprint reflektiert: Was lief gut, was lief schlecht während des Sprints? Wie können wir das Produkt verbessern? Und wie können wir den Scrum-Prozess, die Zusammenarbeit, die Umgebung etc. weiter optimieren?
Literatur	Schwaber 2007

8.4 Arbeitsschritt 10: Auswertung

»*Entrepreneurship is neither a science nor an art. It is a practice.*«
(Peter Drucker)

Im letzten Arbeitsschritt der Innovationshelix geht es um die Arbeit an der Innovationsfähigkeit einer Organisation. Die Ausgangsfrage lautet: Wie können Organisationen ihre Fähigkeit zu innovieren als eigene Routine etablieren, um so durch einen kontinuierlichen Prozess der Selbsterneuerung die eigene Zukunft zu sichern? Mit dieser Frage ist auch die Dimension einer *Innovationskultur* tangiert: Wie lässt sich in Organisationen eine innovationsfreundliche Umgebung schaffen, in der die vorausschauende Selbsterneuerung zum Standard-Repertoire eines um das Gesamtwohl der Organisation besorgten General Managements gehört?

Da jede Organisation ihre eigene Art und Weise entwickelt, wie sie ihre Innovationsprozesse lebt und gestaltet, ist auch hier eine allgemeingültige Antwort nicht wirklich sinnvoll. Nichtsdestotrotz muss jede Organisation, wenn sie sich in einem ständig wandelnden Umfeld behaupten will, kontinuierlich innovieren. Organisationen brauchen also die Kompetenzen, die eigene Praxis des Innovierens dynamisch den sich ändernden (und nicht zu vergessen: auch von ihnen geänderten) Anforderungen anzupassen. »Dynamisch« bedeutet in diesem Zusammenhang, eine gute Balance zu finden zwischen der Notwendigkeit der Veränderung und der Notwendigkeit des Beharrens auf bereits Gelerntem. Diese Lernfähigkeit entwickelt sich sowohl auf der individuellen wie auch auf der organisationalen Ebene (Teece et al. 1997). Und obwohl der Aufbau neuer (individueller) Kompetenzen eine wichtige Bedingung für den Aufbau einer organisationalen Innovationsfähigkeit ist, hängt ihr Wert über weite Strecken davon ab, wie diese Kompetenzen in der Organisation genutzt und eingebunden werden. Schon allein aus diesem Grund haben die Innovationsroutinen und eingespielten Muster sowie deren kontinuierliche Erneuerung einen so großen Stellenwert. Wie immer wir es auch drehen und wenden: Jede Organisation braucht agile Innovationsprozesse, um ihre Zukunftsfähigkeit zu sichern.

Wenn das Ziel also die Entwicklung einer vorausschauenden Innovationsfähigkeit ist, dann geht es bei diesem Arbeitsschritt darum, Strukturen und Prozessroutinen zu schaffen, die es einer Organisation ermöglichen, relevante Änderungen in den Umwelten frühzeitig wahrzunehmen und – bei Bedarf – die Art und Weise des Innovierens rechtzeitig so zu verändern, dass einerseits genügend Zeit für die Implementierung neuer Produkte bleibt und dies andererseits schnell genug geschieht, um im Wettbewerb zu bestehen. Wir haben gesehen, dass dabei die besondere Herausforderung darin besteht, vor allem sich anbahnende radikale und disruptive Änderungen in relevanten Umwelten nicht zu übersehen. Wann immer diese Innovationsfähigkeit nicht gepflegt wird, steigt das Risiko, über den eigenen Erfolg der Vergangenheit zu stolpern. Organisationen übersehen das Marktpotenzial einer neuen Idee, wenn diese im Konflikt mit dem angestammten Kerngeschäft steht. Unser Interview mit Steven Sasson, dem »Erfinder« der Digitalkamera bei Kodak, hat uns auf anschauliche Art und Weise deutlich gemacht, wie schwierig es ist, das Potenzial einer neuen Technologie innerhalb eines Unternehmens voranzutreiben, das seinen Erfolg auf dem Bedarf für analoge Fotografie gegründet hat: Erst als die ersten Wettbewerber mit eigenen Entwicklungen an Kodak vorbeigezogen waren, besann sich das verantwortliche Management auf einen Kursschwenk in Richtung digitaler Fotografie – zu spät, um den einstigen Marktvorsprung noch nutzen zu können. Und obwohl die Technologie der Digitalkamera im eigenen Hause entwickelt wurde und die bereits 1975 sehr weit fortgeschrittenen Prototypen schon längst aus dem Stadium der Grundlagenforschung heraus waren und auf beeindruckende Weise anschaulich machten, wie eine marktreife Lösung aussehen könnte, weigerte sich die Organisation bis zuletzt, die eigene Innovation ernst zu nehmen. Stets war damals das schlagende Argument, dass die analogen Bilder in der Herstellung so viel günstiger seien als die Entwicklung von digitalen Geräten. Die dazu notwendigen Chemikalien kosteten ein Bruchteil der Entwicklungskosten einer digitalen Lösung; warum also nicht bei dem bewährten Herstellungsprozess bleiben? Grundsätzlich war gegen diese Logik wenig einzuwenden: benötigte man doch tatsächlich nur eine Handvoll Chemikalien, um Filme zu entwickeln und Papierfotos herzustellen, während die Entwicklung einer neuen Technologie ein beträchtliches Investment nach sich gezogen und – bei Erfolg – überdies das bestehende Kerngeschäft mit Abzügen obsolet gemacht hätte. Der »Tipping Point« allerdings (Gladwell 2002), an dem ein sich aufschaukelnder Trend plötzlich in eine neue Richtung umschlägt, wurde – nicht untypisch für große Organisationen – notorisch unterschätzt. Die Folgen sind bekannt: Bei Kodak etwa eine Notbremsung nach mehreren fatalen Gewinneinbrüchen, die Entlassung von 60 % der Mitarbeiter und Mitarbeiterinnen und der Verlust einer einst hervorragenden Marktposition, Anfang 2012 schließlich der Antrag auf Insolvenz.

Solche Einblicke in die verschlungenen Pfade von Innovationsprozessen bekommt man in der Regel nicht auf dem Silbertablett präsentiert. Es braucht aber nicht viel Fantasie um sich vorzustellen, dass gerade in Großkonzernen solche Beispiele, auch wenn sie vielleicht nicht gerade an der Tagesordnung sind, doch häufiger vorkommen als die um Erfolgsstorys besorgte Außenkommunikation dies zuzugeben bereit ist. Weitere Beispiele dazu sind nicht schwer zu finden: Man denke nur an die Anfangszeit des Internets, als Unternehmen wie Microsoft oder Yahoo um die Vorherrschaft über die »Gateways« ins Internet kämpften; um Portale also, die als erste Anlaufstelle eine große Zahl von Nutzern an eine bestimmte Web-Sseite binden. Das bestehende Business-Modell verunmöglichte auch diesen Unternehmen, die Chancen zu nutzen, die aus dem Potenzial der im eigenen Hause entwickelten neuen Technologien entstanden. Solche Geschichten finden sich nicht in den offiziellen Annalen der Großunternehmen; lebendig werden sie einzig durch die Augenzeugenberichte derer, die in solchen Situationen für die Entfaltung einer Innovation eingetreten sind. Zu ihnen gehört beispielsweise Ali Partovi, dessen Idee einer schlüsselwortbasierten Suchtechnologie die Grundlage für die (bezahlte) Suche im Internet ist, wie wir sie heute kennen. Partovi schildert die damalige Situation folgendermaßen:

> »From 1997 to 2000, we visited Yahoo more than a dozen times to pitch the Keywords idea: pay-for-placement, keyword-targeted text ads on the side of search results. Despite repeated rejection, we pitched every member of Yahoo's executive team multiple times, each time finding new ways to present the concept and new data to support how profitable and huge the opportunity might be, all in vain. In late 1998, Microsoft bought LinkExchange for $265 million, telling us they liked the 'Keywords' vision. As Microsoft employees, we continued pitching the Keywords deal not only to Yahoo, but also to the up-and-coming Google. I wasn't surprised to find that these companies were wary of partnering with Microsoft. My greater surprise was the seemingly insurmountable resistance we faced within Microsoft itself. After almost two years of fighting bureaucratic obstacles, we finally got the green light to launch »Keywords« as an MSN Search feature in 2000. It started growing rapidly, and the MSN Ad Sales division feared (correctly) that it would cannibalize banner ad revenue. They therefore decided (incorrectly) to shut down Keywords after a few months. If Yahoo's demise stemmed in part from being ambivalent about technology, perhaps Microsoft's error stemmed in part from being ambivalent about ad sales: we couldn't get the senior execs interested enough to intervene.«
>
> (www.techdirt-com/blog/entrepreneurs/?company=microsoft)

Aus Sorge um die Einkünfte aus dem Business-Modell »Portalbetreiber« vernachlässigte man also die Entwicklung einer bezahlten Suche – die technologischen Voraussetzungen waren gegeben, die Aufmerksamkeit einer immer größer werdenden Community ebenfalls – und trotzdem machte bekanntermaßen Google das Rennen, während Yahoo heute (ähnlich wie AOL) zu den übrig gebliebenen Stiefkindern des Internetzeitalters gehört und Microsoft trotz seiner (schwindenden) Marktposition nach wie vor um den Zugang zu lukrativen Suchdiensten kämpft, die allesamt und mit großem Abstand von Google dominiert werden.

Solche Beispiele machen klar, was es bedeutet, als Unternehmen der eigenen Innovationsfähigkeit nicht genügend Aufmerksamkeit zu schenken. Sie illustrieren damit auf anschauliche Art und Weise, wie wichtig der letzte Arbeitsschritt der Innovationshelix für die Zukunftssicherung von Organisationen tatsächlich ist. Wie immer diese Fähigkeit letztendlich auch genannt wird – Agilität der Innovationsprozesse (Richardson 2011), Innovationskultur (Jaworski/Zurlino 2007) oder vorausschauende Selbsterneuerung (Wimmer 2003): immer geht es um die Verankerung eines Kompetenzbündels von reflektiven Fähigkeiten, aufmerksamer Beobachtung und Geistesgegenwart (Mindfullness), die von der Organisation selbst als Routinen zur Routineunterbrechung eingerichtet und gepflegt werden.

Damit sich eine Organisationen allerdings auf diesen letzten Schritt im Innovationsprozess einlassen kann, bedarf es einiger Vorbereitungen – und zwar sowohl auf der ganz praktischen als auch auf konzeptioneller Ebene. Wir wollen versuchen, hier zunächst ein paar der weit verbreiteten Missverständnisse auszuräumen, bevor wir uns dann den konkreten Handlungsempfehlungen zuwenden.

8.4.1 Der Traum von der Innovationskultur

Aus den bisherigen Erläuterungen sollte deutlich geworden sein, dass Innovationen das Ergebnis eines komplexen Zusammenspiels vieler einzelner Faktoren sind. Da dieses Zusammenspiel tatsächlich komplex ist (und nicht nur kompliziert), die Anzahl möglicher Kombinationen also prinzipiell nicht berechnet werden kann, läuft ein planerischer Zugriff darauf in der Regel ins Leere. Desweiteren hatten wir Innovationen als ein »passives Konzept« eingeführt, dass sich einem instruktiven Zugriff verweigert: Innovationen sind nicht machbar, sie passieren. Das daraus resultierende Spannungsfeld für Organisationen und ihr Management liegt auf der Hand: Darauf zu warten, dass Innovationen passieren, ist riskant (da dies möglicherweise zu langsam geschieht) und widerspricht auch dem Selbstverständnis eines Managements, das sich ja den Auftrag gegeben hat, Organisation zu gestalten. Der Ausweg aus diesem Dilemma liegt wie wir gesehen haben im Konzept der Kontextsteuerung, d. h. in der Gestaltung von Rahmenbedingungen, mit denen Innovationen wahrscheinlicher gemacht werden können.

Ab diesem Schritt der Argumentation liegt es nahe, die Idee einer »Innovationskultur« ins Spiel zu bringen. Diese Idee deckt sich mit den eher unbestimmten, aber nichtsdestotrotz entschlossenen Aufrufen zu mehr Neugier, Offenheit, Experimentierfreude, Unternehmertum, Initiative, Mut, Kreativität, Selbstständigkeit, Teamwork und Kooperation seitens eines Managements, das die Risiken routinierter Erstarrung spürt, ohne zugleich schon konkrete Wege zu kennen, die aus der Bürokratie der Verhältnisse in die Agilität führen. Das ist die Krux mit dem Begriff der »Innovationskultur«: Er suggeriert, dass Kultur etwas ist, was man direkt beeinflussen kann, etwas, das im Rahmen von Kultur-Workshops erarbeitet, als Soll(kultur) definiert und mit unternehmensweiten Kulturinitiativen umgesetzt werden kann. Das volle Programm umfasst dann normalerweise die Entwicklung einer Vision, eines entsprechenden Leitbilds, Sollprofile der Kompetenzen, dazugehörige Handbücher, Guidelines und Leadership Principles. Es wird viel investiert, nicht zuletzt auch in die Konzeption und Begleitung solcher Programme durch externe Spezialisten aus der Berater- und

Agenturbranche. Soweit wir dies beurteilen können, hält sich die Ausbeute all dieser Aktivitäten (im Sinne einer nachhaltigen Wirkung) jedoch in engen Grenzen. Das liegt nicht zuletzt an dem konzeptionellen Missverständnis, dass Kultur etwas ist, was durch solche Initiativen, wenn nicht zu 100% gemacht, so doch maßgeblich beeinflusst werden kann.

Auch wenn aus Sicht eines Managements der Wunsch nach einem thematisch unscharfen Container, in den alles abgelegt werden kann, was sich zunächst einmal dem rationalen Kalkül entzieht, gut nachvollziehbar ist: dieser Wunsch wird sich nicht erfüllen, da er der grundlegenden Funktion von Kultur zuwiderläuft. Folgen wir den systemischen Grundprämissen dieses Buches, dann müssen wir zur Kenntnis nehmen, dass Kultur in Organisationen etwas ist, das sich aus der konkreten Praxis des jeweils spezifischen Alltagsgeschehens ergibt. Kultur ist das Ergebnis des Zusammenspiels unterschiedlicher Arbeitsabläufe und kommunikativer Zusammenhänge, Kultur ergibt sich also aus der Art und Weise, wie wir Dinge tun (oder lassen). Organisationen haben keine Kultur, sondern *sind* eine Kultur, wenn man genauer hinschaut sogar viele Kulturen, die von Bereich zu Bereich, von Abteilung zu Abteilung sehr unterschiedlich ausfallen können. Jeder, der schon einmal ein Meeting miterlebt hat, bei dem Ingenieure aus dem Entwicklungsbereich zusammen mit Marketingexperten und Produktionsverantwortlichen versucht haben, zusammen auf einen gemeinsamen Nenner zu kommen weiß, wovon hier die Rede ist. In diesem Sinne ist Kultur eine abhängige Variable: Sie ist, um hier ein uns schon bekanntes Bild wieder aufzugreifen, quasi der Bodensatz, der sich mit der Zeit in jeder Organisation ansammelt, ein Gefäß für all die bewährten Problemlösungsmuster, die eine Organisation erfolgreich ausprobiert und solange wiederholt hat, bis sie »in Fleisch und Blut« übergangen sind. Man denkt nicht weiter darüber nach, wie die Dinge gemacht werden, weil es selbstverständlich geworden ist, sie so und nicht anders zu tun.

Aus einer theoretisch informierten Perspektive ist dies auch genau die Funktion von Kultur. Sie sorgt für Entlastung im ewig währenden Spiel der Kontingenz, indem sie bestimmte Entscheidungsoptionen ruhigstellt und damit die ja immer mitlaufenden Fragen nach alternativen Optionen entmutigt: So macht man das eben hier bei uns. Punkt. Als »unentscheidbare Entscheidungsprämisse«, wie es so schön bei Luhmann (2006) heißt, lässt sie Organisationen vergessen, dass jede Entscheidung immer auch die Option mitführt, sich anders entscheiden zu können. Wenn wir jedes mal von vorne und grundsätzlich darüber nachdenken müssten, warum man die Dokumentenablage so und nicht anders organisiert; man seine Kollegen mit Handschlag begrüßt anstatt sie am Ohrläppchen zu kneifen oder gar ganz zu ignorieren; in der Kantine sein Essen bezahlt statt selbstverständlich davon auszugehen, dass die Sorge um die Aufrechterhaltung der Produktivkraft durch ausreichende Nahrungsaufnahme vitaler Bestandteil der Arbeitgeberverantwortung sein könnte; ob man pünktlich zu Meetings kommt oder durch dosiertes Wartenlassen von Mitarbeitern seinen Status als Führungskraft dokumentiert – die Menge an Optionen, die in jedem unserer einzelnen Schritte, in jeder unserer Entscheidung versteckt ist, würde uns wahnsinnig machen. Nicht anders geht es da Organisationen, die in der Komplexität möglicher Entscheidungen darauf angewiesen sind, stabile Korridore zu entwickeln, die Entscheidungen zu Entscheidungsprämissen bündeln und einige davon sogar soweit abdunkeln, dass sie noch nicht einmal als Entscheidungen, sondern nur noch als Selbstverständlichkeiten durchgehen.

Kontextsteuerung statt verordneter Initivatien

So notwendig ein solcher Orientierung stiftender »Common Sense« (nicht nur) in Organisationen ist: er lässt sich nicht machen, sondern entsteht. Die gute Nachricht: immer und automatisch, wann immer ein Zusammenspiel von Menschen über eine gewisse Zeit stabil aufrechterhalten wird. Man kommt um Kultur nicht herum; ähnlich wie man nicht nicht kommunizieren kann, ist Kultur ein »Abfallprodukt« kommunikativer Zusammenhänge, das tatsächlich erst dann auffällt, wenn es mit anderen Formen von Kultur konfrontiert wird.

Nun ist es so, dass nicht jede eingespielte Kultur förderlich ist für das Überleben einer Organisation. Ähnlich wie bei bestimmten Überlebenstechniken, die im Kindesalter hoch funktional waren, aber etwas merkwürdig wirken, wenn man sie als Erwachsener immer noch praktiziert, sind Organisationen darauf angewiesen, ihre Entscheidungsprämissen immer wieder auf den Prüfstand einer Realität zu stellen, die sich nicht immer darum schert, welche Erfahrungen man bislang gemacht hat. Folgt man diesen Überlegungen, dann wird auch deutlich, dass die bereits erwähnten »Kulturinitiativen« des Managements durchaus auch kontraproduktive Auswirkungen haben können. Werden sie mit Nachdruck betrieben und beschränken sich damit nicht nur auf Appelle oder Lippenbekenntnisse (mit diesen Fällen hat jede Organisation gelernt, klug umzugehen), dann unterlaufen sie mit dem Wind, den sie produzieren, genau die zentrale Funktion von Kultur, nämlich bestimmte Zusammenhänge fraglos zu stellen. Das kann in manchen Zusammenhängen zwar durchaus sinnvoll sein – sollte aber im Vorfeld immer gut überlegt werden. Einmal gerufen, sind die Geister der Kontingenz nicht leicht wieder zum Schweigen zu bringen …

Auch wenn also bei all diesen Kulturfragen die Eingriffsmöglichkeiten gerade eines Topmanagements grundsätzlich überschätzt werden (auch das muss nichts Schlechtes sein, leben doch die meisten unserer Initiativen von der Überschätzung der eigenen Fähigkeiten und Unterschätzung der Schwierigkeiten, in die man dann gerät): es bleibt genug zu tun, gerade wenn man verstanden hat, dass Kultur das Resultat konkreter Verhaltensweisen ist. Es wird dann nur recht schnell verbindlich (– was gar nicht so selten den Intentionen zuwiderläuft, die mit solchen Kulturmaßnahmen verknüpft sind, die man »macht«, damit nichts passieren muss). Eine spezifische Organisationskultur (und damit auch Innovationskultur) lässt sich zwar nicht direkt beeinflussen, man kann aber Einfluss nehmen auf die Spielregeln der Zusammenarbeit, auf *entscheidbare* Entscheidungsprämissen wie Strukturen, Zwecke, Kommunikationswege oder Personalentscheidungen. Sind diese Einflüsse nachhaltig genug oder werden sie über die Asymmetrie der Kommunikation, auf die die Führung in ihrer Arbeit angewiesen ist (»ich oben, du unten«), mit Nachdruck versehen, dann werden sie sich auch – früher oder später – in einer veränderten Organisationskultur niederschlagen. Wie genau, kann man nicht planen oder vorhersagen. Aber man kann Wahrscheinlichkeiten erhöhen, eine schiefe Ebene bauen, wie François Jullien das mit einem poetischen Bild veranschaulicht, auf der eine Kugel dann wie von selbst dorthin rollt, wo der Architekt der schiefen Ebene glaubt, dass sie hinrollen sollte.

Solche Maßnahmen zur Kontextsteuerung sind etwa die regelmäßigen Auszeiten, die ein Management-Team sich nimmt, um über die Wirksamkeit seines Störungsmanagements nachzudenken, sind – abstrakt ausgedrückt – all die Beobachtungen zweiter Ordnung, mit der eine Organisation sich gebündelt versorgt, um jedes Mal aufs Neue entscheiden zu können, wie man sich dazu verhält. Die Reflexion der eigenen Praxis ist eine der entscheidenden Stellgrößen für die Entstehung einer Innovationskultur (vgl. auch Kapitel 7.4.4.). Diese Stellgröße ist beeinflussbar und kann gestaltet werden – auch wenn dies im Regelfall mit mehr Arbeit verbunden ist als die Beschwörung einer radikalen Innovationskultur.

Wenn Kultur das *Ergebnis* von Praxis ist, lohnt es sich, einen detaillierten Blick auf die Praxis zu werfen, mit der Organisationen an ihrer Innovationsfähigkeit arbeiten, d. h. Routinen für die Bearbeitung von Störungen und Irritationen entwickeln und dabei lernen, klug mit Überraschungen umzugehen.

Lernen von HROs: Die Kultur der »Mindfullness«
Die wichtigsten Hinweise, auf die wir in diesem Zusammenhang bauen können, sind die von Karl Weick und Kathleen Sutcliffe auf Basis empirischer Forschung zusammengestellten Erkenntnisse zu HROs, auf die wir an anderer Stelle bereits kurz eingegangen sind (Weick/Sutcliffe 2003). HROs zeichnen sich durch eine extrem hohe Zuverlässigkeit in der Abwicklung ihrer Aufgaben aus, die sie entwickelt haben, da bereits ein einziger Fehler bzw. eine einzige Störung existenzgefährdende Auswirkungen haben kann. Beispiele für solche Organisationen, sind Atomkraftwerke, Intensivstationen in Krankenhäusern, Bohrinseln, die Leitzentralen großer Flughäfen, Flugzeugträger oder auch Einsatzkommandos zur Lösung solcher Probleme wie Waldbrände oder Geiselnahmen. Die Frage, die beide Autoren über Jahre beschäftigt hat, lautet: welche Praktiken haben diese Organisationen mit der Zeit entwickelt, um effizient und nachhaltig mit Überraschungen umzugehen? Was sind, mit anderen Worten, die Charakteristika einer Kultur, die auf eine hohe Achtsamkeit (»Mindfullness«) angewiesen ist? Bei ihrer Suche nach den Unterschieden, mit denen einige Organisation sich in die Lage versetzen, das Unerwartete besser zu managen als andere, haben die beiden Organisationsforscher fünf Prinzipien identifiziert, die als Teil der jeweils bestehenden Routinen fest in die Arbeitsabläufe einer HRO verankert sind. High Reliability Organizations

- richten überraschenderweise ihre Aufmerksamkeit eher auf Fehler als auf Erfolge. Störungen werden aufmerksam registriert und genauestens analysiert, es gibt fast schon so etwas wie eine Besessenheit, Fehler zu identifizieren, um dann sofort aus ihnen zu lernen;
- schrecken vor grob vereinfachenden Interpretationen zurück. Simple Schuldzuweisungen etwa sind ebenso verpönt wie ein Verschleiern von Verantwortlichkeiten; man hat gelernt, dass komplexe Arbeitsabläufe nicht ohne Konsequenzen trivialisiert werden können und dass der Teufel meistens im Detail steckt;
- entwickeln ein feines Gespür für betriebliche Abläufe, d. h. sie machen nicht nur, sondern wissen auch, *warum* sie so machen. Jenseits von Prozessbeschreibungen auf Powerpoint-Niveau kennt man dort die kniffligen Stellen jedes Arbeitszusammenhangs und weiß um die relevanten Schnittstellen und Übergabepunkte, die aus einer sequenziellen Abfolge von Arbeitsschritten (»da bin ich leider nicht mehr zuständig«) überhaupt erst einen Arbeitsprozess machen;
- streben nach Flexibilität. Trotz klarer Regeln, eindeutig verteilter Verantwortlichkeiten und einem »geordneten« Ablauf zieht man sich nicht auf die formalen Prozessbeschreibungen zurück. Statt sich hinter Routinen zu verstecken, wird jede Gelegenheit wahrgenommen, über den eigenen Tellerrand hinauszublicken – und sei es nur, um den Schraubenschlüssel aufzuheben, den jemand in einem Moment der Unachtsamkeit an einem Platz hat liegen lassen, der potenziell störungsgefährdet ist;
- haben Hochachtung vor fachlichem Wissen und Können, was sich u. a. darin zeigt,

dass Entscheidungsbefugnisse im Bedarfsfall sofort und ohne Sanktionsgefahr zu den Experten wandern, die über das meiste Wissen verfügen, um diese Situation beurteilen und gegebenenfalls Lösungsvorschläge liefern zu können. Ein beeindruckendes Beispiel hierfür ist der Entscheidungsspielraum der Spezialisten, die an Deck von Flugzeugträgern die einfliegenden Jets einweisen. Bei auch nur einem leisen »unguten Gefühl« brechen diese den Landevorgang ab, ohne sich mit den für die Organisation der Arbeitsabläufe an Deck zuständigen Offizieren abzusprechen. Die Zeit ist einfach zu kurz für hierarchische Kommunikation – ohne die klare Ordnung an Deck zu missachten, gibt es jederzeit den bedarfsorientierten Freiraum, die definierten Weisungszusammenhänge ohne jegliche Sanktionsgefahr außer Kraft zu setzen.

Insgesamt läuft das Ergebnis des Zusammenspiels dieser unterschiedlichen Faktoren darauf hinaus, dass all diese Organisationen sich selbst auf eine Art und Weise organisieren, die sie deutlich besser in die Lage versetzt, das Unerwartete frühzeitig zu erkennen und ein mögliches Aufschaukeln von ineinander greifenden Fehlerketten in Richtung Katastrophe zu verhindern. Die Haltung, die dort kultiviert wurde, ermöglicht ihnen, dass die Interpretation von bestimmten kritischen Zusammenhängen ständig aktualisiert wird und man sich immer wieder bemüht, plausible Erklärungen für eine Situation bzw. die Abweichung von den bestehenden Routinen zu finden, um so rasch neue Handlungsstrategien, sprich Innovationsmöglichkeiten daraus abzuleiten.

In der aktuellen Literatur zum Innovationsmanagement sind die Forschungsergebnisse von Weick und Sutcliffe noch nicht wirklich auf offene Ohren gestoßen. Das ist umso verwunderlicher, als sie – anders als so manche allgemeinen Hinweise bezüglich der Arbeit an einer Innovationskultur – sehr konkrete Stellhebel benennen, die in der konsequenten Umsetzung die Wahrscheinlichkeit deutlich erhöhen, eine Praxis in Organisationen zu etablieren, mit der die eigene Innovationsfähigkeit nachhaltig gesteigert werden kann. Wir werden daher auf diese Prinzipien zurückkommen, wenn wir uns Gedanken zu den Handlungsempfehlungen für diesen Arbeitsschritt machen.

8.4.2 Innovation und Lernfähigkeit

Wie man es auch dreht und wendet: Innovationsfähigkeit ist immer auf das Engste verknüpft mit der Auseinandersetzung mit etwas Neuem, sprich: mit der Notwendigkeit des Lernens. Um aus all den Erfahrungen, die eine Organisation im Umgang mit den (selbst- und fremdproduzierten) Störungen macht, nicht nur interessante Informationen, sondern relevantes Wissen zu generieren, braucht es die Bereitschaft, daraus etwas zu lernen. Präziser formuliert: es braucht die Bereitschaft, sich eine Störung unter dem Aspekt anzuschauen, ob es in ihrem Kontext etwas gibt, was gelernt werden kann oder sollte – oder nicht. Von der Idee, das Lernen per se etwas Gutes ist, haben wir uns ja im Verlauf unserer Argumentation bereits verabschiedet. Das wäre zu einfach gedacht: Nicht alles, was in einer Organisation passiert, muss automatisch gelernt werden – genauso wenig wie wir von unseren Kindern verlangen, alles zu lernen, was wir ihnen zumuten. Erfolgreich ist Lernen immer dann, wenn es die Bedingungen seiner Gültigkeit mitreflektieren kann: Wann muss ich etwas lernen und wann ist es besser, eine Störung zu ignorieren? Jeden Ball zu nehmen, der einem entgegenkommt, heißt auch, kein eigenes Spiel mehr zu spielen. Um nicht ständig mit Störungsmanagement beschäftigt zu sein, ist also die Ausbildung einer gewissen »Lernresistenz« gerade für Organisationen überlebensnotwendig. Wie immer liegt die Kunst in einer gesunden Balance dieser beiden Pole bzw. in der Fähigkeit, situativ entscheiden zu können, was zählt. »Lernen lernen« lautet hier das Stichwort, mit dem die Kompetenz, das eigene Lernen in den Blick zu bekommen, bezeichnet werden kann.

Bezogen auf Innovationsprozesse lassen sich daraus zwei Schlussfolgerungen ziehen: Zum einen ist ein solcherart reflektierter Umgang mit den laufenden Innovationsaktivitäten ein zentraler Baustein für den Aufbau der organisationalen Innovationsfähigkeit. Zum anderen lässt sich diese Unterscheidung zwischen einem »problemlösungsorientierten Lernen« und dem »reflektierenden Lernen« auch auf die Innovationsaktivitäten selbst beziehen.

Lernen erster Ordnung

Im ersten Fall geht es um die den Aufbau von Wissen und die Kompetenzerweiterung zu einzelnen Themengebieten der Organisation (im Sinne einer Beobachtung erster Ordnung): also um die Produktion von verfügbarem Wissen über einzelne Technologien, über spezifische Märkte und Kunden, es geht um bestimmte Patente, ein Verständnis des politischen Kontexts, ein gutes Einschätzungsvermögen gegenüber der Wettbewerbssituation etc. Dieses Wissen und die damit einhergehenden Kompetenzen prägen die strategische Position einer Organisation; sie sind die Grundlage dafür, in einer Wissensgesellschaft wettbewerbsfähige Produkte auf den einzelnen Märkten zu positionieren. Natürlich macht es dabei Sinn, sich nicht allzu lange auf den bislang erreichten Standards auszuruhen, sondern immer wieder zu versuchen, das bereits vorhandene Wissen neu zu kombinieren, es an neue Fragestellungen anzupassen und so weiterzuentwickeln, um gerade in turbulenten Umwelten bestehen zu können. Dies ist der Prozess, den unsere Innovationshelix generisch zu beschreiben versucht.

Lernen zweiter Ordnung

Auf einer zweiten Ebene müssen diese Lern-, sprich »Innovationsprozesse« selbst Gegenstand der Beobachtung werden. Hier geht es dann nicht mehr darum, bestimmte Produkte, Dienstleistungen, Business-Modelle und die dazugehörigen Organisationsstrukturen zu verändern, sondern es geht darum, den Innovationsprozess selbst zum Lernanlass zu erheben. Die Frage lautet hier: Wie lassen sich die bestehenden Innovationsprozesse innovieren? Diese Frage läuft parallel zu den konkreten Innovationsaktivitäten, braucht aber einen eigenständigen Container, eine eigene Routine, um organisationswirksam zu werden. Erst wenn sich an diese Beobachtungen zweiter Ordnung Entscheidungen anschließen, die wiederum weitere Folgeentscheidungen provozieren, greift Organisation. Alles andere ist der Beliebigkeit ausgesetzt, dem unverbindlichen Gespräch unter Kollegen, in dem gute Ideen gewälzt und Befindlichkeiten ausgetauscht werden. Erst diese Auseinandersetzung mit der eigenen Art des Innovierens und das daraus entstehende Wissen über die Gestaltung der eigenen Innovationsprozesse und -routinen sorgt für eine nachhaltige Innovationsfähigkeit, die unabhängig ist von der Tagesform einzelner Manager oder den aktuellen Quartalsergebnissen. Die Innovationshelix bietet hierfür ein Modell, eine grobe Landkarte für eine Reiseroute, mit der die unterschiedlichen Dimensionen des Innovierens in einem Gesamtzusammenhang beobachtet und verstanden werden können. Natürlich wird die konkrete Umsetzung einer solchen Reise, sprich der Innovationsprozess selbst, von Organisation zu Organisation anders sein. Aber im Gegensatz zu einem Pauschalurlaub auf Mallorca ist es ja genau das Kennzeichen von Expeditionsreisen in noch unbekannte Gebiete, dass diese selten miteinander vergleichbar sind.

Vor dem Hintergrund eines evolutionstheoretischen Ansatzes (vgl. Kapitel 2.4) ist es genau der Dreischritt von *Varianz, Selektion* und *Retention*, der in diesem Arbeitsschritt der Innovationshelix auf seine Funktionsfähigkeit hin beobachtet und ausgewertet wird: Eine Organisation setzt sich in ihrem Alltag mit Störungen auseinander und produziert dabei Varianz. All diese Variationen sind zunächst einmal Einzelereignisse, d. h. sie haben für die Organisation keine Bedeutung und geraten schnell wieder in Vergessenheit. Erst wenn an eine dieser Varianten weitere Entscheidungen anschließen, sie also – in der Sprache des Managements – implementiert oder umgesetzt wird, findet ein Selektionsprozess statt, der eine spezifische Variante organisationswirksam werden lässt. Ob diese Variante dann tatsächlich viabel ist, d. h. sie sich in der alltäglichen praktischen Auseinandersetzung mit den jeweiligen relevanten Umwelten bewährt, ist das Ergebnis einer pragmatischen Rüttelstrecke: der Retention. Erst in der praktischen Bewährung wird eine Innovation auf Dauer gestellt, d. h. sie wird Teil der Alltagsroutinen einer Organisation. Dieser Dreischritt beschreibt zunächst den normalen Selbsterneuerungsprozess einer Organisation. Die Hoffnung ist nun, diesen Prozess beschleunigen zu können, indem sich die Organisation selbst dabei beobachtet, wie diese evolutionäre Driftbewegung verläuft, und entsprechende Routinen entwickelt, mit denen sie effektiver organisiert werden kann. Eine Aufmerksamkeitsfokussierung durch entsprechende Führungsentscheidungen vorausgesetzt, erhöhen heuristische Modelle wie die Innovationshelix die Wahrscheinlichkeit, sich selbst – und dies immer nur in klar begrenzten Momenten – beim Beobachten in den Blick zu bekommen.

8.4.3 Innovation messen?

Es liegt nahe, diese Überlegungen zur Reflexion des Innovationsgeschehens mit der Frage nach der Messbarkeit von Innovationsprozessen zu verwechseln. Wir müssen daher kurz noch den Aspekt der Messbarkeit von Innovationen thematisieren, bevor wir zu den Handlungsempfehlungen für diesen Arbeitsschritt kommen. Ein Blick in die Literatur zeigt, dass die Frage der Messung der Innovationsleistung einer Organisation vor allem durch quantitative, an betriebswirtschaftlichen Kenngrößen orientierte Messmethoden dominiert wird. Wie bei allen quantitativen Messmethoden, so werden auch bei den klassischen Messungen der Innovationsleistung von Organisationen unterschiedliche Parameter so miteinander in Beziehung gesetzt, dass ein mehr oder weniger konsistentes Gesamt-Kennzahlensystem entsteht, das zusätzliche Sicherheit durch einen Plausibilitäts-Check der einzelnen Kenngrößen bietet. Es fällt auf, dass diese Kennzahlen einerseits sehr stark auf den ökonomischen Nutzen von Innovationen fokussieren und andererseits auch einer gewissen Willkür unterliegen, vor allem was die Sollwerte angeht, ohne die jede Messung ad absurdum geführt wird.

Beispiele für quantitative Kenngrößen
Bei den vor allem in Großkonzernen etablierten Messsystemen unterscheidet man in der Regel zwischen Input-Parameter, Prozess-Parameter und Ergebnis/Output-Parameter. Die Boston Consulting Group (BCG) etwa hat die folgenden Kenngrößen entwickelt (die dann in den einzelnen Kundenprojekten jeweils spezifisch angepasst werden, da es wenig Sinn macht, die Innovationspraxis etwa eines Großkonzerns mit der eines kleinen Familienunternehmens zu vergleichen; Andrew et al. 2009):

Input-Paramater
- Number of new ideas
- Business-unit investments by type of innovation
- R&D as a percentage of sales
- Full-time technical staff and how (and where) it is used

Prozess-Parameter:
- Idea to decision time
- Decision to launch time
- Projects by type and launch date
- Sum of projected net present values

Output-Parameter:
- Patents granted
- Launches by business segment
- Percentage of sales and profit from new products
- Innovation ROI

Diese quantitativen Kenngrößen machen allerdings erst dann wirklich Sinn, wenn sie durch qualitative Informationen ergänzt werden. Nur so lassen sich die organisationstypischen Lerneffekte im Umgang mit solchen Messungen austarieren: In der Regel verstehen die Mitarbeiter und Mitarbeiterinnen einer Organisation sowohl die Logik als auch die dazugehörigen Auswertungsalgorithmen dieser Erfolgsmessungen und sind daher nach kurzer Zeit in der Lage, ihr Verhalten entsprechend anzupassen. D. h. man beginnt darauf zu achten, dass die entsprechenden Statusberichte geschrieben oder ausreichend Erfindungsmeldungen eingereicht werden. Wie es dabei allerdings um die Qualität einzelner Innovationsmaßnahmen bestellt ist, erschließt sich erst bei genauerem Hinsehen.

Vorsicht Ratgeber
Ergänzend zu diesen Messsystemen gibt es in der Management-Literatur eine Vielzahl an Empfehlungen, an Do's und Dont's, aber auch an konkreten Fallbeispielen, was eine erfolgreich innovierende Organisation auszeichnet (siehe etwa Tidd et al. 1997, Drucker 2006 oder Collins/Hansen 2011). Diese allgemeinen Ratschläge sind auf den ersten Blick sehr instruktiv, auf den zweiten Blick jedoch mit Vorsicht zu genießen. Zum einen sind die Innovationsprozesse jeder Organisation einzigartig, eine einfache Übertragung erfolgreicher Modelle per Copy-and-Paste funktioniert praktisch nie, da immer mit den Eigenarten der jeweils spezifischen Unternehmenssituation gerechnet werden muss. Zum anderen gleichen solche Hinweise oftmals Bauernregeln: Zu jedem Spruch gibt es einen anderen, der genau das Gegenteil behauptet, aber beide

hören sich gleichermaßen plausibel an. Nehmen wir als Beispiel das Thema innovationsfördernde Incentivierungsmaßnahmen für Mitarbeiter und Mitarbeiterinnen. In der Regel werden diese in der Management-Literatur als sinnvoll und wichtig hervorgehobenen. Eine solche Empfehlung ist allerdings weder richtig noch falsch. Die Implementierung von innovationsfördernden Incentives kann natürlich ein wertvoller Beitrag zur Förderung einer innovationsfreundlichen Umgebung sein. Gleichzeitig gibt es genauso plausible Beispiele und Belege, die das Gegenteil behaupten und vor einer Incentivierung solcher sensiblen Leistungen wie einer Ideengenerierung warnen (Sprenger 1991). Wird die intrinsische Motivation mittels Incentivierung betäubt, drohen die typischen Pawlowschen Effekte: Ohne extra Cash gehen dann selbst die kleinsten Schritte jenseits dessen, was man als Dienst nach Vorschrift erachtet, nicht mehr – eine Spirale immer höherer Einsätze für immer weniger Mehrleistung wird in Gang gesetzt und verdirbt das vertrauensvolle Klima in den betroffenen Organisationseinheit – mit verheerenden Effekten auf die laufenden Innovationsaktivitäten, die auf einen offenen Austausch von Ideen und Know-how angewiesen sind. Es macht daher wenig Sinn, solche »Tipps und Tricks« zu verallgemeinern. Sie haben ihren Sinn in der Anregung und als solche kann man sie auch nutzen. Alles weitere ist auf den Einzelfall abzustimmen und erspart selbst dabei nicht ein kontinuierliches Testen von eingeführten Maßnahmen, die aufmerksam auf ihre Wirksamkeit hin beobachten werden, um dann im Bedarfsfall – mit einem gutem Gespür für sich aufschaukelnde Interventionen – gegenzusteuern. Wir empfehlen, solche allgemeinen Empfehlungen aus der Management-Literatur eher nach dem »Radio-Eriwan-Prinzip« zu lesen: im Prinzip ja, aber …

Grundbedingung Vertrauen

Was all den Beispielen zum Thema Messung gemein ist, sind die Hinweise auf die zugrunde liegenden dialogorientierten Verständigungsprozesse solcher »Best Practices«. Auch wenn dies ein wenig nach naiver Utopie klingen mag: ohne eine solche vertrauensvolle Grundlage laufen alle Steuerungs-, Lern- und Monitoringprozesse seitens einer Unternehmensführung Gefahr, durch kluge Inszenierungen abgefedert zu werden. »Vertrauen führt«, so die treffende Formulierung von Reinhard Sprenger (Sprenger 2007). Man darf davon ausgehen, dass die Abhängigkeitsverhältnisse in Organisationen, bei denen nicht immer klar ist, wer – in the long run – tatsächlich am längeren Hebel sitzt, stets wechselseitig sind. Auch hier gilt das eherne Gesetz asymmetrischer Kommunikation: Empire strikes back. Mit Blick auf die alltäglichen organisationsinternen Rangeleien zwischen Oben und Unten, aber auch zwischen Links und Rechts ist es sicher hilfreich, sich diese Ausgangslage ab und an in Erinnerung zu rufen. Hinweise, wie dann etwa die Arbeitsfähigkeit in und zwischen Management-Teams sichergestellt werden kann, würden sowohl den Rahmen als auch den Fokus dieses Buches sprengen. An dieser Stelle sollte – Google sei Dank – der Verweis auf die dazu vorhandene ausführliche Ratgeberliteratur genügen.

8.4.4 Handlungsempfehlungen zur Auswertung

Zu der Frage, wie man ein innovationsförderndes Klima in Organisationen »machen« kann, haben wir weiter oben bereits Stellung bezogen: gar nicht. Da »Klima« aus dieser Perspektive ja nur ein anderes Wort für »Kultur« ist, gelten hier die gleichen Vorbehalte. Wie es hingegen gelingen kann, ein solches innovationsfreundliches Klima in Organisationen zu *fördern*, dazu gibt es einige praktische Hinweise, die allesamt auf eine Veränderung bestehender struktureller Rahmenbedingungen hinauslaufen. Peter Drucker umschreibt dieses Anliegen in folgenden Worten:

> *»An organization must be made receptive to innovation and willing to perceive change as an opportunity rather than an threat. It must be organized to do the hard work of an entrepreneur. Policies and practices are needed to create the entrepreneurial climate.«*
> (Drucker 2006, 150 ff.).

Solche »Policies and Practices« laufen im Endeffekt zunächst auf genau die Maßnahmen hinaus, die wir in den einzelnen Arbeitsschritten der Helix bereits besprochen haben: etwa den Lebenszyklus von Produkten mittels eines Innovationsportfolios zu steuern, oder den systematischen Abbruch von Innovationsprojekten anhand transparenter Kriterien wie Innovationsziele, Meilensteine oder Budgetüberschreitungen zu forcieren. In seinen Überlegungen geht Peter Drucker aber noch einen Schritt weiter:

> *»Systematic measurement or at least appraisal of a company's performance as entrepreneur and innovator is mandatory, as well as built-in learning to improve performance.«*
> (Drucker 2006).

Neben dem Hinweis auf die konsequente Messung der Innovationsaktivitäten, auf die wir ja weiter oben schon eingegangen sind, stellt er klar, dass die Reflexion des Innovationsprozesses selbst für ihn einer der Schlüsselfaktoren der Arbeit an der Innovationsfähigkeit von Organisationen ist. Es geht darum, die eigene Performance zur Innovation in den Blick zu nehmen, um daraus zu lernen. Und zwar auch hier auf der Ebene der einzelnen Projekte, des gesamten Innovationssystems sowie auf der Ebene der gesamten Organisation.

Wenig überraschend ist es dann, dass Drucker die große Bedeutung regelmäßiger Meetings der gesamten Führungsmannschaft betont, in denen man sich gemeinsam mit den Erfolgen und Misserfolgen der eigenen Innovationsaktivitäten auseinandersetzt (Drucker 2006). Seine Empfehlung lautet, diese Form der Metareflexion als Alltagsroutinen zu etablieren. Erst dann wird für alle Beteiligten nachvollziehbar, wie Innovationen im jeweiligen Kontext tatsächlich funktionieren, was also funktioniert und was nicht. Was zählt, und zwar mehr noch als die konkreten Ergebnisse, ist die Haltung, mit der dabei über den Erfolg bzw. Misserfolg einzelner Innovationsprojekte gesprochen wird: *»What actually is reported in these sessions is less important than the impact on attitudes and values.«* Konzentriert man sich in solchen Meetings etwa stärker auf Gelegenheiten statt auf Probleme, dann entsteht mit der Zeit eine Form der Ressourcenorientierung, mit der bestehende Stärken gestärkt und nicht mehr (nur) bestehende Defizite kompensiert werden müssen. Zu dieser Haltung gehört auch die Analyse unerwartete Erfolge, die ebenso wie Misserfolge mit Liebe zum Detail erklärt und auf mögliche Lernerkenntnisse hin überprüft werden.

Unsere Handlungsempfehlungen für diesen Arbeitsschritt folgen diesen Überlegungen und konzentrieren sich auf drei zentrale Punkte: 1) die Einrichtung regelmäßiger Auszeiten, bei denen das Management und die für die Innovationsaktivitäten verantwortlichen Projektleiter sich gemeinsam die Zeit nehmen, anhand der Leitplanken für HROs das aktuelle Geschehen mit Blick auf die kritischen Stellhebel zu reflektieren und bei Bedarf entsprechende Konsequenzen zu formulieren, 2) die Einrichtung klar definierter Zonen und Zeiten, mit denen strukturell verankerte und damit legitimierte Freiräume (im Sinne eines »Slack«) entstehen sowie 3) die Umstellung zumindestens von Teilen des Innovationsprozesses auf einen partizipativen Arbeitsmodus, der auf die Selbststeuerung der einzelnen Arbeitsteams setzt und die Vereinbarung von entsprechenden Spielregeln voraussetzt.

Reviews: Reflexion
Wir haben bereits angedeutet, dass die von Weick und Sutcliffe entwickelten Leitlinien für HROs eine ausgezeichnete Orientierung für den Ablauf solcher Meetings abgeben. Die konkrete Gestaltung solcher Reviews wird man bedarfsorientiert und situationsspezifisch vornehmen müssen, einige Hinweise jedoch deuten die Richtung an, in die es dabei gehen könnte. So stellt ein fester Ablauf der Tagesordnung formal sicher, dass die Reflexion des Innovationsprozesses anhand von konkreten Projekten an den jeweils relevanten Punkten innehält. Die Haltung, mit der dies geschieht, ist gleichzeitig Vorbild und Anhaltspunkt für das Benehmen der restlichen Organisation. Hier zeigt es sich einmal mehr, ob Innovationsprozesse gleichsam als »Geisel« für die Durchsetzung partikulärer Interessen genommen werden oder vitaler Bestandteil eines strategischen Interesses sind, mit dem das Gesamtwohl der Organisation in den Blick genommen wird. Natürlich sind beide Aspekte nur in der Theorie voneinander entkoppelt – in der Praxis entscheidet dann schlicht das spürbare Übergewicht, das der einen oder anderen Vorgehensweise zugesprochen wird.

Beim Review bestehender Projekte werden die einzelnen Aktivitäten anhand von maximal 5 Folien vorgestellt, um anschließend genau daraufhin analysiert zu werden, warum etwas nicht so geklappt hat wie vorgesehen. Das Ziel ist nicht die Suche nach einem Schuldigen, sondern der Erkenntnisgewinn, d.h. ein detaillierter Einblick in das Zusammenspiel der verschiedenen Faktoren, die in der spezifischen Situation zu jenem Ergebnis geführt hat. Die Art und Weise, wie dazu Fragen gestellt werden, macht schnell deutlich, ob es sich dabei um eine Variation des altbekannten Spiels »Schiffe versenken« handelt, oder ob Neugier und das »Verstehen wollen« dominieren. Entsprechend schnell kalibrieren sich alle Beteiligten am vorherrschenden Arbeitsmodus und produzieren eine dafür angemessene Anschlusskommunikation. Um der Tendenz zur Vereinfachungen entgegenzuarbeiten, wird bei diesen Reviews ausreichend Zeit darauf verwendet, zu einzelnen Innovationsprojekten immer auch den Kontext sowie die daran geknüpften Erwartungen mitzuliefern. In dem man dem Umfeld des Projekts mehr Aufmerksamkeit schenkt, können unterschiedliche Einstellungen und Prämissen besser differenziert werden. Damit wird es auch für fachfremde Experten einfacher, ein gemeinsames Verständnis für die aktuelle Situation zu entwickeln.

Um eine Sensibilität für die tatsächlichen Abläufe »vor Ort« zu bekommen, werden Mitarbeiter und Mitarbeiterinnen eingeladen, sich Gedanken zu unerwarteten Störungen zu machen. Ist etwa am »Point of Sales« ein bestimmtes (neues) Verhalten des Wettbewerbers aufgefallen, präferieren Kunden bestimmte neue Technologien, gibt es neue Förderprogramme, häufen sich die Beschwerden zu einer bestimmten Dienstleistung? Alle diese Informationen aus dem direkten Kontakt mit Kunden sind willkommene Anlässe, sich mit potenziellen Störungen auseinanderzusetzen und dabei ein Gefühl dafür zu bekommen, welche Relevanz sie haben und welche Konsequenzen gegebenenfalls daraus zu ziehen sind. Das Streben nach Flexibilität findet seinen Ausdruck in der laufenden Überprüfung der Prämissen, die der Entscheidung für einzelne Innovationsprojekte zugrunde lagen. Oft entsprechend diese initialen Vorgaben nicht mehr den Notwendigkeiten, die sich im weiteren Projektfortschritt ergeben. Anstatt darüber hinwegzusehen (»Das Budget ist ja gesichert«), werden solche Kursabweichung besprechbar gemacht und mit entsprechenden Konsequenzen versehen. Der Respekt vor dem fachlichen Wissen und Können bildet bei diesen Aktivitäten einen deutlich sichtbaren Hintergrund. Fehlt diese Achtung vor der Expertise aller Beteiligten, ist mit vernünftigen Arbeitsergebnissen sowieso nicht zu rechnen.

Auch die in Großorganisationen gängigen »Innovation Audits« können dafür genutzt werden, die Reflexion der bestehenden Innovationspraxis einzuleiten (oder fortzuführen). Informationen darüber, wie diese Audits im Detail funktionieren und wie sie zur Steigerung der Innovationsfähigkeit einer Organisation genutzt werden können, haben wir am Ende dieses Kapitels in einer Toolbox zusammengestellt. Anhand von Score Cards für jede einzelne Phase der Innovationshelix können Organisationen selbst die Wirksamkeit ihrer Innovationsprozesse überprüfen. Ergänzend stellen wir im Werkzeugteil auch die Methode der sogenannten »After Action Reviews« (AAR) vor. Solche Reviews wurden ursprünglich von der amerikanischen Armee als Methode zur Förderung des systematischen Erfahrungsaustauschs innerhalb militärischer Einheiten entwickelt. Wie der Name schon sagt, werden AARs unmittelbar nach einem Einsatz in Form einer kurzen Teambesprechung durchgeführt. Das Ziel dieses Reviews ist es, Fehler und Erfolgsfaktoren eines Einsatzes für alle Beteiligten transparent zu machen, um daraus Verbesserungspotenziale abzuleiten. Beide Methoden bieten hilfreiche Orientierung für die Stärkung der Selbstbeobachtungskompetenz (= des Reflexionsvermögens) einer Organisation.

Führung: Partizipation
Neben der regelmäßigen Beobachtung und Reflexion der eigenen Innovationsroutinen gibt es weitere strukturell verankerte Hebel, mit denen das gelingen kann, was man mit etwas Poesie als »temporäre Aufhebung der organisationalen Schwerkraft« bezeichnen könnte. Am besten lässt sich dieser Aspekt im Rückgriff auf das bereit skizzierte Beispiel der Textilfirma W. L. Gore & Associates verdeutlichen. In seinem Buch »The Future of Management« (Hamel/Breen 2007) zeichnet Gary Hamel zusammen mit Bill Breen das Bild von Bill Gore, dem Gründer der Textilfirma, die besser unter dem Markennamen »Gore-Tex« bekannt sein dürfte – der wasserdichten, dehnbaren und doch atmungsaktiven Stofffaser, die so manche Bergwanderung und Fahrradtour vor der Unbill schlechten Wetters gerettet hat. Als ehemaliger Angestellter von DuPont hatte Gore 17 lange Jahre die Gelegenheit, die Mechanik der Innovationsprozesse in einem Großkonzern am eigenen Leib zu erfahren. Frustriert von den vielen Einschränkungen durch die faktische Macht des Bestehenden sowie den politischen Kalkülen, die sich darum rankten, und angeregt durch die Erfahrung, dass Inititiative, Leidenschaft und Kühnheit der Gedanken sofort zu sprühen begannen, wenn sich kleine Teams von Spezialisten für bestimmte Entwicklungsaufgaben verabredeten, beschloss er, ein eigenes Unternehmen zu gründen, das sich auf sehr klare Managementprinzipien berief und schon bald als Innovationsschmiede bekannt wurde.

Die Grundprinzipien dieses Unternehmens können sicher nicht 1:1 auf andere Organisationen übertragen werden – trotzdem lohnt ein kurzer Hinweis auf einige der strukturellen Setzungen, die mittlerweile zu den gut untersuchten Beispielen für die Förderung von Rahmenbedingungen zählen, die in der Konsequenz dann eine sehr erfolgreiche Innovationskultur hervorbringen. Von Beginn an – und dies ist ein Unterschied, der einen Unterschied macht –verzichtete Bill Gore auf all die Ingredienzien organisationaler Gravitation, die er in seiner Zeit bei DuPont als Hemmschuh von Innovationen erlebt hatte: An die Stelle von Titeln, Weisungsketten, hierarchischen Strukturen und der dabei immer mit produzierten Bürokratie setzte er auf die Selbstorganisation von Experten, die sich um bestimmte Innovationsfelder und -ideen herum zusammenfanden. Die Trennung von Routinen und Innovation, von uns bereits in der Auseinandersetzung mit dem Begriff der »Kreativität« mit starkem Fragezeichen versehen, schmolz im Arbeitsalltag auf einen fast nicht mehr erkennbaren Unterschied zusammen. Jeder Mitarbeiter und jede Mitarbeiterin bei Gore war und ist bis heute angehalten, das Thema Innovation zu seiner eigenen Sache zu machen, jedem wird die entsprechende Kreativität zugetraut und die Entwicklung von innovativen Ideen ist Bestandteil der »Daily Activities«.

Um diesen kreativen Geist am Leben zu erhalten, wurden strukturelle Rahmenbedingungen geschaffen, die ihm zunächst einmal schlicht nicht im Wege standen. Dazu gehören etwa die Zusammenlegungen aller am Wertschöpfungsprozess beteiligten Personen an einem Standort, der trotzdem ganz bewusst so klein gehalten wird, dass eine persönliche Begegnung gut möglich ist. Maximal 150 Mitarbeiter und Mitarbeiterinnen arbeiten in so einer Einheit, die wiederum locker mit anderen Einheiten verknüpft ist. Das so entstandene Netzwerk ist nicht nach hierarchischen Prinzipien strukturiert, sondern folgt dem Engagement einzelner Initiativen, die sich ihre Gefolgschaft für bestimmte Projekte selbst zusammensuchen müssen. Gelingt es einem Projekt nicht, die entsprechende Fangemeinde für sein Anliegen zu mobilisieren, wird es wieder eingestellt. Die Entscheidungsfindung und auch das Monitoring und die Auswertung der Innovationsvorhaben wird also von denen geleistet, die die eigentliche Arbeit machen: den Projektmitarbeitern und -mitarbeiterinnen. An die Stelle fremdvergebener Ziele rückt die Eigeninitiative (und damit immer auch die Eigenverantwortung) für die Arbeit an dem, was machbar scheint. Unter ökonomischen Aspekten ist das ein sehr ressourcenschonendes Verfahren: Schließlich wissen die Fachexperten in der Regel am besten, was geht und vor allem: wie schnell etwas geht.

Um ein Gegengewicht zu dem Risiko der Selbstverliebtheit zu schaffen, wird in regelmäßigen und teamübergreifenden Besprechungen ein Monitoring der Innovationsaktivitäten durchgeführt. Dieses Monitoring erfolgt anhand von drei Kriterien, die zeitlich gestaffelt sind. Zu Beginn steht der kritische Blick auf die Effizienz einer Innovation: Welches Kundenproblem wird damit gelöst? Was ist der Kunde bereit dafür zu zahlen? Werden hier zufriedenstellende Antworten gegeben, beschäftigt man sich mit der Marktfähigkeit der Innovation: Welche Hürde gibt es bei der Umsetzung der innovativen Idee? Mit wem muss kooperiert werden, um diese Hürden aus der Welt zu schaffen? Wie wird insgesamt der Markt für so ein Produkt eingeschätzt? Erst am Schluss steht die Frage nach der Rentabilität der Innovation: Kann damit Geld verdient werden? Was braucht es (von wem), damit sich die Umsetzung für das Unternehmen lohnt? Das Prinzip der Selbstverantwortung steht auch hier im Mittelpunkt aller Entscheidungen: Jedes Team darf und muss Fehler machen, um daraus zu lernen; Fehlschläge gehören also mindestens genauso zur Tagesordnung wie erfolgreiche Projektschritte. Um jedoch einen potenziellen Schaden für das Unternehmen so kalkulierbar wie nur möglich zu machen, erfolgt eine Risikoabschätzung im Team, die eine zentrale Spielregel hat: Überschreitet in der Selbsteinschätzung (!) das Risiko eine bestimmte Größenordnung – etwa durch einen potenziell existenzgefährdenden finanziellen Verlust oder auch Reputationsschaden, muss das Projekt einer größeren Gruppe von Experten vorgestellt werden. Dort wird dann gemeinsam beschlossen, wie ein entsprechendes Risikomanagement auszusehen hat. Das Unternehmen muss sich den potenziellen Verlust leisten können – ist das nicht gewährleistet, wird das Projekt gestoppt.

Und noch eine weitere strukturelle Rahmensetzung erhöht die Wahrscheinlichkeit einer innovationsfreundlichen Unternehmenskultur: der weitgehende Verzicht auf hierarchische Anweisungen (»no rank, no ties«) wird kompensiert durch ein Sponsorenmodell, bei dem erfahrende Mitarbeiter oder Mitarbeiterinnen für die Weitergabe der zentralen Unternehmenswerte verantwortlich sind (etwa an neue Angestellte, die übrigens mit der Zeit alle am Firmeneigentum beteiligt werden). »High trust, low fear organization« – so beschreibt Gary Hamel (2007) das charakteristische Merkmal dieser Organisationsform. Eine »Innovationsdemokratie« also, in der einzelne Experten (»Produkt-Champions«) um die Zeit und das Know-how der talentiertesten Kollegen und Kolleginnen werben, um ihr eigenes Innovationsprojekt erfolgreich zu machen. Das geistige Eigentum an einer Idee ist »Shared Knowledge« – anders ließe sich die ja freiwillig gegebene Bindung talentierter Mitstreiter gar nicht organisieren. Die Managementprinzipien, die Hamel in Anlehnung an dieses Beispiel als Bedingung der Möglichkeit einer innovationsfähigen Organisation zusammenfasst, machen deutlich, dass die Art der Führung eine wesentliche Rahmenbedingung für die Entwicklung und Pflege der Innovationsfähigkeit jeder Organisation darstellt:

- *Do away with hierarchy; continually reinforce the belief that innovation can come from anyone; colocate employees with diverse skills to facilitate the creative process.*
- *Don't make »management« approval a prerequisite for initiating new projects; minimize the influence of hierarchy; use peer-based process for allocating resources.*
- *Carve out 10 percent staff time for projects that would otherwise be »off budget« or »out of scope«; allow plenty of percolation time for new ideas.«*

All diese Einsichten decken sich mit den grundlegenden Umstellungen in der Steuerung von Innovationsprozessen, wie sie etwa im Rahmen der Scrum-Methodologie entwickelt und mittlerweile in vielen Organisationen erfolgreich umgesetzt werden. Wir verstehen diese Umbrüche auch als Hinweis auf die grundlegenden Transformationen unserer Gesellschaft. Mit der Erosion traditioneller hierarchischer Bezüge und den Beschleunigungseffekten der zunehmenden Vernetzung und Digitalisierung gesellschaftlicher Formationen kommen auch Organisationen als zentrale Akteure gesellschaftlicher Funktionssysteme unter Druck. Ihr Umbau in Richtung hybrider Formen, die zwischen Markt und Hierarchie oszillieren und dabei mehr und mehr auf die Logik von Netzwerken setzen (müssen) ist, wie wir gesehen haben, im vollen Gange; dies hat natürlich Auswirkungen auf die Art und Weise, wie diese Organisationen ihre Prozesse der Selbsterneuerung gestalten. Die von uns in den Blick genommene Innovationsfähigkeit wird dabei zu einem Schlüsselmoment erfolgreicher Zukunftssicherung.

Organisationsdesign: Freiräume

Doch zurück zu unseren Handlungsempfehlungen für den Arbeitsschritt der Auswertung. Dem letzten Punkt auf der Agenda von Gary Hamel haben wir noch nicht die

Aufmerksamkeit geschenkt, die er verdient. Die Einrichtung klar definierter Zonen und Zeiten für kreative Freiräume gehört nämlich zu den wirksamsten Möglichkeiten der Stärkung der Innovationsfähigkeit von Organisationen. Wieviel »Slack« in den einzelnen Arbeitsprozessen zur Verfügung steht, um überhaupt die Gelegenheit zu haben, jenseits durchgetakteter Routinen auf neue Gedanken zu kommen, ist eine Frage, das Innovationspotenzial einer Organisation maßgeblich bestimmt. Wir können mittlerweile wohl darauf verzichten, nochmals auf das Spannungsfeld von Routine und Innovation zu verweisen. Greifen wir stattdessen noch einmal unser Beispiel auf: Der Arbeitsprozess bei Gore ist durchaus straff organisiert. Mitarbeiter und Mitarbeiterinnen werden angehalten, parallel mehrere Projekte zu verfolgen, es gibt einen verbindlichen Feedback-Prozess, in dem jährlich die Performance jedes Einzelnen von anderen Experten beurteilt und direkt auch rückgemeldet wird; ein Ranking« macht deutlich, wer wie viele Beiträge zu welchen Projekten beigesteuert hat, Seniorität ist kein Kriterium bei der leistungsbetonten Entlohnung etc.

Neben all diesen Leistungsaspekten garantiert das Unternehmen jedoch jedem Mitarbeiter und jeder Mitarbeiterin, dass sie einen halben Tag in der Woche ihren eigenen Interessen nachgehen können – im Unternehmenskontext, versteht sich, und unter Wahrung der Verpflichtungen, die gegenüber anderen Projekten eingegangen wurden. Diese sogenannte »Dabble Time« ist genau die Form von »Slack«, den diese Organisation sich selbst verordnet, um Freiraum zu schaffen für das kreative Potenzial all ihrer Mitglieder. Nicht verwunderlich ist dann die Beobachtung, dass bei Gore die meisten bahnbrechenden Innovationen in genau dieser »Freizeit« begonnen wurden – so zumindest beschreibt Gary Hamel die Auswirkungen dieser strukturellen Intervention. Selbst wenn wir davon ausgehen, dass auch in solchen Unternehmen nicht alles Gold ist, was glänzend beschrieben wird: sowohl der wirtschaftliche Erfolg, das Unternehmensklima als auch die Höhe der Innovationsrate sprechen eine eigene Sprache und verdeutlichen eindrucksvoll, wie in einem Unternehmen durch solche strukturellen Setzungen Rahmenbedingungen geschaffen werden können, die die Innovationsfähigkeit nachhaltig fördern.

Jenseits aller Vierfarbposter mit kühnen Visionen, engagierten managerialen Appellen an den Innovationsgeist des Hauses, die vielen Verweise auf Bedeutung von Innovationen für die Zukunft des Unternehmens, jenseits all dieser verbalen Absichtserklärungen reicht die Einrichtung dieser vergleichsweise einfachen strukturellen Rahmenbedingungen, um einen Prozess in Gang zu setzen, der – ähnlich der Idee der schiefen Ebene – die Kugeln in eine bestimmte Richtung rollen lässt. Im Unterschied zu Appellen ist hier das Risiko recht hoch, dass tatsächlich etwas passiert. Wir haben gesehen, dass dies von Organisationen nicht immer goutiert wird. Wenn dieses Risiko aber in Kauf genommen wird, dann sorgt ab einem gewissen Momentum der damit auch ausgelöste Selektionsprozess dafür, dass eine solche Organisation für all die Mitarbeiter und Mitarbeiterinnen zunehmend attraktiver wird, die diese Form der (Zusammen)Arbeit genießen und die mit den Risiken, die solche Freiräume immer auch innehaben, gut und verantwortungsvoll umgehen können. Ein solcher Prozess tendiert dann auch dazu (wenn er denn zu erfolgreichen Resonanzen im Markt führt, allemal), sich selbst zu verstärken. Erfolg zieht Erfolg an, und mit dieser Art von Rückenwind wird es für eine Organisation immer einfacher, die Bedingungen aufrecht zu erhalten (und sie zumindest in Teilen sogar auch zu definieren), unter denen sie in der Lage ist, auch ihren Prozess der Selbsterneuerung kontinuierlich selbst zu erneuern.

Unsere Überlegungen zu den praktischen Handlungsempfehlungen für diesen Arbeitsschritt können wir mit einer theoretischen Denkfigur abschließen, die nahtlos an die Hinweise zu gezielten (nicht notwendigerweise: mehr) Freiräumen in Organisationen anschließt. Diese Figur bringt auch auf eine interessante Art und Weise den Aspekt des Designs wieder ins Spiel. Sie setzt da an, wo auch die Argumentation unseres Buches ihren Anfang genommen hat: Um wandlungs- und damit innovationsfähig zu sein, braucht eine Organisation Mechanismen, um sich zielgerichtet mit Unsicherheit zu versorgen. Da eine Organisation bei der Wahrnehmung ihrer Umwelten auf das Bewusstsein ihrer Mitglieder angewiesen ist, sind diese Mitglieder für sie eine der wichtigsten Quellen für die Erzeugung von Unsicherheit. Um sich dieser Funktion sicher sein zu können, braucht es eine Form von Bindungsmechanismus, über den eine Organisation sich ihrer Mitglieder vergewissert. Luhmann setzt in seinen organisationstheoretischen Überlegungen an genau dieser Stelle den Begriff des Organisationsdesigns (Luhmann 2006). Das spezifische Design einer Organisation ermöglicht das Zusammenspiel von psychischen Systemen (d. h. dem Bewusstsein der beteiligten Personen) und dem System der Organisation. Mit Hilfe ihres Designs stellt die Organisation sicher, dass das Bewusstsein ihrer Mitglieder zwar lose, aber doch gekoppelt ist mit der Kommunikation von Entscheidungen, die eine Organisation als Organisation ausmacht. Damit wird die Wahrscheinlichkeit erhöht, dass der Bezug zwischen Organisation und psychischen Systemen nicht abreißt, indem die Mitglieder in der Organisation über ausreichend Orientierung verfügen um handlungsfähig zu sein; das spezifische Design einer Organisation ermöglicht so ein wechselseitiges Profitieren in Form eines »Zusammenlebens« unterschiedlicher Systemtypen.

Das Ausmaß an Orientierung und damit verbunden die Größe des Spielraums ihrer Mitglieder ist von Organisation zu Organisation verschieden: je formaler eine Organisation, umso größer die Einschränkung ihrer Bewusstseinssysteme. Ist die Organisation allerdings auf die Intelligenz ihrer Mitglieder angewiesen, ist es nötig, diese zu Eigenleistungen zu ermächtigen und dadurch Freiräume zu schaffen. Gleichzeitig muss natürlich dafür gesorgt werden, dass mit der Schaffung solcher Spielräume die relevanten Setzungen der Organisationen nicht übertreten werden. Im Design einer Organisation sind also jene Mechanismen definiert, die sowohl die Spielräume als auch die Beschränkungen ihrer Mitglieder transparent festlegen.

Dirk Baecker (Baecker 2003) skizziert diese Anforderung an das Design einer Organisation am Beispiel einer militärischen Organisation. Eine militärische Organisation kennt drei mögliche Zustände – im Frieden ist sie Ausbildungsorganisation, im Einsatz Polizeibürokratie und im Krieg ist sie die Bürokratie des Chaos. Das Design der Organisation stellt sicher – unabhängig davon in welchem Zustand sich die Organisation befindet – dass sie in der Lage ist, ihre Handlungen zu koordinieren und die für ihr Funktionieren notwendigen hierarchischen Differenzen sicherzustellen. Dies ist genau dann sichergestellt, wenn ein Soldat in jedem der drei Zustände die Veränderungen seines Autonomiespielraums mitführt. Das Design der Organisation hilft nun, die jeweiligen Grenzen des Autonomiespielraums zu markieren. In der militärischen Organisation wird u. a. die Uniform als Design-Element verwendet. Über- und Unterordnungsverhältnisse können mit Hilfe der Uniform – inklusive der Anzahl an erworbenen Abzeichen – wortlos und damit schnell und unmissverständlich transportiert werden.

Die Markierung unterschiedlicher Bewegungsspielräume wird in anderen Organisationen durch andere Design-Elemente geregelt. Dienen in einer militärischen

Organisation die unterschiedlichen Uniformen als Symbol für die Grenze zwischen unterschiedlichen Zuständen und Funktionslogiken, wird dies in anderen Organisationen etwa durch die Krawatte bzw. den Casual-Friday-Look symbolisiert. Steht die Krawatte für entscheidungsrelevante, engeführte und strenge Kommunikation, symbolisiert der Casual-Friday-Look, dass assoziatives und freies Denken nicht nur erlaubt, sondern auch erwünscht ist. Solche Symbole beschränken sich nicht nur auf die Kleidung, sondern kommen in den unterschiedlichsten Design-Elementen zum Ausdruck. Manchmal sind es die Räumlichkeiten: Kaffeeküchen oder Kreativräume (die institutionalisierte Variante der Teeküche) sind oft mit der impliziten Erlaubnis zum offenen Gedankenaustausch verknüpft, hingegen markieren klassische Besprechungsräume die Umstellung auf entscheidungsrelevante Kommunikation. Manchmal ist es auch schlicht nur der Stil und die Farbe der Powerpoint-Folien, die dem Empfänger implizit erzählt, ob die Informationen darauf eher als eng geführter Inhalt für das Management gedacht sind oder als Einladung zum gemeinsamen Nachdenken. Solchen Symbolen kommt in Organisationen eine besondere Bedeutung zu: Sie markieren einerseits die Grenzziehung zwischen Routine und Möglichkeitsraum, d. h. zwischen Entscheidung und Kontingenz – und dienen gleichzeitig dazu, die Einheit dieser Differenz in der Organisation zu kommunizieren.

Diese Art des Verständnisses der Grenzmarkierungen unterschiedlicher Räume in Organisationen hilft uns zu verstehen, wie ein Zusammenspiel von Routinen und kreativen Freiräumen *innerhalb* der Organisation erleichtert, wenn nicht sogar ermöglicht werden kann. Jenseits aller sozialromantischer Forderungen nach mehr Partizipation, größeren Freiräumen und intensiverer Reflexion kann über die klare Markierung der unterschiedlichen Terrains und Timings ein halbwegs friedliches Zusammenspiel beider Organisationszustände sichergestellt werden. Alles andere bringt Organisationen sofort in die Bredouille: Ohne eine solche Grenze können sie nicht mehr gezielt zwischen den beiden Arbeitsmodi oszillieren und sind dann darauf angewiesen, alle störenden Möglichkeitsräume so zu verkleinern, dass ihnen über kurz oder lang die Luft zum Atmen fehlt.

8.4.5 Toolbox: Innovations-Audit

Innovations-Audit	
Um was geht es?	Ein Innovations-Audit ist ein einfaches Self-Assessment-Instrument, um auf strukturierte und systematische Weise über die eigenen Stärken und Schwächen im Bereich des Innovierens nachzudenken. Für einen nachhaltigen Lernprozess zu sind die begleitenden regelmäßigen Reviews und Diskussionen der verantwortlichen Manager und involvierten Mitarbeiter oft viel wichtiger als das konkrete Ergebnis des Audits. Das Audit ist kein klassisches Kontrollinstrument, sondern dient der Reflexion der Arbeit.
Herausforderung	Entscheidend ist, *wie* über die eigene Innovation Performance gesprochen wird. Ein offenes, vertrauensvolles Klima und die entsprechende Haltung sind wichtiger als der Inhalt.

Innovations-Audit

Ziele und Ergebnis	Die Verankerung von periodischen Auszeiten, um im Management-Team darüber nachzudenken, wie die Organisation den etablierten Prozess des Innovierens verbessern kann.
Wer und Wann	Innovation-Audits werden in regelmäßigen Abständen vom Management-Team durchgeführt.
Vorgehen	*Schritt 1: Erstellen einer Checkliste* Um das Wissen über Faktoren für erfolgreiche bzw. nicht erfolgreiche Innovationen sowie für wichtige Rahmenbedingungen und
Vorgehen	Voraussetzungen zu bündeln, wird eine Checkliste von Fragen entwickelt. Falls in der weiteren Diskussion wichtige Aspekte auftauchen, wird die Checkliste entsprechend aktualisiert. *Schritt 2: Durchführung des Self-Assessment* Ausgewählte Mitarbeiter, die an den Innovationsaktivitäten direkt oder indirekt beteiligt sind, werden gebeten, die Checkliste zu beantworten (Fremdeinschätzung). Parallel wird die Checkliste vom Management-Team ausgefüllt (Selbsteinschätzung). *Schritt 3 Gemeinsame Diskussion* Im Management-Team werden die Ergebnisse des Innovation-Audits (Fremd- sowie Selbsteinschätzung) entlang der folgenden Fragen diskutiert: • In welchen Bereichen müssen wir besser werden? • In welchen Bereichen sollten wir weniger tun? Welche Aktivitäten können wir möglicherweise ganz einstellen? • Wie können wir die Ergebnisse in der Organisation verankern/ welche neuen Routinen müssen wir entwickeln?
Literatur	Es gibt eine Vielzahl an Frameworks zur Evaluation der eigenen Innovationsfähigkeit, die zusätzliche Orientierung bei der Erstellung der Checkliste geben können: Tidd et al. 1997, Francis 2005, Lawson/Samson 2001, Andrew et al. 2009, O'Connor et al. 2008.

9 Führung in Innovationsprozessen

Wir kommen nun langsam zum Abschluss unserer Betrachtungen zu einem systemischen Innovationsmanagement. Nach der allgemeinen Einführung in Organisationstheorie und Innovationsmanagement, der Vorstellung der unterschiedlichen Dimensionen und Spielarten des Innovierens sowie der Einführung der Innovationshelix als heuristisches Modell eines Innovationsprozesses haben wir die einzelnen Arbeitsschritte der drei Phasen der Innovationshelix erläutert und sowohl mit konzeptuellen Überlegungen als auch entsprechenden Hinweisen zu Methoden und Vorgehensweisen unterlegt. Uns bleibt an dieser Stelle nur noch der Blick auf den Mittelpunkt der Innovationshelix: die Führung (vgl. Abbildung 4). Auch wenn das Thema dazu verführt, weiter auszuholen, wir konzentrieren uns im Folgenden auf die aus unserer Sicht zentralen Funktionen, die Führung im Rahmen eines Innovationsprozesses zu erfüllen hat. Da wir in den vorangegangenen Kapiteln dazu schon einiges gesagt haben, können wir uns an dieser Stelle mit einer Zusammenfassung der wesentlichen Aspekte begnügen.

9.1 Das systemische Führungsverständnis

Wie bereits deutlich wurde, ist (insbesondere aus einer systemischen Perspektive) die traditionelle Vorstellung von Führung als einer »One-(Wo)man-Show« spätestens seit den Arbeiten von Charles Handy (C. Handy 1995) mit einem großen Fragezeichen zu versehen. Der von ihm geprägte Begriff des »postheroischen Managements« beschreibt eindrücklich die konzeptionelle Umstellung, mit der das Führungsverständnis von einem Modus des »Command and Control« in den Modus einer Dienstleistung überführt wurde. Die Einsicht, dass die Arbeit mit Anweisungen bei den Empfängern in der Konsequenz zu einer abwartenden Haltung führt, die auf jegliches Mitdenken verzichtet, traf das Mark von Organisationen, die in einem immer stärkeren Wettbewerb um immer wählerischer werdende Kunden bei immer ähnlicher werdenden Produkten mehr und mehr auf die Intelligenz und Aufmerksamkeit ihrer Mitarbeiter und Mitarbeiterinnen angewiesen waren. Die Bereitschaft zum Mitmachen wurde insbesondere mit Blick auf die Anforderungen einer Wissensgesellschaft zur knappen Ressource – es ist klar, dass ein Führungsverständnis, welches einem Großteil der Belegschaft durch die Art und Weise seines Vorgehens genau diese Bereitschaft abtrainierte, mehr und mehr in den Verdacht geriet, ein dysfunktionales Geschehen zu sein. Die systemische Auseinandersetzung mit dem Aspekt der Führung nahm diesen Gedanken auf und ergänzte ihn um weitere Dimensionen. Die Vorstellung, dass Führung in erster Linie ein personenbezogenes Geschäft ist, d. h. von den persönlichen Eigenschaften gespeist wird, die jemand mitbringt (etwa Charisma, Durchsetzungskraft, Begeisterungsfähigkeit etc.) wurde abgelöst von der Idee, dass es sich bei Führung a) vorwiegend um Beziehungsarbeit handelt, d. h. eine Führungssituation durch das Zusammenspiel von Führen und Folgen bestimmt wird (Neuberger 2002), sowie b) Führung eine in der Organisation selbst verankerte Funktion ist, die einerseits die notwendigen Rahmenbedingungen für ein ungestörtes Prozessieren der jeweiligen

Routinen schafft und andererseits für die ebenso notwendige Störung eingespielter Arbeitsprozesse sorgt, wenn es denn die Verhältnisse erfordern. Die Paradoxien, in die Führung sich dabei unweigerlich verwickelt, haben wir andernorts ausführlicher beschrieben (Krusche 2008). An dieser Stelle muss eine knappe Skizze der wesentlichen Charakteristika eines systemischen Führungsverständnisses genügen. In prägnanten Thesen fasst Rudolf Wimmer einige dieser Merkmale zusammen (Wimmer 2011):

- *Führung ist ein im System ausdifferenziertes Leistungspotenzial, ist eine Spezialfunktion im System für das System. So gesehen ist Führung ein Moment der Selbstorganisation von Systemen. Dieses Potenzial individualisiert Organisationen und ist in diesen unterschiedlich gut ausgeprägt.*
- *Führung als Aufgabe dient der Aufrechterhaltung der Funktionstüchtigkeit und weiteren Überlebenssicherung des jeweiligen Verantwortungsbereiches. Dies schafft den Unterschied sowie das Aufeinander-Angewiesen-Sein von Fach- und Führungsaufgaben.*
- *In diesem Sinne ist Führung darauf spezialisiert, die Beobachtung des Binnengeschehens wie der relevanten Organisationsumwelten dazu zu nutzen, gezielte Soll/Ist-Differenzen aufzumachen und für ihre Bearbeitung zu sorgen. Führung passiert deshalb tendenziell eher von außen nach innen als von oben nach unten.*
- *Führung als Organisationsfähigkeit ist im Ergebnis immer eine Mannschaftsleistung. Ihr Erfolg bzw. Misserfolg hängt unmittelbar an den Strukturen und Spielregeln dieses Zusammenwirkens der Führungskräfte über alle Ebenen hinweg.*
- *Für die wirksame Bearbeitung der als notwendig erkannten Entwicklungsimpulse ist Führung unweigerlich auf Kommunikation angewiesen. Auf diesem Wege gilt es permanent Entscheidungen herbeizuführen und für Anschlussentscheidungen zu sorgen (d. h. Unsicherheit in Handlungssicherheit verwandeln).*
- *Führung benötigt für ihr Wirksamwerden eine akzeptierte Asymmetrie, ein Oben und Unten. Durch die Art ihrer Ausübung schafft sie dafür die erforderliche Akzeptanz oder lässt sie erodieren. Sie kann dabei auf keine vorgegebenen, fraglos anerkannten Autoritätsressourcen (wie die Positionsmacht) mehr zurückgreifen. Der Aufbau von Vertrauen und Glaubwürdigkeit in allen relevanten Kooperationsbeziehungen ist deshalb eine unverzichtbare Ressource.*

Vor dem Hintergrund eines so verstandenen Führungsverständnisses stellt sich nun die Frage, welchen Beitrag Führung bei der Gestaltung von Innovationsprozessen leisten kann. Die Aspekte, die aus unserer Sicht zu den »Essentials« einer Führungsleistung gehören, wollen wir im Folgenden etwas ausführlicher darstellen.

9.2 Integration

Wie wir bereits gesehen haben, folgen die einzelnen Phasen der Innovationshelix unterschiedlichen Arbeitslogiken. Während in der Phase des Explorierens die strategische Dimension überwiegt, braucht es während der Phase des Designs gestalterische Kompetenzen, die möglicherweise von anderen Experten zur Verfügung gestellt werden. In der Phase des Embeddings ist dann wieder das Know-how von Change-Spezialisten gefragt. Je nach dem, aus welcher »Einflugschneise«, sprich organisationalem Verantwortungsbereich, die Innovationshelix bearbeitet wird, können die unterschiedlichen professionellen Zugangsweisen zu einer einseitigen Bearbeitung des gesamten Innovationsprozesses führen. Wird beispielsweise in einem Unternehmen die Entwicklung neuer Produkte eher als Aufgabe des Marketings verstanden, dann ist die Wahrscheinlichkeit recht hoch, dass die Arbeitsschritte der anderen Phasen aus dieser Perspektive beobachtet und auch durchgeführt werden. Führung hat in diesem Zusammenhang die Aufgabe, die einzelnen Phasen des Innovationsprozesses zu integrieren und für seine durchgängige Bearbeitung zu sorgen.

9.3 Hexerei

Wir haben bereits ausführlich darauf hingewiesen, dass eine der Schlüsselstellen eines erfolgreichen Inovationsmanagements die Beobachtung der relevanten Umwelten einer Organisation ist. Eine der zentralen Aufgaben von Führung ist in diesem Zusammenhang, die (störenden) Impulse der Außenwelt in die Sprache der Organisation zu übersetzen. Warum ist dies so wichtig? Bereits im Einführungskapitel unseres Buches haben wir versucht zu zeigen, wie Organisationen aus Sicht der modernen Systemtheorie funktionieren. Wir haben dort festgehalten, dass jede Organisation aufgrund ihrer operativen Geschlossenheit (wie jedes andere soziale System auch) hauptsächlich mit sich selbst beschäftigt ist. Ihre Aufmerksamkeit gilt den eigenen Routinen, abstrakter ausgedrückt: der Aufrechterhaltung der Anschlusskommunikation. Eine Organisation hat also (als Organisation) nur dann Bestand, wenn sie es schafft, die ineinander greifenden Entscheidungsprozesse immer weiterzuführen. Die Folge davon ist eine gewisse Betriebsblindheit: Um intern eine entsprechende Komplexität aufbauen zu können, ist jede Organisation darauf angewiesen, den größten Teil ihrer Umwelt schlicht auszublenden. Die Aufgabe von Führung ist es nun, in einer gezielten Dosierung diejenigen Informationen aus der Umwelt in die Organisation einzuspielen, die für ihr Funktionieren von Relevanz sind. Kundenrückmeldungen, Preisinformationen, Wettbewerbsstrategien, gesellschaftliche Trends: all diese Außeninformationen laufen Gefahr, von der Organisation wenn nicht ignoriert, dann zumindest mit einer folgenlosen Indifferenz beobachtet zu werden – wenn sie nicht durch Führung als »relevant« markiert werden. Diese Fokussierung von Aufmerksamkeit ist eine der Kernaufgaben von Führung (F. B. Simon 2001). Es liegt auf der Hand, dass diese Art der »Übersetzungsleistung« von Führung für die Gestaltung von Innovationsprozessen konstitutiv ist: Ohne die gezielte Öffnung ihrer Außengrenzen erschöpft sich eine Organisation in der Reproduktion ihrer Routinen. Das Bild, mit dem die Arbeit der Führung in diesem Kontext verglichen werden kann, ist das einer Hexe bzw. das der Hexerei. Schon allein die indogermanische Wurzel des Wortes ist ein leiser Hinweis auf den Ort, an dem Führung ihre Aufgabe wahrnehmen sollte: auf der Hecke nämlich, dem Zaun, der im frühen Mittelalter das Dorf von der Unbestimmtheit des Waldes trennte (Duerr 1985; Duerr 1983). Einerseits zum Dorf gehörend, andererseits immer schon im Kontakt mit den unberechenbaren Geistern des Waldes: der Balanceakt zwischen Innen und Außen charakterisiert das Spannungsfeld, in dem Führung sich aufhalten muss, um Wirkung zu erzielen.

9.4 Aufmerksamkeitsfokussierung

Wenn wir uns von der Idee eines instruktiven Einwirkens auf Organisationen verabschieden, dann bleibt für die Steuerung von Innovationsprozessen nur die Gestaltung eines Rahmens, in dem die (strategische, gestalterische und umsetzende) Kreativität aller Beteiligten sich möglichst gut entfalten kann. In Anlehnung an eine alte Zen-Geschichte könnte man Führung mit dem Errichten von Weidezäunen vergleichen: So wichtig es auch ist, den Pferden auf der Weide Orientierung und Richtung zu geben (»bis hierhin und nicht weiter«), sollte sich Führung doch nie dazu hinreißen lassen, den Pferden zu erklären, wie sie das Gras fressen sollen, das sie satt macht. Als ob die Errichtung und laufende Wartung von Weidezäunen nicht schon genug Arbeit wäre... Aus unserer Erfahrung mischt sich Führung oft aus einer falsch verstandenen Sorge um die Arbeitsfähigkeit öfter in die inneren Angelegenheiten der zuständigen Experten ein als ihr gut tut. Sie verliert dabei nämlich nicht nur ihre Autorität als Führung an einen Expertenstatus, sondern hält womöglich auch noch die eigenen Mitarbeiter und Mitarbeiterinnen von der Arbeit ab – von den vernachlässigten Weidezäunen sprechen wir erst gar nicht.

Auch wenn es für diese Art der Fehltritte gute (und manchmal auch weniger gute) Gründe geben mag, diese Form des Störungsmanagements haben wir nicht im Sinn, wenn in diesem Zusammenhang von einer »prominenten« Funktion der Führung die Rede ist. In der Gestaltung von Innovationsprozessen geschieht die Rahmensetzung meist mit Hilfe der zur Verfügung gestellten Ressourcen: wie viel Budget, wie viel Zeit, welche Personen können für die einzelnen Arbeitsschritte genutzt werden? Nicht nur die entsprechenden Entscheidungen, sondern auch die Art und Weise, wie sie getroffen und kommuniziert werden, trägt in einem hohen Ausmaß dazu dabei, den entsprechenden Rahmen zu definieren. Die Vorbildwirkung von Führung ist dabei nicht zu unterschätzen: Schon allein aufgrund ihrer Rolle steht sie an einer exponierten Stelle in der Organisation. Diese Position macht es Führung unmöglich, nicht zu führen. Jede ihrer Aktionen wird vom Rest der Organisation aufmerksam beobachtet und mit entsprechenden Folgeaktivitäten bedacht. Geht es etwa um den Umgang mit Fehlern, werden anhand der Reaktion der zuständigen Führung sofort Rückschlüsse gezogen auf die Steuerungsprinzipien dieser Einheit und die Spielregeln, die etwa in einem Innovationsprozess das Geschehen bestimmen. Jenseits aller Absichtserklärungen ist es das konkrete Handeln der Führung im Konfliktfall nach der eine Organisation sich ausrichtet und dabei innerhalb kürzester Zeit intelligente Antworten auf die Zumutungen eines Eingriffs in die laufenden Routinen findet.

Ein nicht ganz triviales Problem bei solchen Rahmensetzungen und der damit verbundenen Aufmerksamkeitsfokussierung für einzelne Innovationsaktivitäten ist die *Legitimation* der Führung. Wenn sie nicht mehr der Oberexperte für die Bearbeitung von Sachproblemen ist: woher nimmt sie ihre Autorität, um Entscheidungen mit Geltung zu versehen? Der Rückgriff auf die Positionsmacht ihrer hierarchischen Stelle führt schnell wieder in die alten Zeiten instruktiver Anweisungen, die mal zähneknirschend, mal gleichgültig befolgt werden; wahre Innovationsfreude kommt da nicht auf. Und auch die Autorität eines Expertenstatus erodiert in Zeiten von Google und Wikipedia rasant. Eine Lösung für dieses schwierige Problem (wir erinnern uns: Führung ist wirkungslos, wenn niemand mitmacht) liegt in der Art und Weise, wie Führung ihre Führung in Stellung bringt. Geschieht dies aus einem glaubwürdig vermittelten Interesse an der Überlebenssicherung der jeweiligen Einheit, für die

Führung Verantwortung übernommen hat, dann ist die Wahrscheinlichkeit hoch, dass die mit dieser Haltung Geführten den Entscheidungen entsprechende Bedeutung zusprechen. Wenn dieser Mechanismus einer »konditionierten Autonomie« (Baecker 2003) greift, besteht eine (implizite) Vereinbarung zwischen der Führung und den Geführten, sich freiwillig auf das »Geführt-werden« einzulassen – wenn und solange nicht ein Einzelinteresse der Führung (die eigene Karriere, die Aussicht auf Aktienoptionen, die Befriedigung narzisstischer Größenfantasien etc.) die Entscheidungslage dominiert. Auf diese Weise erzeugt Führung durch die Art und Weise ihrer Praxis die Grundlagen für die eigene Wirkung.

9.5 Streitmanagement

Streit ist bei Innovationsprozessen vorprogrammiert. Schon allein das Grundanliegen jeder Innovation legt die Grundlage für Konflikte, geht es doch für eine Organisation um nichts anderes, als Nein zu sich selbst zu sagen. Dieses Nein ist der Ausgangspunkt jeder Veränderung, es ist die Basis für die Erzeugung von Varianz; es bricht zunächst einmal mit den bestehenden Verhältnissen und sorgt dafür, dass es nicht (nur) so weitergeht wie bisher. Wir haben gesehen, dass es eine wichtige Aufgaben von Führung ist, für Streit zu sorgen. Aufgrund ihrer herausgehobenen Position im Organisationsgefüge, mit der eine wichtige Asymmetrisierung der Kommunikation einhergeht, ist sie sogar prädestiniert dafür. Ihre Kunst besteht allerdings darin, durch ihr Nein zu bestehenden Verhältnissen nicht nur für Streit zu sorgen, sondern dieses Nein auch wieder soweit nützlich zu machen, dass es Gegenstand weiterer Auseinandersetzungen wird. Ohne diese Transformation gibt es nichts mehr zu sagen und die Bereitschaft zum Mitmachen, die ja immer ein Ja zu den Gegebenheiten voraussetzt, läuft ins Leere. Diese beiden unterschiedlichen Pole von Führung – die Arbeit mit dem Nein *und* dem Ja – werden in der Management-Literatur zwar mit den beiden Begriffen »Management« und »Leadership« assoziiert; der »Manager« sorgt mittels Verknappung von Ressourcen für ein Nein (zu dem sich die Organisation dann etwas einfallen lassen muss), während der »Leader« an der Folgebreitschaft ansetzt, also die Energie möglichst vieler Personen auf ein spezifisches Anliegen hin zu fokussieren sucht. Die Aufteilung der beiden Funktionen von Führung auf zwei unterschiedliche Personengruppen (oder sollte man besser sagen: Berufsbezeichnungen?) ist etwas unglücklich: Sie suggeriert eine Entlastung, die vielleicht in alten Kriminalfilmen noch ihre Gültigkeit besaß (»Good Cop, Bad Cop«), modernen Organisationsverhältnissen jedoch nicht gerecht wird. Die Trennung in »Spielverderber« und »Bonbon-Onkel« unterläuft das Anliegen von Führung, über Prozesse der Sinnstiftung das Nein mit dem Ja soweit zu verknüpfen, dass Störungen für den Rest der Organisation anschlussfähig werden. Diese Form des Widerspruchsmanagements ist essenzieller Bestandteil eines jeden Innovationsprozesses.

Auf einer operativeren Ebene läuft dieses Nein zu bestehenden Verhältnissen in der Regel auf auf Streit hinaus. Jede Innovation verschiebt eingespielte Machtverhältnisse, greift in sorgfältig ausbalancierte Interessensgegensätze ein, führt zu neuen Ressourcenallokationen und produziert allein schon deswegen Verlierer und Gewinner. Streit ist die kleine Schwester von Innovationen: So könnte man etwas salopp das Ergebnis der Ruhestörung umschreiben, die mit ihr einhergeht. Führung hat hier in einem konkreteren Sinne nicht die Aufgabe, Konflikte zu befrieden oder gar zu lösen. Gerade in großen Organisationen sind diese oft genug strukturell verankert und damit außerhalb der Lösungskompetenz einzelner Personen. Und auch wenn Organisationen ihre Mitglieder in die Pflicht nehmen, solche Zielkonflikte (»schneller innovieren, mit weniger Mitteln und höherer Qualität«) auszuagieren: sie bleiben Teil des vitalen Binnenspiels jeder Organisation, folgen den für sich nachvollziehbaren Binnenlogiken einzelner Bereiche und Geschäftseinheiten und gehören zur Organisation wie die Butter zum Brot. Die Entfaltung solcher Paradoxien und Widersprüche zählt zu den wichtigsten Treibstoffen der Unternehmensentwicklung; allein schon die Idee, sie lösen zu wollen, zeugt von einer Schieflage im Organisationsverständnis und entbehrt nicht einer gewissen Ironie. Wenn Streit also zum Alltag einer Organisation gehört und durch Innovationsaktivitäten nochmals an Intensität zulegt: welche Rolle empfiehlt sich dabei für die ja daran nicht unbeteiligte Führung? Die Antwort auf diese Frage kann nur lauten: Moderation. Konfliktpflege also, das sorgsame Umgehen mit den unterschiedlichen Interessen nach den Regeln des Ausgleichs von Geben und Nehmen (Kibed/Sparrer 2000) und mit einem klaren Blick für die Normalität der Verwerfungen, mit dem dann auch jegliche Dramatisierungsversuche auf einem gehörigen Abstand gehalten werden können.

Trotz aller Kritik an der Beengtheit hierarchischer Verhältnisse muss hier zu ihrer Ehrenrettung gesagt werden, dass Organisationen in diesem Zusammenhang zumindest auf eine ihrer Funktionen angewiesen sind: nämlich auf die Entblockierungsmöglichkeit, über die (nur) sie aufgrund ihrer asymmetrischen Beziehungsgestaltung verfügt (Baecker 1999 a). Was ist damit gemeint? In der Auseinandersetzung um die Chancen und Risiken neuer Produkte, Dienstleistungen oder Geschäftsmodelle kann allein schon die Vielzahl von Interessen, handelnden Personen und Themen dazu führen, dass dieses Konglomerat von Beteiligten sich in einen Zustand bringt, in dem es nicht mehr entscheidungsfähig ist. Auch wenn es wünschenswert ist, möglichst viele Entscheidungen dort zu fällen, wo die daran anschließende Umsetzungsarbeit anfällt, wird es Situationen geben, in denen sich die Beteiligten so miteinander festgefahren haben, dass nur ein Machtwort imstande ist, die Situation zu retten. Dieses Machtwort kann nur ein hierarchisches Machtwort sein – unter Kollegen und Kolleginnen ist man ja auf die Aufrechterhaltung einer symmetrischen Kommunikation angewiesen. Es wird also Situationen geben, wo Führung qua Positionsmacht eingreift und eine Entscheidung »durchdrückt«. Tut sie dies mit Blick auf die Folgekosten, dann ist daran nichts auszusetzen. Im Gegenteil: ohne eine solche (immer auch willkürliche) Entscheidung würde sich die Organisation in der wechselseitigen Blockade von Spielzügen erschöpfen. Die Häufigkeit solcher »Chefsachen« ist hingegen ein Indiz dafür, wie es um die Autorität der Führung bestellt ist. Das perfide daran ist nämlich, dass mit jeder dieser »Top-down«-Entscheidungen die Autorität der Führung weiter unterminiert wird. Ist man gezwungen, in solchen Verhältnissen auf Macht zu setzen, hat man ja bereits verloren. Insofern ist diese Möglichkeit eines hierarchischen »Plan B« mit Vorsicht zu genießen; seine Exekution sollte eine Ausnahme bleiben, die nur im äußersten Notfall und nach gewissenhafter Prüfung (noch) bestehender Alternativen einzusetzen ist. Auch wenn es gut ist, dass es ihn gibt: wird er zur Gewohnheit, dann können wir davon ausgehen, dass sich die Organisation bereits entsprechend darauf eingestellt hat.

9.6 Zusammenfassung

Wie wir gesehen haben, laufen die Aufgaben der Führung bei Innovationsprozessen insgesamt darauf hinaus, die Dichotomie von Routine und Innovation, von Neuem und Alten aufzulösen zugunsten eines dynamischen Gleichgewichts, mit dem die anspruchsvolle Paradoxie einer Bewahrung des Neuen in einen produktiven Arbeitsmodus versetzt wird. Das Spiel mit der Öffnung und Schließung von Organisationsgrenzen gehört dazu, genauso wie ein Handanlegen bei den Aufräumarbeiten, die sich aus der Rangelei um die Aufrechterhaltung der Ordnung unter sich rasch verändernden Verhältnissen absehbar ergeben. Sich auf eine dieser Seiten zu schlagen, ist ein Verlust für die Arbeit an der Innovationsfähigkeit einer Organisation. Wegschauen auch, insofern bleibt Führung – sofern sie ihrer Verantwortung gerecht werden will – wenig anderes übrig, als sich auf ein »Sowohl-als-auch« von Stabilität und Unruhe einzulassen, um gemeinsam mit allen Beteiligten eines Innovationsprozesses das Beste daraus zu machen. Ob das Beste dann letztendlich gut genug war, lässt sich sowieso erst im Nachhinein beurteilen. Insofern laufen alle Entscheidungen darauf hinaus, Unsicherheit in Risiko zu verwandeln. Mehr ist auch für Führung nicht machbar.

Literatur

Alexander, C., 1971. *Notes on the synthesis of form*, Cambridge: Harvard University Press.
Andrew, J.P. et al., 2009. Measuring Innovation 2009. *A BCG Senior Management Survey*, S. 1–23.
Anzengruber, J./Bernard, E., 2010. Strategisches Kompetenzmanagement – am Beispiel von Siemens Healthcare. Components and Vacuum Technology.
Anzengruber, J./Szuppa, S., 2010. Innovationsorientiertes Kompetenzmanagement. In: W. G. Faix/A. Michael (Hrsg.): *Talent. Kompetenz. Management, Band 2: Dokumentation zum Stuttgarter Kompetenz-Tag 2009*. Steinbeis-Edition, S. 1–22.
Argyris, C., 1965. *Organization and Innovation*, Homewood, Illinois: Richard D.Irwin, Inc. and The Dorsey Press.

Baecker, D., 2009. Creativity as Artificial Evolution. In: Jansen S. A./E. Schröter/N. Stehr (Hrsg.): *Rationalität der Kreativität?* Wiesbaden: VS Verlag für Sozialwissenschaften, S. 61–66.
Baecker, D., 1988. *Information und Risiko in der Marktwirtschaft*, Frankfurt am Main: Suhrkamp.
Baecker, D., 1999. *Organisation als System – Aufsätze*, Frankfurt am Main: Suhrkamp.
Baecker, D., 2003. *Organisation und Management – Aufsätze*, Frankfurt am Main: Suhrkamp.
Baecker, D., 2007. *Studien zur nächsten Gesellschaft* 1st ed, Frankfurt am Main: Suhrkamp.
Baecker, D., 2008. *Womit handeln Banken? – Eine Untersuchung zur Risikoverarbeitung in der Wirtschaft*, Frankfurt am Main: Suhrkamp.
Baecker, D./Landkammer, J., 2009. Mit dem Speck nach der Wurst geworfen: Kreativität als normale Arbeit. In: Jansen S. A./E. Schröter/N. Stehr (Hrsg.): *Rationalität der Kreativität?* Wiesbaden: Verlag für Sozialwissenschaften.
Barton, M.A., 2010. Shaping Entrepreneural Opportunities: Managing Uncertainty and Equivocality in the Entrepreneural Process. *Dissertation at University Michigan*, S. 1–215.
Bateson, G., 1985. *Ökologie des Geistes*, Frankfurt am Main: Suhrkamp.
Beckman, S.L./Barry, M., 2007. Innovation as a Learning Process:. *California Management Review*, S. 1–33.
Berkun, S., 2010. *The Myths of Innovation*, O'Reilly Media.
Berliner, P.F., 1994. *Thinking in Jazz – The Infinite Art of Improvisation*, Chicago: University of Chicago Press.
Bhide, A.V., 2000. *The Origin and Evolution of New Businesses*, Oxford University Press.
Boland, R./Collopy, F., 2004. *Managing as designing*, Stanford, California: Stanford University Press.
Bolz, N., 2005. Bausteine zu einer Designwissenschaft. In: Baecker D. (Hrsg.): *Schlüsselwerke der Systemtheorie*. Wiesbaden: VS Verlag für Sozialwissenschaften, S. 129–144.
Brandenburger, A. M./Nalebuff, B. J., 1996. *Co-opetition*, New York: Bantam Doubleday Dell Publishing Group
Buchanan, R., 1992. Wicked problems in design thinking. *Design Issues*, Vol. 8, S. 5–21.
Burke, R., 2006. *Project Management*, Burke Publishing.

Chesbrough, H.W., 2006. *Open innovation: the new imperative for creating and profiting from technology*, Boston: Harvard Business Press.
Chesbrough, H.W./Vanhaverbeke, W./West, J., 2006. *Open innovation: researching a new paradigm*, Oxford: Oxford University Press.
Christensen, C.M., 2002. Coping with Your Organisation's Innovation Capabilities. In: Hesselbein F./M. Goldsmith,/I. Somervilee (Hrsg.): *Leading for Innovation*. The Drucker Foundation.
Christensen, C.M., 2003. *The innovators dilemma – the revolutionary book that will change the way you do business*, New York, NY: HarperBusiness Essentials.
Collins, J./Hansen, M.T., 2011. *Great by Choice: Uncertainty, Chaos, and Luck – Why Some Thrive Despite Them All*, Harper Business.
Cooper, A.C./Smith, C.G., 1992. How established firms respond to threatening technologies. *Academy of Management Executive*, 6(2), S. 55–70.
Cooper, R., 2006. Managing Technology Development Projects, IndustrialResearchInstitute, ed. *Research Technology Management*.
Cooper, R., 2004. *Product Leadership: Pathways to Profitable Innnovation* 2nd ed, New York: Basic Books.

Csikszentmihalyi, M./Klostermann, M., 1997. *Kreativität – wie Sie das Unmögliche schaffen und Ihre Grenzen überwinden*. 3. Auflage, Stuttgart: Klett-Cotta.
Curtis, B./Hefley, W.E./Miller, S.A., 2002. *The People Capability Maturity Model*, Addison-Wesley Professional.

Day, G.S./Schoemaker, P.J.H., 2006. *Peripheral Vision: Detecting the Weak Signals That Will Make or Break Your Company*, Harvard Business Review Press.
Day, G.S./Schoemaker, P.J.H., 2005. Scanning the Periphery. *Harvard business review*.
Drucker, P.F., 2002. *Managing in the next society*, Truman Talley Books.
Drucker, P.F., 2006. *Innovation and Entrepreneurship – Practice and Principles*, New York, NY: Harper Business.
Duerr, H.P., 1983. *Alcheringa oder Die beginnende Zeit – Studien zu Mythologie, Schamanismus und Religion*, Frankfurt am Main: Qumran.
Duerr, H.P., 1985. *Traumzeit – über die Grenze zwischen Wildnis und Zivilisation*, Frankfurt am Main: Suhrkamp.
Dunne, D./Martin, R., 2006. Design Thinking and How it Will Change Management Education: An Interview and Discussion. *Academy of Management Learning/Education*, 5(4), S. 512–523.

Eberl, U./Puma, J., 2007. *Innovatoren und Innovationen – Einblicke in die Ideenwerkstatt eines Weltkonzerns*, Erlangen: Publicis Corp. Publ.
Edgett, S.J./Jones, M.L., 2011. Ten Tips for Successfully Implementing a Stage-Gate. *Product Development Institute Inc. Reference Paper #33*, S. 1–9.
Evans-Pritchard, E.E./Gillies, E., 1988. *Hexerei, Orakel und Magie bei den Zande*, Frankfurt am Main: Suhrkamp.
Eversheim, W. (Hrsg.), 2002. *Innovationsmanagement für technische Produkte*. Berlin, Heidelberg: Springer.

Flick, U., 2007. *Qualitative Sozialforschung*, Rowohlt Tb.
Förster, H.V., 1993. *KybernEthik*, Berlin: Merve-Verlag.
Francis, D., 2005. A Reference Model of Innovation Capability and Implications for Organisational Development. *CINet 2005*, S. 1–12.
Freeman, R.E., 1984. *Strategic Management: A Stakeholder Approach*, Pitman.
Fröhlich, D., 2012. Silicon Allee. *Handelsblatt*, S. 60–63.

Gabler Verlag ed., *Gabler Wirtschaftslexikon, Stichwort: Innovationsstrategie*, online im Internet. Verfügbar unter: http://wirtschaftslexikon.gabler.de/Archiv/82497/innovationsstrategie-v6.html.
Garcia, M.L./Bray, O.H., 1997. *Fundamentals of Technology Roadmapping*, Albuquerque: Sandia National Laboratories.
Gassmann, O., 1997. *Internationales F&E-Management – Potentiale und Gestaltungskonzepte transnationaler F&E-Projekte*, München [u. a.]: Oldenbourg.
Gassmann, O./Sutter, P., 2008. *Praxiswissen Innovationsmanagement: Von der Idee zum Markterfolg*, Hanser Verlag.
Geertz, C., 1987. *Dichte Beschreibung*, Frankfurt a.M.: Suhrkamp.
Gillwald, K., 2010. *Konzepte sozialer Innovation*, Berlin: Wissenschaftszentrum Berlin für Sozialforschung. Available at: http://hdl.handle.net/10419/50299.
Gladwell, M., 2002. *The tipping point – how little things can make a big difference*, Boston: Back Bay Books.
Goffin, K., Herstatt, C./Mitchell, R., 2009. *Innovationsmanagement – Strategien und effektive Umsetzung von Innovationsprozessen mit dem Pentathlon-Prinzip*, München: Finanzbuch-Verlag.
Gompers, P./Lerner, J., 2006. *The Venture Capital Cycle*, The MIT Press; second edition.
Govindarajan, V./Trimble, C., 2005. *Ten rules for strategic innovators: from Idea to Execution*, Harvard Business School Press.
Gutenberg, E., 1957. *Betriebswirtschaftslehre als Wissenschaft*, Scherpe.

Hamel, G./Breen, B., 2007. *The Future of Management*, Boston, Mass: Harvard Business School Press.
Handy, C., 2001. A World of Fleas and Elephants. In: Bennis W./G. Spreitzer,/C. Thomas (Hrsg.): *The Future of Leadership*.

Handy, C., 1995. *The Age of Paradox*, Boston: Harvard Business School Press.
Handy, C./Handy, E., 1999. *The New Alchemists*, Hutchinson; Re-issue edition.
Hanington, B./Martin, B., 2012. *Universal Methods of Design: 100 Ways to Research Complex Problems, Develop Innovative Ideas, and Design Effective Solutions*, Rockport Publishers.
Hargadon, A., 2003. *How breakthroughs happen*, Harvard Business Press.
Haunschild, L. et al., 2007. *Die volkswirtschaftliche Bedeutung der Familienunternehmen*, Bonn: Stiftung Familienunternehmen.
Hauschildt, J., 2001. Postindustrielles Innovationsmanagement. *Frankfurter Allgemeine Zeitung*, (180), S. 21.
Hauschildt, J., 2004. *Innovationsmanagement*. 3. Auflage, München: Vahlen.
Holtzblatt, K./Wendell, J.B./Wood, S., 2004. *Rapid Contextual Design: A How-to Guide to Key Techniques for User-Centered Design (Interactive Technologies)*, Morgan Kaufmann.
Howkins, J., 2010. *Creative Ecologies*, Transaction Pub.

Ingold, T., 2007. *Lines*, Taylor & Francis.
Isaacson, W., 2011. *Steve Jobs*, München: Bertelsmann Verlag.

Jansen, S.A./Schröter, E./Stehr, N. (Hrsg.): 2009. *Rationalität der Kreativität?: Multidisziplinäre Beiträge zur Analyse der Produktion, Organisation und Bildung von Kreativität*, Wiesbaden: Verlag für Sozialwissenschaften.
Jaruzelski, B./Dehoff, K., 2010. Booz Allen Hamilton The Global Innovation 1000: How the Top Innovators Keep Winning. *Strategy and Business*, (61).
Jaworski, J./Zurlino, F., 2007. *Innovationskultur: Vom Leidensdruck zur Leidenschaft*, Frankfurt: Campus Verlag.
Johansen, R., 2012. *Leaders Make the Future*, Berrett-Koehler Publishers.
Johnstone, K., 1993. *Improvisation und Theater*, Berlin: Alexander-Verlag.
Jullien, F., 1996. *Über die Wirksamkeit*, Berlin: Merve-Verlag.

Kaplan, S.N./Stromberg, P., 2004. Characteristics, Contracts, and Actions: Evidence From Venture Capitalist Analyses. *Journal of Finance*, (59).
Kernfeld, B., 1988. *The New Grove Dictionary of Jazz*, Grove's Dictionaries.
Kibed, M.V./Sparrer, I., 2000. *Ganz im Gegenteil – Tetralemmaarbeit und andere Grundformen Systemischer Strukturaufstellungen – für Querdenker und solche, die es werden wollen*, Heidelberg: Carl-Auer-Systeme, Verl. und Verl.-Buchh.
Kim, C.W., Mauborgne, R./Proß-Grill, I., 2005. *Der Blaue Ozean als Strategie*, München: Carl Hanser Verlag.
Kimbell, L., 2009. Beyond design thinking : Design-as-practice and designs-in-practice. *Procceding of the CRESC Conference*, (September).
Kolb, D.A., 1984. *Experiential Learning*, Prentice Hall.
Kotter, J., 1995. Acht Kardinalfehler bei der Transformation. *Harvard Business Manager*.
Kotter, J.P., 1996. *Leading change*, Harvard Business Press.
Königswieser, R./Exner, A., 1998. *Systemische Intervention – Architekturen und Designs für Berater und Veränderungsmanager*, Stuttgart: Klett-Cotta.
Krusche, B., 2008. *Paradoxien der Führung: Aufgaben und Funktionen für ein zukunftsfähiges Management*, Heidelberg: Carl-Auer-Systeme-Verl.
Krusche, B., 2010. *Merger? Merger! Fusionsprozesse verstehen und gestalten*, Heidelberg: Carl-Auer-Verl.

Lackner, T./Krusche, B., 2012. Von offenen Grenzen und geschlossenen Übergangen. *Revue für Postheroisches Management – Heft 10 Interfaces*.
Lam, A., 2004. Organisational Innovation. In: Fagerberg, J./D. Mowery,/R. Nelson (Hrsg.): *Handbook of Innovation*. Oxford University Press.
Lange, B., 2007. *Die Räume der Kreativszenen – Culturepreneurs und ihre Orte in Berlin*, Bielefeld: Transcript Verlag.
Lange, B./Friebe, H., 2011. *Innovationsökologien* C. NRW, ed., Clustermanagement Kultur und Kreativwirtschaft des Landes Nordrhein-Westfalen.
Lawson, B./Samson, D., 2001. Developing Innovation Capability in Organizations: a Dynamic Capabilities Approach. *International Journal of Innovation Management*, 5, S. 1–24.
Levi-Strauss, C., 1982. *Traurige Tropen*, Frankfurt a. M.: Suhrkamp.

Levitt, T., 2002. Creativity is not enough. *Harvard business review.*
Lindblom, C.E., 1959. The Science of »Muddling Through.« *Public administration review,* 19, S. 79–88.
Loebbert, M., 2003. *Storymanagement – der narrative Ansatz für Management und Beratung,* Stuttgart: Klett-Cotta.
Luhmann, N., 1998. *Die Gesellschaft der Gesellschaft,* Frankfurt a.M.: Suhrkamp Taschenbuch Verlag.
Luhmann, N., 1993. Die Paradoxie des Entscheidens. *Verwaltungsarchiv: Zeitschrift für Verwaltungslehre, Verwaltungsrecht und Verwaltungspolitik,* 84, S. 287–310.
Luhmann, N., 2006. *Organisation und Entscheidung* 2nd ed, Wiesbaden: VS, Verl. für Sozialwissenschaften.
Luhmann, N./Baecker, D., 2004. *Einführung in die Systemtheorie* 2nd ed, Heidelberg: Carl-Auer-Systeme Verlag.
Lutterer, W., 2002. *Gregory Bateson – eine Einführung in sein Denken,* Heidelberg: Carl-Auer-Systeme-Verl.

March, J., 1991. Exploration and exploitation in organizational learning. *Organization science.*
Mareis, C., 2011. *Design als Wissenskultur Interferenzen zwischen Design- und Wissensdiskursen seit 1960,* Bielefeld: Transcript Verlag.
Maturana, H.R./Varela, F.J., 1984. *Der Baum der Erkenntnis – die biologischen Wurzeln des menschlichen Erkennens,* München: Goldmann.
Meissner, J.O., 2011. *Einführung in das systemische Innovationsmanagement,* Heidelberg: Carl-Auer Verlag.
Meredith, J.R./Mantel, S.J., 2011. *Project Management,* Wiley.
Miller, W.F., Hancock, M.G./Rowen, H.S., 2000. *The Silicon Valley Edge: A Habitat for Innovation and Entrepreneurship (Stanford Business Books)* 1st ed. C.-M. Lee et al. (Hrsg.): Stanford Business Books.
Mintzberg, H., 1994. *The rise and fall of strategic planning – reconceiving roles for planning, plans, planners* Nachdr, New York [u. a.]: Free Press.
Mintzberg, H., 2004. *Managers, not MBAs – a hard look at the soft practice of managing and management development,* San Francisco: Berrett-Koehler.
Mintzberg, H., Ahlstrand, B./Lampel, J., 2005. *Strategy Safari – eine Reise durch die Wildnis des strategischen Managements* Nachdr, Frankfurt [u. a.]: Redline Wirtschaft bei Ueberreuter.
Morris, L., 2011. *Permanent Innovation_Revised_Download Version,* Lulu.com.

Nagel, R./Wimmer, R., 2002. *Systemische Strategieentwicklung – Modelle und Instrumente für Berater und Entscheider,* Stuttgart: Klett-Cotta.
Nefiodow, L.A., 1996. *Der sechste Kondratieff: Wege zur Produktivität und Vollbeschäftigung im Zeitalter der Information,* Rhein Sieg Verlag.
Neuberger, O., 2002. *Führen und führen lassen – Ansätze, Ergebnisse und Kritik der Führungsforschung,* Stuttgart: Lucius und Lucius.

O'Connor, G.C. et al., 2008. *Grabbing lightning – building a capability for breakthrough innovation* 1st ed, San Francisco, Calif: Jossey-Bass.
OECD, S., 2007. *Technology and Industry Scoreboard 2007,* Paris, France: Organisation for Economic Co-operation and Development.
Owen, C., 1998. *Design Research,* Design Studies 19.

Patzak, G./Rattay, G., 2009. *Projektmanagement,* Wien: Linde Verlag.
Peters, T., 1990. Get Innovative or Get Dead. *California Management Review,* 33, S. 9–26.
Phaal, R., Farrukh, C.J.P./Probert, D.R., 2004. Technology roadmapping – A planning framework for evolution and revolution. *Technological Forecasting and Social Change,* 71(1–2), S. 5–26.
Pillkahn, U., 2007. *Trends und Szenarien als Werkzeuge zur Strategieentwicklung – wie Sie die unternehmerische und gesellschaftliche Zukunft planen und gestalten,* Erlangen: Publicis Corp. Publ.
Porter, M.E., 1992. *Wettbewerbsstrategie. 7. Auflage,* Frankfurt: Campus Verlag.
Prahalad, C.K./Krishnan, M.S., 2008. *The New Age of Innovation,* McGraw-Hill Professional.

Rammert, W., 2010. Die Innovationen der Gesellschaft. *Soziale Innovation.*
Reichwald, R./Schmelzer, H., 1990. *Durchlaufzeiten in der Entwicklung: Praxis des industriellen F&E-Managements*, München/Wien: R. Oldenbourg.
Richardson, M., 2011. *Wheelspin: The Agile Executive's Manifesto – Accelerate Your Growth, Leverage Your Value, Beat Your Competition*, No Limit Publishing.
Ridderstrale, J./Nordström, K.A., 2000. *Funky Business – Wie kluge Köpfe das Kapital zum Tanzen bringen*, Heidelberg: Redline Wirtschaft.
Rittel, H.W.J., 1967. Wicked Problems. *Management Science*, 4(14), S. 141–142.
Rittel, H.W.J./Reuter, W.D., 1992. *Planen, Entwerfen, Design. Ausgewählte Schriften zu Theorie und Methodik*, Stuttgart: Kohlhammer Verlag.
Roussel, P.A., Saad, K./Erickson, T., 1991. *Third generation R&D: Managing the link to corporate strategy*, Boston: Harvard Business School Press.

Sahlman, A., 1990. The structure and governance of venture-capital organizations. *Journal of Financial Economics*, 27, S. 473–521.
Scharmer, C.O., 2011. *Theorie U: Von der Zukunft her führen*, Heidelberg: Carl-Auer-Systeme Verlag.
Schlicksupp, H., 1993. *Kreativ-Workshop – Ideenfindungs-, Problemlösungs- und Innovationskonferenzen planen und veranstalten*, Würzburg: Vogel.
Schon, D.A., 1963. Champions for Radical New Inventions. *Harvard business review*, (41), S. 77–86.
Schreyögg, G., 1984. *Unternehmensstrategie. Grundfragen einer Theorie strategischer Unternehmensführung*, Gruyter.
Schwaber, K., 2007. *The Enterprise and Scrum*, Microsoft Press.
Schwartz, P., 1995. *The art of the long view – paths to strategic insight for yourself and your company*, New York [u. a.]: Currency Doubleday.
Simon, F.B., 2001. Fokussierung der Aufmerksamkeit als Steuerungsmedium. In: Bardmann, T.M./Groth, T. (Hrsg.): Zirkuläre Positionen, Wiesbaden: Westdeutscher Verlag, S. 247–267.
Simon, F.B., 2004. *Gemeinsam sind wir blöd!? – Die Intelligenz von Unternehmen, Managern und Märkten*, Heidelberg: Carl-Auer-Systeme Verlag.
Simon, F.B., 2005. *Radikale Marktwirtschaft – Grundlagen des systemischen Managements* 5th ed, Heidelberg: Carl-Auer Verlag.
Simon, H., 2007. Hidden Champions des 21. Jahrhundert. Frankfurt: *Campus Verlag.*
Simon, H./Gathen, von der, A., 2002. *Das große Handbuch der Strategieinstrumente: Werkzeuge für eine erfolgreiche Unternehmensführung*, Frankfurt: Campus Verlag.
Simon, H.A., 1996. *The Sciences of the Artificial – 3rd Edition*, The MIT Press.
Sprenger, R.K., 1991. *Mythos Motivation – Wege aus einer Sackgasse*, Frankfurt a.M.: Campus-Verlag.
Sprenger, R.K., 2007. *Vertrauen führt*, Frankfurt a.M.: Campus Verlag.
Stadler, C./Wältermann, P., 2012. *Die Jahrhundert-Champions*, Stuttgart: Schäffer-Poeschel.
Stanford, Institute of Design ed., 2010. *bootcamp bootleg*, online. Available at: http://dschool.typepad.com/news/2010/12/2010-bootcamp-bootleg-is-here.html.
Steven, F.W./Bill, W., 2000. *Building Strategy from the Middle*, Thousands Oaks, California: Sage Publications, Inc.
Suzuki, S., 2007. *Zen-Geist, Anfänger-Geist*, Bielefeld: Theseus Verlag.
Sørensen, M., 2007. How Smart is Smart Money? A Two-Sided Matching Model of Venture Capital. *Journal of Finance*, (62).

Teece, D.J., Pisano, G./Shuen, A., 1997. Dynamic Capabilities and Strategic Management. *Strategic Management Journal*, 18.
Tellis, G.J./Golder, P.N., 2002. *Will and Vision*, New-York: McGraw-Hill.
Thier, K., 2006. *Storytelling – Eine narrative Managementmethode*, Berlin, Heidelberg: Springer Medizin Verlag Heidelberg.
Tidd, J./Bessant, J.R./Pavitt, K., 1997. *Managing innovation: integrating technological, market, and organizational change*, Wiley.
Treacy, M./Wiersema, F., 1997. *The Discipline of Market Leaders*, Basic Books.
Tuten, T.L., 2010. *Enterprise 2.0*, Praeger Publishers.

Verworn, B./Herstatt, C., 2002. *Modelle des Innovationsprozesses*, Institut für Technologie- und Innovationsmanagement, Technische Universität Hamburg – Harburg.
Völker, R./Voit, E./Müller, M., 2001. Plattformmanagement Effizienter innovieren mit Produktplattformen. (3).

Walker, A., 2010. *IDEO's Human Centered Design Toolkit*, Online. Available at: http://www.ideo.com/work/human-centered-design-toolkit/.
Weick, K.E., 1995a. *Der Prozeß des Organisierens*, Frankfurt a. M.: Suhrkamp.
Weick, K.E., 1995b. *Sensemaking in Organizations*, Thousand Oaks [u. a.]: Sage.
Weick, K.E., 1998. *Introductory Essay: Improvisation as a Mindset for Organizational Analysis*, INFORMS.
Weick, K.E./Sutcliffe, K.M., 2007a. *Managing the Unexpected: Resilient Performance in an Age of Uncertainty* 2nd ed, Jossey-Bass.
Weick, K.E./Sutcliffe, K.M., 2010. *Das unerwartete Managen – wie Unternehmen aus Extremsituationen lernen*, 2. Aufl., Stuttgart: Schäffer-Poeschel.
Weisberg, R.W., 1993. *Creativity*, W H Freeman & Co.
White, H.C., 2008. *Identity and control – how social formations emerge* 2nd ed, Princeton, NJ (u. a.): Princeton Univ. Press.
Willke, H., 1996. *Interventionstheorie – Grundzüge einer Theorie der Intervention in komplexe Systeme*, Stuttgart: UTB.
Wimmer, R., 1997. Allgemeine Thesen zu Familienunternehmen. *Erfolgsfaktor Familienunternehmen, Schriftenreihe der Investkredit AG*.
Wimmer, R., 1995. Die Funktion des General Managements unter stark veränderten wirtschaftlichen Rahmenbedingungen. In: B. Heitger/C. Schmitz,/P.-W. Gester (Hrsg.): *Managerie, Systemisches Denken und Handeln im Management, 3. Jahrbuch*. Heidelberg: Carl-Auer Verlag, S. 74–117.
Wimmer, R., 2003. Die Steigerung der Lernfähigkeit von Organisationen. In: Zirkler M./W. R. Müller (Hrsg.): *Die Kunst der Organisationsationsberatung*. Bern: Haupt Verlag AG.
Wimmer, R., 2011. Die Steuerung des Unsteuerbaren. In: Pörksen B. (Hrsg.): *Schlüsselwerke des Konstruktivismus*, S. 520–547.
Wimmer, R., 2004. *Organisation und Beratung – systemtheoretische Perspektiven für die Praxis*. Heidelberg: Carl-Auer-Systeme-Verl.
Wimmer, R., 2008. Wachstum in Familienunternehmen – Herausforderungen und Bewältigungsstrategien. *Wirtschaftsstandort Nordrhein-Westfalen*.
Wimmer, R./Groth, T./Simon, F.B., 2004. Erfolgsmuster von Mehrgenerationen-Familienunternehmen. *Wittener Diskussionspapiere*.
Wolf, P., 2007. Disruptive Innovationen. *Internationale Zeitschrift für Veränderung, Lernen, Dialog*, S. 37–43.

Zernial, P., 2008. *Technology Roadmap Deployment*, Aachen: Dissertation.
Zillner, S., 2010. Planning Innovation: A Question of Design? In: Shamiyeh M. (Hrsg.): *Creating Desired Futures – How Design Thinking Innovates, Business, Dom Research Lab Publications*. Basel: Birkhäuser Verlag.

Stichwortverzeichnis

Abbruchkriterien 237
Accelerated Learning 172
After Action Reviews 262
Allez-Hopp-Prinzip 21
Arbeit 193
Arbeit im Team 153
Aufhebung der Schwerkraft 194
Aufmerksamkeitsfokussierung 272
Auszeit 104, 261
Autonomie 21

Bedürfnisse der Kunden 117
Begeisterungsfähigkeit 52
Benchmarks 89
Beobachtung
– teilnehmende 181
– zweiter Ordnung 230
Berlin 76
Best Practices 259
Betriebsführung
– rationale 91
Betriebsgeheimnis 31
Bounded Rationality 175
Brainstorming 201
Bricoleurs 170
Business Angels 73
Business Re-Engeneering 20
Buy-out Investitionen 76

Cashflow 75
Center for Design Research 167
Change Management 227
Charisma 10, 269
Closed Innovation 115, 122
Co-Kreation 54
Communities of Practice 170
Conceptual Slack 221
Copy Cats 73

Datenmaterial 186
Design 167
Designforschung 173
Designphase 165
Design Thinking 173
Designwissenschaft 174
Dichte Beschreibungen 181
Digitalkamera 249
Dimensionen des Innovierens 28
Disziplin 193
Diversifizierungsstrategien 88
Dramaturgie des Veränderungsprozesses 229
Dynamik der Märkte 41

Eigensinn 23, 91
Eliten 13
Enactment 56
Engineering 171
Entblockierungsmöglichkeit 274
Entrepreneur 51
Entscheidungsprämissen 47
– unentscheidbare 252
Erwartungsmanagement 239
Ethnographische Marktforschung 181
Evolutionstheorie 24
Exploration 110

Familienoberhaupt 62
Familienunternehmen 61
Fangemeinde 263
Fast Cloning 74
Fast Follower 133
Feedback 210
Fehlerkultur 205
Feuerwehrmodus 66
Fließband 17
Flipperautomaten 50
Flöhe 49
Flow 197
Fokusgruppen 182
Foresight-Methoden 118
Forschung und Entwicklung 115
Freiräume 261
Führung 269
Führungsdimension 19
Führungskoalition 230
Funktionslogik von Organisationen 123
Funktionsprinzip von Organisationen 21
Fuzzy Frontend 89

Game Changer 38
Gedächtnis 44
Geister der Kontingenz 253
Genialität 11
Gesellschaft 12
– nächste 13
Gestaltungsspielraum 163
Governance-Praktiken 39
Gravitation der Verhältnisse 99
Grenzmarkierungen 267
Großkonzerne 49
Großorganisation 92
Grundlagen
– evolutionäre 26

Heuristik 16
Hexe 271

High Reliability Organizations 206
Human Interface Design 182

Ideation 178, 198
Ideenverwerfung 37
Immunreaktionen 124
Implementierungsprozess 217
Improvisation 53
Incentivierungsmaßnahmen 259
Informationspolitik 239
Inkrementelle Innovationen 33
Inkubationszeit 222
Inkubatoren 74
Innovate or die 132
Innovation
– disruptive 37
– geschlossene 29
– radikale 36
Innovation Audits 262
Innovation Journey 5
Innovation Opportunities 139
Innovationsaktivitäten 35
Innovations-Champions 67
Innovationsfähigkeit 5, 125
Innovationsfelder 131
Innovationsfokus 177, 188
Innovationshelix 106
Innovationshype 6
Innovationskultur 248
Innovationsmanagement
– ganzheitliches 103
– systemisches 16
Innovationsökologie 38, 118
Innovationsportfolio 153, 155
Innovationspotential 40
Innovationsstrategie 90, 135
Innovators Dilemma 224
Innovieren
– routiniertes 87
Interpretationsarbeit 186
issue selling 25, 106
Iteration 172

Jazz 53

Kapitalbasis 50
Kernkompetenzen 139
Komplizen 52
Konflikte 273
Konstruktivismus 187
Kontextsteuerung 56, 196
Kontrollprojekte 13, 118
Kooperation 83
Kopplung
– strukturelle 23
Kreationsprozess 168
Kreativität 27, 191
Kreativitätsforschung 195
Kultur 192

Kulturinitiativen 253
Kultur in Organisationen 252
Kundenfokus 165
Kundennutzen 49
Kundenperspektive 37
Kunst 169
Kybernetik 20

Lebenszyklus einer Organisation 97
Lebenszyklus strategischer Innovationsfelder 150
Leistungsverdichtung 199
Leitunterscheidungen 45
Lernen 206
Lernen lernen 256
Lernfähigkeit 255
Lernstile 208
Lerntheorie 206
Limited Partner 75

Machtkämpfe 136
Machtverhältnisse 273
Make or Buy 93
Management
– postheroisches 269
Managementmode 8
Marktdifferenzierung 36
Massenproduktion 179
Masterplan 229
Masterstory 228
Messbarkeit von Innovationen 257
Mindfullness 26, 254
Moderation 274
Möglichkeitsraum 23
Monitoring 236
Monitoringaktivitäten 237
Muster erfolgreicher
Problemlösungsprozesse 46
Mystifizierungen 27
Mythen 9, 10

Needfinding 178
Netzwerk-Innovationen 117
Netzwerklogik 117
Netzwerkmakler 223
Next Society 40
Nicht-Trivialität von Organisation 31
Nischenmärkte 225
Nutzenkalkül 149

Occupy-Bewegung 13
Offene Innovation 30
Open Innovation 78, 121
Opportunistic Adaptation 49
Organisation 28, 37, 275
Organisationsdesign 266
Organisationsgrenzen 18
Organisationstrukturen 226
organizational capability 104

Stichwortverzeichnis

Paradoxiefestigkeit 18
Paradoxien 17
Person des Innovators 66
Personenorientierung 51
Pfadabhängigkeiten 172
Planung 53, 91
Preiskampf 35
Problemdefinition 178, 188
Produktlebenszyklus 6
Projektmanagement 214
Prototypen-Konstruktion 30
Prototyping 172, 178, 204
Prozesspromotoren 220

Rationalisierungsprozesse 200
Recherche 180
Referenzkunden 65
Requisite Variety 199
Retention 25
Review 261
Review-Meetings 243
Risiko 145
Risiko der Selbstverliebtheit 263
Risikoklassen 147
Risikomanagement 22, 145
Routinen 24, 43, 113, 213
Rückbindung 212

Scanning 120
Scheinsicherheit 54
Scheitern
– schneller 205
Schismogenese 225
Schnittstellenmanagement 32, 117
Schule der Wahrnehmung 110
Schweinezyklus 82
Scoping 120
SCRUM 241
Sehnsuchtsbegriff 191
Selbstbeobachtungskompetenz 262
Selbstbezüglichkeit 23
Selbstirritation 23
Selbststeuerung 261
Selektion 25
Sense Making 227
Serendipity 10, 30
Silicon Allee 76
Situationspotentials 55
Slack 35, 265
Soziale Zuschreibung 67
Spin-Out 226
Splendid Isolation 29
Spontaneität 53
Stage-Gate-Methode 241

Stanford Design School 105
Start-Up 48
Stellschrauben 34
Steuerungsgrößen 239
Steuerungsverständnis 21
Steve Jobs 4
Störquellen 114, 115
Störungen 20
Störungsdimensionen 115
Störungsmanagement 65, 110
Strategiearbeit 134
Synthese 188
Systeminnovationen 38
Szenarien 119

Tauglichkeitsprüfung 216
Teachable Point of View 156
Technologieabhängigkeiten 37
Technology Push 115
Theories-in-use 168
Theorie U 177
Tiefenschärfe 109
Time to Market 116
Trends
– leise 119
Triftigkeit einer Idee 89
Triviale Maschinen 19

Überlebenstechniken 253
Überraschungen 111, 144
Überraschungsfähigkeit 120
Umgang mit Fehlern 242
Umweltanpassung 43
Unsicherheit 50
Unsicherheitsabsorption 112, 169

Varianz 25
Venture Capital 72
Veränderungsdruck 132
Veränderungsenergie 227
Verbesserung 33
Vision 63

Wayfaring 171
Weak Signals 111
Wicked Problems 175
Wickie 3
Widerstand 217

Zeitparadoxie 118
Zielkonflikte 274
Zukunftsfähigkeit 90
Zukunftsszenarien 119
Zweck-Mittel-Relationen 20

Die Autoren

Dr. Bernhard Krusche
Organisationsberater und Lehrbeauftragter, Mitgründer des Berliner Consulting Studios »Ignore Gravity«, Geschäftsführer der Stiftung »Nächste Gesellschaft« und Herausgeber der REVUE, dem Magazin für die Anliegen der Next Society.

Dr. Sonja Zillner
Projektleiterin für internationale Innovations- und Technologieprojekte im Bereich Corporate Technology der Siemens AG, Inhaberin zahlreicher Patente und Lehrbeauftragte der TU Wien.

Sie erreichen die Autoren unter www.innovation-helix.com